Herwig Kraus
Sowjetrussische Vornamen

Herwig Kraus

Sowjetrussische Vornamen

Ein Lexikon

Mit den besten Wünschen des Verfassers
H. Kraus
19. 6. 2013

DE GRUYTER

ISBN 978-3-11-031401-4
e-ISBN 978-3-11-031405-2

Library of Congress Cataloging-in-Publication Data
A CIP catalog record for this book has been applied for at the Library of Congress.

Bibliografische Information der Deutschen Nationalbibliothek
Die Deutsche Nationalbibliothek verzeichnet diese Publikation in der Deutschen Nationalbibliografie; detaillierte bibliografische Daten sind im Internet über http://dnb.dnb.de abrufbar.

© 2013 Walter de Gruyter GmbH, Berlin/Boston
Druck und Bindung: Hubert & Co. GmbH & Co. KG, Göttingen
♾ Gedruckt auf säurefreiem Papier
Printed in Germany

www.degruyter.com

Danksagung

Für eine wichtige Information aus erster Hand zu ihrem Vornamen danke ich Frau Rada Nikitična Adžubej (Chruščëva), der Tochter von Nikita Chruščëv. Ihr Brief findet sich im Anhang.

Wertvolle Hinweise verdanke ich dem ehemaligen Kollegen Gabriel Superfin sowie Herrn Winfried Riesterer, Orientexperte der Bayerischen Staatsbibliothek. Besonders zu danken habe ich meinem früheren Mitarbeiter Walerij Konowalow für zahlreiche hilfreiche Vorschläge.

Inhalt

Ein Lexikon zum Dechiffrieren sowjetrussischer Vornamen —— 1

Sowjetische Vornamen von A bis Z —— **35**

Literaturverzeichnis —— 209
Anhang: Original und Übersetzung eines Briefes von Rada Nikitična
    Adžubej (Chruščëva) —— 217

Ein Lexikon zum Dechiffrieren sowjetrussischer Vornamen

Nach der bolschewistischen Machtergreifung sind in Sowjetrußland mehr als 2000 völlig neue „revolutionäre" Vornamen kreiert worden. Diese meist künstlich konstruierten Gebilde sind als Teil der neueren Geschichte Rußlands bisher noch nicht in einem speziellen Namensverzeichnis erfaßt worden. Da sich die Onomastik und insbesondere die Anthroponymik als Wissenschaft noch durchsetzen mußten, erschien ein russisches Namenbuch erst in den 60er Jahren. 1966 veröffentlichte N. A. Petrovskij erstmals ein umfassendes Lexikon der russischen Vornamen unter dem Titel „Slovar' russkich ličnych imën". Nachdem die ungewöhnlichen ideologischen Neubildungen nicht mehr gebräuchlich waren, wurden bei etwa 2600 Einträgen bloß 66 Namen sowjetischer Herkunft berücksichtigt. Die kuriosen und absurden Neuschöpfungen werden nur im Vorwort allgemein behandelt. In dem bisher umfangreichsten russischen Vornamensverzeichnis von A. V. Superanskaja, das 1998 unter dem gleichen Titel erschien, fehlen viele der Sowjetismen, weil sie nicht mehr aktuell waren.

Ein schon 1924 erschienenes Namensverzeichnis von D. Delert enthielt auf 77 Seiten zwar nur vom Sowjetsystem abgeleitete Vornamen, konnte aber, obwohl von Lenins Schwester in der Pravda vom 12.6.1924 empfohlen, wegen der von Trockij und anderen späteren Gegnern Stalins gebildeten Ableitungen bald nicht mehr verwendet werden. Kein Ersatz für ein wissenschaftlich fundiertes Namenslexikon waren auch zwei von L. V. Uspenskij in unterhaltsamer Form verfaßte kurze Namensbücher, die 1939 und 1940 unter den Titeln „Kak vaše imja"? (Wie ist Ihr Name?) und „Čto označaet vaše imja"? (Was bedeutet Ihr Name?) in Leningrad erschienen (s. Petrovskij, 1955).

Mit dem „Dekret über Gewissensfreiheit und die kirchlichen und religiösen Gemeinschaften" vom 20.1.(2.2.) 1918 wurde die Trennung von Kirche und Staat vollzogen. Es entzog der orthodoxen Kirche das Monopol der Namengebung bei der bis dahin für alle obligatorischen Taufe, die auch für die Kinder von Ungläubigen galt. Statt eines bestimmten Namens von Heiligen oder biblischen Personen aus dem Kirchenkalender (russ. svjatcy, mesjaceslov) konnte jetzt nicht nur jeder beliebige Name, sondern auch jedes beliebige Wort als Vorname gewählt werden. Die Eintragung in die Geburtsregister wurde den neugeschaffenen Standesämtern (russ. abgekürzt zags) übertragen.

Obwohl laut Gesetz das Recht der Namengebung nur die Eltern hatten, wurde sie vom bolschewistischen Regime auf vielfältige Weise beeinflußt. Die Namengeber unterlagen oft einem Gruppenzwang, wenn auf Versammlungen der Partei und des kommunistischen Jugendverbandes Komsomol sowie auf Sitzungen von

Arbeiterklubs und Hauskomitees und in den Fabriken revolutionäre Vornamen für die neugeborenen Sowjetbürger beschlossen wurden. Es wird sogar berichtet, daß eine Parteizelle beschloß, einen neugeborenen Jungen ohne Einverständnis und in Abwesenheit der Eltern den Vornamen Spartak zu geben (Brajnin, S. 204). Sie mußten die Einmischung eines „Kollektivs" in ihre Privatangelegenheit hinnehmen, um so ihre Loyalität gegenüber Partei und Staat zu zeigen. Von 1924 bis 1930 erschienen Kalender in Massenauflagen, in welchen die neuen Namen propagiert wurden. Es war der Versuch, so etwas wie „rote svjatcy" zu schaffen. In ihnen fand man neben den traditionellen Namen neue Vornamen mit ideologischer Ausrichtung wie Donara, Iskra, Jumanita, Kommunara, Krasarma, Lunačar, Marat, Ojušminal'd, Partija, Pjat'včet, Proletkul'ta, Šachta, Stalina und Željdora.

Lenins Schwester Marija Il'inična Ul'janova (1878–1937) konstatierte in einer Rezension in der Pravda vom 12.6.1924 unter dem Kürzel M. Ul-va, daß sich die Werktätigen von dem „Unsinn und den Niedrigkeiten des Kirchenkalenders" befreien und die neukreierten Namen bevorzugen, darunter auch die von Trockij und anderen späteren Staatsfeinden abgeleiteten Neubildungen. Auch Trockij schrieb in einem 1923 erschienenen Buch (S. 60) von dem Bedürfnis, den alten Riten neue Formen entgegenzusetzen und statt der kanonisierten Namen aus dem Kirchenkalender die Neugeborenen mit neuen Vornamen zu benennen. Als Beispiele nannte er Oktjabrina, Ninel', Rėm, Vladimir, Il'ič, Lenin und Roza. In den Standesämtern empfahlen Aushänge mit Namenslisten für die Neugeborenen die neuen sowjetischen Vornamen.

Auch die vom Staat gelenkte und geförderte Ideologie des Atheismus blieb nicht ohne Wirkung auf die Auswahl der Vornamen. Im Rahmen der antireligiösen Propaganda wurden Filmvorführungen und Ausstellungen organisiert, zahlreiche Museen eröffnet und Agitatoren führten mit Gläubigen individuelle Gespräche. Es erschienen mehr als 30 antireligiöse Zeitungen und Zeitschriften und als Massenorganisation gab es einen „Verband der kämpferischen Atheisten der UdSSR". Atheisten kreierten Vornamen wie Ateist, Anti (von antireligioznyj – antireligiös) und Jaateja (ja ateist – ich bin Atheist). Die massenweise Schließung von Kirchen und die Einführung kommunistischer Feiertage trugen zur Verdrängung religiöser Traditionen bei. 1931 wurde in Moskau die Erlöserkathedrale gesprengt.

Nicht nur die christlichen Vornamen, sondern auch die traditionelle Form der Namengebung nach dem Heiligen- und Festkalender wollte man ersetzen. Statt der kirchlichen Taufe (kreščenie, in der Volkssprache krestiny) wurde mit der „oktjabrenie" (abgeleitet vom „revolutionären" Monat Oktober) oder „zvezdenie" (nach dem Symbol des roten Sterns) ein neues sowjetisches Ritual eingeführt. In Anwesenheit der Kollegen und von Partei- und Staatsfunktionären wurde in Betrieben, Institutionen, Organisationen und in der Armee in einem feierlichen Zeremoniell, genannt „oktjabriny" und „zvezdiny" dem Neugeborenen ein Vorname verliehen. Auch christlich getaufte Erwachsene und Jugendliche erhielten auf diese Weise neue meist von der Sowjetideologie abgeleitete Namen. Die Eltern sahen sich bei einer solchen Feier veranlaßt, auch mit der Namengebung ihre Loyalität gegenüber dem bolschewistischen Regime zu bezeugen. Die als Errungenschaft der Revolution gepriesene freie Wahl in der Vornamengebung wurde durch einen solchen Akt des Zwangskollektivismus stark eingeschränkt.

Obwohl der bolschewistische Staat in den 20er und 30er Jahren auf die Namengebung massiv Einfluß nahm und sie aktiv forcierte, wird in sowjetischen Publikationen zur Anthroponymik die Kreation der neuen ideologischen Namen als eine spontane Reaktion des Volkes auf die zuvor zwangsweise Namenvergabe durch die orthodoxe Staatskirche dargestellt. Es ist die Rede vom Schöpfertum des Volkes (narodnoe tvorčestvo), von individuellen Innovationen der Eltern und vom Prozeß der revolutionären Namensschöpfung. Die Auswahl ungewöhnlicher und abnormer Vornamen wird mit dem noch niedrigen Bildungsstand der russischen Bevölkerung und ungeschulten Standesbeamten begründet (Savel'eva, S. 32/33). Hinzu kam noch, daß es in den Vorkriegsjahren kein Personennamenbuch gab, an dem sich die Eltern bei der Namenwahl und die Standesbeamten für Konsultationen hätten orientieren können. Zwar hatte jeder Sowjetbürger laut Gesetz die freie Namenwahl und er konnte auch selbst Vornamen erfinden, innovativ war aber nur ein geringer Teil der Bevölkerung. Ein russischer Namenforscher bezeichnete schon zu Sowjetzeiten die willkürlichen Namensbildungen aus Appellativa (Gattungsnamen) als das Werk von Dilettanten und Spezialisten, die eine Vorliebe für solche Gebilde haben (Ščetinin, 1968, S. 32). In sowjetischen Publikationen wurden sie auch als Fehl- und Mißgriffe (promachi, neudači) kritisiert.

In dem vorliegenden Handbuch wurden die von der Sowjetideologie abgeleiteten Neologismen zum ersten Mal aus einer Vielzahl von Quellen zusammengefaßt. Sie wurden aus Kalendern, Büchern, Zeitungen, Zeitschriften und dem Internet ermittelt. Auch einige mündliche Hinweise wurden aufgenommen. Da die Kombinations- und Ableitungsmöglichkeiten unerschöpflich zu sein scheinen, kann ein Anspruch auf Vollständigkeit nicht erhoben werden.

Dieses Namensverzeichnis soll vor allem zum „Dechiffrieren" (russ. rasšifrovka) der in den ersten nachrevolutionären Jahrzehnten massenweise gebildeten künstlichen Vornamen dienen. Die Entstehung und Bedeutung dieser zum großen Teil aus Buchstabenkombinationen und Abkürzungen bestehenden abnormen Neubildungen sind nicht nur für Ausländer, sondern selbst für Russen meist schwer zu enträtseln. Zudem gibt es für eine ganze Reihe dieser kommunistischen Modenamen mehrere Auflösungen. Allein für den Abkürzungsnamen Rėm wurden 14 verschiedene Bedeutungen festgestellt.

Während nach der Durchsicht des orthodoxen Kirchenkalenders Ende des 19. Jahrhunderts etwa 900 männliche und ungefähr 250 weibliche kanonische Namen übrigblieben, wurde in den ersten Jahrzehnten nach der bolschewistischen Machtübernahme das russische Vornamensrepertoire um etwa 3000 Namen erweitert. Es erfolgte eine Internationalisierung und Politisierung, d. h. Sowjetisierung des Namensbestandes und die Disproportion zwischen männlichen und weiblichen Namen änderte sich. Ein großer Teil waren entlehnte Namen, vor allem aus den westeuropäischen Sprachen. Die übrigen waren Neubildungen mit bis dahin völlig unbekannten Namen. Die versuchte Entchristianisierung der russischen Vornamen ist trotz vieler Maßnahmen nicht gelungen und blieb ein Experiment. Die künstlich konstruierten sowjetischen Vornamen konnten sich nicht gegen eine seit der Einführung des Christentums im Jahre 988 entstandene tausendjährige Namenstradition durchsetzen. Von Anfang an wurden von der Mehrheit der Bevölkerung statt der innerhalb kurzer Zeit eingeführten kurzlebigen Sowjetismen konventionelle Namen bevorzugt.

Die neugebildeten revolutionären Vornamen wurden zuerst und vorwiegend in den Städten verwendet, auf dem konservativen Lande hinkte die Entwicklung hinterher. Unverändert erhalten 95 % aller in den Großstädten Rußlands registrierten Neugeborenen traditionelle Namen (Superanskaja, Suslova, 2008, S. 94). Nur etwa 5 % der Neugeborenen erhielten in den Anfangsjahrzehnten der Sowjetzeit revolutionäre Vornamen. Es betraf hauptsächlich die Familien der herrschenden Schicht der Partei- und Staatsfunktionäre, der Armeekommandeure und Angehörigen der Sicherheitsorgane sowie der sowjetischen Intelligenz in der ersten Generation (Irošnikov, Šelaev: Bez retuši, S. 89).

Die „revolutionäre" Vornamengebung war zwar nur eine kurzlebige Erscheinung, die ungewöhnlichen Kreationen der 20er und 30er Jahre kamen und kommen aber noch immer in nicht unbeträchtlicher Zahl als Vor- und Vatersnamen vor. Davon kann man sich bei einem Blick in aktuelle Telefonverzeichnisse und biographische Handbücher überzeugen. Nachfolgend einige Beispiele. Es wurde versucht, möglichst **prominente Namenträger** der ersten und zweiten Generation aufzulisten. Da nur der Zeitpunkt der Namengebung in der Sowjetzeit (1917–1991) von Interesse ist, wurde, soweit bekannt, bloß das Geburtsjahr angegeben:

Arlen Michajlovič Il'in (geb. 1932), Mathematiker, Mitglied der Russischen Akademie der Wissenschaften
Avangard Nikolaevič Leont'ev (geb. 1947), Theaterschauspieler
Barrikad Vjačeslavovič Zamyšljaev (geb. 1925), Generalleutnant, Doktor der technischen Wissenschaften, korrespondierendes Mitglied der Russischen Akademie der Wissenschaften
Ėdison Vasil'evič Denisov (geb. 1929), Komponist

Ėl'dar Aleksandrovič Rjazanov (geb. 1927), Filmregisseur
Ėrlen Kirikovič Pervyšin (geb. 1932), 1989–1991 Minister für Fernmeldewesen der UdSSR
Genij Evgen'evič Ageev (geb. 1929), Generaloberst, August 1990 – August 1991 erster Stellvertreter des KGB-Vorsitzenden der UdSSR
Iskra Vital'evna Denisova (geb. 1925), Literaturkritikerin
Jasen Nikolaevič Zasurskij (geb. 1929), ehemaliger langjähriger Dekan der Fakultät für Journalistik an der Moskauer Universität
Len Vjačeslavovič Karpinskij (geb. 1929), Journalist
Marat Vladimirovič Gramov (geb. 1927), 1986–1989 Vorsitzender des Staatskomitees für Körperkultur und Sport der UdSSR
Marks Samoilovič Tartakovskij (geb. 1930), Historiker und Politologe
Mjud Marievič Mečev (geb. 1929), Graphiker
Ninel' (Ninella) Aleksandrovna Kurgapkina (geb. 1929), Ballettänzerin
Rėm Ivanovič Vjachirev (geb. 1934), 1993–2001 Vorsitzender des Vorstandes der Aktiengesellschaft „Gazprom"
Stalen Nikandrovič Volkov (geb. 1925), künstlerischer Mitarbeiter im Moskauer Filmstudio Mosfil'm
Stalina Vasil'evna Škabrova, Delegierte des 25. Parteitages der KPdSU (1976)
Vancetti Ivanovič Čukreev (geb. 1928), Schriftsteller
Varlen L'vovič Strongin (geb. 1932), Schriftsteller
Vil' Vladimirovič Lipatov (geb. 1927), Schriftsteller
Vlail' Petrovič Kaznačeev (geb. 1924), Mitglied der Medizinischen Akademie Rußlands, wissenschaftliche Tätigkeit auf dem Gebiet der Therapeutik
Vol't Nikolaevič Suslov (geb. 1926), Schriftsteller

Vadim **Ėlektronovič** Mistrjukov, Mitarbeiter des Instituts für allgemeine und anorganische Chemie in Moskau (erwähnt in der Pravda vom 22.3.1986, S.6)
Vladimir **Ėngel'sovič** Mal'cev (geb. 1949), 1991–1999 Chefredakteur der Zeitung „Marijskaja pravda", Republik Marij Ėl, Russische Föderation
Jurij **Lenslavovič** Tugarinov (geb. 1946), Komponist
Vladimir **Marksovič** Musorin, Delegierter der 19. Unionskonferenz der KPdSU (1988)
Andrej **Mėlorovič** Sturua (geb. 1950), Fernsehjournalist
Aleksej **Oktjabrinovič** Balabanov (geb. 1959), Filmregisseur
Aleksandr **Stal'evič** Vološin (geb. 1956), 2000–2003 Leiter der Administration von Präsident Putin
Egor **Timurovič** Gajdar (geb. 1956), 16.6.1992–14.12.1992 amtierender Regierungschef Rußlands

Aleksandr **Vilanovič** Bezrukov (geb. 1972), Film- und Theaterschauspieler
Ol'ga **Vilenovna** Vasil'eva, Delegierte des 18. Komsomolkongresses (1978) (Komsomol – Leninscher kommunistischer Jugendverband der UdSSR)
Stanislav **Viliorovič** Osadčij (geb. 1951), Diplomat, 2004–2010 Botschafter Rußlands in Österreich
Sergej **Vladilenovič** Kirienko (geb. 1962), 24.4.1998–23.8.1998 Regierungschef Rußlands

Der revolutionäre Namensbestand verringerte sich, weil viele Sowjetbürger bei Erreichen der Volljährigkeit ihre ungeliebten sowjetischen Vornamen ändern ließen. Es gab auch zwingende politische Gründe zur Namensänderung. Nachdem Trockij und andere führende Bolschewiken als Stalins Gegner im innerparteilichen Machtkampf zu Staatsfeinden erklärt und später liquidiert worden waren, mußten zusätzlich zahlreiche Namenswechsel vorgenommen werden. Eine weitere Säuberung im sowjetischen Namensvorrat erfolgte nach der von Chruščëv 1956 eingeleiteten Entstalinisierung. Stalins engster Mitarbeiter Berija verschwand schon drei Jahre vorher aus dem kommunistischen Vokabular, da er 1953 entmachtet und als Verräter erschossen worden war. Bei der Eliminierung von Vornamen wie Lenstalber, Lestaber und Lestanber (Lenin, Stalin, Berija) war auch Lenin betroffen. Eine Möglichkeit, die neuen Namen durch traditionelle zu ersetzen, bot auch die im Dezember 1932 begonnene Einführung von Personalausweisen (pasportizacija) ab dem 16. Lebensjahr.

Die Söhne und Töchter, die von ihren klassenbewußten und linientreuen Eltern absurde und umständliche sozialistische Vornamen erhielten, hatten es im täglichen Leben nicht leicht. Sie wurden verspottet und man stellte ihnen unangenehme und lästige Fragen. Erst bei Erreichen der Volljährigkeit konnten sie die unerwünschten Namen durch selbstgewählte ersetzen lassen. Bis dahin gaben sie sich in der Schule, am Arbeitsplatz, im Bekanntenkreis und im privaten Bereich nichtamtliche Kurznamen. Aus Ėlektrifikacija (Elektrifizierung) wurde Ėlja oder Ėlla, für Oktjabr'skaja Revoljucija (Oktoberrevolution) gab es die Ersatznamen Rina und Riva und Proletarskaja Revoljucija (Proletarische Revolution) nannte sich Prolik. Eine Stalina gab sich die Kurzform Alja und Stalina und Markėnglena (Marx, Engels, Lenin), Töchter eines Parteifunktionärs, nannte man der Einfachheit halber Lena und Mara. Ein Revoljucioner (Revolutionär) litt jedoch sehr unter der Kurzform seines Namens, weil ihn seine Mitschüler Revusik nannten. Bastik hieß mit vollem Namen Bastilin (von franz. Bastille). Diktatura und Dizel' wurden zu Dita und Dizja verkürzt.

Der bekannte Filmregisseur Igor' (Industrij) Vasil'evič Talankin (geb. 1927) behielt seinen amtlichen Vornamen Industrij (von industrializacija – Industrialisierung), nannte sich aber Igor' und schrieb den eingetragenen Vornamen in

Klammern. Die prominente Filmschauspielerin Nonna (Nojabrina) Viktorovna Mordjukova (geb. 1925), deren Eltern überzeugte Kommunisten waren, behielt ebenfalls ihren amtlich registrierten revolutionären Vornamen, nannte sich aber Nonna. Die Film- und Theaterschauspielerin Ninel' Konstantinovna Myškova (geb. 1926) bevorzugte Eva statt des beurkundeten sowjetischen Vornamens. Die bekannte Lyrikerin Rimma Fëdorovna Kazakova (geb. 1932) erhielt von ihren Eltern, die Kommunisten waren, den Vornamen Rėmo, was als Revolution, Elektrifizierung, der weltumspannende Oktober zu dechiffrieren ist. Viele Jahre genierte sie sich wegen des revolutionären Namens. Als sie sich im „reifen Alter" taufen ließ, erhielt sie zusätzlich den Heiligennamen Rimma.

Eine sowjetische Zeitschrift berichtete in ihrem Feuilleton aus Moskau, daß die 1920 geborenen Zwillingsschwestern Anarchija und Utopija (Anarchie und Utopie) ihren Vater verfluchen (kljanut), weil er ihnen so absurde Namen gegeben hatte (Narin'jani). Dagegen erklärte eine 1924 geborene Granata Nazarova, daß sie stolz auf ihren von einem Arbeitskollektiv ausgesuchten einzigartigen Namen ist und nannte die Granate eine Kampfwaffe des Proletariats (Nazarova, S. 260). Die in der Familie eines Kommunisten geborenen Geschwister Kompart (Kommunistische Partei) und Cėka (Zentralkomitee) nannten sich wegen ihrer unerwünschten abwegigen Vornamen im häuslichen Bereich Koma und Salja. Da ihr Vater erwartete, daß sie stolz auf ihre ungeliebten Sowjetnamen sind, hatten sie bei Erreichen der Volljährigkeit eine Änderung nicht vornehmen lassen.

In einem Brief an die Gewerkschaftszeitung „Trud" (Ausgabe vom 25.11.1984, S.2) beklagte sich eine Buchhalterin aus Rostov-na-Donu (Rostov am Don) über ihren „absurden" Vornamen Čel'nal'dina, der „die Besatzung der Čeljuskin auf der Eisscholle" bedeutet. Das ganze Leben mußte sie erstaunte Blicke und spöttische Fragen ertragen. In der Schulzeit wollten Jungen, die ihr gefielen, sich wegen des „albernen" Namens nicht mit ihr anfreunden. In ihrer Jugend wurde sie krankhaft schüchtern und das komplizierte ihr Leben. Die Briefschreiberin wurde von der Redaktion belehrt, daß es nicht auf den Namen, sondern auf den Menschen ankomme. Als Beispiel wurde ein Dreher aus Ufa mit dem ungewöhnlichen Namen Vol'ter (Voltaire) genannt, der sich großer Wertschätzung erfreue.

Auch ehemalige Politbüromitglieder gaben ihren Kindern revolutionäre Vornamen. A. I. Mikojan (1895–1978) nannte einen seiner Söhne zu Ehren Lenins Vladimir. Revolij, abgeleitet von russisch revoljucija (Revolution), wurde der 1929 geborene Sohn M. A. Suslovs (1902–1982) genannt. Volja (Freiheit) heißt die 1925 geborene Tochter G. M. Malenkovs (1902–1988). Eine der Töchter von Marschall G. K. Žukov (1896–1974) erhielt den sowjetischen Namen Ėra (Ära, Zeitalter) (geb. 1928). D. F. Ustinovs (1908–1984) Sohn Nikolaj wurde 1931 als Rėm geboren. 1947 ließ er ohne Wissen der Eltern seinen aus Revolution, Engels und Marx gebildeten revolutionären Vornamen ändern (NTV Mir 2.8.2011,10:21). Der Vorname von Stalins (1879–1953) Adoptivsohn Tomik (Artëm Fëdorovič Sergeev, Jahrgang 1921), den er ohne gesetzliche Regelung aufgenommen hatte, bedeutet dagegen nicht „toržestvo marksizma i kommunizma" (der Sieg des Marxismus und Kommunismus), sondern wurde vom englischen Tom abgeleitet. Sein Vater Fëdor Andreevič Sergeev, ein Gesinnungsgenosse Stalins, war bei der Erprobung eines Propellerzuges ums Leben gekommen. Während seines Aufenthaltes in Australien nannte man ihn Tom. Daraus entstand die Diminutivform Tomik. Ideologischen Ursprungs ist auch nicht der Vorname von N. S. Chruščëvs (1894–1971) Tochter Rada, Jahrgang 1929. Er entstand nicht, wie in einigen russischen Publikationen zu lesen ist, aus den Anfangsbuchstaben der Worte rabočaja demokratija (Arbeiterdemokratie). Wie mir Frau Rada Nikitična Adžubej (Chruščëva) auf meine Anfrage in einem Brief (s. Anhang) vom 17.1.2011 mitteilte, hatte die Namensgebung einen ganz einfachen Grund. Ihre Mutter erklärte ihr „Ich war über Deine Geburt sehr erfreut (russ. rada) und so habe ich Dich genannt".

Ob es für jeden der absurden Sowjetismen einen realen Namenträger gab oder gibt, ist nicht bekannt. Solche ungewöhnlichen bizarren Gebilde vorzuschlagen, war für Eltern, die bei der Namenwahl nicht leichtsinnig, sondern verantwortungsbewußt verfuhren, weil sie an die unerwünschten Konsequenzen für ihre Kinder dachten, auf jeden Fall eine Zumutung, besonders, wenn sie unter einem Loyalitätsdruck standen. Die ganz neuen Namen waren Teil der Bestrebungen, eine neue Sprache (russ. „novojaz" – novyj jazyk) zu schaffen und hatten deshalb keinen Bezug zur nationalen Namenstradition. In vielen extremen Fällen überwogen die revolutionäre Euphorie und das allgemeine Pathos den gesunden Menschenverstand. Die ungewohnten ideologisierten Neuschöpfungen widerspiegeln nur die Geschichte des bolschewistischen Staates.

Nicht alle Vornamen aus dem sowjetischen Erbe sind nur noch eine historische Kuriosität. Einige wenige haben sich, obwohl künstlich gebildet, in den aktiven russischen Namensbestand (russ. imennik) eingefügt und mehr als eine Generation überlebt. Bekannte Beispiele sind die von Lenin abgeleiteten Neologismen Vladlen, Vladlena, Vladilen, Vladilena, Vil', Vilen, Marlen und Ninel'. Sie sind wohlklingend und wegen ihrer Kürze leicht auszusprechen. Außerdem bestehen ein Gleichklang und eine Ähnlichkeit mit traditionellen Vornamen wie Vladimir, Lena und Nina (Ščetinin, 1968, S. 40 und Nikonov: Iščem imja, S.31). Deshalb wurden sie nicht nur aus ideologischen Gründen ausgewählt. Gut angepaßt an die russischen Lautverhältnisse sind auch die Neubildungen Karina, Kim, Majja, Oktjabrina und Talina.

Zu den von einigen Namensforschern geschätzten **3000 neuen Vornamen**, um welche der russische Namensbestand nach 1917 vorübergehend erweitert wurde, gehören außer den reinen Sowjetismen unzählige Entlehnungen aus westlichen und östlichen Sprachen, Ableitungen von geographischen Begriffen und Namensbildungen aus den verschiedensten Bereichen.

In der kommunistischen Ideologie und Phraseologie häufig vorkommende Schlagworte und Parolen waren die Grundlage für eine Fülle von Vornamen aus Silben- und Buchstabenkombinationen sowie einzelnen Wörtern. Sie enthalten zentrale Begriffe wie Agitation, Arbeit, Elektrifizierung, Fünfjahresplan, Klassenkampf, Kommunismus, neue Ära, Proletariat, Sieg, Revolution, Oktober- und Weltrevolution. Allein von den drei letzteren Beispielen wurden fast 170 Ableitungen gezählt. In dem Bestreben, möglichst mehrere dieser vielgebrauchten Worte aus Propaganda und Agitation in einem Vornamen zu vereinen, entstand durch die Zusammenziehung von Anfangssilben und Initialen ein völlig neuer Typ von Abkürzungsnamen, der im Russischen složnosokraščënnoe imja oder složnosostavnoe imja genannt wird. Zu solchen **Abbreviaturen aus dem bolschewistischen Vokabular** gehören z. B. folgende Vornamen, bei welchen es sich zum Teil um Kurzvarianten von Losungen handelt:

Bužitork (Wir werden im siegreichen Kommunismus leben.)
Ėrik (Elektrifizierung, Radiofizierung, Industrialisierung, Kommunismus)
Gėta (Staat, Elektrizität, Arbeit, Avantgarde)
Kėm (Kommunismus, Elektrifizierung, Mechanisierung)
Klasbor, Klassoboj, Klassobor (Klassenkampf)
Klasspolit (Klassenpolitik)
Kompro (Kommunismus, Proletariat)
Obiperam (Wir werden Amerika einholen und überholen.)
Prodikt (proletarische Revolution)
Radnėr (freue dich über die neue Ära)
Rem (Revolution, Einigkeit, Marxismus)
Slučkos (Ehre den Teilnehmern der kommunistischen Wettbewerbe)
Virakl (Ich bin überzeugt von den Ideen der Arbeiterklasse.)

Das Kompositum Trolebuzina setzt sich aus Trockij, Lenin, Bucharin und Zinov'ev zusammen und ist nicht zu verwechseln mit dem Trolleybus (Oberleitungsbus, Obus), für den der Vorname Trollejbus kreiert wurde

Ausländische Vornamen, die durch Literatur, Theater und in Rußland lebende Ausländer schon vor 1917 bekannt waren, wurden nach der Freigabe der Namenwahl in den nachrevolutionären Jahrzehnten in großem Umfange gegeben. Nachfolgend jeweils einige Beispiele zu einzelnen Ländern und Regionen, aus welchen russische entlehnte Vornamen stammen (in der russischen Schreibweise):

Deutschland – Kunigunda, Otto, Zigfrid
England – Nelli, Pol', Ronal'd

Frankreich – Anri, Žak, Žozefina
Italien – Anželo, Paola, Violetta
Spanien – Estella, Ramona, Rosita
Skandinavien – Freja, Rogneda, Sven
Polen – Jadviga, Vanda, Vojcech
Tschechien – Vlasta
Ungarn – Ferenc, Ilona, Tibor
Rumänien – Aurika
aus dem Kaukasus – Ruben, Tigran, Vartan (alle aus Armenien)
Suliko, Tariel, Vachtang (alle aus Georgien)
aus den Turksprachen – Čingiz, Sulejman, Tengiz
aus dem arabischen Sprachraum – Amina, Fatima, Osman
Persien – Rušan
Indien – Indira
China – Li
Japan – Gejša

Eine weitere Neuheit im Namenbestand bildeten **Abstrakta**. Sie waren als Fremdworte schon vor 1917 in Rußland bekannt, konnten aber erst nach Einführung der freien Namenwahl als Vornamen gegeben werden. Zu ihnen zählen allgemein bekannte Begriffe wie Alternativa, Anarchija, Džoj (von englisch joy – Freude, Glück), Ėpocha, Ėra, Ėrnuvel' (von französisch ère nouvelle – neue Ära), Fantazija, Garmonija (Harmonie), Ideal, Ideja, Iniciativa, Kriterij, Progress, Propaganda, Talant (Talent, Begabung), Utopija. Aus dem Russischen abgeleitet sind Mysl' (Gedanke, Idee) und Sivren, das aus den Worten für Kraft, Wille, Verstand und Tatkraft zusammengesetzt wurde.

Zu **Karl Marx** (1818–1883) konnten mehr als 150 Ableitungen ermittelt werden. Sie betreffen in der Mehrzahl ihn selbst in allen erdenklichen Kombinationen, aber auch den Marxismus, sein Hauptwerk und seine Angehörigen. Zu diesen neuen ideologischen Vornamen gehören Karl, Marks, Marlen (Marx, Lenin), Fėm (Friedrich Engels, Marx), Ėlem (Engels, Lenin, Marx), Diamat und Istmat (dialektischer und historischer Materialismus), Kapitalin und Kapitalina (nach seinem Hauptwerk „Das Kapital"), Dženni oder Ženni (seine Frau Jenny von Westphalen), die Töchter Ėleonora und Laura, Lafarg (sein Schwiegersohn Paul Lafargue) und Mavr (der Mohr), der Deckname für Marx in der bolschewistischen Illegalität.

Als einer der „Klassiker" des Marxismus-Leninismus wurde **Friedrich Engels** (1820–1895) in 107 ermittelten neuen revolutionären Vornamen berücksichtigt. Außer um Ableitungen von Friedrich und Engels (Frid, Fridrich, Ėngel', Ėngel's, Ėngfrid usw.) handelt es sich um Kombinationen von Namen wie

Lemaren (Lenin, Marx, Engels)
Lenmaren (Lenin, Marx, Engels)
Maren (Marx, Engels)
Marksen (Marx, Engels)
Marlen (Marx, Lenin, Engels)
Mels (Marx, Engels, Lenin, Stalin)

Die meisten Neubildungen von Personen gibt es von **Lenins** (1870–1925) Vor-, Vaters-, Familien- und Decknamen, vorwärts und rückwärts. Insgesamt wurden 548 Vornamen festgestellt, wobei kein Anspruch auf Vollständigkeit erhoben wird, zumal die Kombinationsmöglichkeiten unbegrenzt zu sein scheinen. Es handelt sich zumeist um Abkürzungsnamen aus den „Klassikern" des Marxismus-Leninismus, um Neologismen mit zentralen Begriffen aus der bolschewistischen Ideologie wie Revolution, Welt- und Oktoberrevolution, Marxismus, Kommunismus, Lenins Vermächtnis, Lenin das Genie, Lenin als Organisator der Revolution, des Staates und der Arbeit. Der größte Teil dieser Neuschöpfungen entstand nach dem Tode Lenins im Januar 1924, als sich ein Kult um seine Person entwickelte. Viele sind verkürzte Losungen. Populär waren in bolschewistischen Kreisen die neuen ideologischen Namen Vladimir und Vladimira. Der Vorname Viulen enthält die Anfangsbuchstaben von Lenins vier Namen: Vladimir Il'ič Ul'janov-Lenin. Zu den Abkürzungsnamen gab es außerdem noch unzählige Diminutiva (s. Tichonov). Beim Kreieren neuer Vornamen war man sehr erfinderisch. Allein aus Lenina entstanden durch Verkürzung drei weitere revolutionäre Vornamen: Ina, Lina und Nina. Eine weitere Möglichkeit war das Rückwärtslesen von Worten oder Wortreihen. So entstand aus Lenin Ninel, ein sehr häufiger Vorname mit vielen maskulinen und femininen Varianten. Der Vorname Rozanel' besteht aus Roza (Luxemburg) und der umgekehrten ersten Silbe von Lenin. Eine Umstellung der ersten Buchstaben von V. I. Lenin-Uljanov findet man in dem sowjetischen Vornamen Luvi.

Die vielen revolutionären Vornamen zu **Lev Davidovič Trockij** (1879–1940) konnten nur eine begrenzte Zeit Neugeborenen verliehen werden (z. B. Lev, Trockij und Abbreviaturen wie Ledat, Ledav, Troled, Troledav u. a.). Als Trockij im Machtkampf gegen Stalin unterlag und zum Staatsfeind Nr. 1 erklärt wurde (Parteiausschluß 1927, 1929 des Landes verwiesen, 1932 Aberkennung der sowjetischen Staatsbürgerschaft, 1940 Ermordung) mußten für die Träger von ihm abgeleiteter Vornamen andere Vornamen registriert werden, damit sie nicht als Trotzkisten galten und von Repressalien bedroht wurden. Eine Anfang der 20er Jahre geborene Trägerin des skandinavisch klingenden Vornamens Trol'da verschwieg jedoch ihr ganzes Leben, daß dieser von Trockij abgeleitet worden war (Ospovat, S. 272).

Der Personenkult um **Stalin** (1879–1953) bewirkte eine Fülle von Ableitungen seines Namens und Silbenkombinationen. Zu den hierzu fast 100 ermittelten Vornamen gehören: Ivis (Iosif Vissarionovič Stalin), Pores (gedenke der Entscheidungen Stalins), Stalina und als Verkürzungen Talina, Stalja, Lina, Ina, Alja, Staliv (Stalin Iosif Vissarionovič), Staltor und Stator (Stalin siegt), Stalvek (das Stalinsche Jahrhundert), Vestal (der große Stalin). Einige Neubildungen sind nur einsilbig: Is, Les (Lenin, Stalin), Lis (Lenin und Stalin), Mels (Marx, Engels, Lenin, Stalin), Stal', Stz (Stalingrader Motorenwerk) und Verst (Treue zu Stalin). In Mode kamen auch die Vornamen von Stalins Tochter Svetlana (1926–2011) und seines zweiten Sohnes Vasilij (1921–1962). Während es nach der Revolution noch Abkürzungen wie Stalet (Stalin, Lenin, Trockij) gab, durfte Stalins Name später nur noch mit Lenin, Marx und Engels kombiniert werden. Einzige Ausnahme war Berija (z. B. Stalinber – Stalin, Berija). Im Zuge der Entstalinisierung nach Chruščëvs Geheimrede auf dem 20. Parteitag der KPdSU (Februar 1956) mußten einige Namen nur geringfügig geändert werden. So wie man auf offiziellen Photos in Ungnade gefallene Bolschewiken wegretuschierte, wurde aus Mèls Mèl, aus Marlens (Marx, Lenin, Stalin) Marlen und Mèlsor (Marx, Engels, Lenin, Stalin, Oktoberrevoltuion) mutierte zu Mèlor. Stalina wurde zu Talina und Lina verkürzt.

Außer Lenin, Trockij und Stalin fanden noch andere **führende Bolschewiken** Eingang in den nachrevolutionären Namensbestand: L. P. Berija (1899–1953) mit Bestrev, Bestreva u. a., N. I. Bucharin (1888–1938) mit Bucharina, Buchariza u. a., L. B. Kamenev (1883–1936) mit Kamena, Zikatra, S. M. Kirov (1886–1934) mit Kir, Kira, G. K. Ordžonikidze (1886–1937) mit Ordžonika, Ordžonikida, K. B. Radek (1885–1939) als Radek, S. G. Šaumjan (1878–1918) mit Lentroš, G. E. Zinov'ev (1983–1936) mit Zinovij, Zinovija.

Der bolschewistische Vorname Air wurde aus den Initialen von Aleksej Ivanovič Rykov (1881–1938) gebildet. Sein Familienname ist auch Bestandteil der Silbenkombination Vobudryk. Als Nachfolger Lenins war er von 1924 bis 1930 Vorsitzender des Rates der Volkskommissare der UdSSR. Ebenso wie er verschwanden auch die anderen prominenten Opfer der Stalinschen Säuberungen der 30er Jahre aus dem sowjetischen Namensbestand und von ihnen abgeleitete Vornamen mußten geändert werden. Bei der Aussonderung von Konstruktionen wie Lenzina (Lenin, Zinov'ev), Trolezin (Trockij, Lenin, Zinov'ev) und Trolebuzin (Trockij, Lenin, Bucharin, Zinov'ev) mußte auch Lenin eliminiert werden.

Die sowjetischen Vornamen Kalina und Mika weisen auf Michail Ivanovič Kalinin (1875–1946) hin. Er war nominelles Staatsoberhaupt der RSFSR (1919–1922) und der Sowjetunion (1922–46).

Feliks Èdmundovič Dzeržinskij (1877–1926), einer der Organisatoren des roten Terrors, wurde mit insgesamt 12 revolutionären Namen gewürdigt: Drž, Dzefa,

Džermen (in Kombination mit seinem Nachfolger V. R. Menžinskij), Džermen, Dzerž, Ėdmund (zu Ehren seines Vaters), Fėd, Feldz, Fel'dz, Felicija, Feliks und Feliksana.

Anatolij Vasil'evič Lunačarskij (1875–1933) war als erster Volkskommissar für das Bildungswesen der RSFSR (1917–1929) für die Kulturpolitik verantwortlich. Sein Familienname wurde zu den sowjetischen Vornamen Lunačar und Lunačara verkürzt. Die Vornamen Kollontaj und Kollontaja stammen von Aleksandra Michajlovna Kollontaj (1872–1952), ebenfalls Mitglied der ersten Sowjetregierung mit dem Ressort Sozialwesen. Sie wurde bekannt durch ihre Thesen zur kommunistischen Moral in den ehelichen Beziehungen, in welchen sie die freie Liebe in einer kommunistischen Gesellschaft propagierte.

Ebenso findet man in den Namenslisten der Sowjetzeit bekannte Armeekommandeure: S. M. Budënnyj (Budëna, Vobudryk), V. K. Bljucher (Bljucher), V. I. Čapaev (Čapaj), M. V. Frunze (Frunze, Frunzik), den Politkommissar D. A. Furmanov (Furman) und andere Militärs. Die neukreierten Vornamen Kev, Klim, Vobudryk, Vorošil und Vors stehen im Zusammenhang mit Marschall Kliment Efremovič Vorošilov (1881–1969), der an der Säuberung der Roten Armee in den Jahren 1937 und 1938 wesentlich beteiligt war. Von 1953 bis 1960 befand er sich auf dem rein repräsentativen Posten des Vorsitzenden des Präsidiums des Obersten Sowjets der UdSSR.

Aus der Nachkiegszeit gibt es nur vereinzelte Fälle ungewöhnlicher Namensbildungen. Die Vornamen Nikserch, Niserch und Nisercha sind als Nikita Sergeevič Chruščëv (1894–1971) zu dechiffrieren. Er war von 1953 bis 1964 Erster Sekretär des ZK der KPdSU und von 1958 bis 1964 Vorsitzender des Ministerrates der UdSSR. Weitere Beispiele sind in den Abschnitten zur Landwirtschaft und Weltraumfahrt zu finden.

Aus der Brežnev-Ära stammen die kuriosen Vornamen Libčeger und Libnacela, für die eine Eintragung in ein Geburtsregister nicht nachgewiesen werden konnte. Der erste Vorname bezieht sich auf Brežnevs (1906–1982) viermalige Auszeichnung als Held der Sowjetunion und bedeutet „Leonid Il'ič Brežnev – vierfacher Held". Der andere Vorname ist als „Leonid Il'ič Brežnev auf dem Neuland" zu entschlüsseln und erinnert an seine Zeit als Zweiter (1954–1955) und Erster Sekretär (1955–1956) des ZK der KP Kazachstans, wo er für die Neulandgewinnung verantwortlich war. Später war Brežnev von 1964 bis 1982 zunächst Erster und dann Generalsekretär des ZK der KPdSU.

Auch nach der politischen Wende wurden von Boris Nikolaevič El'cin (1931–2007), dem ersten Präsidenten der Russischen Föderation (1991–1999), Abkürzungsnamen abgeleitet: Bonel und Borel'. Zu Ehren seines Nachfolgers Vladimir Vladimirovič Putin (geb. 1952) wurde der ungewöhnliche Name Vlapunal gebildet. Er bedeutet „Vladimir Putin-naš lider" (Vladimir Putin-unser Leader). Sein

Nachfolger im Präsidentenamt, Dmitrij Anatol'evič Medvedev (geb. 1965) wurde mit dem 2011 in Omsk beurkundeten Mädchennamen Medmia geehrt. Er ist als die Anfangsbuchstaben von Vor-, Vaters- und Familiennamen zu entschlüsseln.

Umfangreich ist der **Namenbestand, welcher von der Geschichte, den Institutionen und Parolen der herrschenden Staatspartei abgeleitet** wurde. Hierzu gehören Apparat (Parteiapparat), Bol'ševik, Partija (Partei), Jačejka (Parteizelle), Kompar und Kompart (kommunistische Partei), Komitet (Komitee), Cėka (Zentralkomitee), Gorkom, Obkom, Rajkom (Stadt-, Gebiets- und Rayonkomitee der Partei), Genlin (Generallinie der Partei), Gensek (Generalsekretär der Partei), Tovarišč (Parteigenosse), Iskra und Pravda (Parteizeitungen). Lenpriz, das Leninsche Parteiaufgebot, erinnert an den Masseneintritt in die Partei nach Lenins Tod im Januar 1924 und Mina an den 1. Parteitag in Minsk im Jahre 1898. Lepan steht für die Parole „Leninskaja partija nepobedima" und bedeutet „Die Leninsche Partei ist unbesiegbar". Ein Vorname enthält eine Ziffer: XX Parts-ezd (20. Parteitag). Das Marx-Engels-Lenin-Stalin-Institut beim ZK der KPdSU (1954–1956) wurde als Imėls chiffriert.

Auf wichtige programmatische Dokumente aus der Geschichte des bolschewistischen Rußlands weisen die neugebildeten Vornamen Dekra, Dekret, Dekreta und Dekretina hin. Sie beziehen sich auf die ersten von Lenin verfaßten Dekrete vom 26.10.(8.11.)1917 über den Frieden (russ. mir) und die Landaufteilung. Speziell zu dem ersteren Dekret gab es die Neubildungen Ljubomir, Miroljub und Radomir. Die Vornamen Apreliana, Tezian und Tezisian gehen auf die Zeit vor dem Oktoberputsch zurück. In den April-Thesen (Aprel'skie tezisy) vom 4.(17.)4.1917 hatte Lenin seinen Plan einer sozialistischen Revolution entworfen, d. h. den Übergang von der parlamentarischen Republik zur Republik der Sowjets.

Mit den **„revolutionären" Monatsnamen Oktober und November** ist eine Fülle von Vornamen verbunden, die alle auf die Oktoberrevolution hinweisen, deren Jahrestag nach dem am 24.1.(6.2.)1918 eingeführten Gregorianischen Kalender am 7. November gefeiert wurde. Dazu einige Beispiele: Dajmirokt („Gib der Welt den Oktober"!, gemeint ist die Weltrevolution), Dazdrasen („Es lebe der 7. November"!), Krasnyj Oktjabr' (Roter Oktober), Mėlo (Marx, Engels, Lenin, Oktober), Nojabrina (nojabr' – November), Oktjabrij, Oktjabrina, Olor (11 Jahre Oktoberrevolution), Or, Roj (Revolution, Oktober, Internationale), Sed'moe Nojabrja (7. November), Veor (die Große Oktoberrevolution), Voler (der Große Oktober, Lenin, Revolution). Grundlage für eine Inflation von Namensbildungen war das Wort Revolution (revoljucija), das sich auf die Oktober – und Weltrevolution bezog. Erstere sollte gemäß der deterministischen Geschichtsauffassung von Marx in Rußland die letzte Revolution vor dem Endstadium des Kommunismus sein. Da nach dem Oktoberumsturz die erwartete „unausweichliche" Weltrevolution ausblieb, verkündete Stalin Anfang 1925 seine Thesen vom Sozialismus in einem Lande. Trockij vertrat dagegen die Theorie von der „permanenten Revolution", nach welcher die sozialistische Revolution in Rußland nur gelingen konnte, wenn sie auch in anderen Ländern, besonders in den Industriestaaten, erfolgreich sei. Namenkombinationen mit der nunmehr aufgeschobenen Weltrevolution waren als Trotzkismus nicht mehr erwünscht. Die sozialistische Umgestaltung in der Sowjetunion, „einem Sechstel der Erde", sollte die Basis und das Vorbild für die spätere Ausbreitung des Sozialismus auf der ganzen Welt sein. Dieses Sendungsbewußtsein des russischen Volkes, das auserwählt war, die neue Gesellschaftsordnung auf die übrigen Länder auszudehnen, kam auch in der Namengebung zum Ausdruck. In diesem Zusammenhang steht die früher auch in Ostdeutschland verbreitete Losung „Von der Sowjetunion lernen heißt siegen lernen". Es kam noch hinzu, daß seit Anfang der 30er Jahre statt des proletarischen Internationalismus ein Sowjetpatriotismus gefördert wurde, der vor allem an die nationalen Gefühle der Russen appellierte.

Den **kommunistischen Jugendorganisationen** der Pioniere für die 9–14jährigen (seit 1922) und des Komsomol für die 14–28jährigen (seit 1918) sind eine ganze Reihe von Neubildungen gewidmet. Hierzu gehören auch die Vornamen Trik (drei K) und Trikom (drei Kom), bestehend aus Komsomol, Komintern, Kommunismus und Rėm für die revolutionäre Jugend. Kim, Kima und Kimjud wurden von der Kommunistischen Jugend-Internationale (1919–1943), einer Sektion der Komintern, abgeleitet.

Vielfältig sind die Kombinationen in den Neubildungen mit dem Wort **Internationale**, von dem es auch einige Verkürzungen gab. Zahlreiche Kontraktionen wurden von Komintern (Kommunistische Internationale, 1919–1943) gebildet: Kin, Kina, Kint, Kinta, Kir, Kira, Komin, Komint, Kominta, Ikki (Exekutivkomitee der Kommunistischen Internationale). Manki (Manifest der Kommunistischen Internationale) ist in der Aussprache identisch mit englisch monkey – Affe. Namensbildungen gab es nicht nur von der Internationale als Vereinigung, sondern auch vom Kampflied, das von 1918 bis 1922 die Staatshymne Sowjetrußlands und von 1922 bis 1943 der Sowjetunion war. 1944 wurde es die Hymne der KPdSU. Der Vorname Zaklemena und andere Varianten beziehen sich auf ein Wort in der ersten Zeile der ersten Strophe.

Rot, seit dem 19. Jahrhundert **Farbensymbol der Arbeiterbewegung**, erscheint als Vorname nicht nur in zahlreichen Wortverbindungen wie Roter Oktober, Roter Stern oder unzähligen Silbenkombinationen aus Roter Terror, Rotes Banner u.a., sondern auch nur als Farbenbezeichnung. Neben russisch Krasnaja, Krasnina, Krasnyj, Kras, Alij und Purpur findet man auch Red von englisch red und Ruž von französisch rouge. Das deutsche „rot" kommt in dem Vornamen Rotefan vor. Er verkürzt das ehemalige Zentralorgan der KPD „Rote Fahne".

Eine weitere Quelle für sowjetische Vornamen waren **Institutionen und Organisationen**. In dieser Kategorie von Neubildungen wurden alle wichtigen staatlichen Einrichtungen der Sowjetzeit in Vornamen verwandelt. Auch ausländische Organisationen dienten als Namengeber. Nachfolgend eine Auswahl: Akadema (Akademie), Čeka (bekannt als Tscheka, ein Instrument des bolschewistischen Terrors), Glavspirt (Hauptverwaltung für die Spiritus-, Likör- und Schnapsbrennereien), Ènkevedim (NKVD – Volkskommissariat für innere Angelegenheiten, Geheimpolizei), Narkom (Volkskommissariat, seit 1946 Ministerium), Prodkom (Lebensmittelkomitee), Revkom (Revolutionskomitee), Sovdep (Deputiertensowjet, später verächtliche Bezeichnung für das Sowjetsystem), Verso (Oberster Sowjet – Parlament), Lina (Völkerbund), Profinterna (Rote Internationale der Gewerkschaften), Junion und Trèd von englisch trade union – Gewerkschaft.

In der Zeit der forcierten **Industrialisierung** entstanden Namen, die auf die Arbeitsorganisation, den sozialistischen Wettbewerb in der Produktion und Helden der Arbeit hinweisen. Hierzu wurden folgende Vornamen ermittelt: Nepreryvka (durchgehende Fünftagewoche), Not (wissenschaftliche Arbeitsorganisation), Novatorka (Neuerin in der Produktion), Slučkos („Ehre den Teilnehmern der kommunistischen Wettbewerbe in der Produktion"!), Stachan (von Stachanov, der einen Produktionsrekord aufstellte), Stazik (Stalingrader Traktorenwerk), Sudask (Stachanovarbeiter – Erbauer des Kommunismus), Tekstelina (von Textilien) und Udarnik (Bestarbeiter, Stoßarbeiter, Aktivist).

Die sehr umfangreichen Neuschöpfungen von Vornamen auf dem Gebiet der Industrie und Technik umfassen vor allem die Elektrifizierung, die Luftfahrt, Traktor- und Autobau, Metallurgie, Energetik und Transportwesen. Selbst von den Worten für Industrie, Industrialisierung und Technik gab es Ableitungen: Indus und Tria, Industrial, Industrializacija, Industrian, Industrij, Industrija, Industrina, Technika, Tedin (Technika – dvigatel' industrializacii – Die Technik ist der Motor der Industrialisierung.). Weitere Anthroponyme von Termini aus der Technik sind Antenna, Dinamo, Dizel', Radar, Robot (Roboter) und Želdora (Eisenbahn). Vier Vornamen enthalten das Wort Traktor, dessen Produktion 1923 begann: Traktor, Traktorin, Traktorina, Dazdrapertrakt („Da zdravstvuet pervyj traktor"! – Es lebe der erste Traktor!).

Die am 21.2.1920 gegründete Staatliche Kommission zur Elektrifizierung Rußlands (Gosudarstvennaja komissija po èlektrifikacii Rossii), besser bekannt unter der Abkürzung GOÈLRO, hatte im Auftrage Lenins einen ersten Perspektivplan zur Entwicklung der sowjetischen Volkswirtschaft auf der Grundlage der Elektrifizierung des Landes in den folgenden 10–15 Jahren ausgearbeitet, der im Dezember 1920 auf dem 8. Allrussischen Sowjetkongreß beschlossen wurde. Lenin bezeichnete ihn als zweites Parteiprogramm und begründete das mit der Losung

„Kommunismus das ist Sowjetmacht plus Elektrifizierung des ganzen Landes" („Kommunizm – ėto est' Sovetskaja vlast' pljus ėlektrifikacija vsej strany".). In der Folge erhielten Neugeborene sehr gewöhnungsbedürftige absurde Vornamen wie Ėlektrifikacija (Elektrifizierung), Ėlektrostancija (Elektrizitätswerk), Ėlektrolenina (Elektrifizierung, Lenin) Goėlro und eine Reihe von Ableitungen.

Aus dem Bereich der **Wirtschaft und des Finanzwesens** stammen folgende Namen: Bjudžet (Budget, Haushalt, Etat), Červonec (ehemalige Banknote und Goldmünze in der Sowjetunion), Decentralizacija (Dezentralisierung), Deficit (Defizit), Dinara (Dinar, Währungseinheit in einigen Ländern), Ėkonomija (Einsparung), Inventarizacija (Inventur. Die Eltern des Benannten wußten offenbar nicht, was das Fremdwort bedeutet.), Kal'kuljacija (Kalkulation), Nėp (Neue ökonomische Politik, 1921–1929), Nėtta (netto), Obligacija (Obligation, Staatsanleihe, Schuldverpflichtung), Stabilizacija (Stabilisierung), Vaučer (von englisch voucher = Privatisierungsscheck, Anteilsschein in der postsowjetischen Zeit), Zaëm (Anleihe, Darlehen, in der Sowjetzeit Staatsanleihe). Speziell auf die Planwirtschaft weisen die Vornamen Plan, Pjatiletka (Fünfjahresplan) und einige Ableitungen hin.

Aus der seit 1928 durch Zwangskollektivierung entstandenen sozialistischen **Landwirtschaft** stammen Vornamen wie Kolchoz (Kolchose, Kollektivwirtschaft), Kollektivizacija (Kollektivierung), Sovchoz (Sowchose, Staatsgut), Zagotskot (Viehbeschaffung), Kombajn (Mähdrescher), Oscel (Neulanderschließung), Melioracija (Bodenverbesserung), Rėksind (Kind der Epoche der Kollektivierung des Dorfes und der Industrialisierung), Kolper (Bestarbeiter unter den Kolchosbauern). Während der von Chruščëv initiierten Kampagne für den vermehrten Anbau von Futtermais wurde der Vorname Kukucapol' (Mais ist die Königin der Felder) kreiert (kukuruza – Mais).

Im neuen sowjetischen Namenrepertoire waren weiterhin **ausländische Kommunisten** vertreten. Die Vornamen Dolores, Doloresa, Dora, Ibarurri und Pasionarija gelten der ehemaligen Generalsekretärin (1942–1959) und Vorsitzenden (1959–1989) der spanischen KP Dolores Ibarruri (1895–1989), die La Pasionaria, die Leidenschaftliche, genannt wurde. An den Vornamen Rid, Rida und Džonrid erkennt man den amerikanischen Publizisten und Kommunisten John Reed (1887–1920). Er wurde durch seinen Augenzeugenbericht über die Oktoberrevolution bekannt. Zu seinem 1919 erschienenen Buch „Ten Days That Shook the World" (Zehn Tage, die die Welt erschütterten) hatte Lenin das Vorwort geschrieben. Die Vornamen Cetkina, Klara, Klaracetkin, Klarcet, Klarceta und Ljuceta wurden von Clara Zetkin (1857–1933), einer deutschen Kommunistin, hergeleitet. Sie hatte als geborene Eißner den russischen Emigranten Osip Cetkin geheiratet. Als Mitglied des Exekutivkomitees der Komintern starb sie bei Moskau.

Der Nachname des ungarischen Kommunisten Béla Kun (geb. 1886) wurde zu einem revolutionären Vornamen umfunktioniert. Er wurde als Führer der kurzlebigen „Ungarischen Räterepublik" (21.3.–1.8.1919) bekannt. 1920 erfolgte seine Ausweisung nach Sowjetrußland, wo er in der Komintern tätig war. Als Opfer der Stalinschen Säuberungen Ende der 30er Jahre verstarb er um 1940 in Sibirien.

Die Französin Inessa Fëdorovna Armand (geborene Inès Steffen, 1874–1920) lebte seit etwa 1880 in Rußland und wurde hier zur Bolschewikin. Neben ihrer Tätigkeit im ZK der Russischen KP als Leiterin der Abteilung für Arbeiterinnen übersetzte sie Lenin und Parteibeschlüsse ins Französische. Ihr verdankten die Sowjetbürger die neuen Vornamen Inessa und Armand.

Der bulgarische Kommunist Georgi Michajlov Dimitrov (1882–1949), der als Angeklagter im Leipziger Reichstagsbrandprozeß von 1933 bekannt geworden war, erfuhr eine Ehrung mit den Vornamen Geodim und Mël'd (Marx, Engels, Lenin, Dimitrov). Er war Generalsekretär der Komintern (1935–1943) und später Ministerpräsident und KP-Generalsekretär in Bulgarien. Die sowjetische Propaganda für die amerikanische Bürgerrechtlerin und Mitglied der KP der USA (1968–1991) Angela Yvonne Davis (geb. 1944) führte zu den Vornamen Andžela, Anžela, Devis und Dėvis.

Mehrere sowjetische Vornamen weisen auf **internationale und nationale Gedenk- und Feiertage** hin. Hinter Mart, Marti, Martina, Mežend, Mežinda und Vosmart verbirgt sich der internationale Frauentag am 8. März. Mjud, Mjuda und Mjund stehen für den ehemaligen internationalen Jugendtag. Interna wurde in sowjetischen Kalendern für am 23. September geborene Mädchen empfohlen. An diesem Tag hatte 1865 in London eine Konferenz der Ersten Internationale (1864–1876) stattgefunden. Okdes erinnert wahrscheinlich an den zehnten Jahrestag der Oktoberrevolution oder an die historische Sitzung des Zentralkomitees der Partei am 10. (23.)10.1917, die eine Resolution Lenins zur bewaffneten Machtergreifung angenommen hatte. Ein Pegor verdankte seinen ungewöhnlichen Vornamen dem ersten Jahrestag der Oktoberrevolution. Eine Lenina wurde am Geburtstag Lenins, dem 22. April, geboren. Den Vornamen Den'traura (Tag der Trauer) erhielten am Todestag Lenins (21.1.1924) geborene Kinder. Pobed und Pobeda (Sieg) wurden am 9.5.1945, dem Tag des Sieges (Den' Pobedy) im 2. Weltkrieg geboren. An diesen Tag erinnert auch der Vorname Pomaj (pobeda, maj – Sieg, Mai). Im gleichen Jahr wurden oft die Namen Viktor (von lateinisch victor – Sieger, Besieger), Viktorij und Viktorija gegeben. Rossija (Rußland) erblickte das Licht der Welt am 12. Juni, dem Tag der Souveränitätserklärung der ehemaligen RSFSR (12.6.1990), der als Tag Rußlands (Den' Rossii) zum offiziellen Feiertag erklärt wurde.

Bei der kommunistischen Namensbildung spielte der **erste Mai** als der internationale Feiertag der Arbeit und Solidarität der Werktätigen aller Länder eine besondere Rolle. Losungen von den Massenkundgebungen wurden zu Vornamen. Hier ist vor allem Dazdraperma zu nennen („Es lebe der 1. Mai"!), das meistgenannte Beispiel für einen absurden Vornamen. Konteradmiral Pervomaj (erster Mai) Pavlovič Orlov (1925–1987) verdankte seinen Vornamen seiner Geburt am 1. Mai. Es gab viele Ableitungen vom Monat Mai als Synonym für dieses wichtige Datum im kommunistischen Kalender: Maina, Maj, Maja, Majja u. a.

Einen Bezug zu einem **bestimmten Datum oder Zeitabschnitt** haben die Vornamen Milena und Millena, die auf das Millennium hinweisen und Fevralij (fevral' – Februar), Aprelina und Oktjabr' (Oktober), die den Geburtsmonat angeben. Auch die übrigen Monatsnamen fanden als Vornamen Verwendung. Frontalina, abgeleitet von front (Front) und Pobudzan (Der Sieg wird unser sein.) wurden während des 2. Weltkrieges kreiert. Ivistalina wurde am Tag der Bekanntgabe von I. V. Stalins Tod (6.3.1953) geboren.

Für einige Namensgebungen war der **Geburtsort** entscheidend. Ilina wurde an Bord eines Flugzeuges vom Typ Il'jušin geboren, Irana im Iran, Tiksi in der gleichnamigen Siedlung in Jakutien und Vagon'ja in einem Wohnwagen (vagončik). Wegen ihrer Geburt in einem Zug wurden Zwillinge Rel's (Schiene, von englisch rail) und Tormoz (Bremse, Hemmschuh) genannt. Rodvark bedeutet „rodilsja v Arktike" (geboren in der Arktis) und ein Mädchen erhielt den Vornamen Izol'da (izo l'da – aus dem Eis), weil es während der Überwinterung auf einer Polarstation geboren wurde. Auch Karina wurde während einer Polarexpedition im Karischen Meer (Karskoe more) zur Welt gebracht. Der Name Enianga soll an die Zeugung der Namenträgerin am Zusammenfluß von Enisej (Jenissei) und Angara erinnern

Auch im **Ausland** gaben Kommunisten und deren Sympathisanten ihrem Nachwuchs sowjetische revolutionäre Namen. In Italien waren unter Kommunisten die Vornamen Lenin und Stalin und in Anpassung an die italienische Sprache auch die Varianten Lenino und Lenina sowie Stalino und Stalina gebräuchlich. Nach einer italienischen Nachkriegsstatistik wurden 187 Neugeborene mit dem Vornamen Stalin gezählt (Riefler, S. 117). Ein linksgerichteter sehr reicher Rechtsanwalt in Venezuela nannte seine drei Söhne Vladimir, Il'ič und Lenin. Der älteste, Il'ič Ramirez Sanchez ist der als Carlos bekannte Terrorist. Bei dem dänischen Schriftsteller Ilyich Johannsen (geb. 1925) wurde Lenins Vatersname ebenfalls zum Vornamen umfunktioniert. Lenin al-Ramli (geb. 1945) ist ein bekannter ägyptischer Dramatiker. Eine Kubanerin, deren Eltern in Moskau studiert hatten, erhielt den Vornamen Krasnaja Ploščad' (Roter Platz). Solche Namengebungen von Eltern, die mit linken Ideen sympathisierten, sind auch aus anderen Ländern bekannt.

Aus dem vorrevolutionären Rußland wurden die **Dekabristen** mit den Vornamen Dekabrin, Dekabrina und Dekabrist geehrt. Sie waren Teilnehmer eines Aufstandes gegen das zaristische Regime im Dezember (russ. dekabr') 1825 in

St. Petersburg und Südrußland. Die Vornamen Pestel' und Rylej erinnern an den Offizier Pavel Ivanovič Pestel' (1793–1826) und den Poeten Kondratij Fëdorovič Ryleev (1795–1826), die als Führer des Aufstandes hingerichtet wurden.

Unter den neuen Vornamen findet man auch **russische Revolutionäre**, die an Attentaten auf Zar Aleksandr II. (1855–1881) teilgenommen hatten: Chalturin (Stepan Nikolaevič Chalturin, 1856–1882), Figner (Vera Nikolaevna Figner, 1852–1942), Karakoz (Dmitrii Vladimirovič Karakozov, 1840–1866) und Ryssi (Nikolaj Ivanovič Rysakov, 1861–1881).

Auf das Jahr 1912 beziehen sich die Vornamen Len und Palera. Mit ihnen gedachten die Namengeber der Opfer der Erschießungen streikender Arbeiter auf den Goldfeldern an der Lena und ihren rechten Nebenflüssen Vitim und Olëkma. Šmidt und Šmidta erinnern nicht nur an den bekannten Polarforscher, sondern auch an Pëtr Petrovič Šmidt (1867–1906), einen Leutnant der russischen Schwarzmeerflotte, der als Anführer des Matrosenaufstandes in Sevastopol' im Jahre 1905 hingerichtet wurde.

Bei der Vornamengebung fast unverändert blieben die Familiennamen des russischen Revolutionärs Michail Aleksandrovič Bakunin (1814–1876) und des russischen Sozialisten Georgij Valentinovič Plechanov (1856–1918). Zu den Vornamen Bakun und Plechan gab es jeweils die auf „a" endende weibliche Form.

Der russische Revolutionär Pëtr Alekseevič Chrustalëv (1877–1918) war 1905 Vorsitzender des Petersburger Sowjets. Die Eltern, die ihm zu Ehren ihre Tochter Chrustalina nannten, wußten offenbar nicht, daß er wegen konterrevolutionärer Tätigkeit von den Bolschewiken erschossen worden war.

Mit dem Vornamen Ermak gedachte man des Kosakenführers Ermak Timofeevič (um 1537–1585), der im 16. Jahrhundert mit der Eroberung Sibiriens begann. Sein unvollständiger Name erklärt sich aus der Tatsache, daß der größte Teil der russischen Bevölkerung bis zum 19. Jahrhundert noch keine Familiennamen hatte.

Die Vornamen Razin, Razina und Sten'ka weisen auf den Kosakenführer Stepan Timofeevič Razin (1630–1671) hin, der als Anführer eines Bauernaufstandes im mittleren Wolgagebiet in Moskau hingerichtet wurde.

Mit dem Vornamen Denis huldigte man dem russischen Dichter Denis Vasil'evič Davydov (1784–1839), einem Helden des Krieges von 1812.

Da die Französische Revolution (1789–1799) und die 72 Tage der Pariser Kommune von 1871 für die bolschewistische Ideologie von großer Bedeutung waren, wirkten sie sich auch entsprechend auf die Namengebung aus. Führende **französische Revolutionäre** findet man in Namenslisten und Kalendern aus der Sowjetzeit:

Babefa (François Noël Babeuf)
Danton (Georges Jacques Danton)

Demulen (Camille Desmoulins)
Leklerk (Théophile Leclerc)
Marat (Jean Paul Marat)
Mirabo (Mirabeau, Honoré Gabriel de Riqueti)
Robesp'er (Maximilien de Robespierre)

Von der Großen Revolution wurden zur Namensbildung folgende bekannte Begriffe übernommen: Bastilij, Bastilin (Sturm des Staatsgefängnisses Bastille am 14.7.1789, französischer Nationalfeiertag), Karman'ola (la carmagnole, ein Tanzlied), Konvent (la Convention nationale, der Nationalkonvent als verfassunggebende Versammlung, 1792–1795), Marsel'eza (la Marseillaise, französisches Revolutions- und Freiheitslied, seit 1795 Nationalhymne Frankreichs), Žermena (Germinal, 7. Monat des französischen Revolutionskalenders).

Auf die kurzlebige Commune de Paris (Pariser Kommune, 18.3.-28.5.1871), die nach kommunistischer Interpretation die erste Regierung einer Diktatur des Proletariats war, beziehen sich Vornamen wie Kommun, Kommuna, Kommunar (Kommunarde), Kommunara, Kommunarka, Kommunella, Kommunij, Federat (Soldat der Pariser Kommune), Federata, Parika, Parižkoma. Inar (Isnard), Mišel' (Louise Michel) und Val'jan (Vaillant) waren Mitglieder der Kommune (Stadtrat). Die Vornamen Mart (März) und Marti wurden zu Ehren des Tages der Pariser Kommune, dem 18. März, gegeben.

Auch **französische Sozialisten** wurden mit Vornamen bedacht: Louis Blanc (1811–1882) mit Blana, Louis Auguste Blanqui (1805–1881) mit Blankina und Ogjust, Jean Jaurès (1859–1914) mit Žan, Žores, Žoresa, Žoresina und Žoressa, Paul Lafargue (1842–1911) mit Lafarg und Lafargina, der utopische Sozialist Charles Fourier (1772–1837) mit Fur'e. Die **französischen Kommunisten** sind vertreten mit Marsel' (Marcel Cachin, 1869–1958), mit Martiana (André Marty, 1886–1956) und mit Moris und Torez (Maurice Thorez, 1900–1964). Die Zeitung „l'Humanité", das Zentralorgan der französischen KP, wurde mit dem Namen Jumanita berücksichtigt.

Einen sehr großen Anteil am neuen Namensvorrat haben in- und ausländische **geographische Begriffe**. Von ihnen wurden mehr als 150 ermittelt. Zu den von Toponymen abgeleiteten Vornamen zählen Altaj, Boden (Bodensee), Filadel'fija, Globus, Moskva (Moskau), Poljus (Nodpol, Südpol), Riv'era, Sevil'ja, Stalingrad, Tajgina (von Taiga, die nordrussische und sibirische nördliche Nadelwaldzone), Ural, Volga (Wolga), Versal' (Versailles).

Zu den Vornamen ‚außerirdischen' Ursprungs gehören die Ableitungen von **Himmelskörpern**. Allein von Zvezda (Stern), einem der Symbole im Staatswappen der UdSSR, gibt es vier weitere Varianten: Zvezdalina, Zvezdan, Zvezdana und Zvezdina. Ferner sind zu nennen die Sonne (solnce) und die sich um sie bewegenden Planeten Mars, Saturn und Uranus, die Sternbilder Andromeda, Kassiopeia sowie die Sterne Altair, Sirius und Wega. Als Vornamen ausgewählt wurden außerdem Planeta, Luna (Mond), Kometa, Meteor, Meteorit und Astrela (von spanisch estrella – Stern). In diesem Zusammenhang stehen auch die zu Vornamen gewordenen atmosphärischen Lichterscheinungen wie Raduga (Regenbogen) und Zarnica (Wetterleuchten, d. h. das Aufleuchten entfernter Gewitterblitze).

Die aufgehende Sonne war in der bolschewistischen Ideologie ein Symbol für eine neue, bessere Welt, für die strahlende Zukunft im Kommunismus. Davon zeugen der Vorname Zarja (Morgenröte) und die vielen Ableitungen sowie die Synonyme Dennica und Rassvet. Mit Al'ba wurde sogar das italienische Wort für Morgenröte (alba) als Vorname verwendet. Bei diesen Namen handelt es sich um eine Parallele zum lateinischen „ex oriente lux" (aus dem Osten kommt das Licht), was zuerst auf den Sonnenaufgang und später auf das Christentum bezogen wurde.

Viele kuriose Vornamen erinnern an zwei mit großem propagandistischem Aufwand begleitete **sowjetische Polarexpeditionen**. Der Abkürzungsname Ojušminal'd und weitere sieben Varianten bedeuten Otto Jul'evič Šmidt auf der Eisscholle. Der russische Geophysiker deutscher Herkunft leitete 1933–1934 die Expedition der „Čeljuskin", die den Auftrag erhielt, den Nördlichen Seeweg von Murmansk nach Vladivostok erstmals ohne ständige Begleitung eines Eisbrechers und ohne Überwinterung zurückzulegen. Für das Eismeer unzulänglich ausgerüstet, geriet der Frachter in Treibeis und wurde zerdrückt. Die Besatzung, darunter auch Frauen und Kleinkinder, konnte sich und notwendige Versorgungsgüter auf eine Eisscholle in der Tschuktschensee retten und richtete das „Lager Šmidt" ein. In einer großangelegten dramatischen Aktion mit vielen vergeblichen Versuchen wurden die Schiffbrüchigen unter extrem schwierigen Bedingungen auf dem Luftwege gerettet. Danach fuhren sie in einem Sonderzug nach Moskau, wo man ihnen in Anwesenheit Stalins einen triumphalen Empfang bereitete. Dieses Ereignis, welches in den sowjetischen Medien wochenlang ein beherrschendes Thema war, brachte noch weitere absurde Vornamen hervor: Lagšminal'd (das Lager Šmidts auf der Eisscholle) mit mehreren Varianten, Čeljusnaldina (die Besatzung der Čeljuskin auf der Eisscholle), Čelnal'dina (dasselbe), Slačela („Ruhm der Besatzung der Čeljuskin"!) u. a.

Von 1937 bis 1938 leitete der russische Polarforscher Ivan Dmitrievič Papanin die erste sowjetische Forschungsstation, die auf einer driftenden Eisscholle eingerichtet worden war. In neun Monaten trieb sie mehr als 2000 km im zentralen Nordpolarmeer. Von diesem Unternehmen zeugen folgende Vornamen: Lapanal'da (das Lager des Forschungsteams Papanins auf der Eisscholle), Drapanal'da („Es lebe das Forschungsteam Papanins auf der Eisscholle"!), Drepanal'd (die Drift des Forscherteams Papanins auf der Eisscholle) u. a.

Früher **politisch neutrale russische und ausländische Vornamen** wurden ideologisiert, weil sie prominente kommunistische Namenträger bekamen. Zu „revolutionären" Namen wurden auf diese Weise Vladimir (Lenin), Lev (Trockij), Valerij (Čkalov, Rekordflieger), Karl (Marx, Liebknecht), Fridrich (Engels), Roza (Luxemburg), Klara (Zetkin), Dolores (Ibarruri), Marsel' (Cachin), Moris (Thorez), Leonida (Leonid Brežnev), Fidel' (Castro) u. a. Traditionelle russische Namen aus dem orthodoxen Kirchenkalender erhielten somit eine sowjetische Konnotation. Eine Reihe ausländischer Vornamen erscheint im nachrevolutionären Rußland auch als **Homonyme** mit einer ganz anderen Bedeutung und Etymologie. In Deutschland bekannte Namen wie Dora, Elektra, Gertrud, Kim und Renata bekamen neben ihrer herkömmlichen Bedeutung auch einen ideologischen Inhalt. Eine zufällige Ähnlichkeit besteht bei Isolde und dem Initialnamen Izol'da. Auch das slawische Rada ist gleichzeitig ein neuer konstruierter Vorname aus russisch rabočaja demokratija (Arbeiterdemokratie). Lina ist nicht nur die Kurzform russischer Vornamen wie Kapitolina und Magdalina, sondern außerdem eine Abbreviatur von russisch Liga nacij (Völkerbund). Eine Umdeutung erfuhr Domna als Kurzform von Dominika. Im revolutionären Sprachgebrauch ist es auch als Hochofen zu entschlüsseln. Der aus Puškins Verserzählung „Bachčisarajskij fontan" (Der Springbrunnen von Bachčisaraj) bekannte Personenname Zarema wurde gleich mehrfach ebenfalls mit einem der neuen bolschewistischen Ideologie entsprechenden Sinn gebraucht. Aurora, die antike Göttin der Morgenröte, wurde wegen des gleichnamigen Kreuzers der Baltischen Flotte zu einem revolutionären Symbol und Namen. Mirra hat nicht nur einen Bezug zur altgriechischen Mythologie (Myrrha, Myrrhe), sondern steht als parallele Neubildung auch für die Weltrevolution. Lora, eine Abkürzung von Ėleonora, wurde nach 1917 zum politisierten Namen mit verschiedenen Bedeutungen. Der aus dem Griechischen stammende kanonisierte Vorname Vil wurde zur Sowjetzeit sehr häufig als Abkürzung von Vladimir Il'ič Lenin gebraucht.

Bei der Namensbildung wurden alle Möglichkeiten ausgeschöpft. **Revolutionäre Vornamen und andere Neologismen** wurden doppelt benützt, d. h. **vor- und rückwärts gelesen**. Neben Lenin gab es auch Ninel mit vielen Varianten, neben Pravda (Parteizeitung) auch Advarp, zu Moskau (Moskva) auch Avksoma, zu Radon (chemisches Element) auch Nodar. Rifma (Reim) und Ručka (Federhalter) ergeben Amfir und Akčur. Der Vorname Mirzajan ergibt sich aus der umgekehrten Reihenfolge des aus drei Worten zusammengesetzten Vornamens Jazamir (Ich bin für den Frieden.). Stalin als Name blieb dem Diktator vorbehalten. In rücklaufender Anordnung als Nilats und Nilatsi (I. Stalin) war er zugelassen. Nur eine Silbe bzw. zwei Buchstaben wurden in den folgenden Vornamen umgestellt: Rozanel' – Roza (Luxemburg) und Lenin, Vigėn – V. I. Lenin – genij našej ėpochi (V. I., der Genius unserer Epoche), wobei V. I. für Vladimir Il'ič steht.

Fehlerhaften und vollkommen **falschen Eintragungen in die Geburtsregister durch inkompetente und manchmal auch betrunkene Standesbeamte** verdanken wir Neuschöpfungen wie Vladimer statt Vladimir, Andilina statt Angelina, Erina statt Irina, Lianora statt Èleonora, Lampiada statt Olimpiada, Vanira statt Venera (Venus), aber auch Kvitancija (Quittung) statt Konstancija, Distancija (Distanz) statt Instancija (Instanz), Èlementy (Elemente) statt Alimenty (Alimente). Eine Verwechslung beim Namengeber ergab Differencial (Differenzial) statt Integral. Letzteren Namen hatte sich ein Professor der Mathematik für seinen Sohn gewünscht. Seine Frau konnte sich auf dem Standesamt aber nur an Differencial (Ausgleichsgetriebe) erinnern, das beurkundet wurde. Der Schauspieler und Filmregisseur Rodion (Rodin) Rafailovič Nachapetov (geb. 12.1.1944) nennt sich in Abweichung von der amtlich eingetragenen Schreibung Rodion. Seine Mutter, eine Partisanin, nannte ihn nach der Partisanenabteilung „Rodina" (Heimat), welcher sie während des 2. Weltkrieges angehörte. Als amtlicher Vorname wurde aber fälschlicherweise Rodin in das Personenstandsregister eingetragen.

Eine eigenartige Gruppe bilden **die von Worten mit negativer Bedeutung abgeleiteten Vornamen**. Im Zusammenhang mit dem Klassenkampf stehen Namen wie Krastera und Krater (roter Terror), Rasstrel (Erschießung) und Terror, Terrora mit der Verkleinerungsform Tërka. Kzeta (krymskoe zemletrjasenie) erinnert an die Erdbeben auf der Krim im Jahre 1927 und Vulkanida an einen Vulkanausbruch auf den Kurilen. Bei dem Vornamen Kanalizacija (Kanalisation) gefiel dem Namengeber offenbar der Wohlklang ohne dessen Bedeutung zu kennen. Ebenso wußten die Eltern von Bajadera anscheinend nicht, daß eine Bajadere als indische Tempeltänzerin auch religiöse Prostitution ausübte. Ein Name mit negativer Färbung ist die aus Verdis Oper übernommene Traviata. La Traviata bedeutet „Die Verirrte" und bezeichnet eine Dame der Halbwelt. Absurd sind auch Vornamen wie Anarchija (Anarchie, Gesetzlosigkeit), Genocid (Genozid, Völkermord), Krematorij (Krematorium) und Krokodil. Die Unkenntnis der russischen Sprache führte zu dem Vornamen Gibel' (Untergang, Verderben, Verfall).

Eine weitere Kategorie von Neuschöpfungen sind reine **Phantasienamen**, für die ein konkreter Bezug nicht feststellbar ist. Sie entstanden auch in Anlehnung an vorhandene Vornamen und wegen des Wohlklangs. Zu diesen willkürlichen Bildungen gehören Alida, Esmak, Inaida, Ivag, Izavetta, Linaida, Monila, Vinilita. Lediglich bei Donnadij ist bekannt, wie der Vorname zustande kam. Er geht zurück auf französisch don à Dieu – Gabe für Gott.

Eine Besonderheit unter den Neubildungen sind **Vornamen, die aus zwei und mehr Worten bestehen**:
Artillerijskaja Akademija (Artillerieakademie)
Belaja Noč' (Weiße Nacht)

Krasnaja Konnica (Rote Kavallerie)
Krasnaja Zvezda (Roter Stern)
Oktjabr'skaja Revoljucija (Oktoberrevolution)
Proletarskaja Revoljucija (Proletarische Revolution)
Roza-Ljuksemburg (Rosa Luxemburg)

Die obligatorische Dreinamigkeit im Russischen verlangt außer dem Vor- und Familiennamen (imja und familija) noch den Vatersnamen (otčestvo). Sehr umständlich ist die Bildung der Vatersnamen zu den folgenden zusammengesetzten maskulinen Vornamen:

Dognatperegnatovič und Dognatperegnatovna von Dognat-Peregnat (von der Losung einholen und überholen...)

Sed'monojabrevič und Sed'monojabrevna von Sed'moe Nojabrja (Siebter November)

Serpomolotovič und Serpomolotovna von Serp-i-Molot (Hammer und Sichel)

Velikorabočevič und Velikorabočevna von Velikij Rabočij (der große Arbeiter)

Žanpolmaratovič und Žanpolmaratovna von Žan-Pol'-Marat (Jean-Paul Marat)

In die Verlegenheit, einen Vatersnamen zu bilden, kommt man nicht bei Cvet višnëvogo dereva v mae (die Kirschbaumblüte im Mai), da es sich um einen weiblichen Vornamen handelt.

Bei der Auswahl männlicher Vornamen haben regimetreue Eltern nicht berücksichtigt, daß ungewöhnliche und abnorme Neuschöpfungen nicht nur für ihre Kinder, sondern wegen der Bildung der Vatersnamen auch für die Enkel unangenehme Konsequenzen haben konnten. Die gestraften Kinder und Kindeskinder mußten bis zur Volljährigkeit warten, um sich ihrer ungeliebten Namen zu entledigen. Eine Krasnooktjabrinovna (Vatersname von Krasnyj Oktjabr' – Roter Oktober) beantragte Konstantinovna als neues Patronymikon. Es wurde auch nicht immer beachtet, daß Vor-, Vaters- und Familiennamen inhaltlich und lautlich miteinander harmonieren sollten. Unter den neuen revolutionären Vornamen wird in der Pravda vom 12.6.1924 auch Lenins Vatersname Il'ič genannt.

Eine ganz neue Art der Namensbildung ist die amtlich anerkannte **Verkürzung oder Kontraktion** (Zusammenziehung) von Namen und anderen Worten. Aus Lenin entstanden Len und Nelja (erste Silbe rückwärts) und aus Lenina Ina, Lena, Lina und Nina. Allein von revoljucija (Revolution) wurden acht neue Vornamen kreiert: Rev, Reva, Revo, Revol, Revola, Ljucian, Ljucij und Ljucija. Ner und Revner wurden von revoljucioner (Revolutionär) abgeleitet. Das Ergebnis einer

Zusammenziehung (stjaženie) von Leningrad und Ol'ga sind Legrad, Legrada und L'ga. Ada und Lipa sowie Anga und Gara lauten vollständig Olimpiada und Angara (sibirischer Fluß). Hinter Oktja und Rina verbergen sich Oktjabrina bzw. Traktorina. Internacional (Internationale) und socialism (Sozialismus) wurden zu Intern, Interna, Nacional, Nacionala, Social und Sociala verkürzt. Eine Verkürzung (usečenie) erfolgte bei Frid und Ėngel' (Fridrich Engel's), Lermont (Lermontov), Rora (Avrora) und Trija (Industrija). Kontrahierte Namen sind ferner Agit und Agita (Agitacija), Dzerž (Dzeržinskij) sowie Plechan (Plechanov). In einigen Fällen wurden revolutionäre Abkürzungsnamen zum zweiten Mal verkürzt: aus Getruda wurden Gerta und Truda, aus Ėl'mira wurde Mira und aus Vladilen entstanden Vlad, Vladja und Ladlen. Mit Ruda aus Truda wurde Geroj truda (Held der Arbeit) zum dritten Mal verkürzt. Permočka ist durch eine Stammerweiterung ein Diminutivum des ungewöhnlichen Namens Dazdraperma („Es lebe der 1. Mai"!).

Ė als 31. **Buchstabe** des russischen Alphabets, auch ė oborotnoe genannt, wurde erst Anfang des 19. Jahrhunderts eingeführt. Er diente zur Schreibung von wenigen rein russischen Wörtern wie dem Demonstrativpronomen ėto sowie von Fremdworten im Anlaut und nach Vokalen (duėl', ėtap, poėt, siluėt). Da er in den obligatorischen Namen des Kirchenkalenders nicht vorkam, war er nach 1917 in einer großen Anzahl von entlehnten Vornamen und Neubildungen anzutreffen. Entgegen den Regeln der russischen Orthographie wurde das ė jetzt in den zahlreichen Ableitungen von Engels (russ. Ėngel's) und in Abkürzungen (Nėp) auch nach Konsonanten verwendet. Zu diesen unzähligen „neuen" Vornamen gehören z.B. Ėr (Ära der Revolution), Ėra (Ära), Ėlektra, Ėlektron, Ėlita, Ėlegija, Ėpocha (Epoche), Ėrnuvel' (ère nouvelle) und Ėžen (Eugene).

Seit der Annahme des Christentums im 10. Jahrhundert wurden die altrussischen und slawischen Namen als weltliche und heidnische Benennungen von den aus Byzanz übernommenen Heiligennamen des Kirchenkalenders verdrängt. Der **vorchristliche Namenbestand** geriet fast ganz in Vergessenheit und erlebte erst nach der Freigabe der Namenwahl eine „Wiedergeburt". Zu diesen in der nachrevolutionären Zeit reaktivierten nichtkanonischen Namen, die von der orthodoxen Kirche verboten wurden, gehörten z.B. Lada, Ljubava, Ljubomir, Mečislav, Miroslav, Radimir und Svetozar. Eine teilweise Wiederbelebung solcher nichtchristlicher Vornamen erfolgte nach alten Namensbildungsmodellen in Krasnomir, Krasnoslav und Novomir.

Scheinbar neu sind viele **einst kanonisierte Vornamen**, welche in die 1925 bis 1930 in Sowjetrußland erschienenen Kalender gelangten. Sie waren in den 80er Jahren des 19. Jahrhunderts bei einer Durchsicht des orthodoxen Kirchenkalenders zu hunderten ausgesondert worden und durften seit der revidierten Fassung von 1891 nicht mehr verwendet werden. Zu diesen überwiegend männlichen Namen gehörten z. B. Ada, Atom, Asta, Demokrat, Konstancija, Kvadrat,

Major, Narciss, Okean, Smaragd und Tom. Einige wie Donata, Dora, Mart und Melis waren zu revolutionären Namen umgedeutet worden.

Von den nichtrussischen Völkern Sowjetrußlands wurden **russische revolutionäre Namen übernommen und mit Worten und Wortbildungselementen aus den nationalen Sprachen kombiniert**. Ein Beispiel aus dem Tatarischen ist Vil'nur bzw. Nurvil', das aus den Anfangsbuchstaben von Vladimir Il'ič Lenin und nury (Licht) zusammengesetzt ist. Eine lichte Zukunft war im sowjetischen Sprachgebrauch ein Synonym für den Kommunismus. Daneben wurden Lenur und Refnur (von revolutionäre Front) gebildet. Eine Gagargul' wurde in der ehemaligen Tatarischen ASSR am 12.4.1961, dem Tag der Kosmonautik, geboren. Dieses Datum erinnert an Jurij Gagarins erste bemannte Weltraumfahrt. Der Vorname des tuvinischen Bildhauers Tovariščtaj Čadambaevič Ondar (geb. 1948) besteht aus russisch tovarišč (Genosse) und der Endung -taj, die für von Substantiven abgeleitete Vornamen und Benennungen verwendet wird.

Beliebt waren aus den **Anfangssilben und anderen Bestandteilen von Eltern- und Verwandtennamen gebildete Vornamen** wie

Ilana (Ivan und Svetlana)
Larina (Larisa und Marina)
Lina (Leontij und Nina)
Levana und Levanna (Lev und Anna)
Ljuboveta (Ljubov' und Elizaveta)
Marserina (Marina und Sergej)
Nadelida (Nadčžda und Lida)
Taiv (Tamara und Ivan)
Valerit (Valerij und Rita)
Vernata (Vera und Natalija)
Vikanna (Viktor und Anna)

Anna und Timofej nannten Sohn und Tochter Tian und Anti. Die Vornamen Miol, Miol', Miola und Miolina stammen von Ehepaaren mit den Namen Michail und Ol'ga. In der Familie von Vladimir und Ekaterina wurden die drei Töchter Vladikatra, Vlena und Veka geboren. Weil sich die Eltern nicht einigen konnten, ihre Tochter Tanja oder Ėlla zu nennen, fanden sie einen Kompromiß in Taėlla. Das Ergebnis eines Kompromisses sind auch Vladlena aus Vlada und Lena und andere solche Kontaminationen.

Nach der bolschewistischen Machtübernahme war es auch **möglich, die Familiennamen zu wechseln**. Ein Dekret vom 4.3.1918 gab jedem Sowjetbürger das Recht, bei Erreichen des 18. Lebensjahres seinen Nachnamen nach eigener Wahl zu ändern. Die Motive für den Namenswechsel waren vielfältig. Klassenbewußte Sowjetbürger wählten künstlich gebildete revolutionäre Namen wie

Krasnyj, Sovetskij, Sovetov, Leninskij, Il'ičěvskij, Oktjabr'skij, Proletarskij, Majskij, Pervomajskij, Kommunarov, Pjatiletkin, Traktoristov, Kolchoznov, Rabočev, Trockij oder Ninilak (Kalinin rückwärts gelesen). Manche bevorzugten literarische Namen wie Onegin, Pečorin, Lenskij und Puškin. Nach der Erschießung der Zarenfamilie am 17.7.1918 war es ratsam, nicht mehr Romanov, Carěv oder Rasputin zu heißen und sich einen politisch neutralen oder neuen sowjetischen Familiennamen zuzulegen. Zunamen wurden ausgetauscht, wenn sie auf eine nichtproletarische Herkunft oder den kirchlichen Bereich hinwiesen, unangenehme Assoziationen hervorriefen und ihre Träger lächerlich machten, sozial degradierten oder beleidigten. Das betraf Namen wie Pugalo (Vogelscheuche, Schreckgespenst), Bardakov (bardak – Bordell) oder Sobakin (sobaka – Hund). Manchmal waren schwer auszusprechende und mißklingende Familiennamen der Grund für einen Namenstausch. Als in den 30er Jahren führende Bolschewiken in Ungnade fielen, mußte wie bei den Vornamen im Bestande der Familiennamen eine Säuberung vorgenommen werden. Namen wie Trockij und Radek waren nicht mehr tragbar. Für viele Trockijs war die Änderung sehr einfach, indem sie zwischen dem dritten und vierten Buchstaben ein i einfügten.

Manche Sowjetbürger entschieden sich bei der Vornamenwahl für **ausländische Persönlichkeiten** aus Wissenschaft und Kunst, für Erfinder, Freiheitskämpfer und Nationalhelden, Politiker und Staatsmänner, Seefahrer, Polarforscher und Forschungsreisende. Hierzu sind zu nennen der Astronom Tycho Brahe, der Physiker und Mathematiker Isaac Newton, der Physiker Albert Einstein, der Humanist und Gelehrte Erasmus von Rotterdam, der Mathematiker und Philosoph Galileo Galilei, die Philosophen R. Descartes, G. W. F. Hegel, I. Kant und J.-J. Rousseau, die Erfinder Th. A. Edison, J. Gutenberg und A. Nobel, die Maler H. van Rijn Rembrandt, Vincent van Gogh, Raffael und Tizian, Michelangelo (Maler und Baumeister), Leonardo da Vinci (Maler, Bildhauer, Architekt, Naturforscher), der italienische Freiheitskämpfer G. Garibaldi und die Nationalhelden T. Kościuszko (Polen), L. Kossuth (Ungarn) und Skanderbeg (Albanien), die Präsidenten der USA George Washington, Abraham Lincoln, Franklin Roosevelt sowie Oliver Cromwell, Napoleon, Indira Gandhi, José Martí, Fidel Castro Ruz und Mao Tse-tung, die Seefahrer Amerigo Vespucci, Christoph Kolumbus, Fernão de Magellan, Vasco da Gama, die Polarforscher Roald Amundsen, Fridtjof Nansen und der Forschungsreisende H. M. Stanley

Sehr groß am neuen Namensbestand ist der Anteil von Göttern und Halbgöttern aus der **griechischen und römischen Mythologie** und berühmter Personen der Antike. Von den ersteren wären zu nennen Adonis, Apollon, die griechische und römische Göttin der Jagd Artemida (Artemis) und Diana, Fortuna, Jupiter, Minerva, Neptun, Venera (Venus), Zevs (Zeus) und viele andere. Als Vornamen findet man auch den Mathematiker Archimed (Archimedes), den Geschichtsschreiber Gerodot (Herodot), die Philosophen Aristotel' (Aristoteles), Diogen (Diogenes) und Sokrat (Sokrates) mit seiner Gattin Ksantippa (Xanthippe), den Tragiker Sofokl (Sophokles), die Lyrikerin Safo (Sappho), die Dichter Goracij (Horaz), Ovidij (Ovid), Vergilij (Vergil) und Gomer (Homer) mit Odissej (Odysseus), dem Helden seines Epos Odyssee und dem ihm zugeschriebenen anderen Epos Iliada (Ilias). Ein weiteres Beispiel einer historischen Person ist Kleopatra, ehemalige Königin von Ägypten. In einer Familie in Leningrad (seit 1991 wieder Sankt Petersburg) wurden die Töchter nach den ersten drei Buchstaben des griechischen Alphabets Al'fa (Alpha), Beta und Gamma benannt.

Großen Einfluß auf die Vornamengebung hatte die **Literatur**. Titelhelden und andere Figuren bekannter literarischer Werke und Märchen findet man im neuen Namensbestand. Zu ihnen zählen

Dorian („Das Bildnis des Dorian Gray" von Oscar Wilde)
Faust (nach Goethes Drama)
Gavroš (Gavroche aus „Les Misérables" von Victor Hugo)
Gerda und Kaj (aus „Die Schneekönigin", Märchen von H. Chr. Andersen)
Gražina („Gražyna" von A. B. Mickiewicz)
Guliver (Gullivers Reisen von Jonathan Swift)
Onegin („Evgenij Onegin" von A. S. Puškin)
Pečorin (aus „Ein Held unserer Zeit" von M. J. Lermontov)

Nach Erscheinen des Jugendbuches „Timur i ego komanda" (Timur und sein Trupp, 1940) von Arkadij Petrovič Gajdar (1904–1941) wurde der turksprachige Vorname des Titelhelden sehr populär. Auch die Nachnamen von Dichtern, Schriftstellern und Literaturkritikern wurden, wie die folgende Auswahl zeigt, zu Vornamen umfunktioniert.

Bajron (Byron)
Belina (V. G. Belinskij, Literaturkritiker)
Blok
Černyš (N. G. Černyševskij)
Dobroljub (N. A. Dobroljubov)
Gajdar
Gejne (Heinrich Heine)
Gogol'
Ibsena (Henrik Ibsen)
Miguėl' (Miguel de Cervantes Saavedra)
Onore (Honoré de Balzac)
Puškin
Radišča (A. N. Radiščev)
Rolana und Romena (Romain Rolland)

Turgenija (I. S. Turgenev)
Vern und Žjul'vern (Jules Verne)
Viljam (William Shakespeare)
Zolja (Émile Zola)

Literarische Gattungen und Begriffe aus der Verskunst wurden ebenfalls in Vornamen umgewandelt: Fel'eton (Feuilleton), Novella, Poėma, Povest' (Erzählung), Roman, Satira, Sonet, Stich (Vers), Rifma (Reim) und Jamb (Jambus, antiker Versfuß). Neben Lirika und Poėtika gab es auch den sowjetischen Vornamen Revlit für die Revolutionsliteratur

Durch **Theater, Oper, Operette, Film** und in jüngerer Zeit durch das **Fernsehen** wurde das Namensrepertoire ebenfalls erweitert. Gamlet (Hamlet), Lir (King Lear), Makbet (Macbeth) sind Personen aus Tragödien von Shakespeare, Nora ist eine Gestalt aus einem Drama von H. Ibsen und Arlekin (Harlekin) eine lustige Person des Theaters. Operntitel von G. Verdi wurden zu Vornamen: Aida, Rigoletta (Rigoletto) und Traviata (La Traviata). Hier sind auch zu nennen Karmen (Carmen) von G. Bizet, Salomeja (Salome) von R. Strauß und Iolanta (Jolanthe) von P. I. Čajkovskij. Personen aus Opern sind die Vornamen Džil'da (Gilda aus Rigoletto), Radames (aus Aida) und Nadir aus „Die Perlenfischer" von G. Bizet, aus Operetten Marica (Gräfin Mariza von E. Kálmán) und Sil'va (Sylva aus der Csárdásfürstin vom gleichen Komponisten). Der Dschungelheld Tarzan, Lolita nach dem Roman von V. V. Nabokov und Lara aus dem Roman „Doktor Živago" von B. L. Pasternak wurden durch Film, TV und Samizdat (Selbstverlag) bekannt. In den 80er und 90er Jahren wurde eine Reihe von Vornamen aus vom russischen Fernsehen gesendeten lateinamerikanischen Seifenopern übernommen: Donna, Izaura, Al'berto, Al'fonso u. a.

Aus der **Musik** stammen die Ableitungen von Tempobezeichnungen wie Allegra, Allegro, Largo, von musikalischen Gattungen wie Arabeska (Arabeske), Ėlegija (Elegie), Serenad (Serenade), Sonata (Sonate), von Komponisten wie Gendel' (Händel), Grik (Grieg), Mocart (Mozart), Ravel' (Ravel) und von Fachausdrücken wie Garmonija (Harmonie), Libretto (Textbuch von Opern, Operetten und anderen Gesangswerken), Minora (Molltonart), Ritmina (von Rhythmus) und Temp (Tempo, Zeitmaß).

Aus dem Bereich des **Sports** stammen folgende Vornamen: Dazdrapodik („Es lebe der Sieg von Dynamo Kiev!", einer Fußballmannschaft), Ėstafet (Stafette, Staffellauf), Matč (Match, sportlicher Wettkampf), Spartakiada (sportliche Großveranstaltung in der ehemaligen Sowjetunion) und Start. In neuerer Zeit wurde in Rußland Neugeborenen der Vorname Gus gegeben. Es handelt sich um den holländischen Fußballtrainer Guus Hiddink, der von 2006 bis 2010 die russische Nationalmannschaft trainierte.

Physikalische Einheiten und andere Begriffe aus der **Physik** findet man in den folgenden Vornamen: Amper (Ampere), Kjuri (Curie), N'juton (Newton), Om (Ohm), Uatt und Vat (Watt), Vol't (Volt), Ėlektron, Ion, Magnit (Magnet), Proton und Sopromat (russ. soprotivlenie materialov – Festigkeitslehre).

Insgesamt 19 Vornamen von Begriffen aus der **Mathematik** werden in den Quellen erwähnt. Ein Mathematiklehrer nannte seine drei Töchter Mediana (Mediane), Radiana (Radiant), Gipotenuza (Hypotenuse) und den Sohn Pljus (Plus). In der Familie von Mathematikern wurde Katet (Kathete) geboren. Von mathematischen Termini sind folgende Vornamen abgeleitet: Algebrina (Algebra), Bissektrisa (Bisektrix), Konstanta (Konstante), Kosinus und Sinus, Kvadrat (Quadrat) und Poljus (Pol). Den dem griechischen Mathematiker Archimedes bei der Entdeckung des Gesetzes vom spezifischen Gewicht zugeschriebenen Ausruf „heureka"! (Ich hab's gefunden!) findet man in den russischen Vornamen Ėvrik und Ėvrika.

Der **Darwinismus**, d. h. die Evolutionstheorie des britischen Biologen Charles Robert Darwin (1809–1882), hatte auch Einfluß auf die sowjetische Namengebung, zumal er zeitweise in den Schulen ein Unterrichtsfach war. Davon zeugen folgende Vornamen: Čarl'z, Darvin, Darvina, Divergencija (englisch divergency) und Ėvoljucija (Evolution).

Aus dem **medizinischen Bereich** kommen die Vornamen Apendicit (Appendizitis, Blinddarmentzündung), Gigiena (Hygiene, Gesundheitspflege), Ėmbrion (Embryo), Refleks (Reflex) und die postsowjetische Neubildung Viagra als Präparat zur Behandlung von Potenzstörungen.

Unter dem Einfluß der materialistischen Weltanschauung des neuen Regimes wurden **chemische Elemente** als Vornamen verwendet. Davon zeugt folgende Auswahl aus dem Periodensystem von Mendeleev: Bor, Cezij (Zäsium), Gelij (Helium), Iridij (Iridium), Polonija (Polonium), Radij (Radium), Torij (Thorium), Uran, Vanadij (Vanadium) und Vol'fram (Wolfram). Auch chemische Verbindungen wie in Ėfira (ėfir – Äther) und Metalle wie Stal' (Stahl) und Nikel' (Nickel) waren gebräuchlich. Belegt sind ferner Metall und Metallina.

Agat (Achat), Almaz (Diamant), Barit (Baryt), Birjuza (Türkis), Brilliant (Brillant), Granat, Izumrud (Smaragd), Lazurita (Lasurit), Rubin und Smaragd sind von **Edelsteinen und Mineralien** gebildete neue Vornamen. Zum in Vornamen verwandelten Schmuck zählen auch Jantar' (Bernstein), Kristall und Žemčug (Perlen).

Blumen, Bäume, Sträucher, Früchte und andere **Pflanzen** waren ebenfalls im neuen sowjetischen Namensrepertoire vertreten. Hier einige Beispiele: Berëza (Birke), Čerešnja (Süßkirschenbaum), Dub (Eiche), Lipa (Linde), Pal'ma (Palme), Fialka (Veilchen), Gvozdika (Nelke), Landyš (Maiglöckchen), Roza (Rose), Tjul'pan (Tulpe), Buzina (Holunder), Mimoza (Mimose), Siren' (Flieder), Klever (Klee) und Tykva (Kürbis).

Aus dem **Tierreich** stammen die Vornamen Berkut (Königsadler), Del'fin und Del'fina, Forel' (Forelle), Gazel' (Gazelle), Korall (Koralle) und Orël (Adler).

Mit dem Beginn der **Weltraumfahrt** wurden viele neue Namen kreiert. Außer Kosmodrom (Startplatz für Weltraumraketen), Kosmos, Raketa und Sputnik (erster Start am 4.10.1957) betreffen Jurij Gagarins erste bemannte Weltraumfahrt am 12.4.1961 insgesamt 21 Vornamen. Populär wurden gleichzeitig der nichtrevolutionäre Vorname Jurij und die Kurzform Jura. Valentina Tereškova, die im Juni 1963 als erste Frau die Erde umkreiste, wurde mit neun Neuschöpfungen und drei konventionellen Namen (Valentin, Valentina, Valja) geehrt. Weitere Vornamen im Zusammenhang mit der Raumfahrt sind Perkosrak (erste Weltraumrakete) und Skafandr (Weltraumanzug).

Zu den neugeschaffenen Vornamen aus dem **militärischen Bereich** gehören die unzähligen Ableitungen von der am 15.(28.)1.1918 gegründeten Roten Armee (Krasnaja armija, am 25.2.1946 umbenannt in Sowjetarmee): Karm, Karmija, Krarmij, Krarmija, Krasar, Krasarm, Karlen (die Rote Armee Lenins) u. a. Zu Vornamen wurden ferner militärische Dienstgrade wie Kapitan, Major, Polkovnik (Oberst), Seržant, Politruk (politischer Leiter, der als KP-Mitglied in den Streitkräften für die politische Ausrichtung und Schulung zuständig war). Andere Vornamen betreffen Teile der Armee und die Zugehörigkeit zu ihnen, die militärtechnische Ausrüstung und andere Ausdrücke. Krarnepoba und Kravsil entstanden aus den Parolen „Die Rote Armee ist unbesiegbar" und „Die Rote Armee ist die stärkste". Ein Seemann nannte seine Tochter nach der Seemeile Milja. Kinder erhielten auch die Namen militärischer Führer: Annibal von dem karthagischen Feldherrn Hannibal, Nel'son von Admiral H. Nelson und Vellington von dem Feldherrn und Politiker A.W.Wellington.

Auch **Berufe** wurden zu Vornamen. Zu dieser Gruppe gehören Balerina (Ballerina), Doktor (Doktor, Arzt), Ėlektrik (Elektriker), Jurist, Lëtčik (Pilot), Medsestra (Krankenschwester), Morjak (Seemann), Pilot, Prokuror (Staatsanwalt) und Technik (Techniker). Ein Vorname wurde aus den Berufen der Eltern kombiniert: aus matematik (Mathematiker) und fizik (Physikerin) entstand Matfiza.

In **Deutschland** waren während der Nazidiktatur altgermanische Vornamen in Mode. Ebenso wie Stalin gestattete Hitler nicht, Kinder nach seinem Familiennamen zu benennen. Vornamen wie Hitler, Hitlerine und Hitlerike wurden nicht zugelassen (Hieber, S. 135). Dagegen waren Adolf und Adolfine erlaubt (ebendort, S. 126). In der Zeit des Pietismus, einer protestantischen religiösen Reformbewegung des 17. und 18. Jahrhunderts, wurden sogenannte Imperativ- oder Satznamen christlichen oder erbaulichen Inhalts neu gebildet. Zu ihnen gehörten meist aus verkürzten Sätzen entstandene Neubildungen, welche die katholischen Heiligennamen ersetzen sollten: Gottbewahr, Gottfried, Gotthelf, Gotthilf, Gotthold

(Gott sei Dir hold!), Gottlieb, Gottlob, Ehregott, Fürchtegott, Glaubrecht, Leberecht, Lohndirgott, Stehfestimglaube, Tötediesünde, Thurecht, Traugott.

Spezielle **Namenspaare** gab es für Zwillinge und Geschwister, zum Beispiel Serp und Molot (Hammer und Sichel), Marks und Ėngel's (Marx und Engels), Iskra und Plamen' (Funke und Flamme), Dognat und Peregnat (von den Verben einholen und überholen), Istmat und Diamat (die Abkürzungen für historischen und dialektischen Materialismus), Stako und Zako (Stalinsche Verfassung und Morgenröte des Kommunismus), Lenmira und Mirlena (Lenin, Weltrevolution und der Leninismus, der die ganze Welt erfaßt hat). Aus dem russischen Wort revoljucija (Revolution) wurden die Paarnamen Rev (Reva, Revo) und Ljucija (Ljucij) gebildet und Indus und Trija entstanden aus industrija (Industrie). Außer diesen binären Namen gab es in einer Familie drei Brüder, die Sovchoz, Kolchoz und Kooperativ hießen (Sovchose, Kolchose und Konsumgenossenschaft). Erwähnt sei hier auch, daß ein in Armenien lebender Chirurg seine Zwillinge nach seinem Operationsbesteck Lancet und Pincet (Lanzette und Pinzette) nannte und in Azerbajdžan erhielt des Reims wegen ein Zwillingspaar die Vornamen Skelet (Skelett) und Markizet (Marquisette, Gardinengewebe), obwohl zwischen beiden Worten kein Zusammenhang besteht.

Die kuriosen und absurden Vornamen der Sowjetzeit waren **nach der politischen Wende der Anlaß für zahlreiche witzige Namensbildungen, Wortspiele und Parodien.** Nicht ernstgemeint sind Namensvorschläge wie Gobezar – god bez zarplaty (ein Jahr ohne Lohn), Želzanapal – Železnyj zanaves pal. (Der Eiserne Vorhang ist gefallen.), Dazdrapovpen – Da zdravstvuet povyšenie pensij! (Es lebe die Erhöhung der Renten!), Migoliper – Michail Gorbačëv-lider perestrojki (Michail Gorbačëv, der Führer der Umgestaltung), Narkompozros – Narkomanija – pozor Rossii. (Die Rauschgiftsucht ist eine Schande für Rußland.), Povmekor – Pobedim vmeste korrupciju! (Wir werden die Korruption gemeinsam besiegen!), Trepoza – Trebuem povyšenija zarplaty! (Wir fordern eine Erhöhung der Löhne!), Dolin – Doloj infljaciju! (Nieder mit der Inflation!), Pederast (der Homosexuelle) wurde als „Peredovoe delo raduet Stalina." entschlüsselt (Eine fortschrittliche Tat erfreut Stalin.). In Anlehnung an Stalins Ausspruch „Die Hitler kommen und gehen, aber das deutsche Volk ... bleibt" entstand Kripriuchprod (Krizisy prichodjat i uchodjat, a žizn prodolžaetsja. – Die Krisen kommen und gehen, aber das Leben geht weiter.). Gegenstand humoristischer Namenskonstruktionen waren El'cin, Putin, Medvedev und andere Politiker der postsowjetischen Zeit. Hätte es nicht reale Namenträger gegeben, wären auch viele sowjetische Vornamen als Witze aufgefaßt worden.

Sowjetische Vornamen von A bis Z

Dieses Vornamenverzeichnis umfaßt insgesamt 2818 Stichwörter zu den Neubildungen aus der Sowjetzeit und einzelnen späteren Neuerungen. Nicht aufgenommen wurden die unzähligen Entlehnungen aus modernen und antiken Sprachen, die nur im einleitenden Text behandelt werden. Keine Einträge erhielten auch die schon erwähnten Kreationen in den nichtrussischen Sprachen Rußlands, die reaktivierten nichtkanonischen altrussischen und slawischen Vornamen sowie die nicht ernstgemeinten witzigen Namensbildungen und Parodien.

Für die Namen und andere russische Worte wird die wissenschaftliche Transliteration verwendet. Dieses Umschriftsystem gilt nicht für im Deutschen allgemein gebräuchliche Begriffe wie Moskau statt russisch Moskva oder Bolschewik statt russisch Bol'ševik. Nach jedem Stichwort folgt in Klammern die kyrillische Schreibweise. Danach wird erklärt, wie die neukreierten Vornamen gebildet wurden und in welcher Quelle sie zu finden sind. Wenn erforderlich, werden der historische Zusammenhang kurz dargestellt und einige biographische Angaben ergänzt.

A

Abeljar (Абеляр) – von Pierre Abélard (1079–1142), französischer Theologe und Philosoph ◊ Superanskaja: Slovar' russkich imën, S. 29

Ada (Ада) – eine Verkürzung des Vornamens Olimpiada ◊ Tropin, S. 13

Adij (Адий) – eine Verkürzung einiger traditioneller männlicher Vornamen wie Arkadij, Gennadij und Palladij ◊ ru.wikipedia.org

Adler (Адлер) – Kurort bei Soči am Schwarzen Meer ◊ Torop, S. 273

Adol'f (Адольф) – Namengebung anläßlich des Hitler-Stalin-Paktes vom 23.8.1939 über die Abgrenzung der territorialen Interessensphären in Osteuropa ◊ www.aguara.ru/post110302037/ Moda na imena, 16.9.2009

Advarp (Адварп) – Pravda rückwärts gelesen (Tageszeitung, ehemaliges Zentralorgan des ZK der KPdSU) ◊ www.SovMusic.ru-Forum sajta „Sovetskaja muzika"

Aėlita (Аэлита) – erfundener Vorname, Hauptheldin des gleichnamigen utopischen Romans (Erstdruck 1923) des russischen Schriftstellers Aleksej Nikolaevič Tolstoj (1883–1945) ◊ Akišina, S. 15 und 115

Afrik (Африк) – von russisch **a**ntifašizm, **r**evoljucionnyj **i**nternacionalizm, **k**ommunizm (Antifaschismus, revolutionärer Internationalismus, Kommunismus) ◊ kommari.livejournal.com

Agat (Агат) – Achat (Halbedelstein) ◊ Superanskaja, 1978, S. 422

Agit (Агит) – Verkürzung von Agitacija (Agitation) ◊ Superanskaja, 1978, S. 420

Agita (Агита) – eine Ableitung von Agitacija (Agitation) ◊ Rylov, S. 97

Agitab (Агитаб) – von **Agit**acionnaja **a**via**b**omba oder **Agit**acionnaja **a**viacionnaja **b**omba (Agitations-Fliegerbombe zum Abwerfen von Agitationsmaterial wie Flugblättern und Broschüren) ◊ Čuprijanov

Agitacija (Агитация) – Agitation (Werbung für die politischen Ziele der Bolschewiken) ◊ mage_victor.livejournal.ru

Agitella (Агителла) – eine Ableitung von Agita ◊ Superanskaja, 1998, S. 346

Agitina (Агитина) – eine Ableitung von Agitacija ◊ Danilina, 1972, S. 23

Agitprop (Агитпроп) – in Sowjetrußland geläufiges Kurzwort für **agit**acija i **prop**aganda (Agitation und Propaganda). Im Parteiapparat der KP gab es spezielle Agitprop-Abteilungen, deren Aufgabe es war, die Bevölkerung im Sinne der kommunistischen Ideologie zu beeinflussen. ◊ Pravda 12.6.1924, S. 6

Agronomija (Агрономия) – Agronomie, Agrarwissenschaft ◊ revim.narod.ru

Aida (Аида) – Heldin der gleichnamigen Oper von Giuseppe Verdi (1813–1901) ◊ Ivaško, 1988, S. 219

Air (Аир) – von **A**leksej **I**vanovič **R**ykov (1881–1938), führender Bolschewik, 1924–1930 als Nachfolger Lenins Vorsitzender des Rates der Volkskommissare der

UdSSR, 1922–1930 Mitglied des Politbüros des ZK der bolschewistischen Partei, war ein Gegner von Zwangsmaßnahmen bei der Kollektivierung der Landwirtschaft und forcierten Industrialisierung, 1937 verhaftet, in einem Schauprozeß verurteilt und 1938 erschossen ◊ Superanskaja, 2002, S. 330

Ajan (Аян) – Fluß in der Region Krasnojarsk, Sibirien ◊ Superanskaja, 1978, S. 421

Ajvengo (Айвенго) – nach der literarischen Gestalt Ivanhoe aus dem gleichnamigen historischen Roman (1820) des schottischen Schriftstellers Walter Scott (1771–1832) ◊ Superanskaja, 1998, S. 62

Aka (Ака) – von **Ak**ademija **a**rtillerijskaja (Artillerieakademie) ◊ Danilina, 1972, S. 22

Akacija (Акация) – Akazie (tropischer Laubbaum) ◊ Torop, S. 273

Akadema (Академа) – von akademija (Akademie) ◊ Suslova, 1979, S. 314

Akademija (Академия) – Akademie ◊ Subaeva, 1971, S. 24

Akčur (Акчур) – von russ. ručka (Federhalter) rückwärts gelesen ◊ Zakir'janov, S. 157

Alan (Алан) – eine Kombination aus den Anfangsbuchstaben der elterlichen Vornamen **Al**eksej und **An**na ◊ Ogonëk 6, 1960, S. 3

Al'ba (Альба) – von italienisch alba (Morgenröte) ◊ Superanskaja, 1998, S. 349

Al'bert (Альберт) – [1] von dem Roman „Albert Savarus" (1842) von Honoré de Balzac (1799–1850), französischer Schriftsteller ◊ Bondaletov, 1976, S. 24 – [2] Namengebung zu Ehren von Albert Einstein (1879–1955), deutsch-amerikanischer Physiker, Begründer der Relativitätstheorie ◊ www.liveinternet.ru Blog Botinok Imena, pridumannye v Sovetskom Sojuze i ich rasšifrovka

Al'bion (Альбион) – Albion, älterer Name für Britannien (England, Wales und Schottland) ◊ Suslova, 1979, S. 310

Aldan (Алдан) – rechter Nebenfluß der Lena in Ostsibirien ◊ Superanskaja, 1990, S. 9

Aldr (Алдр) – eine Verkürzung des Vornamens **Al**eksan**dr** ◊ Superanskaja, 1978, S. 424

Aleanor (算еанор) – eine Kombination aus den Anfangs- und Endbuchstaben der elterlichen Vornamen **Al**eksandra und Nik**anor** ◊ Ogonëk 6, 1960, S. 32

Alegra (Алегра) – weibliche Form zu Alegro ◊ Superanskaja, 1998, S. 348

Alegro (Алегро) – von allegro (lebhaft, schnell) und Allegro (schnelles Musikstück), Tempobezeichnung in der Musik ◊ Superanskaja, 1978, S. 420

Alëna (Алёна) – beurkundete volkstümliche Form von Elena ◊ Bondaletov, 1983, S. 157

Alentina (Алентина) – Verkürzung von Valentina ◊ Ščetinin, 1968, S. 174

Aleonor (Алеонор) – eine Kombination aus den Anfangs- und Endbuchstaben der elterlichen Vornamen **Ale**ksandra und Nika**nor** ◊ Akišina, S. 14 (Das „o" hat die Funktion eines Verbindungsvokals.)

Al'fa (Альфа) – Alpha, erster Buchstabe des griechischen Alphabets ◊ Nikonov: Iscem imja, 1988, S. 65

Al'fina (Альфина) – von russ. al'fa (Alpha), erster Buchstabe des griechischen Alphabets ◊ Superanskaja, 1998, S. 349

Alfr (Алфр) – von russ. **al**yj **f**lag **r**evoljucii (die rote Fahne der Revolution) ◊ kommari.livejournal.com

Alfrev (Алфрев) – von russ. **al**yj **f**lag **rev**oljucii (die rote Fahne der Revolution) ◊ kommari.livejournal.com

Algebra (Алгебра) – von russ. algebra (Lehre von den Gleichungen) ◊ http://vk.comnotes/6470816.html pol'zovatel' „v kontakte", Maria Blyusenko: Imena, prisvaivavšiesja sovetskim detjam v 20-e – 30-e gody Avksoma-Moskva naoborot, Juli 2010

Algebraina (Алгебраина) – von russ. algebra (Algebra), Lehre von den Gleichungen (Mathematik) ◊ Savel'eva, 2000, S. 32

Algebrina (Алгебрина) – von russ. algebra (Algebra), Lehre von den Gleichungen (Mathematik) ◊ Petrovskij, 1966, S. 7

Alida (Алида) – Phantasiename ◊ Superanskaja, 1998, S. 349

Alij (Алий) – wahrscheinlich von russ. alyj (rot), seit dem 19. Jahrhundert Farbensymbol der Arbeiterbewegung ◊ Superanskaja, 1978, S. 423

Alimpiada (Алимпиада) – umgangssprachliche Variante zu russ. Olimpiada ◊ Mezencev, S. 116

Alja (Аля) – Kurzform von Stalina ◊ http://www.astromeridian.ru Imena Značenie imeni Stalina

Al'jans (Альянс) – von russ. al'jans (Allianz, Bündnis, Vereinigung), wahrscheinlich von spanisch Alianzas Obreras (Arbeiterallianzen, russ. Al'jansas obreras), eine Vereinigung der spanischen Arbeiter verschiedener politischer Strömungen in den 30er Jahren, seit 1934 gehörte auch die KP Spaniens dazu ◊ Comrie/Stone, S. 188 und Izvestija (Abendausgabe) 31.1.1991, S. 2

Allegra (Аллегра) – weibliche Form zu Allegro ◊ ru.wikipedia.org

Allegro (Аллегро) – von allegro (lebhaft, schnell) und Allegro (schnelles Musikstück), Tempobezeichnung in der Musik ◊ Suslova/Superanskaja, S. 135

Almaz (Алмаз) – Diamant (Edelstein) ◊ Danilina, 1972, S. 17

Almaza (Алмаза) – weibliche Form zu Almaz ◊ www.medikforum.ru Diagnoz obščestvu možno postavit' po populjarnym imenam, 24.9.2009

Al'mina (Альмина) – von russ. Ėlmina (Elmina, El Mina), von den Portugiesen 1471 im heutigen Ghana (Westafrika) gegründete Hafenstadt mit einem großen festungsartigen Schloß ◊ Superanskaja in: Nauka i žizn' 8, 1991, S. 73

Al'pa (Альпа) – von russ. Al'py (Alpen), Gebirge in Europa ◊ Vseobščij nastol'nyj kalendar' na 1924 god, S. 4 und 22

Al'pija (Альпия) – von russ. Al'py (Alpen), Gebirge in Europa ◊ Superanskaja, 1998, S. 349

Al'pina (Альпина) – von russ. Al'py (Alpen), Gebirge in Europa ◊ Superanskaja, 1978, S. 421

Al'tair (Альтаир) – von russ. Al'tair (Atair, Altair), hellster Stern im Sternbild des Adlers ◊ Superanskaja, 1998, S. 112

Altaj (Алтай) – Altai (Gebirge in Innerasien) ◊ Rylov, S. 98

Alternativa (Алтернатива) – von russ. al'ternativa (Alternative, andere Möglichkeit) ◊ Ščetinin, 1968, S. 63

Al'ternativa (Альтернатива) – von russ. al'ternativa (Alternative, andere Möglichkeit) ◊ Superanskaja, 1978, S. 415

Amerigo (Америго) – von Amerigo Vespucci (1451–1512), italienischer Seefahrer in spanischen und portugiesischen Diensten, entdeckte auf vier Fahrten von 1497–1504 verschiedene Küstengebiete Südamerikas, nach ihm wurde Amerika benannt ◊ www.andein.ru/mir/patr.html Iz mira imën Patriotičeskie imena

Amfir (Амфир) – russ. rifma (Reim) rückwärts gelesen ◊ Zakir'janov, S. 157

Amnistija (Амнистия) – Amnestie, Strafverlaß ◊ Suslova, 1979, S. 314

Amper (Ампер) – von Ampere, Einheit der elektrischen Stromstärke, benannt nach dem französischen Physiker und Mathematiker André Marie Ampère (1775–1836) ◊ Suslova, 1979, S. 305

Amunda (Амунда) – von Roald Amundsen (1872–1928), norwegischer Polarforscher ◊ Suslova, 1979, S. 314

Amur (Амур) – Strom in Ostsibirien ◊ Ogonëk 6, 1960, S. 32

Anapest (Анапест) – von Anapäst (antiker Versfuß) ◊ Savel'eva, S. 32

Anarchija (Анархия) – Anarchie, Gesetzlosigkeit ◊ Narin'jani, S. 25

Andilina (Андилина) – der Vorname entstand durch falsche Schreibung von Angelina ◊ Nikonov, 1974, S. 68 und 252

Andromeda (Андромеда) – Sternbild am nördlichen Himmel ◊ Superanskaja: Slovar' russkich imën, S. 283

Andžela (Анджела) – von Angela Yvonne Davis (geb. 1944), amerikanische Bürgerrechtlerin, von 1968 bis 1991 Mitglied der KP der USA, s. Anžela ◊ Ivaško, S.160

Anėl' (Анэль) – eine Kombination aus den Vornamen **An**drej und **Ėl**'mira ◊ smi.marketgid.com

Anemona (Анемона) – Anemone (Pflanzengattung) ◊ Uspenskij, 1960, S. 48

Anga (Анга) – Verkürzung von Angara, rechter Nebenfluß des Enisej (Jenissei) in Sibirien ◊ Danilina, 1969, S. 79

Angar (Ангар) – Hangar, Flugzeughalle ◊ NeForum.ru Kommunističeskie imena..., Juli 2004

Angara (Ангара) – rechter Nebenfluß des Enisej (Jenissei) in Sibirien ◊ Danilina, 1972, S. 17

Angor (Ангор) – von russ. **an**glijskij **gor**njak (englischer Bergarbeiter), Namengebung aus Solidarität mit einem Bergarbeiterstreik in Großbritannien im Jahre 1926 ◊ Kolonitskii, 1993, S. 224

Anis (Анис) – Gewürz- und Heilpflanze ◊ Suslova/Superanskaja, S. 125

Anislav (Анислав) – [1] vielleicht eine Verkürzung von Stanislav ◊ Superanskaja, 1998, S. 116 – [2] eine Kombination aus **An**ja und **Slav**a, Bestandteil von Vornamen wie Jaroslav, Stanislav, Vjačeslav usw. ◊ Superanskaja, 1998, S. 116

Annibal (Аннибал) – von Hannibal (247/246 v. Chr. – 183 v. Chr.), karthagischer Feldherr ◊ Vseobščij nastol'nyj kalendar' na 1928 god (25.9.)

Antenna (Антенна) – Antenne ◊ Rylov, S. 97

Anti (Анти) – [1] eine Verkürzung von russ. antireligioznyj (antireligiös) ◊ Danilina, 1972, S. 20 – [2] eine Kombination aus den ersten Silben der elterlichen Namen **An**na und **Ti**mofej ◊ Nikonov, 1974, S. 69

Anžela (Анжела) – von Angela Yvonne Davis (geb. 1944), amerikanische Bürgerrechtlerin, 1968 bis 1991 Mitglied der KP der USA, als Kandidatin für das Amt der US-Vizepräsidentin in den Wahljahren 1980 und 1984 erreichte sie zusammen mit Gus Hall als Präsidentschaftskandidaten 0,05 % bzw. 0,04 % der Stimmen ◊ Zaljaleeva, S. 53

Apel'sin (Апельсин) – Apfelsine, Orange ◊ www.ct.kz Smešnye familii i imena, 12.6.2009

Apendicit (Апендицит) – von russ. appendicit (Appendizitis, Blinddarmentzündung) ◊ smi.marketgid.com

Apparat (Аппарат) – von apparat (Apparat im Sinne von Partei- und Staatsapparat) ◊ Pravda 12.6.1924, S. 6

Apreliana (Апрелиана) – abgeleitet von russ. Aprel'skie tezisy (April-Thesen), in welchen Lenin am 4.(17.)4.1917 in Petrograd mit der Losung „Alle Macht den Sowjets!" (Vsja vlast' Sovetam!) seinen Plan einer sozialistischen Revolution entwarf, d.h. den Übergang von der parlamentarischen Republik zur Republik der Sowjets ◊ Kolonitskii, 1993, S. 22

Aprelina (Апрелина) – von russ. aprel' (Monat April) ◊ Superanskaja, 1978, S. 424

Apteka (Аптека) – Apotheke ◊ Nepokupnyj, S. 229

Ara (Ара) – von russ. Arktika (Arktis) ◊ www.mail.ru materialy foruma na mail.ru po publikacii spiska Polnyj (ili počti polnyj) spisok sovetskich imën žurnala Rodina

Arabeska (Арабеска) – Arabeske, islamisches Ornament oder heiteres Musikstück ◊ www.exler.ru Chot' Gorškom nazovi – tol'ko v peč' ne stav! (Častnyj klub Aleksa Ėkslera)

Ararat (Арарат) – höchster Berg in der Türkei (Der Große und Kleine Ararat, die bis 1921 zu Armenien gehörten, sind noch immer nationale Symbole der Republik Armenien.) ◊ Savel'eva, S. 32

Archimed (Архимед) – Archimedes (285–212 v.Chr.), Mathematiker der griechischen Antike ◊ Superanskaja, 1978, S. 418

Ar'ergard (Арьергард) – von franz. arrièregarde (Arrieregarde, Nachhut im Militärwesen) ◊ www.SovMusic.ru Forum sajta „Sovetskaja muzyka"

Argent (Аргент) – von franz. argent (Silber, Geld) ◊ Suslova/Superanskaja, S. 145

Argentina (Аргентина) – Argentinien ◊ Ogonëk 6, 1960, S.32

Argon (Аргон) – Argon (chemisches Element) ◊ Pen'kovskij, S. 92

Ariad (Ариад) – eine Verkürzung von Ariadna ◊ Superanskaja, 1978, S. 424

Arija (Ария) – Arie, Sologesang mit Instrumentalbegleitung ◊ Petrovskij: Slovar' russkich ličnych imën, 4. Auflage, Moskau 1995, S. 69

Arina (Арина) – Variante von Eka**te**r**i**na ◊ Nikonov: Iščem imja, S. 51

Aristotel' (Аристотель) – Aristoteles (384–322 v. Chr), griechischer Philosoph ◊ http://rus.tvnet.lv/ Imena, vešč interesnaja…, 2008

Arktika (Арктика) – Arktis ◊ http://forum.kuraev.ru Polnyj (ili počti polnyj) spisok sovetskich imën

Arlekin (Арлекин) – Harlekin (Narrengestalt, Hanswurst, lustige Person des Theaters) ◊ Superanskaja, 1978, S. 416

Arlekina (Арлекина) – weibliche Form zu Arlekin ◊ Suslova/Superanskaja, S. 141

Arlen (Арлен) – [1] von russ. **ar**mija **Len**ina (die Armee Lenins, d. h. die Werktätigen) ◊ Petrovskij, 1969, S. 181 – [2] von russ. armeec Lenina (Angehöriger der Armee Lenins) ◊ www.liveinternet.ru/users/pekshin/post123805218//

Arlena (Арлена) – weibliche Entsprechung zu beiden Bedeutungen von Arlen ◊ Petrovskij, 1969, S. 181 und Internetquelle wie unter Arlen

Arlentin (Арлентин) – Variante zu Arlen ◊ Superanskaja, 1998, S. 122

Armand (Арманд) – von Inessa (Elizaveta Fëdorovna) Armand (geb. Inès Steffen, 1874–1920). Die in Paris geborene Bolschewikin kam nach dem frühen Tod der Eltern mit der Schwester ihrer Mutter um 1880 nach Puškino bei Moskau, wo ihre Tante in der Familie des aus dem Elsaß stammenden Textilfabrikanten Armand eine Stellung als Gouvernante und Klavierlehrerin übernahm. Die Vollwaisin wuchs mit den elf Kindern des Fabrikanten auf und heiratete später seinen Sohn Alexander. 1904 wurde sie Mitglied der bolschewistischen Partei, leitete seit 1918 die Abteilung für Arbeiterinnen beim ZK der Russischen KP, übersetzte Lenin und Parteibeschlüsse ins Französische. ◊ Superanskaja, 1998, S. 122

Armeec (Армеец) – von russ. armeec (Armeeangehöriger) ◊ Zakir'janov, S. 156
Armija (Армия) – von russ. armija (Armee, Heer) ◊ ru.wikipedia.org
Aršin (Аршин) – Arschin, Längenmaß in Rußland (0, 71 m) bis zur obligatorischen Einführung des metrischen Systems am 14.9.1918 ◊ Šatinova, S. 154
Arta (Арта) – **[1]** von russ. **art**illerija (Artillerie) ◊ Šejko, S. 26 – **[2]** von russ. **Art**illerijskaja **a**kademija (Akademie der Artillerie) ◊ revim.narod.ru
Artaka (Артака) – von russ. **Art**illerijskaja **Aka**demija (Akademie der Artillerie) ◊ mage_victor.livejournal.ru
Artek (Артек) – an der Südspitze der Krim in der Nähe von Jalta 1925 als ganzjährige Erholungsstätte für Kinder aus der gesamten Sowjetunion eingerichtetes Pionierlager, neben der Erholung erfolgte die Erziehung der Pioniere im kommunistischen Sinne ◊ Čuprijanov
Artillerija (Артиллерия) – Artillerie ◊ Torop, S.273
Artillerijskaja Akademija (Артиллерийская академия) – Akademie der Artillerie ◊ Nikonov, 1986, S. 266
Artočka (Арточка) – von russ. Artillerijskaja Akademija (Akademie der Artillerie) ◊ festival.1 september.ru articles/213301/ Panasjuk, O. M.: Urok vneklassnogo čtenija po literature v 6 klasse po teme: „Imën tainstvennaja vlast"
Artur (Артур) – Figur (englisch Arthur) aus dem in Rußland viel gelesenen 1897 in London erschienenen historischen Roman „The Gadfly" (Die Stechfliege) der englischen Schriftstellerin Ethel Lillian Voynich (1864–1960), s. Ovod ◊ Torop, S. 273
Arvil (Арвил) – von russ. **ar**mija **V. I.** **L**enina (die Armee V. I. Lenins, d. h. die Werktätigen) ◊ livejournal.org (Dee Sonnerbergsson) Čto v imeni tebe moëm ... (nach dem Stand vom 29.3.2009)
Arvil' (Арвиль) – von russ. **ar**mija **V. I.** **L**enina (die Armee V. I. Lenins, d. h. die Werktätigen) ◊ Mironov, S. 343
Asabina (Асабина) – s. Assabina ◊ Nikonov, 1974, S.79
Asbest (Асбест) – Asbest (feuer- und säurefeste Mineralien) ◊ fanlab.ru/ Laboratorija fantastiki Kak vy otnosites' k mode davat' detjam starinnye ili..., (nach dem Stand vom 3.3.2009)
Asfal't (Асфальт) – Asphalt ◊ smi.marketgid.com
Asfodel' (Асфодель) – Asphodill, Affodill (Liliengewächs, Zierpflanze) ◊ smi.marketgid.com
Aslanbek (Асланбек) – von Aslanbek Džemaldinovič Šeripov (1897–1919), tschetschenischer Bolschewik, einer der Führer während der Sowjetisierung des Nordkaukasus ◊ Torop, S. 273
Asnova (Аснова) – von russ. **As**sociacija **nov**ych **a**rchitektorov/ASNOVA (Vereinigung neuer Architekten/ASNOVA). Der Verband wurde 1923 gegründet und 1932 aufgelöst. ◊ Čuprijanov

Assabina (Ассабина) – Die Namengebung erfolgte zur Erinnerung an die Hafenstadt Assab am Roten Meer im heutigen Eritrea, wo die Eltern als Ingenieure arbeiteten ◊ Danilina, 1972, S. 19

Assol' (Ассоль) – nach der gleichnamigen Hauptheldin in der Erzählung „Alye parusa" (Die purpurroten Segel, 1923) des Prosaikers Aleksandr Stepanovič Grin (eigentlich Grinevskij, 1880–1932) ◊ Superanskaja, 1981, S. 95

Astagora (Астагора) – von russ. **a**nglijskaja **sta**čka **gor**njakov (englischer Bergarbeiterstreik) ◊ dok_zlo.livejournal.com Imena épochi istoričeskogo materializma, 2.2.2008

Astra (Астра) – Aster (Zierpflanze, Gartenblume) ◊ Gric, S. 73

Astrela (Астрела) – von span. estrella (Stern) ◊ Superanskaja: Slovar' russkich imën, S. 288

Ateist (Атеист) – Atheist. Der Name entstand im Rahmen der antireligiösen Propaganda der Bolschewiken. ◊ Ėnciklopedija gosudarstva i prava, Band 1, Moskau 1925–26, Spalte 88

Atella (Ателла) – willkürliche Bildung ◊ Ščetinin, 1968, S. 53

Atės (Атэс) – von russ. ATS – **a**vtomatičeskaja **t**elefonnaja **s**tancija (Selbstanschluß-Fernsprechamt) ◊ Superanskaja in: Nauka i žizn' 8, 1991, S. 72 (Die Aussprache der Buchstaben wurde von a-tė-ės zu atės verkürzt.)

Atlantida (Атлантида) – Atlantis, antiker Name einer großen sagenhaften Insel im Atlantischen Ozean, die nach einer Naturkatastrophe versunken sein soll ◊ Geller, M.: Mašina i vintiki, S. 17

Atom (Атом) – von russ. atom, ein alter kirchlicher Name, wurde Ende des 19. Jahrhunderts aus dem Kirchenkalender ausgesondert und in der Sowjetzeit im Zusammenhang mit der Entwicklung der Atomenergie wieder eingeführt ◊ Izdatel'skij dom „Pervoe sentjabrja" 2003–2009, Esaulova, O. Ju.: Urok razvitija reči po russkomu jazyku v 5-m klasse po teme: „Čto v imeni tebe moëm...?"

Attika (Аттика) – griechische Landschaft mit Athen als Hauptstadt ◊ Suslova, 1979, S. 306

Avančel (Аванчел) – von russ. **avan**gard **čel**ovečestva (die Avantgarde/die Vorkämpfer/ der Menschheit) ◊ Čukovskij, Kornej: Živoj kak žizn'. Rasskazy o russkom jazyke, Kapitel IV

Avangard (Авангард) – von französisch avant-garde (Avantgarde, Vorkämpfer, Vorhut), die kommunistische Partei als Avantgarde des Proletariats ◊ Bondaletov, 1983, S. 131

Avgust (Август) – von August Bebel (1840–1913), deutscher sozialdemokratischer Politiker ◊ Torop, S. 273

Avia (Авиа) – von russ. aviacija (Flugwesen, Luftfahrt, Luftwaffe, Luftstreitkräfte) ◊ Danilina, 1972, S. 20

Aviachim (Авиахим) – von russ. Obščestvo sodejstvija **avia**cii i **chim**ičeskoj oborone (Gesellschaft zur Förderung der Luftstreitkräfte und des Gasschutzes, 1925–1927) ◊ Ogonëk 6, 1960, S. 32

Aviacija (Авиация) – von russ. aviacija (Flugwesen, Luftfahrt, Luftwaffe, Luftstreitkräfte) ◊ Ogonëk 6, 1960, S. 32

Aviacion (Авиацион) – Ableitung von Aviacija ◊ Forum missionerskogo portala diakona Andreja Kuraeva Polnyj (ili počti polnyj) spisok sovetskich imën, 3.11.2007

Aviadispetčer (Авиадиспетчер) – Flugdispatcher, Flugdienstleiter ◊ Forum NoWa.cc Imena (Archiv)

Avial' (Авиаль) – von russ. **avi**acionnyj **al**juminij (Aluminium für den Flugzeugbau) ◊ mage_victor.livejournal.ru

Aviard (Авиард) – von russ. **avi**acionnyj **r**ekord **d**al'nosti (Langstreckenflugrekord) ◊ mage_victor.livejournal.ru

Aviėta (Авиэта) – von franz. avionnette, abgekürzt aviette, russ. avietka (Kleinflugzeug, Leichtflugzeug) ◊ Gric, 1934, S. 73

Aviėtta (Авиэтта) – von franz avionnette, abgekürzt aviette, russ. avietka (Kleinflugzeug, Leichtflugzeug) ◊ Superanskaja, 1978, S. 427

Avija – von russ. aviacija (Flugwesen, Luftfahrt, Luftwaffe, Luftstreitkräfte) ◊ Suslova/Superanskaja, S. 117

Aviol (Авиол) – eine Ableitung von russ. aviacija, s. Avija ◊ Blog botinok.co.il/ Imena, pridumannye v Sovetskom Sojuze i ich rasšifrovka

Aviola (Авиола) – neuer Phantasiename ◊ Superanskaja, 1998, S. 345

Avksoma (Авксома) – [1] russ. Moskva (Moskau) rückwärts gelesen ◊ Petrovskij, 1966, S. 8 – [2] von russ. **av**angard **k**ommunizma **so**vetskaja **mo**lodëž' (die sowjetische Jugend, die Avantgarde des Kommunismus) ◊ Gusejnov, S. 86

Avror (Аврор) – durch Verkürzung gebildete männliche Form zu Avrora ◊ Rylov, S. 97

Avrora (Аврора) – von russ. Avrora (Aurora), Name eines Kreuzers der Baltischen Flotte, der am 25.10.(7.11.)1917 in Petrograd mit der Beschießung des Winterpalais das Signal zum Sturm des Amtssitzes der Provisorischen Regierung Rußlands durch die Bolschewiken gab, revolutionäres Symbol (in der römischen Mythologie die Göttin der Morgenröte) ◊ Nazarova, S. 261

Avrorij (Аврорий) – männliche Form zu Avrora ◊ Bondaletov, 1983, S. 134

Avstralija (Австралия) – Australien ◊ www.mamka.ru Ženskij forum Samye neobyčnye imena u detej, 23.8.2007

Avtodor (Автодор) – [1] Avtodor ist die Abkürzung von russ. Obščestvo sodejstvija razvitiju **avto**mobilizma i ulučšeniju **dor**og (Gesellschaft zur Förderung des Kraftverkehrs und des Straßenwesens, 1927–1935) ◊ www.dhe-nlp.ru/forum/index.php?showtopic=8625 Imena sovetskogo proischoždenija – [2] Person in dem Gedicht von 1930 „Strana prinimaet boj" (Das Land nimmt den Kampf an) des russischen Lyrikers Aleksandr Andreevič Prokof'ev (1900–1971) ◊ Prokof'ev, A. A.: Stichotvorenija i poėmy, Leningrad 1986, S. 114

Avtonom (Автоном) – Kurzform von russ. avtonomnyj (autonom, unabhängig) ◊ revim.narod.ru

Avtonomija (Автономия) – von russ. avtonomija (Autonomie). Der Begriff bezieht sich offenbar auf die in der Sowjetzeit seit 1918 gebildeten nationalen territorialen Einheiten: die Autonomen Gebiete und die Autonomen Sozialistischen Sowjetrepubliken (ASSR). ◊ Vseobščij nastol'nyj kalendar' na 1924 god, S. 24

Avtovaz (Автоваз) – von russ. **Avto**mobil'nyj **V**olžskij **A**vtomobil'nyj **Z**avod (Automobilfabrik an der Wolga), 1966–71, in Tol'jatti im jetzigen Gebiet Samara (Diese offizielle Bezeichnung enthält einen Pleonasmus, den man nicht ins Deutsche übersetzen kann.) ◊ Forumy Tolkien.SU Smešnye familii i imena

Azalija (Азалия) – Azalee, auch Azalie (Zierpflanze) ◊ Poticha/Rozental', 1987, S. 89

Azija (Азия) – Asien (Kontinent) ◊ Vseobščij nastol'nyj kalendar' na 1924 god, S. 8

B

Babëfa (Бабёфа) – von François Noël Babeuf (1760–97), französischer Revolutionär zur Zeit der Französischen Revolution (1789–99) ◊ Superanskaja, 1998, S. 355

Bagrjan (Багрян) – von russ. bagrjanyj (flammenrot, glutrot, purpurn), rot als Farbensymbol der Arbeiterbewegung seit dem 19.Jahrhundert ◊ Suslova, 1979, S. 314

Bajadera (Баядера) – von Bajadere, indische Tempeltänzerin, die auch religiöse Prostitution ausübte (Den Namengebern war die Bedeutung des Fremdwortes offenbar nicht bekannt.) ◊ Gorbanevskij, 1987, S. 150

Bajan (Баян) – Ziehharmonika ◊ Koržanov, S. 124

Bajkal (Байкал) – Baikalsee (Gebirgssee im mittleren Südsibirien, tiefster See der Erde) ◊ Zaljaleeva, S. 56

Bajron (Байрон) – von George Gordon Noel Byron (1788–1824), englischer Dichter ◊ Superanskaja, 1978, S. 421

Bakun (Бакун) – von Michail Aleksandrovič Bakunin (1814–76), russischer Revolutionär, Theoretiker des Anarchismus, einer der Ideologen der Narodnikibewegung (Volkstümler) ◊ Suslova, 1979, S. 314

Bakuna (Бакуна) – weibliche Form zu Bakun ◊ Suslova, 1979, S. 314

Balerina (Балерина) – Ballerina, Tänzerin (Beruf als Vorname) ◊ Nikonov: Iščem imja, 1988, S. 6

Baltika (Балтика) – von russ. Baltijskoe more (das Baltische Meer, die Ostsee) ◊ Ogonëk 6,1960, S. 32

Bama (Бама) – von russ. Bajkalo-Amurskaja magistral' (BAM) (Baikal-Amur-Magistrale), Eisenbahnstrecke in Ostsibirien und im Fernen Osten nördlich der Transsib (Transsibirische Bahn), erbaut 1974–89 ◊ savok.name

Barikad (Барикад) – von russ. barrikada (Barrikade, Straßensperre) ◊ Suslova, 1979, S. 314

Barikada (Барикада) – von russ. barrikada (Barrikade, Straßensperre) ◊ Suslova, 1979, S. 314

Barit (Барит) – Baryt, Bariumsulfat (Mineral) ◊ Superanskaja, 1998, S. 129

Barrikad (Баррикад) – von russ. barrikada (Barrikade, Straßensperre) ◊ Vestnik Akademii nauk SSSR 2, 1988, S. 125

Barrikada (Баррикада) – von russ. barrikada (Barrikade, Straßensperre) ◊ Nikonov: Iščem imja, 1988, S. 32

Bastilij (Бастилий) – s. Bastilin ◊ ru.wikipedia.org

Bastilin (Бастилин) – von russ. Bastilija (Bastille, Gefängnis in Paris). Mit dem Sturm auf die Bastille als Symbol der königlichen Tyrannei begann am 14.7.1789 die Französische Revolution (1789–1799). Der 14. Juli ist seitdem in Frankreich Nationalfeiertag. ◊ Ostrovskaja, S. 6

Bastiona (Бастиона) – von russ. bastion (Bastion, Bollwerk) ◊ Superanskaja, 1978, S. 420

Bebel' (Бебель) – männliche Form zu Bebelina ◊ www.vipshow.ru V Vašem dome-radost'. Prodolženie (nach dem Stand vom 29.3.2011)

Bebelina (Бебелина) – von August Bebel (1840–1913), deutscher sozialdemokratischer Politiker ◊ Suslova, 1979, S. 308

Bejburžuj (Бейбуржуй) – von russ. „Bej buržuev!" (Besiege die Bourgeois!). Buržuj ist eine Abwandlung von russ. buržua. Mit diesem in der marxistischen Terminologie aus dem Französischen übernommenen abwertenden Begriff wird der Bourgeois (Bürger) als Angehöriger der herrschenden Klasse der Bourgeoisie (Bürgertum), welche die besitzlosen Arbeiter ausbeutet, bezeichnet. ◊ revim.narod.ru

Bekar (Бекар) – von französisch bécarre (Auflösungszeichen in der Notenschrift) ◊ Superansjaka 1969, S. 35

Bekkarija (Беккария) – nach Cesare Beccaria (1738–94), italienischer Jurist und Schriftsteller, Vertreter des Zeitalters der Aufklärung ◊ Suslova, 1979, S. 314

Bėla (Бэла) – Person aus dem Roman „Geroj našego vremeni" (Ein Held unserer Zeit, 1840) des russischen Dichters Michail Jur'evič Lermontov (1814–41) ◊ Suslova, 1979, S. 314

Belaja Lilija (Белая Лилия) – Weiße Lilie ◊ Superanskaja, 1978, S. 420

Belaja Noč' (Белая Ночь) – Weiße Nacht, abgeleitet von den weißen Nächten am Sommeranfang, wenn Abend- und Morgenröte zusammenfallen und die Dämmerung die ganze Nacht anhält, z.B. in St.Petersburg vom 11.6. bis 2.7. Hier wurde der Vorname kreiert. ◊ Petrovskij, 1966, S. 7

Belina (Белина) – von Vissarion Grigor'evič Belinskij (1811–48), russischer Literaturkritiker und Philosoph ◊ Suslova, 1979, S. 314

Belye Noči (Белые Ночи) – Weiße Nächte, s. Belaja Noč' ◊ http://www.spbgu.ru/forums/index.php?act=Print&client=wordr&f=41&t=16907 Top-13 sovetskich imën

Berëza (Берёза) – Birke ◊ Savel'eva, S. 32

Berëzka (Берёзка) – Verkleinerungsform zu Berëza (Birke) ◊ smi.marketgid.com

Berija (Берия) – von Lavrentij Pavlovič Berija (1899–1953), georgischer Bolschewik, 1931–38 Parteichef in Georgien. Als Volkskommissar für innere Angelegenheiten (NKVD) der UdSSR von 1938 bis 1946 war er für den Terror unter Stalin verantwortlich. 1953 Erster Stellvertreter des Ministerpräsidenten und Innenminister der UdSSR, 1946–53 Mitglied des Politbüros (Präsidiums) des ZK der Partei, wegen „Verletzungen der sozialistischen Gesetzlichkeit" im Dezember 1953 erschossen ◊ Forum missionerskogo portala diakona Andreja Kuraeva Polnyj (ili počti polnyj) spisok sovetskich imën, 2.11.2007

Berillij (Бериллий) – Beryllium (chemisches Element) ◊ Superanskaja, 1998, S. 132

Berkut (Беркут) – Königsadler ◊ Forum NoWa.cc Imena-Stranica 11

Berlin (Берлин) – Hauptstadt Deutschlands ◊ http://bb.ct.kz/ Centr tjažesti Forum Smešnye familii i imena

Bestrev (Бестрев) – **Be**rija – **str**až **rev**oljucii (Berija, der Wächter der Revolution), s. Berija ◊ http://rus.tvnet.lv/ Imena, vešč' interesnaja. Byvajut imena rasprostranënnye, a byvajut redkie i neobyčnye, 2008

Bestreva (Бестрева) – weibliche Form zu Bestrev ◊ www.woman.ru Internet dlja ženščin

Beta (Бета) – Beta, zweiter Buchstabe des griechischen Alphabets ◊ Superanskaja, 1978, S. 425

Betta (Бетта) – Variante von Beta ◊ botinok.co.il/ Imena, pridumannye v Sovetskom Sojuze i ich rasšifrovka, 13.12.2004

Bičer (Бичер) – von Harriet Beecher Stowe (1811–96), amerikanische Schriftstellerin, setzte sich für die Abschaffung der Sklaverei und die Emanzipation der Frauen ein ◊ Suslova, 1979, S. 314

Bip (Бип) – von russ. **b**oevaja **i p**olitičeskaja podgotovka (militärische und politische Schulung), (offizielle Abkürzung, die zum Vornamen wurde) ◊ Čuprijanov

Bira (Бира) – eine Verkürzung von Birobidžan, seit 1934 Zentrum des Jüdischen Autonomen Gebietes, seit 2000 im Föderationsbezirk Ferner Osten der Russischen Föderation ◊ http://www.imena.org/kur_fi.html Kur'ëzy imën i familij v raznych stranach mira, 17.2.2009

Birjuza (Бирюза) – Türkis (Schmuckstein) ◊ Superanskaja, 1978, S. 420

Birobidžana (Биробиджана) – von Birobidžan, s. Bira ◊ http://www.imena.org/kur_fi.html Kur'ëzy imën i familij v raznych stranach mira, 17.2.2009

Bissektrisa (Биссектриса) – Bisektrix, Halbierungslinie (Mathematik) ◊ www.vseimena.com Smešnye imena, 2009

Bizerta (Бизерта) – Biserta (Hafenstadt in Tunesien) ◊ Superanskaja in: Nauka i žizn' 8, 1991, S. 73

Bjudžet (Бюджет) – Budget, Haushalt, Etat ◊ Agafonova, 1971, S. 106

Blana (Блана) – von Louis Blanc (1811–82), französischer Sozialist ◊ Superanskaja, 1998, S. 358

Blankina (Бланкина) – von Louis Auguste Blanqui (1805–81), französischer Sozialist ◊ Suslova, 1979, S. 308

Blez (Блез) – von Blaise Pascal (1623–62), französischer Philosoph, Mathematiker und Physiker ◊ Suslova, 1979, S. 314

Blindaž (Блиндаж) – Blindage, Panzerung, Abschirmvorrichtung, Verkleidung ◊ www.woman.ru Internet dlja ženščin, 19.8.2009

Bljucher (Блюхер) – von Vasilij Konstantinovič Bljucher (1890–1938), Marschall der Sowjetunion (seit 1935), 1929–38 befehligte er die Besondere Fernöstliche Armee, während der stalinschen Säuberungen in der Untersuchungshaft gestorben ◊ http://frgf.utmn.ru/last/No11/text04.htm

Blok (Блок) – von Aleksandr Aleksandrovič Blok (1880–1921), russischer Lyriker ◊ Suslova, 1979, S. 314

Blondina (Блондина) – Blondine, blonde Frau ◊ Suslova, 1979, S. 310

Boden (Боден) – von russ. Bodenskoe ozero (Bodensee) ◊ Superanskaja, 1998, S. 134

Bodenar (Боденар) – von russ. **bo**rec za **de**lo **nar**oda (Kämpfer für die Sache des Volkes) ◊ kommari.livejournal.com

Boeslav (Боеслав) – Neologismus, gebildet nach dem Muster slawischer Vornamen wie Dobroslav, Jaroslav, Svjatoslav aus russ. boj (Kampf, Gefecht, Schlacht) und russ. slava (Ruhm, Ehre) ◊ Danilina, 1972, S.19

Bogatyr' (Богатырь) – Recke, Hüne (Gestalt aus altrussischem Sagenepos) ◊ Nikonov: Iščem imja, S. 5

Boj (Бой) – von russ. boj (Kampf) ◊ d-v-sokolov.com**Bol'ševik** (Большевик) – Bolschewik, Bolschewist, Anhänger Lenins, abgeleitet von russ. bol'šinstvo (Mehrheit), welche die Anhänger Lenins auf dem 2. Parteitag der Russischen

Sozialdemokratischen Arbeiterpartei 1903 in London bei der Wahl der leitenden Parteiorgane erhielten ◊ Superanskaja, 1978, S. 420

Bolsovênca (Болсовэнца) – von **Bol'**šaja **Sov**etskaja **Ėnc**iklopedij**a** (Große Sowjetenzyklopädie, erschien 1925–81 in 3 Auflagen) ◊ diary.ru

Bomba (Бомба) – Bombe ◊ www.mamka.ru Ženskij forum Samye neobyčnye imena u detej, 23.8.2007

Bomir (Бомир) – von russ. **bo**ec **mi**rovoj **r**evoljucii (Kämpfer der Weltrevolution) ◊ kommari.livejournal.com

Bonapart (Бонапарт) – von Napoléon Bonaparte, Napoleon I (1769–1821), Kaiser der Franzosen (1804–14/15), für die Bolschewiken war Napoleon I. der Zerstörer der alten feudalen Ordnung, des Ancien Régime, d. h. der absolutistischen Monarchie in Frankreich vor 1789 ◊ Ktorova, 2007, S. 157

Bonel (Бонел) – von **Bo**ris **N**ikolaevič **Ėl'**cin (1931–2007), erster Präsident der Russischen Föderation (1991–99) ◊ Pravda 12.3.1992, S. 6

Bor (Бор) – Bor (chemisches Element) ◊ Uspenskij, 1959

Borakl (Боракл) – von russ. **bo**rec za delo **ra**bočego **kl**assa (Kämpfer für die Sache der Arbeiterklasse) ◊ kommari.livejournal.com

Bor'ba (Борьба) – von russ. bor'ba (Kampf) ◊ Solouchin

Borec (Борец) – von russ. borec (Kämpfer, Vorkämpfer, Verfechter) ◊ Bondaletov, 1983, S. 132

Borel' (Борель) – von **Bo**ris **N**ikolaevič **Ėl'**cin, s. Bonel ◊ Po Vašemu, Dmitmed i Vladiput-chorošie imena dlja mal'čikov-bliznecov? Forum Korrespondent.net

Boremir (Боремир) – von russ. **bo**rec za **mir** (Kämpfer für den Frieden, Friedenskämpfer) ◊ Suslova/Superanskaja, S. 14

Borkomin (Боркомин) – von russ. **bo**rec **Komin**terna (Kämpfer der Komintern, d. h. der Kommunistischen Internationale, März 1919-Mai 1943) ◊ Superanskaja, 1978, S. 423

Borzamir (Борзамир) – von russ. **bo**rec **za mir** (Kämpfer für den Frieden, Friedenskämpfer) ◊ Reformatskij, 1962, S. 46

Bosfor (Босфор) – Bosporus (Meerenge zwischen dem europäischen und asiatischen Teil der Türkei) ◊ Suslova, 1979, S. 306

Brage (Браге) – von Tycho Brahe (1546–1601), bedeutender dänischer Astronom ◊ Suslova, 1979, S. 314

Bratlen (Братлен) – von russ. **brat Len**ina (Bruder Lenins). Lenins älterer Bruder Aleksandr Il'ič Ul'janov (1866–87) wurde wegen Teilnahme an der Vorbereitung eines Attentates auf Zar Aleksandr III. (1881–94) aufgehängt. ◊ kommari.livejournal.com

Brentano (Брентано) – von Lujo Brentano (1844–1931), deutscher Volkswirtschaftler, setzte sich für das Gewerkschaftswesen ein ◊ Torop, S. 273

Bresta (Бреста) – von Brest, Stadt im heutigen Weißrußland, Namengebung zur Erinnerung an den Frieden von Brest-Litovsk vom 3.3.1918 zwischen den Mittelmächten und Sowjetrußland (Brest hieß bis 1921 Brest-Litovsk) ◊ Suslova, 1979, S. 308

Brilliant (Бриллиант) – Brillant, geschliffener Diamant ◊ Gorbanevskij, 1988, S. 250

Briz (Бриз) – eine Abkürzung von russ. **B**juro po **r**acionalizacii i **iz**obretatel'stvu (Büro für Rationalisierung und Erfindungswesen) ◊ Čuprijanov

Brjusa (Брюса) – von Valerij Jakovlevič Brjusov (1873–1924), russischer Lyriker ◊ Suslova, 1979, S. 314

Bronepoezd (Бронепоезд) – von russ. bronirovannyj poezd (Panzerzug), gepanzerter Eisenbahnzug mit Artillerie- und Maschinengewehrbewaffnung zur Feuerunterstützung und zum Begleitschutz der Truppen im Bereich der Eisenbahnlinien ◊ http://ct.kz/topic/233300-smeshnie-familii-i-imena/ (forum respubliki Kazachstan, centr tjažesti) Smešnye familii i imena, glupaja i smešnaja tema

Bronja (Броня) – Panzerung (militärischer Begriff) ◊ Suslova, 1979, S. 314

Brungil'da (Брунгильда) – von Brunhild(e), Gestalt aus dem „Nibelungenlied", einem mittelhochdeutschen Heldenepos (um 1200 entstanden) ◊ Suslova, 1979, S. 306

Brunion (Брунион) – von „Colas Breugnon", 1919 erschienener Roman des französischen Schriftstellers Romain Rolland (1866–1944) ◊ Suslova, 1979, S. 310

Bruno (Бруно) – von Giordano Bruno (1548–1600), italienischer Philosoph der Renaissance ◊ Rylov, S. 97

Brunon (Брунон) – s. Brunion ◊ Suslova, 1979, S. 310

Buchara (Бухара) – von Nikolaj Ivanovič Bucharin (1888–1938), führender Bolschewik und Wirtschaftstheoretiker, war Mitglied des Politbüros des ZK der KP (1924–29), Chefredakteur der „Pravda" (1917–29) und Mitglied des Exekutivkomitees der Komintern (1919–29), nach Kritik an Stalins Politik der forcierten Industrialisierung und Zwangskollektivierung verlor er 1929 alle leitenden Funktionen, wurde 1937 verhaftet und nach einem Schauprozeß 1938 erschossen ◊ Torop, S. 273

Bucharina (Бухарина) – von N. I. Bucharin, s. Buchara ◊ Seliščev, 1928, S. 190

Buchariza (Бухариза) – von N. I. Bucharin, s. Buchara ◊ Pravda 12.6.1924, S. 6

Budëna (Будёна) – von Semën Michajlovič Budënnyj (1883–1973), Marschall der Sowjetunion (1935), Reiterführer, 1943–53 Kommandeur der Kavallerie der Roten Armee (seit 1946 Sowjetarmee) ◊ Seliščev, 1928, S. 190

Buguruslan (Бугуруслан) – von der gleichnamigen Stadt im Gebiet Orenburg des Föderationsbezirkes Wolga der Russischen Föderation ◊ Suslova, 1979, S. 314

Bul'dozerina (Бульдозерина) – Bulldozerfahrerin, Planierraupenfahrerin ◊ http://elena.gorod.tomsk.ru Moda na imena, 28.6.2012

Buntar' (Бунтарь) – von russ. buntar' (Aufständischer, Rebell) ◊ Torop, S. 273

Burij (Бурий) – von russ. burja (Sturm, als Symbol der Revolution) ◊ Superanskaja, 1998, S. 137

Buzina (Бузина) – Holunder ◊ www.vinchi.ru Forum/Biblioteka/ Sozdadim obščedostupnyj rekomendatel'nyj spisok

Bužitork (Бужиторк) – von russ. **Bu**dem **ži**t' pri **tor**žestve **k**ommunizma. (Wir werden im siegreichen Kommunismus leben.) ◊ http://nrsda.narod.ru/humor/eho/eho-inog.php.htm Iosif Raskin: Ėnciklopedija chuliganstvujuščego ortodoksa Ėcho-Imja, Inogorodec

Bytobsoc (Бытобсоц) – von russ. **byt**ovoe **ob**služivanie **soc**ializma (die Dienstleistungen des Sozialismus) ◊ www.Mail.Ru Otvety@Mail.Ru Kakoe na vaš vzgljad samoe original'noe imja?, November 2011

C

Čapaj (Чапай) – Namengebung zu Ehren von Vasilij Ivanovič Čapaev (1887–1919), Kommandeur in der Roten Armee, während der Sowjetzeit als Held des Bürgerkrieges verehrt ◊ Superanskaja, 1998, S. 334

Caps (Цапс) – von russ. **C**entral'nyj **ap**tečnyj **s**klad (Zentrallager für Arzneimittel, unterstand dem Volkskommissariat für das Gesundheitswesen) ◊ mage_victor.livejournal.ru

Čara (Чара) – [1] Fluß in Ostsibirien ◊ Samsonov, S. 139 – [2] Becher, Pokal ◊ Superanskaja, 1998, S. 440

Čarl'z (Чарльз) – von Charles Robert Darwin (1809–82), britischer Biologe, Begründer des Darwinismus (Evolutionstheorie) ◊ Zakir'janov, S. 157

Čarta (Чарта) – von englisch Chartism (Chartismus, Arbeiterbewegung in England 1830–48, hatte Einfluß auf Marx und Engels) ◊ Superanskaja 1998, S. 440

Cas (Цас) – von russ. **C**entral'nyj **ap**tečnyj **s**klad (Zentrallager für Arzneimittel, unterstand dem Volkskommissariat für das Gesundheitswesen) ◊ Safonov

Ceka (Цека) – von russ. CK (Central'nyj komitet – Zentralkomitee), Abkürzungsname nach den Benennungen der Anfangsbuchstaben ◊ Rylov, S. 99 und Dubičeva

Čeka (Чека) – Kurzwort für russ. Vserossijskaja črezvyčajnaja komissija po bor'be s kontrrevoljuciej i sabotažem (VČK) (Allrussische Sonderkommission zur Bekämpfung von Konterrevolution und Sabotage, ab August 1918 eine etwas andere Benennung). Die VČK wurde als Instrument des bolschewistischen Terrors am 7.(20.)12.1917 geschaffen. Da die lokalen Unterabteilungen Čeka

(Tscheka) genannt wurden, war diese Abkürzung auch für die zentrale Organisation gebräuchlich. Am 6.2.1922 wurde die VČK in die GPU (s. Vačakan) umgewandelt. ◊ Fernsehsender Arte am 7.11.2007 (über Terror von Roten und Weißen)
Celina (Целина) – von russ. celina (Neuland), Urbarmachung von Neu- und Brachland ◊ http://mi3ch.livejournal.com/109004.html detej zvezdit' prinesli?
Čeljusnaldina (Челюсналдина) – von russ. **Čeljus**kin **na l'din**e (die Besatzung der Čeljuskin auf der Eisscholle), zum Verlauf der Polarexpedition s. Ojušminal'd ◊ www.babyplan.ru/blog/post/43712/40505 Otvet na blog Emmanuelle Imena v ėpochu SSSR 03 Sentjabr' , 2009
Čelnal'din (Челнальдин) – männliche Form zu Čelnal'dina ◊ Čto v imeni tebe moėm sonnerbergsson.livejournal.com
Čelnal'dina (Челнальдина) – von russ. **čel**juskincy (auch Čeljuskin) **na l'din**e (die Besatzung der Čeljuskin auf der Eisscholle), zum Verlauf der Polarexpedition s. Ojušminal'd ◊ Maksimova in: Rodina 11–12, 1992, S. 114
Cemira (Цемира) – von russ. **cel'** – **mi**rovaja **r**evoljucija (Das Ziel ist die Weltrevolution.) ◊ Kolonitskii, 1993, S. 223
Čerešnja (Черешня) – Süßkirsche, Süßkirschenbaum ◊ Polnyj (ili počti polnyj) spisok sovetskich imën hexell livejournal.com
Čerkaz (Черказ) – von russ. **čer**vonnoe **kaz**ačestvo (rotes Kosakentum, ukrainisch červonyj – rot). Eine militärische Einheit der roten Kosakenschaft wurde durch Beschluß der ukrainischen Sowjetregierung im Januar 1918 in Char'kov aufgestellt (ukr. Červone kozactvo Ukraïny). Sie wurde später Teil der regulären Roten Armee. ◊ Irošnikov/Šelaev in: Rodina 9–10, 1991, S. 38
Čermet (Чермет) – von russ. **čër**naja **met**allurgija (Schwarzmetallurgie, Eisenmetallurgie, Eisenhüttenindustrie, Eisen- und Stahlindustrie) ◊ ru.wikipedia.org
Černomor (Черномор) – Figur in der Verserzählung „Ruslan und Ljudmila" (1820) von Aleksandr Sergeevič Puškin (1799–1837), russischer Dichter ◊ Suslova, 1979, S. 316
Černyš (Черныш) – zu Ehren von Nikolaj Gavrilovič Černyševskij (1828–89), russischer Schriftsteller, Publizist und Literaturkritiker, wegen seiner radikalsozialistischen Ideen wurde er verhaftet und nach Sibirien verbannt ◊ Suslova, 1979, S. 316
Červonec (Червонец) – bekannt als Tscherwonetz, in der Sowjetunion von 1922 bis 1947 Banknote im Wert von 10 Rubel, 1922–23 auch als Goldmünze ◊ Agafonova, S. 105
Četeze (Четезе) – weiblicher Vorname, abgeleitet von den Benennungen der Anfangsbuchstaben von russ. **Č**eljabinskij **t**raktornyj **z**avod (ČTZ) (Traktorenwerk in Čeljabinsk im Südural, wurde 1933 in Betrieb gestellt) ◊ www.SovMusic.ru Forum sajta „Sovetskaja muzyka"

Cetkina (Цеткина) – von Clara Zetkin (1857–1933), deutsche kommunistische Politikerin, Mitglied des Exekutivkomitees der Komintern ◊ ru.wikipedia.org

Cezij (Цезий) – Zäsium, auch Cäsium (chemisches Element) ◊ Samsonov, S. 128

Chalturin (Халтурин) – von Stepan Nikolaevič Chalturin (1856–82), russischer Revolutionär. Gelangte unter falschem Namen als Kunsttischler in das Winterpalais, die Residenz des Zaren, um auf Aleksandr II. ein Attentat zu verüben, das mißlang (1880). Konnte einer Verhaftung entgehen. Als Anhänger der Narodniki (Volksfreunde, Volkstümler) nahm er 1882 an der Ermordung des Militärstaatsanwaltes in Odessa teil und wurde hingerichtet. ◊ Suslova, 1979, S. 316

Chalturina (Халтурина) – weibliche Form zu Chalturin ◊ http://ct.kz/topic/233300-smeshnie-familii-i-imena (forum respubliki Kazachstan, centr tjažesti) Smešnye familii i imena, glupaja i smešnaja tema.

Chimija (Химия) – Chemie ◊ Zakir'janov, S. 156

Chimizacija (Химизация) – Chemisierung (Anwendung der Chemie in der Technik, Industrie und Landwirtschaft) ◊ Gric, S. 73

Chočitl' (Хочитль) – von Xochitl (Konkubine des Aztekenkönigs Topiltzin, 8. Jahrhundert) ◊ www.exler.ru Chot' Gorškom nazovi – tol'ko v peč' ne stav'! (Častnyj klub Aleksa Ėkslera)

Chorej (Хорей) – Choreus, Trochäus (antiker Versfuß) ◊ Uspenskij, 1959

Chranzalen (Хранзален) – von russ. „**Chran**i **zav**ety **Len**ina!" (Bewahre das Vermächtnis Lenins!) ◊ Petrovskij, 1969, S. 181

Chranzavlena (Хранзавлена) – von russ. „**Chran**i **zav**ety **Len**ina!" (Bewahre das Vermächtnis Lenins!) ◊ http://vrn.best-city.ru/forum/ Ran'še v Voroneže žili Ivany s Marijami …

Chrizantema (Хризантема) – Chrysantheme (Zierpflanze) ◊ Torop, S. 281

Chrustalina (Хрусталина) – von Pëtr Alekseevič Chrustalëv, richtiger Name Georgii Stepanovič Nosar' (1877–1918), russischer Revolutionär, war 1905 Vorsitzender des Petersburger Sowjets, wurde dann Menschewik und später von den Bolschewiken wegen konterrevolutionärer Tätigkeit erschossen, was die Eltern bei der Namengebung offenbar nicht wußten ◊ Kolonitskii, 1993, S. 225

Cika (Цика) – von russ. **C**entral'nyj **I**spolnitel'nyj **K**omitet (Zentrales Exekutivkomitee). CIK hieß von 1922 bis 1937 das seit 1924 aus zwei Kammern bestehende sowjetische Scheinparlament. Zwischen den Sowjetkongressen fungierte es offiziell als höchstes Organ der Staatsmacht der UdSSR. ◊ Suslova, 1979, S. 316

Čilina (Чилина) – von russ. Čili (Chile, Staat in Südamerika) ◊ ru.wikipedia.org

Cisko (Циско) – von russ. **c**entral'nyj **is**pol**ko**m (zentrales Exekutivkomitee) ◊ www.yaplakal.com/forum/7/topic/94794.html Revoljucionnye imena

Civilizacija (Цивилизация) – Zivilisation ◊ revim.narod.ru

Čon (Чон) – von russ. časti osobogo naznačenija (Truppenteile zur besonderen Verwendung, 1919–25). Diese Truppenteile wurden im April 1919 in Sowjetrußland aus Kommunisten und Komsomolmitgliedern zum Kampf gegen die Konterrevolution geschaffen. Sie unterstanden dem ZK der Russischen KP. ◊ Danilina, 1972, S. 22

ČTZ (ЧТЗ) – (gesprochen četėzė), Abkürzung aus den Benennungen der Anfangsbuchstaben von Čeljabinskij traktornyj zavod (Traktorenwerk in Čeljabinsk, einer Stadt im Südural, wurde 1933 in Betrieb gestellt) ◊ http://ct.kz/ Smešnye familii i imena, glupaja i smešnaja tema

Cveta (Цвета) – von russ. cvetok (Blume, Blüte) ◊ Superanskaja 1998, S. 440

Cvetana (Цветана) – eine Ableitung von Cveta ◊ Torop, S. 281

Cvetina (Цветина) – abgeleitet von dem russ. Verb cvesti (blühen, gedeihen) ◊ Superanskaja 1998, S. 440

Cvet Višnëvogo Dereva v Mae (Цвет вишнёвого дерева в мае) – die Kirschbaumblüte im Mai. Da es sich um einen weiblichen Vornamen handelt, stellt sich nicht das Problem, aus den fünf Worten einen Vatersnamen zu bilden! ◊ Uspenskij, 1959

D

Dagesta (Дагеста) – Der Vorname entstand nach der Bildung der Dagestanischen Autonomen Sozialistischen Sowjetrepublik (ASSR) per Dekret vom 20.1.1921 (Teilrepublik Sowjetrußlands nördlich von Azerbajdžan) ◊ Suslova, 1979, S. 308

Dajmirokt (Даймирокт) – von russ. „**Daj mir**u **Okt**jabr'!" (Gib der Welt den Oktober!). Gemeint ist die Ausbreitung der Oktoberrevolution auf die ganze Welt, d.h. die Weltrevolution. ◊ savok.name

Dal' (Даль) – [1] von Vladimir Ivanovič Dal' (1801–72), russischer Schriftsteller, Lexikograph und Ethnograph ◊ Superanskaja, 1998, S. 369 – [2] von russ. dal' (Ferne, Weite) ◊ Suslova/Superanskaja, S. 135

Dalina (Далина) – [1] von V. I. Dal', s. Dal' ◊ Superanskaja, 1998, S. 369 – [2] von russ. dal' (Ferne, Weite) ◊ Suslova/Superanskaja, S. 135

Dalis (Далис) – von russ. „**Da** zdravstvujut **L**enin **i S**talin!" (Es leben Lenin und Stalin!) ◊ Torop, S. 275

Dalmacij (Далмаций) – von russ. Dalmacija (Dalmatien, kroatischer Küstenstreifen an der Adria) ◊ Suslova, 1979, S. 311

Dal'ton (Дальтон) – von John Dalton (1766–1844), englischer Chemiker und Physiker, Begründer der modernen Atomtheorie ◊ Superanskaja, 1998, S. 163

Dal'vik (Дальвик) – von russ. Dal'nij Vostok (Ferner Osten) ◊ smi.marketgid.com

Dal'vos (Дальвос) – von russ. **Dal'**nij **Vos**tok (Ferner Osten) ◊ Zakir'janov, S. 157

Dal'vosa (Дальвоса) – weibliche Form zu Dal'vos ◊ Superanskaja, 1998, S. 369

Damir (Дамир) – **[1]** von russ. „**Da** zdravstvuet **mir!** " (Es lebe der Frieden!) ◊ Mogilevskij, S. 56. – **[2]** von russ. „**Da** zdravstvuet **mi**rovaja **r**evoljucija!" (Es lebe die Weltrevolution!) ◊ Argumenty i fakty, archiv 2009 Diktatura byla, demokratii net. – **[3]** von russ. „**Da**ëš' **mi**rovuju **r**evoljuciju!" (Bringt uns die Weltrevolution!) ◊ Akent'eva, S. 13. – **[4]** von russ. „**Da**ëš' **mir!** " (Bringt uns den Frieden!) ◊ http://www.doodoo.ru/nesw-Klin V.: Tajna imeni, Izvestija

Damira (Дамира) – **[1]** von russ. „**Da** zdravstvuet **mir!** " (Es lebe der Frieden!) ◊ Subaeva, S. 24. – **[2]** von russ. „**Da** zdravstvuet **mi**rovaja **r**evoljucija! " (Es lebe die Weltrevolution!) ◊ www.proza.ru Gonozov,O.: Mal'čika nazvali Vladiputer – **[3]** von russ. „**Da**ëš' **mi**rovuju **r**evoljuciju!" (Bringt uns die Weltrevolution!) ◊ mage_victor.livejournal.ru

Danija (Дания) – Dänemark ◊ Superanskaja, 1998, S. 369

Danton (Дантон) – von Georges Jacques Danton (1759–94), französischer Revolutionär während der Französischen Revolution (1789–99) ◊ Ivaško, S. 116

Dantona (Дантона) – weibliche Form zu Danton ◊ Suslova, 1979, S. 315

Dar (Дар) – von russ. dar (Gabe, Geschenk, Begabung) ◊ Bondaletov, 1983, S. 134

Dardanell (Дарданелл) – von russ. Dardanelly (Dardanellen, Meeresstraße zwischen dem europäischen Teil der Türkei und Kleinasien, verbindet die Ägäis mit dem Marmarameer) ◊ http://cfire.mail.ru/forums/archive/index.php/t-17938.html Prosmotr polnoj versii: Smešnye imena

Darvin (Дарвин) – von Charles Robert Darwin (1809–1882), britischer Biologe, Begründer des Darwinismus (Evolutionstheorie) ◊ Superanskaja, 1998, S. 164

Darvina (Дарвина) – weibliche Form zu Darvin ◊ Danilina, 1972, S. 18

Dasdgės (Дасдгэс) – eine Verkürzung der russ. Losung „**Da** zdravstvujut **s**troiteli **D**nepro**gės**a!" (Es leben die Erbauer des Dneprogės!), Dneprogės (Dneprovskaja gosudarstvennaja gidroėlektrostancija imeni V. I. Lenina – Staatliches V. I. Lenin Dnepr-Wasserkraftwerk, Baubeginn 1927, 1932 in Betrieb gestellt, befindet sich bei der Stadt Zaporož'e /ukr. Zaporižžja/ in der Ukraine) ◊ ru.wikipedia.org

Dazamira (Дазамира) – von russ. „**Da** **z**dra**v**stvuet **mir!** " (Es lebe der Frieden!) ◊ Reformatskij, 1962, S. 46

Dazdraperma (Даздраперма) – von russ. „**Da zdra**vstvuet **Per**voe **ma**ja!" (Es lebe der 1. Mai!), internationaler Feiertag der Arbeit ◊ Safonov

Dazdrapertrakt (Даздрапертракт) – von russ. „**Da zdra**vstvuet **per**vyj **trakt**or!" (Es lebe der erste Traktor!), Auslieferung des ersten einheimischen

Traktors in Petrograd im Jahre 1923 ◊ http://ej.ru/?a=note&id=9386 Klub imeni Šenderoviča Bednye deti-Genocidy

Dazdrapodik (Даздраподик) – von russ. „**Da zdra**vstvuet **po**beda **Di**namo-**Kiev**!" (Es lebe der Sieg von Dynamo Kiev!, einer Fußballmannschaft) ◊ Kostromama.ru Obščaja Vot takie imena byli v sovetskoe vremja

Dazdrarev (Даздрарев) – von russ. „**Da zdra**vstvuet **rev**oljucija!" (Es lebe die Revolution!) ◊ httpi//forum.farit.ru Imena, o žizni, o ljudjach, Konferencija

Dazdrasen (Даздрасен) – von russ. „**Da zdra**vstvuet **sed**'moe **n**ojabrja!" (Es lebe der 7. November!). Es ist der Tag, an welchem nach dem am 1.2.1918 eingeführten gregorianischen Kalender die Oktoberrevolution stattfand (nach dem alten Stil am 25.10.1917, nach neuem Stil am 7.11.1917) ◊ http://3522.ru Kurgan online Kurgancy vspomnili Dazdraperm i pridumali Medputov

Dazdrasmygd (Даздрасмыгд) – männliche Form zu Dazdrasmygda ◊ sonnerbergsson.livejournal.com Čto v imeni tebe moëm...

Dazdrasmygda (Даздрасмыгда) – von russ. „**Da zdra**vstvuet **smy**čka goroda i **d**erevni!" (Es lebe das Bündnis von Stadt und Land!). Losung zum Klassenbündnis zwischen Arbeitern und Bauern ◊ www.torg.uz Biznes Forum Uzbekistana Čto v imeni moëm, Oktober 2008

Dazdrjugag (Даздрюгаг) – von russ. „**Da zdra**vstvuet **Ju**rij **Gag**arin!" (Es lebe Jurij Gagarin!), sowjetischer Kosmonaut, erste bemannte Weltraumfahrt am 12.4.1961 ◊ diary.ru

Dazmir (Дазмир) – von russ. „**Da z**dravstvuet **mi**rovaja **r**evoljucija!" (Es lebe die Weltrevolution!) ◊ Kolonitskii, 1993, S. 223

Dazvsemir (Дазвсемир) – von russ. „**Da z**dravstvuet **vsemi**rnaja **r**evoljucija!" (Es lebe die Weltrevolution!) ◊ ru.wikipedia.org

Decentralizacija (Децентрализация) – Dezentralisierung ◊ Uspenskij, 1960, S. 48

Deficit (Дефицит) – Defizit, Mangel, Knappheit ◊ Agafonova, S. 106

Dekabr' (Декабрь) – Dezember (Monatsname) ◊ Savel'eva, S. 32 und 34

Dekabrij (Декабрий) – von russ. dekabr' (Dezember) ◊ Superanskaja 1998, S. 165

Dekabrin (Декабрин) – Vorname zu Ehren der Dekabristen, Teilnehmer eines Aufstandes gegen das zaristische Regime im Dezember (russ. dekabr') 1825 in St. Petersburg und Südrußland ◊ Petrovskij, 1966, S. 93

Dekabrina (Декабрина) – weibliche Form zu Dekabrin ◊ Petrovskij, 1966, S. 93

Dekabrist (Декабрист) – Vorname zu Ehren der Dekabristen (s. Dekabrin) ◊ Torop, S. 275

Dekart (Декарт) – von René Descartes (1596–1650) französischer Philosoph und Mathematiker ◊ Superanskaja, 1998, S. 165

Dekra (Декра) – Verkürzung von Dekreta ◊ Danilina, 1969, S. 79

Dekret (Декрет) – von russ. dekret (Dekret, Verordnung, Erlaß). Namengebung zu Ehren der ersten Leninschen Dekrete vom 26.10.(8.11.) 1917 über den Frieden und die Landaufteilung ◊ Savel'eva, S. 32

Dekreta (Декрета) – weibliche Form zu Dekret ◊ Danilina, 1972, S. 18

Dekretina (Декретина) – Vorname abgeleitet von Dekreta ◊ Superanskaja, 1998, S. 370

Delegat (Делегат) – von russ. delegat (der/die Delegierte, z. B. eines Parteitages oder eines Komsomolkongresses) ◊ Kas'janova, S. 64

Delen (Делен) – von russ. **de**kret **Len**ina (Dekret Lenins). Der Vorname bezieht sich auf eines der Dekrete, die Lenin nach dem gewaltsamen Sturz der Provisorischen Regierung am 26.10. (8.11.) 1917 unterzeichnete. ◊ Danilina, 1972, S. 21

Deleor (Делеор) – [1] von russ. **de**lo **Le**nina – **O**ktjabr'skaja **r**evoljucija (Das Werk Lenins ist die Oktoberrevolution) ◊ ru.wikipedia.org – [2] von russ. desjat' let Oktjabr'skoj revoljucii (zehn Jahre Oktoberrevolution) ◊ ru.wikipedia.org

Delež (Дележ) – von russ. **De**lo **Le**nina živët. (Das Werk Lenins lebt.) ◊ Mironov, S. 343

Del'fin (Дельфин) – Delphin (Vorname aus dem 21. Jahrhundert) ◊ RIA Novosti. Angelami, Lunoj, Vetrom i Severom nazyvali detej moskviči v 2008 godu

Del'fina (Дельфина) – weibliche Form zu Del'fin ◊ Zakir'janov, S. 156

Deli (Дели) – Delhi (Hauptstadt Indiens) ◊ ru.wikipedia.org

Delor (Делор) – von russ. **de**sjat' **l**et **O**ktjabr'skoj **r**evoljucii (Zehn Jahre Oktoberrevolution) ◊ mage_victor.livejournal.ru

Delorij (Делорий) – von russ. **de**lo **O**ktjabr'skoj **r**evoljucii (die Oktoberrevolution) ◊ www.vseimena.com Smešnye imena, 2009

Delorija (Делория) – wahrscheinlich weibliche Form zu Delorij ◊ Superanskaja: Slovar' russkich imën, S. 302

Demir (Демир) – von russ. „**Da**ëš' **mi**rovuju **r**evoljuciju!" (Bringt uns die Weltrevolution!) ◊ Dušečkina

Dem'jan (Демьян) – vom Vornamen des russ. Schriftstellers Dem'jan Bednyj (1883–1945), Pseudonym von Efim Alekseevič Pridvorov ◊ Torop, S. 275

Demokrat (Демократ) – Namenträger war ein 1926 geborener Oberst der Grenztruppen des KGB ◊ Geroi Sovetskogo Sojuza, Band 1, Moskau 1987, S. 863

Demokrit (Демокрит) – griechischer Philosoph, Begründer der Atomistik (460–370 v. Chr.) ◊ Superanskaja, 1998, S. 166

Demosfen (Демосфен) – Demosthenes (384–322 v.Chr.), griechischer Redner und Staatsmann ◊ Superanskaja, 1998, S. 166

Demulen (Демулен) – von Camille Desmoulins (1760–94), französischer Revolutionär zur Zeit der Französischen Revolution (1789–99) ◊ Suslova, 1979, S. 315

Denis (Денис) – Vorname des russischen Dichters Denis Vasil'evič Davydov (1784–1839), Held des Krieges von 1812, in welchem er eine Partisanenabteilung befehligte ◊ Ščetinin, 1966, S. 22

Dennica (Денница) – im Russischen Morgenröte ◊ Seliščev, 1928, S. 190

Den'traura (Деньтраура) – von russ. den' traura (der Tag der Trauer). Dieser Vorname wurde am Todestag Lenins (21.1.1924) geborenen Kindern gegeben. ◊ diary.ru

Deokt (Деокт) – wahrscheinlich von russ. **de**lo **Okt**jabrja (Oktober als Synonym für die Oktoberrevolution) ◊ Superanskaja, 1998, S. 166

Depr (Депр) – von russ. **de**mokratičeskij **pr**oletariat (demokratisches Proletariat) ◊ Otvety @Mail.Ru: Samye nelepye i smešnye imena, otčestvo...

Detalij (Деталий) – von russ. detal' (Detail, Einzelteil, Bauelement, Werkstück) ◊ Rylov, S. 97

Detektor (Детектор) – Detektor (Funkwesen), Hochfrequenzgleichrichter ◊ Tropin, S. 13

Detizara (Детизара) – von russ. „**Det**očka **i**di **za r**evoljuciej!" (Kind, folge der Revolution!) ◊ Kolonitskii, 1993, S. 222

Dever (Девер) – Vorname gebildet aus den Benennungen der Anfangsbuchstaben DVR für russ. **D**al'ne**v**ostočnaja **R**espublika (Fernöstliche Republik, 1920–22) ◊ Suslova, 1979, S. 315 und Kraus, H.: Die Sowjetunion und ihre Nachfolgestaaten, München 2007, S. 154–155

Devera (Девера) – weibliche Form zu Dever ◊ Suslova, 1979, S. 315

Devi (Деви) – von Humphry Davy (1778–1829), englischer Chemiker und Physiker, einer der Begründer der Elektrochemie ◊ Superanskaja, 1978, S. 425

Dėvi (Дэви) – von russ. „**D**aëš **ė**lektrifikaciju **V**ladimir **Il'ič**!" (Vladimir Il'ič, gib uns Elektrizität!) ◊ Kolonitskii, 1993, S. 220

Dėvil (Дэвил) – von russ. **d**itja **ė**pochi **V. I. L**enina (Kind der Epoche V. I. Lenins) ◊ ru.wikipedia.org**Devis** (Девис) – von Angela Yvonne Davis, s. Anžela ◊ Suslova/Superanskaja, S. 136

Dėvis (Дэвис) – von Angela Yvonne Davis, s. Anžela ◊ m.glazkov Im-id.vp Ostorožno-imja!

Dezdemona (Дездемона) – Desdemona, Frauengestalt in William Shakespeares (1564–1616) Tragödie „Othello, der Mohr von Venedig" (Othello, the Moor of Venice, 1604) ◊ Trud 25.11.1984, S. 2

Deziderij (Дезидерий) – Desiderius, zusätzlicher Name von Erasmus von Rotterdam (1466 oder 1469–1536), niederländischer Theologe, Humanist und Gelehrter ◊ Superanskaja: Slovar' russkich imën, S. 97

Deziderija (Дезидерия) – weibliche Form zu Deziderij ◊ Suslova, 1979, S. 306

Diamar (Диамар) – von russ. **dia**lektika, **mar**ksizm (Dialektik, Marxismus) ◊ Superanskaja, 1998, S. 167

Diamara (Диамара) – **[1]** von russ. **dia**lektičeskij **ma**terializm (dialektischer Materialismus, wissenschaftliche Lehre des Marxismus) ◊ Torop, S. 275 – **[2]** von russ. **dia**lektika, **mar**ksizm (Dialektik, Marxismus) ◊ ru.wikipedia.org

Diamat (Диамат) – von russ. **dia**lektičeskij **mat**erializm (dialektischer Materialismus, wissenschaftliche Lehre des Marxismus) ◊ Torop, S. 275

Diamata (Диамата) – weibliche Entsprechung zu Diamat ◊ Naming the Baby in Russia, in: The Literary Digest, Vol. 116, Oktober 28, 1933, S. 31

Differencial (Дифференциал) – Differenzial, Differenzialgetriebe (Ausgleichsgetriebe bei Kraftfahrzeugen). Der Vorname kam durch eine Verwechslung zustande. Statt Integral (Terminus aus der Mathematik) wurde Differenzial in das Geburtsregister eingetragen. ◊ Uspenskij, 1959

Diktatura (Диктатура) – Diktatur (die Diktatur des Proletariats laut Kommunistischem Manifest von Marx und Engels) ◊ Akišina, S. 73

Dilen (Дилен) – von russ. **d**elo **Len**ina (das Werk Lenins) ◊ http://www.ulitka.com/Razvlečenija/Smešnye_neobyčnye_imena_i_familii-27075.html

Dima (Дима) – von russ. **di**alektičeskij **ma**terializm (dialektischer Materialismus, wissenschaftliche Lehre des Marxismus) ◊ Papernyj, S. 150

Dimverij (Димверий) – eine Kombination aus den elterlichen Vornamen **Dim**itrij und **Ver**a ◊ Belyk, 1970, S. 22

Din (Дин) – Dyn, frühere physikalische Einheit der Kraft, seit 1.1.1978 Newton ◊ Bondaletov, 1983, S. 134

Dina (Дина) – weibliche Form zu Din ◊ www.dhe-nlp.ru Imena sovetskogo proischoždenija.Forum

Dinaida (Динаида) – Phantasiename ◊ Samsonov, S. 129

Dinama (Динама) – von russ. dinamo (Dynamo, Gleichstromgenerator, Maschine zur Stromerzeugung, kleiner Generator) ◊ mündliche Quelle

Dinamit (Динамит) – Dynamit (Sprengstoff) ◊ ru.wikipedia.org

Dinamo (Динамо) – Dynamo, Maschine zur Stromerzeugung, Generator ◊ Bondaletov, 1976, S. 54

Dinara (Динара) – von russ. dinar (Dinar, Währungseinheit in einigen Ländern) ◊ Suslova/Superanskaja, S. 143

Dinastija (Династия) – Dynastie, Namengebung zu Ehren von Arbeiterfamilien, die in der Produktion besondere Leistungen vollbracht haben ◊ Vinokurova, L. I.: Imja i vremja: iz semejnych istorij jakutskogo sela, Ulan-Ude: Izdatel'stvo Burjatskogo gosuniversiteta, 2008

Dinėr (Динэр) – männliche Form zu Dinėra ◊ www.andein.ru/mir/patr.html Iz mira imën Patriotičeskie imena

Dinėra (Динэра) – von russ. **di**tja **n**ovoj **ė**ry (Kind der neuen Ära) ◊ Maksimova in: Rodina 11–12, 1992, S. 114

Dinora (Динора) – von „Dinorah oder die Wallfahrt nach Ploërmel", Oper von Giacomo Meyerbeer (1791–1864), deutscher Komponist ◊ Superanskaja: Slovar' russkich imën, S. 304

Diogen (Диоген) – Diogenes aus Sinope (um 400–323 v. Chr.), griechischer Philosoph ◊ Vseobščij nastol'nyj kalendar' na 1924 god, S. 26

Dip (Дип) – von russ. **d**ognat' **i p**eregnat' (einholen und überholen), s. Dognat – Peregnat ◊ Batuev

Dipr (Дипр) – von russ. **di**ktatura **pr**oletariata (Diktatur des Proletariats) ◊ Subaeva, S. 24

Disciplina (Дисциплина) – Disziplin ◊ Torop, S. 275

Disizara (Дисизара) – von russ. „**Di**tja **s**melo **i**di **za r**evoljuciej!" (Kind folge mutig der Revolution!) ◊ Superanskaja, 1990, S. 68

Diskussija (Дискуссия) – Diskussion, Auseinandersetzung, Erörterung, Besprechung ◊ Kolonitskii, 1993, S. 225

Distancija (Дистанция) – Distanz, Entfernung, Strecke. Die Registrierung dieses Namens erfolgte durch ein Mißverständnis. Die Eltern hatten eigentlich für ihre Tochter Instancija (Instanz, Behörde) ausgewählt. ◊ Comrie/Stone, S. 189

Ditnėra (Дитнэра) – von russ. **dit**ja **n**ovoj **ė**ry (Kind der neuen Ära) ◊ ru.wikipedia.org

Divergencija (Дивергенция) – Divergenz, das Auseinandergehen, die Meinungsverschiedenheit, ein von Darwin verwendeter Begriff (engl. divergency) zur Erklärung der Vielfalt der Arten ◊ http://board.rt.mipt.ru/index.cgi?index Novosti: A vot imja Spartak v sovetskoe…

Dizara (Дизара) – von russ. „**D**etočka, **i**di **za r**evoljuciju!" (sic!) (Kind, kämpfe für die Revolution!) ◊ Reformatskij, 1962, S. 46

Dizel' (Дизель) – Dieselmotor, Diesel. Benannt nach dem deutschen Ingenieur Rudolf Diesel (1858–1913), der ihn um 1890 erfand ◊ Ogonëk 6, 1960, S. 32

Dizelina (Дизелина) – weibliche Form zu Dizel' ◊ http://filotaimist.ru/articles/odinzov-agit-prop.htm virtual'nyj klub kalendaristov – Jalta

Dizi (Дизи) – [1] von russ. „**D**eti, **i**zučajte **z**avety Il'iča!" (Kinder, studiert das Vermächtnis Il'ičs! (Il'ič ist der Vatersname Lenins) ◊ Petrovskij, 1969, S. 180 – [2] von russ. „**D**eti, **i**spolnjajte **z**avety Il'iča!" (Kinder, verwirklicht das Vermächtnis Il'ičs!) ◊ Kolonitskii, 1993, S. 221

Dlan (Длан) – von russ. **d**esjat' **l**et **A**kademii **n**auk (zehn Jahre Akademie der Wissenschaften) ◊ http:/kuraev.ru Polnyj (ili počti polnyj) spisok sovetskich imën

Dneprogės (Днепрогэс) – von russ. **Dnepro**vskaja **g**idro**ė**lektričeskaja stancija (Dnepr-Wasserkraftwerk), bei Zaporož'e (ukr. Zaporižžja), Ukraine, Baubeginn 1927, Inbetriebnahme 1932–39 ◊ **Uspenskij, 1960, S. 47**

Dneprostroj (Днепрострой) – von russ. Gosudarstvennoe **Dneprovskoe stroi**tel'stvo (Staatlicher Dnepr-Baubetrieb), leitete den 1927 begonnenen Bau des Dnepr-Wasserkraftwerks bei Zaporož'e (ukr. Zaporižžja), Ukraine ◊ Gric, S. 73

Dobroljub (Добролюб) – von Nikolaj Aleksandrovič Dobroljubov (1836–61), russischer Literaturkritiker und Publizist ◊ Suslova, 1979, S. 315

Dobroljuba (Добролюба) – weibliche Form zu Dobroljub ◊ Suslova, 1979, S. 315

Doč' (Дочь) – Tochter (als Vorname Neologismus) ◊ **Bondaletov, 1983, S. 133**

Dognat (Догнат) – s. Dognat-Peregnat

Dognatij (Догнатий) – s. Dognat-Peregnat

Dognat-Peregnat (Догнат-Перегнат) – Dieser aus zwei Worten bestehende Vorname wurde zuerst von einer Losung der 20er und 30er Jahre abgeleitet. Damals war es das Ziel der Sowjetunion, die höchstentwickelten kapitalistischen Länder in der Pro-Kopf-Produktion einzuholen und zu überholen (russ. dognat' i peregnat'). Die in der Sowjetzeit oft gebrauchten Schlagworte sind erstmals in einer Schrift Lenins vom September 1917 zu finden. Seit 1957 prophezeite Chruščëv in verschiedenen Reden immer wieder, daß die UdSSR die USA in ökonomischer Hinsicht einholen und überholen wird und daß in der Sowjetunion der höchste Lebensstandard erreicht werden wird. Die allgemeine Losung lautete „Dognat' i peregnat' Ameriku"! In Kalendern wurden für Zwillinge die Vornamen Dognat und Peregnat empfohlen. Dazu gab es die Varianten Dognatij und Peregnatij. ◊ Petrovskij, 1966, S. 7

Dognatij-Peregnatij (Догнатий-Перегнатий) – Vorname aus zwei Worten, Variante von Dognat-Peregnat ◊ http://aeterna.qip.ru/userpost.php?Olivin& post=120903 Ot Dazdrapermy k Preziputinu

Doiper (Доипер) – von russ. **do**gonim **i per**egonim (wir werden einholen und überholen), abgeleitet von einer Losung, s. Dognat-Peregnat ◊ NoNaMe.ru Top 13 sovetskich imën

Doktor (Доктор) – Doktor, Arzt (Beruf als Vorname) ◊ Nikonov: Iščem imja, S. 6

Dolkap (Долкап) – von russ. „**Dol**oj **kap**italizm!" (Nieder mit dem Kapitalismus!) ◊ Čukovskij, Kornej: Živoj kak žizn'. Rasskazy o russkom jazyke, Kapitel IV

Dolonegrama (Долонеграма) – von russ. „**Dol**oj **negram**otnost!" (Nieder mit dem Analphabetentum!) ◊ mage_victor.livejournal.ru

Dolores (Долорес) – von Dolores Ibarruri (1895–1989), genannt La Pasionaria, die Leidenschaftliche, spanische kommunistische Politikerin ◊ Superanskaja, 1998, S. 372

Doloresa (Долореса) – s. Dolores ◊ Superanskaja, 1998, S. 372

Domna (Домна) – Hochofen ◊ Turšatov

Don (Дон) – Fluß in Rußland und in der Ukraine ◊ Zakir'janov, S. 156

Dona (Дона) – Kurzform von Nonna ◊ Gusejnov, S. 86

Donar (Донар) – maskuline Form zu Donara ◊ mage_victor.livejournal.ru

Donara (Донара) – **[1]** von russ. **do**č' **nar**oda (Tochter des Volkes) ◊ Poljakova, S. 43 – **[2]** von russ. **do**č' **o**svoboždënnogo **nar**oda (Tochter des befreiten Volkes) ◊ kommari.livejournal.com

Donata (Доната) – von russ. **do**č' **na**uki i **t**ruda (Tochter der Wissenschaft und der Arbeit) ◊ Torop, S. 275

Donbass (Донбасс) – von russ. **Don**eckij ugol'nyj **bass**ejn (Donec-Kohlebecken), in der Ukraine und Rußland ◊ Novikova, L. I.: Urok-konferencija „imja v reke vremeni", in: Russkij jazyk 10, 2001

Donėr (Донэр) – maskuline Form zu Donėra ◊ livejournal.com sonnerbergsson Čto v imeni tebe moëm ... (nach dem Stand vom 29.3.2009)

Donėra (Донэра) – von russ. **do**č' **n**ovoj **ė**ry (Tochter der neuen Ära) ◊ www.andein.ru/mir/patr.html Iz mira imën Patriotičeskie imena

Donnadij (Доннадий) – Phantasiename, abgeleitet von franz. don à Dieu (Gabe für Gott) ◊ Superanskaja, 1998, S. 171

Dopečilina (Допечилина) – von russ. **do**mennaja **p**eč' **i**meni **Lenina** (ein nach Lenin benannter Hochofen) ◊ revim.narod.ru

Dora (Дора) – **[1]** von russ. **d**esjatiletie **O**ktjabr'skoj **r**evoljucii (der zehnte Jahrestag der Oktoberrevolution) ◊ Kostromama.ru Forum roditelej i detej Kostromy – **[2]** von Dolores Ibarruri (1895–1989), genannt La Pasionaria, die Leidenschaftliche, spanische kommunistische Politikerin ◊ Torop, S. 275

Dorian (Дориан) – von dem 1890 erschienenen Roman „Das Bildnis des Dorian Gray" (The Picture of Dorian Gray) von Oscar Wilde (1854–1900), irisch-englischer Schriftsteller ◊ Savel'eva, S. 33

Doriana (Дориана) – weibliche Form zu Dorian ◊ Superanskaja, 1998, S. 372

Dorina (Дорина) – von russ. **d**esjatiletie **O**ktjabr'skoj **r**evoljucii (der zehnte Jahrestag der Oktoberrevolution) ◊ www.dzagi.ru SSSR i ego posledovateli Forum Obo vsëm

Dotina (Дотина) – von russ. **do**č' **t**ruda **i na**uki (Tochter der Arbeit und der Wissenschaft) ◊ www.woman.ru forum Ulybnites': sovetskie imena

Dotnar (Дотнар) – maskuline Form zu Dotnara ◊ sonnerbergsson.livejournal.org Čto v imeni tebe moëm... (nach dem Stand vom 29.3.2009)

Dotnara (Дотнара) – von russ. **do**č' **t**rudovogo **nar**oda (Tochter des werktätigen Volkes) ◊ Maksimova in: Rodina 11–12, 1992, S. 114

Drapanal'da (Драпанальда) – von russ. „**Da zdra**vstvujut **pa**panincy **na l'd**ine!" (Es lebe das Forschungsteam Papanins auf der Eisscholle!), zum Verlauf der Polarexpedition s. Lapanal'da ◊ smi.marketgid.com

Drepanal'd (Дрепанальд) – von russ. **dre**jf **pa**panincev **na l'd**ine (die Drift des Forscherteams Papanins auf der Eisscholle), zum Verlauf der Polarexpedition s. Lapanal'da ◊ ru.wikipedia.org

Drezina (Дрезина) – Draisine, kleines vierrädriges Schienenfahrzeug zur Streckenkontrolle, benannt nach seinem deutschen Erfinder Karl Friedrich Drais (1785–1851) ◊ Savel'eva, S. 32

Drž (Држ) – von Feliks Ėdmundovič **Dzerž**inskij (1877–1926), war einer der Organisatoren des roten Terrors, leitete 1917–22 die VČK (Allrussische Sonderkommission zur Bekämpfung von Konterrevolution und Sabotage), 1922–23 die GPU (Staatliche Politische Verwaltung) und 1923–26 die OGPU (Vereinigte staatliche politische Verwaltung) ◊ mage_victor.livejournal.ru

Dub (Дуб) – [1] Eiche ◊ Savel'eva, S. 32 – [2] Abkürzung der Losung „**D**aёš' **u**silennyj **b**eton!" (Gib festen Beton!) ◊ Čuprijanov

Duglas (Дуглас) – vom Vornamen des bekannten amerikanischen Schauspielers Douglas Fairbanks (1883–1939) ◊ Rylov, S. 99

Duma (Дума) – Gedanke ◊ Superanskaja, 1998, S. 373

Dunaj (Дунай) – Donau ◊ Vseobščij nastol'nyj kalendar' na 1924 god, S. 8 und 20

XX Parts-ezd (XX Партсъезд) – von russ. dvatcatyj parts-ezd (20. Parteitag der KPdSU im Februar 1956), beurkundeter Vorname mit römischen Ziffern ◊ forum.barys-fans.kz/index.php Forum bolel'ščikov ChK „Barys" Kazachstanskij chokkej Čempionat mira 2010 v Germanii

Dzefa (Дзефа) – von Dzeržinskij, Feliks, s. Drž ◊ Egorov, S. 225

Džemma (Джемма) – von englisch Gemma, Figur aus dem in Rußland viel gelesenen 1897 in London erschienenen historischen Roman „The Gadfly" (Die Stechfliege) der englischen Schriftstellerin Ethel Lillian Voynich (1864–1960), s. Ovod ◊ Torop, S. 275

Dženni (Дженни) – von Jenny von Westphalen (1814–81), Frau von Karl Marx ◊ Suslova/Superanskaja, S. 143

Džermen (Джермен) – eine Kombination aus den Familiennamen **Dzerž**inskij und **Menž**inskij. Durch eine Glättung der Aussprache des polnischen Nachnamens entstand als phonetische Variante Džermen. Zu Feliks Ėdmundovič Dzeržinskij (1877–1926) s. Drž. Vjačeslav Rudol'fovič Menžinskij (1874–1934) war von 1926 bis 1934 sein Nachfolger als Vorsitzender der OGPU (Vereinigte staatliche politische Verwaltung) als einem Instrument des roten Terrors ◊ Grečenevskij, Oleg: Istoki našego „demokratičeskogo" režima, čast' 16 Somnenie somnenie.narod.ru

Dzermen (Дзермен) – eine Kombination aus **Dzerž**inskij, F. E. und **Menž**inskij, V. R., s. Džermen ◊ ru.wikipedia.org

Dzerž (Дзерж) – eine Verkürzung von Dzeržinskij, F. Ė. (1877–1926), s. Drž ◊ Pravda 12.6.1924, S. 6

Džil'da (Джильда) – Gilda, Person in der Oper „Rigoletto" von Giuseppe Verdi (1813–1901) ◊ Suslova/Superanskaja, S. 143

Džiokonda (Джиоконда) – von La Gioconda, italienische Bezeichnung für das im Louvre in Paris befindliche Gemälde „Mona Lisa" (um 1503–06) von Leonardo da Vinci ◊ Ogonëk 6, 1960, S. 32

Džoj (Джой) – von englisch joy (Freude, Glück) ◊ Bondaletov, 1983, S. 134

Džoja (Джоя) – weibliche Variante zu Džoj ◊ Suslova, 1979, S. 307

Džojja (Джойя) – weibliche Form zu Džoj ◊ Bondaletov, 1976, S. 37

Džonrid (Джонрид) – von John Reed (1887–1920), amerikanischer Publizist und Kommunist, Mitglied des Exekutivkomitees der Komintern. War als Augenzeuge Autor eines Buches über die Oktoberrevolution „Ten Days That Shook the World" (Zehn Tage, die die Welt erschütterten, 1919), zu welchem Lenin das Vorwort schrieb. ◊ Irošnikov/Šelaev in: Rodina 9–10, 1991, S. 38

Džul'et (Джульет) – Kurzform zu Džul'etta ◊ Zakir'janov, S. 157

Džul'etta (Джульетта) – Quelle für den Vornamen ist die in Literatur und Musik viel behandelte tragische Liebesgeschichte von Romeo und Julia. Da der Stoff aus dem Italien des 15. Jahrhunderts stammt, wurde die italienische Namensform Giulietta übernommen. ◊ Savel'eva, S. 33

E

Ėdem (Эдем) – von russ. **ė**ra **dem**okratii (Ära der Demokratie) ◊ http://blog-botinok.co.il Imena, pridumannye v Sovetskom Sojuze i ich rasšifrovka

Ėdi (Эди) – von russ. **ė**to **d**itja Il'iča (Dieses Kind wurde zu Ehren Il'ičs benannt.) (Il'ič – Vatersname Lenins) ◊ Kolonitskii, 1993, S. 220 und 221

Ėdil (Эдил) – von russ. **ė**ta **d**evočka **i**meni Lenina (Dieses Mädchen wurde zu Ehren Lenins benannt.) ◊ Rylov, S. 98

Ėdil' (Эдиль) – von russ. **ė**to **d**itja **i**meni Lenina (Dieses Kind wurde zu Ehren Lenins benannt.) ◊ Petrovskij, 1969, S. 181

Ėdison (Эдисон) – von Thomas Alva Edison (1847–1931), amerikanischer Elektrotechniker und Erfinder ◊ Podol'skaja, 1988, S. 138

Ėdissa (Эдисса) – weibliche Form zu Ėdison ◊ Superanskaja, 1998, S. 441

Ėdisson (Эдиссон) – s. Ėdison ◊ Torop, S. 281

Ėdmund (Эдмунд) – Namengebung zu Ehren des Vaters von Feliks Ėdmundovič Dzeržinskij, s. Drž ◊ Forum missionerskogo portala diakona Andreja Kuraeva, str.5 http://kuraev.ru/index.php?option=comsmf&Itemid=63&topic=89817.80

Ėdvil (Эдвил) – von russ. **ė**to **d**evočka V. I. Lenina (Dieses Mädchen wurde zu Ehren von V. I. Lenin benannt.) ◊ Kisel', O. V.: Konnotativnye aspekty semantiki ličnych imën, avtoreferat, Čeljabinsk 2009

Ėffekt (Эффект) – Effekt, Wirkung, Erfolg ◊ Torop, S. 218

Ėfira (Эфира) – von russ. ėfir (Äther, als chemische Verbindung) ◊ Superanskaja, 1978, S. 420

Ėgmont (Эгмонт) – Egmont (1522–68), historische Person aus der Geschichte der Niederlande, gehörte zur Opposition der Adligen gegen die spanische Verwaltung des Landes und wurde hingerichtet, Titelgestalt eines Trauerspiels von Goethe (1787), zum Drama Konzertouvertüre von Beethoven (1810) ◊ Pečat' stranicy-Imena Forum oficial'nogo sajta Very Kamši kamsha.ru/forum/index.php Naša žizn' i naši prazdniki. Obo vsëm, Avtor: Ledd Head na 17 Sentjabr' 2003 goda

Ėkonomija (Экономия) – Einsparung, Sparsamkeit, Ökonomie, Wirtschaftlichkeit ◊ Agafonova, S. 106

Ėl' (Эль) – Benennung des 13. Buchstabens des russischen kyrillischen Alphabets (л – l) ◊ ru.wikipedia.org

Ėla (Эла) – Kurzform von Ėlla, Stella, Aėlita u. a. ◊ Superanskaja, 1990, S. 189

Ėl'ba (Эльба) – Elba (italienische Insel, 1814/15 Verbannungsort Napoleons I.) ◊ Zakir'janov, S. 156

Ėl'brus (Эльбрус) – Elbrus (höchster Berg des Kaukasus) ◊ Savel'eva, S. 32

Ėl'da (Эльда) – von **Le**v **Da**vidovič **Tro**ckij (1879–1940). Ėl ist die Benennung des Buchstabens „l" im Russischen. s. Trockij ◊ Kolonitskii, 1993, S. 222

Ėl'dar (Эльдар) – [1] von russ. „**Ė**ngel's, **L**enin, **da** zdravstvuet **r**evoljucija!" (Engels, Lenin, es lebe die Revolution!) ◊ Sovetskie imena. Radujtes', čto vy rodilis' pozže CopyPast.ru – [2] von russ. **L**eninu **dar** (eine Gabe für Lenin). „Ėl" ist die Benennung von l (л), des 13. Buchstabens des russischen kyrillischen Alphabets. ◊ www.liveinternet.ru Blog Botinok Imena, pridumannye v Sovetskom Sojuze i ich rasšifrovka

Ėl'dorada (Эльдорада) – von russ. Ėl'dorado (Eldorado, Traumland, Paradies) (von spanisch el dorado – Goldland) ◊ Poticha/Rozental', S. 89

Ėlegija (Элегия) – Elegie, wehmütiges Gedicht oder Klage- und Trauerlied (Terminus aus der Literatur und Musik) ◊ Torop, S.281

Ėlektra (Электра) – abgeleitet von russ. ėlektrifikacija (Elektrifizierung) ◊ Danilina, 1972, S. 23. Es gibt keinen Hinweis auf eine Namengebung im Zusammenhang mit der Oper „Elektra" (1909) von Richard Strauß (1864–1949).

Ėlektrifikacija (Электрификация) – Elektrifizierung ◊ Gric, S. 73

Ėlektrik (Электрик) – Elektriker (Beruf als Vorname) ◊ Nikonov, 1986, S. 266

Ėlektrina (Электрина) – abgeleitet von russ. ėlektrifikacija (Elektrifizierung) ◊ Danilina, 1972, S. 23

Ėlektrofikacija (Электрофикация) – Variante von russ. ėlektrifikacija (Elektrifizierung) ◊ Superanskaja, 1990, S. 67

Ėlektrofin (Электрофин) – männliche Form zu Ėlektrofina ◊ Bogdanov,

K. A.: O krokodilach v Rossii. Očerki iz istorii zaimstvovanij i ėkzotizmov, Moskau 2006, S. 223

Ėlektrofina (Электрофина) – eine Ableitung von russ. elektrofikacija (Elektrifizierung) ◊ Nikonov, 1969, S. 81 (ėlektrofikacija ist eine Variante von ėlektrifikacija.)

Ėlektrola (Электрола) – abgeleitet von russ. ėlektrifikacija (Elektrifizierung) ◊ Ščetinin, 1966, S.17

Ėlektrolenina (Электроленина) – von russ. **ėlektr**ičestvo **Lenin**a (die Elektrizität Lenins) ◊ revim.narod.ru

Ėlektromir (Электромир) – von russ. **ėlektr**ičeskij **mir** (die Welt der Elektrizität) ◊ revim.narod.ru

Ėlektron (Электрон) – Elektron, Elementarteilchen (Terminus aus der Physik) ◊ Novaja Rossija: mir literatury. Ėnciklopedičeskij spravočnik, Band 2, Moskau 2003, S. 415

Ėlektrona (Электрона) – weibliche Form zu Ėlektron ◊ Danilina, 1972, S. 18

Ėlektrosila (Электросила) – eine Analogiebildung zu russ. lošadinaja sila (Pferdestärke) ◊ Valerij Lebedev: Nepredskazuemoe prošloe No. 591, 2009

Ėlektrostancija (Электростанция) – Elektrizitätswerk, Kraftwerk ◊ Nepokupnyj, 1986, S. 229

Ėlem (Элем) – [1] von russ. **Ė**ngel's, **Le**nin, **M**arks (Engels, Lenin, Marx) ◊ www.peoples.ru.html Larisa Šepit'ko i Ėlem Klimov, 2004 – [2] von französisch „elle aime" (sie liebt) ◊ www.peoples.ru.html Larisa Šepit'ko i Ėlem Klimov, 2004 – [3] nach Elam, Held in dem Roman (1910) „Burning Daylight" (Lockruf des Goldes) von Jack London (1876–1916), amerikanischer Schriftsteller. Der Filmregisseur Ėlem Germanovič Klimov (1933–2003) wurde nach dieser literarischen Figur benannt. ◊ www.peoples.ru.html Larisa Šepit'ko i Ėlem Klimov, 2004

Ėlementy (Элементы) – Wegen Unwissenheit wurde statt des gewünschten Vornamens Alimenty (Alimente, Unterhalt) Ėlementy (Elemente, Grundstoffe) in das Geburtsregister eingetragen ◊ Comrie/Stone, S. 189

Ėlen (Элен) – von russ. **ė**ra **Len**ina (die Ära Lenins) ◊ Dazdraperma Ivanovna matovyj žurnal žyšy http://kto-kto.narod.ru/bl-bl-3/dazdraperma.html Dazdraperma Ivanovna, 2004

Ėleonora (Элеонора) – jüngste Tochter (1855–98) von Karl Marx ◊ Dušečkina

Ėlevator (Элеватор) – Elevator, Fördereinrichtung ◊ Superanskaja, 1979, S. 20

Ėl'fa (Эльфа) – abgeleitet von den Elfen (Naturgeister in der altgermanischen Mythologie) ◊ Superanskaja, 1978, S. 421

Elimir (Елимир) – von russ. **e**dinyj **Lenin**skij **mir** (eine Leninsche Welt), gemeint ist die Verbreitung der Revolution auf die ganze Welt ◊ revim.narod.ru

Ėlina (Элина) – von russ. **ė**lektrifikacija i **in**dustrializacij**a** (Elektrifizierung und Industrialisierung) ◊ www.dzagi.ru SSSR i ego posledovateli Forum Obo vsëm

Ėlistina (Элистина) – Die Namengebung erfolgte in Kalmückien nach Ėlista, der Hauptstadt dieser nationalen territorialen Einheit im Süden Rußlands. ◊ Nikonov: Iščem imja, S. 45

Ėlita (Элита) – Elite, die Besten, Auserlesene, Führungsschicht, Auslese (von franz. élite) ◊ Podol'skaja, 1988, S. 72

Ėlja (Эля) – eine Verkürzung von Ėleonora ◊ Ščetinin, 1972, S. 218

Ėlla (Элла) – Kurzform im Russischen zu westeuropäischen Namen wie Stella, Izabella, Ėleonora, Ėllen ◊ Nikonov: Iščem imja, S. 94

Ėllada (Эллада) – griechisch Hellas (Griechenland), seit 1833 amtlicher Name des neugriechischen Staates ◊ Torop, S. 281

Ėllin (Эллин) – von russ. **Ė**ngel's, **L**enin, **In**ternacional (Engels, Lenin, Internationale) ◊ narod.od.ua

Ėl'm (Эльм) – von russ. **Ė**ngel's, **L**enin, **M**arks (Engels, Lenin, Marx) ◊ Superanskaja: Slovar' russkich imën, S. 271

Ėlmar (Элмар) – von russ. **Ė**ngel's, **L**enin, **Mar**ks (Engels, Lenin, Marx) ◊ Maksimova in: Rodina 5, 1992

Ėl'mar (Эльмар) – von russ. **Ė**ngel's, **L**enin, **Mar**ks (Engels, Lenin, Marx) ◊ Zaljaleeva, S. 55

Ėl'mara (Эльмара) – weibliche Entsprechung zu Ėl'mar ◊ Superanskaja: Slovar' russkich imën, S. 378

Ėl'mina (Эльмина) – Ableitung von Ėl'm ◊ Superanskaja: Slovar' russkich imën, S. 378

Ėl'mir (Эльмир) – männliche Form zu Ėl'mira ◊ Superanskaja: Slovar' russkich imën, S. 271

Ėl'mira (Эльмира) – [1] von russ. **Ė**ngel's, **L**enin, **M**arks **i r**evoljucija (Engels, Lenin, Marx und die Revolution) ◊ www.kamrad.ru Trolebuzina, Dazdraperma, Perkosrak, 17.5.2005 – [2] von russ. **ė**lektrifikacija **mira** (die Elektrifizierung der Welt) ◊ Danilina, 1972, S. 22

Ėl'nard (Эльнард) – wahrscheinlich gebildet von russ. **Ė**ngel's, **L**enin, **nar**od (Engels, Lenin, Volk) ◊ Superanskaja, 1998, S. 338

Ėl'rad (Эльрад) – von russ. **L**enin **rad** (Freude Lenins). Ėl ist die Benennung des 13. Buchstabens des russischen kyrillischen Alphabets (эл – l) ◊ http://blog-botinok.co.il Imena, pridumannye v Sovetskom Sojuze i ich rasšifrovka

Ėl'vina (Эльвина) – von russ. **L**iga **v**remeni (Liga/Bündnis/ der Zeit). Der Name besteht aus den Benennungen der Anfangsbuchstaben und dem Suffix -ina. Der sowjetische Diplomat und Wissenschaftler Platon Michajlovič Keržencev (1881–1940), der sich auch mit der wissenschaftlichen Arbeitsorganisation befaßte, initiierte 1923 die Massenorganisation liga „Vremja", die bis 1926 bestand und sich zum Ziel setzte, die Arbeitszeit effektiv einzuteilen und auszunutzen. ◊ Danilina, 1972, S. 24

Ėl'vita (Эльвита) – von russ. **L**iga **v**remeni (Liga/Bündnis/ der Zeit), s. Ėl'vina ◊ Danilina, 1972, S. 24

Ėmalija (Эмалия) – willkürliche Bildung ◊ Ščetinin, 1972, S. 218

Ėmbrion (Эмбрион) – Embryo ◊ Nikonov, 1974, S. 70

Ėmil (Эмил) – [1] von russ. **Ė**ngel's, **M**arks **i** Lenin (Engels, Marx und Lenin) ◊ ru.wikipedia. – [2] von russ. **ė**tot **m**al'čik **i**meni Lenina (Dieser Junge wurde zu Ehren Lenins benannt.) ◊ Istorija: Sovetskie imena. Radujtes', čto vy rodilis' pozže, live4fun.ru

Ėmil' (Эмиль) – Es handelt sich hier nicht nur um den aus dem Französischen übernommenen Vornamen Émile, sondern auch um die russischen Anfangsbuchstaben der Familiennamen **Ė**ngel's, **M**arks **i** Lenin (Engels, Marx und Lenin) ◊ ru.wikipedia.org

Ėmir (Эмир) – von russ. **ė**tap **mi**rovoj **r**evoljucii (Etappe der Weltrevolution) ◊ Imena sovetskogo proischoždenija Dobro požalovat'... savok.name

Ėmira (Эмира) – weibliche Form zu Ėmir ◊ Vedomosti Verchovnogo Soveta RSFSR 6, 1979, S. 95

Ėmlen (Эмлен) – [1] von russ. **Ė**ngel's, **M**arks, **Len**in (Engels, Marx, Lenin) ◊ http://blogbotinok.co.il Imena, pridumannye v Sovetskom Sojuze i ich rasšifrovka – [2] von russ. **M**arks, **Len**in (Marx, Lenin). Ėm ist die Benennung des Buchstabens „m" im Russischen ◊ http:// blogbotinok.co.il Imena, pridumannye v Sovetskom Sojuze i ich rasšifrovka

Ėmliks (Эмликс) – wahrscheinlich von russ. **Ė**ngel's, **M**arks, **L**enin **i** **k**omsomol (Engels, Marx, Lenin und Komsomol) ◊ stlashs.narod.ru/1-781502.html Samoe zabavnoe imja korejca ili korejanki, kotoroe Vy kogda-libo slyšali!, 2012

Ėneida (Энеида) – Aeneis, das große Epos von Äneas, Hauptwerk des römischen Dichters Vergil (70–19 v. Chr.) ◊ Superanskaja, 1998, S. 443

Ėnel' (Энель) – von russ. **Ė**ngel's, **L**enin (Engels, Lenin), ėn + el – erste Silbe von Lenin rückwärts ◊ Samsonov, S. 129

Ėnerg (Энерг) – eine Verkürzung von russ. ėnergija (Energie, Kraft) ◊ Superanskaja in: Nauka i žizn' 8,1991, S. 73

Ėnergetika (Энергетика) – Energetik, Energiewirtschaft, Wissenschaft, die sich mit allen Formen der Energie befaßt ◊ Forum missionerskogo portala diakona Andreja Kuraeva, str. 4 http://kuraev.ru

Ėnergij (Энергий) – maskuline Form zu Ėnergija ◊ Nikonov in: Voprosy jazykoznanija 6, 1967, S. 109

Ėnergija (Энергия) – von russ. ėnergija (Energie, Kraft) ◊ Savel'eva, S. 32

Ėnergin (Энергин) – maskuline Form zu Ėnergina, Rossija vozvraščaetsja k politizacii imën ◊ Esperanto Novosti jazykovoj forum http://www.e-novosti.info/forumo/viewtopic.php?p=75205

Ėnergina (Энергина) – **[1]** abgeleitet von russ. ėnergetika (Energetik) ◊ Danilina, 1972, S. 23 – **[2]** von russ. ėnergija (Energie) ◊ Danilina, 1972, S. 23

Ėngel' (Энгель) – von Friedrich Engels (russ. Ėngel's) ◊ Poljakova, S. 43

Ėngelen (Энгелен) – von russ. **Ėng**el's, **Len**in (Engels, Lenin) ◊ Bondaletov, 1983, S. 144

Ėngelenmark (Энгеленмарк) – von russ. **Ėng**el's, **Len**in, **Mark**s (Engels, Lenin, Marx) ◊ Ktorova, 2007, S. 52

Ėngelina (Энгелина) – von Friedrich Engels (russ. Ėngel's) ◊ Ėnciklopedija gosudarstva i prava, Band 1, Moskau 1925–26, Spalte 88

Ėngelisa (Энгелиса) – von Friedrich Engels (russ. Ėngel's) ◊ www.ej.ru Vdaleke ot Moskvy Genocid i Genocida Eždednevnyj žurnal

Ėngel'marksa (Энгельмаркса) – von russ. **Ėng**el's, **Marks** (Engels und Marx) ◊ Russkij jazyk dlja vsech gramota.ru

Ėngel'mina (Энгельмина) – von russ. Ėngel's (Engels) ◊ Superanskaja, 1998, S. 443

Ėngel's (Энгельс) – von russ. Ėngel's (Friedrich Engels, 1820–95), deutscher Sozialist, engster Mitarbeiter von Karl Marx, Mitbegründer des Marxismus, der Teil der Staatsdoktrin der Sowjetunion war. Im „Kommunistischen Manifest" von 1848, einem von Marx und Engels verfaßten Grundsatzprogramm, wird die proletarische Revolution als Ergebnis eines unausweichlichen historischen Prozesses vorausgesagt. ◊ Voprosy filosofii 5, 1969, S. 190

Ėngel'sin (Энгельсин) – von russ. Ėngel's (Engels) ◊ Ėcho Moskvy:/Peredači/ Govorim po-russki. August 2009

Ėngel'sina (Энгельсина) – von russ. Ėngel's (Engels) ◊ Trud 6.7.1988, S. 4 und Priroda 1, 1981, S. 44

Ėngfrid (Энгфрид) – von russ. **Ėng**el's **Frid**rich (Engels Friedrich) ◊ Pravda 12.6.1924, S. 6

Ėnglen (Энглен) – von russ. **Ėng**el's, **Len**in (Engels, Lenin) ◊ Nepokupnyj, S. 231

Ėnglena (Энглена) – von russ. **Ėng**el's, **Len**in (Engels, Lenin) ◊ Petrovskij, 1969, S. 179

Enianga (Енианга) – Der Name soll an die Zeugung der Namenträgerin am Zusammenfluß der sibirischen Flüsse **Eni**sej (Jenissei) und **Anga**ra erinnern. ◊ smi.marketgid.com Imena, kotorye ne sleduet davat' detjam, 2.5.2009

Enisej (Енисей) – Enisej (Jenissei), Fluß in Sibirien ◊ Ktorova, 2007, S. 158

Ėnkevedim (Энкеведим) – gebildet aus den Benennungen der Anfangsbuchstaben von russ. **N**arodnyj **k**omissariat **v**nutrennich **d**el (Volkskommissariat für innere Angelegenheiten, abgekürzt NKVD), 1917–30 in der RSFSR, 1934–46 in der UdSSR ◊ Pro neobyčnye imena (lovehate.ru/opinions/66161)

Ėnmar (Энмар) – von russ. **Ėn**gel's, **Mar**ks (Engels, Marx) ◊ livejournal.ru Nate Fiatas: A Avangard Arlen...

Ėnrin (Энрин) – wahrscheinlich von russ. Ėngel's, revoljucija, Internacional (Engels, Revolution, Internationale) ◊ Superanskaja, 1998, S. 339

Ėntuziast (Энтузиаст) – Enthusiast, Begeisterter, Schwärmer ◊ Ščetinin, 1968, S. 58

Ėpocha (Эпоха) – Epoche (die nach Ansicht der Bolschewiken durch die Oktoberrevolution eingeleitete historische Epoche) ◊ Torop, S. 281

Ėr (Эр) – von russ. ėra revoljucii (die Ära /das Zeitalter/ der Revolution) ◊ http://blogbotinok.co.il Imena, pridumannye v Sovetskom Sojuze i ich rasšifrovka

Ėra (Эра) – Ära, Zeitalter (Der Begriff gehört zum Wortschatz des revolutionären Pathos der Bolschewiken.) ◊ Podol'skaja, 1988, S. 74

Ėraida (Эраида) – eine Kombination aus den Vornamen Ėra und Iraida ◊ Superanskaja, 1970, S. 125

Ėralen (Эрален) – eine Weiterbildung von Ėrlen ◊ Vedomosti Verchovnogo Soveta RSFSR 11, 1973, S. 156

Erf (Ерф) – von russ. edinyj rabočij front (die Einheitsfront der Arbeiter) ◊ Kisel', O. B.: Konnotativnye aspekty semantiki ličnych imën, Čeljabinsk 2009 (avtoreferat)

Ėrg (Эрг) – Erg (physikalische Maßeinheit der Arbeit /Energie/ im nicht mehr gebräuchlichen CGS-System von Centimeter, Gramm und Sekunde) ◊ Suslova/Superanskaja, 1978, S. 147

Ėrij (Эрий) – männliche Form zu Ėra ◊ ru.wikipedia.org

Ėrik (Эрик) – **[1]** von russ. ėlektrifikacija, radiofikacija, industrializacija, kommunizm (Elektrifizierung, Radiofizierung, Industrialisierung, Kommunismus) ◊ Torop, S. 281 (Radiofizierung – Einführung des Rundfunkempfangs durch Ausrüstung mit Radioapparaten und Sendeanlagen) – **[2]** von russ. Ėngel's, revoljucija i komsomol (Engels, Revolution und Komsomol) ◊ stlashs.narod.ru/4-781502.html Samoe zabavnoe imja korejca ili korejanki, kotoroe Vy kogdalibo slyšali!, 2012

Erina (Ерина) – Der Name entstand durch falsche Schreibung von Irina. ◊ Nikonov, 1974, S. 255

Ėrislav (Эрислав) – von russ. ėra (Ära, Zeitalter) und i (und) und slava (Ruhm, Ehre), Namensbildung nach dem traditionellen Modell slawischer Vornamen wie Miroslav, Vjačeslav, Vladislav ◊ ru.wikipedia.org

Ėrkoma (Эркома) – von russ. ėra kommunizma (die Ära/das Zeitalter/ des Kommunismus) ◊ Danilina, 1972, S. 24

Ėrlen (Эрлен) – **[1]** von russ. ėra Lenina (die Ära/das Zeitalter/ Lenins) ◊ Ivaško, S. 125 – **[2]** von russ. ėnergija, revoljucija, Lenin (Energie, Revolution, Lenin) ◊ Akent'eva, S. 34 – **[3]** von russ. Ėngel's, revoljucija, Lenin (Engels, Revolution, Lenin) ◊ narod.od.ua

Ėrlena (Эрлена) – [1] von russ. **èr**a **Len**ina (die Ära/das Zeitalter/ Lenins) ◊ Petrovskij, 1969, S. 181 – [2] von russ. **èr**a **len**inskaja (die Leninsche Ära) ◊ Danilina, 1972, S. 24

Ėrlom (Эрлом) – von russ. **Ė**ra **L**enina, **O**ktjabr', **M**arks (Leninsche Ära, Oktober, Marx, einzige mögliche Auflösung) ◊ ru.wikipedia.org

Ermak (Ермак) – von Ermak Timofeevič (um 1537–85), Kosakenführer, Entdeckungsreisender, begann im 16. Jahrhundert mit der Eroberung Sibiriens (Der größte Teil der russischen Bevölkerung hatte bis zum 19. Jahrhundert noch keine Familiennamen.) ◊ Suslova, 1979, S. 305

Ermoza (Ермоза) – gebildet aus den elterlichen Vornamen **Erm**ak und **R**oza ◊ Samsonov, N.: Jakutskie imena. Sovetskij period, in: Ilin 1, 1998

Ėrnest (Эрнест) – von Ernest Hemingway (1899–1961), amerikanischer Schriftsteller ◊ http:zn.ua/SOCIETY/iskusstvo_davat_imena-32377.html Oleg Slepynin: Skafandr, syn Marlena, otec Dobroslava, 28.6.2003

Ėrnst (Эрнст) – von Ernst Thälmann (1886–1944), deutscher kommunistischer Politiker ◊ Ogonëk 6, 1960, S. 32

Ėrnuvel' (Эрнувель) – von franz. ère nouvelle (neue Ära) ◊ http://h.ua Viktor Sulima: Reformy: „Imja i imjanarečenie", Obščestvo 3. 6. 2006

Eruslan (Еруслан) – Benennung nach Eruslan Lazarevič, einem Helden russischer Volksmärchen ◊ Superanskaja, 1978, S. 428

Esmak (Есмак) – Phantasiename ◊ Superanskaja, 1998, S. 186

Ėstafet (Эстафет) – Stafette, Stafettenlauf, Staffel, Staffellauf, Wechselstab ◊ Samsonov, S. 125

Estrada (Эстрада) – Estrade, Kleinkunstbühne ◊ www.diccionario.ru Russkie ženskie imena, 4.7.2010

Ėtna (Этна) – Ätna (Vulkan auf Sizilien) ◊ Ščetinin, 1972, S. 218

Ėvakuac (Эвакуац) – von russ. èvakuacija (Evakuierung, Abtransport, Räumung). Im Unterschied zur Deportation handelt es sich hier um die Evakuierung aus Gebieten möglicher Kampfhandlungen während des 2. Weltkrieges. Die Namen Ėvakuac und Vagon (Waggon) entstanden während der Kriegsjahre in Kalmückien, einer im Dezember 1943 aufgelösten Teilrepublik Sowjetrußlands. ◊ Nikonov, 1974, S. 69

Ėvir (Эвир) – von russ. **è**pocha **v**ojn **i r**evoljucij (die Epoche der Kriege und Revolutionen) ◊ ru.wikipedia.org

Ėvoljucija (Эволюция) – Evolution, Entwicklung, Herausbildung ◊ Ščetinin, 1966, S. 17

Ėvpol (Эвпол) – von russ. **è**ra **v**elikich **pol**ëtov (das Zeitalter der großen Flüge) ◊ d-v-sokolov.com

Evrazija (Евразия) – Eurasien ◊ Vseobščij nastol'nyj kalendar' na 1928 god (7.5.)

Ėvrik (Эврик) – männliche Form zu Ėvrika, #Danilina, 1972, S. 20
Ėvrika (Эврика) – von griechisch „heureka!" (Ich hab's gefunden!). Dem griechischen Mathematiker Archimedes (287–212 v. Chr.) zugeschriebener Ausruf, als er das Gesetz vom spezifischen Gewicht entdeckte. Allgemein freudiger Ausruf bei der Lösung eines schwierigen Problems ◊ Tropin, S. 13
Ėza (Эза) – eine Verkürzung von russ. poėzija (Poesie), Vorname der 1937 geborenen Tochter des kalmückischen Schriftstellers Sandži Kaljaev (1905–85) ◊ Kaljaev, S.: Pis'ma Eve, Ėlista 2001, S. 261 und Monraev, S. 10

F

Fabian (Фабиан) – abgeleitet von der 1884 von britischen Intellektuellen gegründeten Fabian Society. Ihre Mitglieder wollen im Gegensatz zum Marxismus den Sozialismus auf der Grundlage der Verfassung durch Reformen und ohne Klassenkampf verwirklichen. ◊ Suslova, 1979, S. 313
Fakel (Факел) – Fackel ◊ Ščetinin, 1968, S. 81
Fantazija (Фантазия) – Phantasie ◊ Suslova, 1979, S. 307 und 313
Farada (Фарада) – von Farad (Einheit der elektrischen Kapazität), benannt nach dem englischen Physiker Michael Faraday (1791–1867) ◊ Uspenskij, 1959
Faust (Фауст) – nach Goethes Drama ◊ Poljakova, S. 39
Fausta (Фауста) – weibliche Form zu Faust ◊ Suslova, 1979, S. 313
Fėd (Фэд) – von Feliks Ėdmundovič Dzeržinskij (1877–1926), s. Drž ◊ Irošnikov/Šelaev in: Rodina 9–10, 1991, S. 38
Federacija (Федерация) – Föderation, Bund. Der Begriff bezieht sich offenbar auf die Russische Sozialistische Föderative Sowjetrepublik (RSFSR). ◊ Torop, S. 281
Federat (Федерат) – von russ. federat (franz. fédéré, Soldat der Pariser Kommune von 1871) ◊ Suslova, 1979, S. 308
Federata (Федерата) – weibliche Form zu Federat ◊ Suslova, 1979, S. 316
Feldz (Фелдз) – von Feliks Ėdmundovič Dzeržinskij (1877–1926), s. Drž ◊ ru.wikipedia.org
Fel'dz (Фельдз) – von Feliks Ėdmundovič Dzeržinskij (1877–1926), s. Drž ◊ ru.wikipedia.org
Fel'eton (Фельетон) – Feuilleton (kultureller Teil einer Zeitung, auch einzelner Beitrag im Feuilleton, anfangs Zeitungsbeilage, Blättchen), von franz. feuillet – Blatt, Bogen, Seite ◊ Torop, S. 281
Felica (Фелица) – Titel einer Ode (1782) des russischen Dichters Gavriil Romanovič Deržavin (1743–1816) ◊ Vseobščij nastol'nyj kalendar' na 1928 god (17.6.)
Felicija (Фелиция) – weibliche Form zu lateinisch Felix, Namengebung zu Ehren von Feliks Ėdmundovič Dzeržinskij (1877–1926), s. Drž ◊ Torop, S. 281

Feliks (Феликс) – **[1]** Der Name wurde zuerst zu Ehren von Feliks Jakovlevič Kon (1864–1941) gegeben. Der Bolschewik polnischer Herkunft war 1922–23 Sekretär des Exekutivkomitees der Komintern. ◊ Kolonitskii, 1993, S. 211 – **[2]** später erhielten Kinder den Vornamen zu Ehren von Feliks Ėdmundovič Dzeržinskij (1877–1926), s. Drž ◊ Kolonitskii, 1993, S. 211

Feliksana (Феликсана) – weibliche Form zu Feliks ◊ ru.wikipedia.org

Fėm (Фэм) – von russ. **F**ridrich **Ė**ngel's, **M**arks (Friedrich Engels, Marx) ◊ Superanskaja, 1998, S. 330

Fevral' (Февраль) – Februar ◊ Moskauer Telefonverzeichnis (Geburtsjahr des Benannten – 1945)

Fevralij (Февралий) – von russ. fevral' (Februar) ◊ Superanskaja, 1978, S. 418

Fevralin (Февралин) – von russ. fevral' (Februar). Abgeleitet von der Februarrevolution, nach dem am 1.2.1918 eingeführten neuen Kalender die russische Revolution vom März 1917, die zur Abdankung des Zaren führte. ◊ Superanskaja, 1998, S. 318

Fevralina (Февралина) – weibliche Form zu Fevralin ◊ Torop, S. 281

Fialka (Фиалка) – Veilchen ◊ Subaeva, S. 24

Fidel' (Фидель) – von Fidel Castro Ruz (geb. 1927), kubanischer Revolutionär und Politiker ◊ Suslova/Superanskaja, S. 139

Figner (Фигнер) – von Vera Nikolaevna Figner (1852–1942), russische Revolutionärin, Anhängerin der Narodniki (Volksfreunde, Volkstümler), nahm an der Vorbereitung von Attentaten auf Zar Aleksandr II. (1818–81) teil, 1884 zur Todesstrafe verurteilt, die durch unbefristete Zwangsarbeit ersetzt wurde, verbrachte 20 Jahre in der Festung Schlüsselburg, 1904–06 in der Verbannung, 1906–15 in der Emigration, kehrte dann nach Rußland zurück ◊ Kolonitskii, 1993, S. 224

Fikus (Фикус) – Gummibaum, Fikus (Zimmerpflanze) ◊ Zakir'janov, S. 156

Filadel'fija (Филадельфия) – Philadelphia (Stadt in den USA) ◊ ru.wikipedia.org

Finlandik (Финландик) – Zur Erinnerung an seinen Einsatz im sowjetisch-finnischen Winterkrieg 1939/40 nannte ein Armenier seinen Sohn Finlandik (russ. Finljandija – Finnland) ◊ Worldwide Armenian Forum: Armjanskie imena

Flagmira (Флагмира) – von russ. flag mira (Flagge des Friedens) ◊ Torop, S. 281

Fljuger (Флюгер) – Wetterfahne, Windfahne, Wetterhahn (auf Kirchtürmen), gibt die Windrichtung und Windgeschwindigkeit an, abgeleitet von deutsch Flügel ◊ Kil'dibekova, S. 78

Flora (Флора) – Flora, Pflanzenwelt (von Flora, der römischen Frühlingsgöttin, Gottheit der blühenden Natur) ◊ Vseobščij nastol'nyj kalendar' na 1924 god, S. 4

Florencija (Флоренция) – Florenz (Stadt in Italien, ital. Firenze) ◊ Suslova/ Superanskaja, S. 29

Florid (Флорид) – männliche Form zu Florida ◊ Galiullina, S. 23

Florida (Флорида) – Bundesstaat der USA ◊ Suslova, 1979, S. 313

Florita (Флорита) – Ableitung von Flora ◊ Superanskaja: Slovar' russkich imën, S. 372

Flot (Флот) – Flotte (als Waffengattung die Gesamtheit der Kriegsschiffe eines Staates) ◊ Zakir'janov, S. 156

Flota (Флота) – weibliche Form zu Flot ◊ Suslova, 1979, S. 316

Forel' (Форель) – von deutsch Forelle (Fisch in Bächen und Seen) ◊ Galiullina, S. 90

Formoza (Формоза) – portugiesischer Name der chinesischen Insel Taiwan, seit 1950 Staat in Asien, umfaßt die Insel Taiwan und kleinere Inseln ◊ Vseobščij nastol'nyj kalendar' na 1924 god, S. 6 und 10

Frajdorf (Фрайдорф) – bedeutet freies Dorf, Zentrum des gleichnamigen jüdischen nationalen Rayons, der 1930 in der ehemaligen Autonomen Sozialistischen Sowjetrepublik (ASSR) der Krim eingerichtet worden war, 1944 umbenannt ◊ Superanskaja, 1998, S. 328

Franc (Франц) – von Anatole France (1844–1924), französischer Schriftsteller, solidarisierte sich mit den Kommunisten seines Landes ◊ Torop, S. 281

Frid (Фрид) – von russ. Fridrich Ėngel's (Friedrich Engels) ◊ Zaljaleeva, S. 53

Fridrich (Фридрих) – von russ. Fridrich Ėngel's (Friedrich Engels) ◊ Okorokova, S. 109

Frikcija (Фрикция) – Friktion, Reibung (in der Technik) ◊ FantLab.ru

Fronda (Фронда) – von franz. la fronde (die Fronde), Oppositionspartei des französischen Hochadels gegen den Absolutismus des Königtums (1648–53) ◊ Vseobščij nastol'nyj kalendar' na 1924 god, S. 4

Frontalina (Фронталина) – von russ. front (Front). Der Vorname wurde während des 2. Weltkrieges gegeben. ◊ Samsonov, S. 130

Frunze (Фрунзе) – **[1]** von Michail Vasil'evič Frunze (1885–1925), führender Bolschewik, Militärfachmann, Befehlshaber in der Roten Armee während des Bürgerkrieges (1918–22), wurde 1925 als Nachfolger Trockijs Volkskommissar für Heeres- und Marineangelegenheiten der UdSSR ◊ Rylov, S. 97 – **[2]** abgeleitet vom Toponym Frunze. 1926 wurde Pišpek, die damalige Hauptstadt der Kirgisischen ASSR, nach dem hier geborenen M.V. Frunze benannt. 1991 erhielt sie wieder ihren historischen Namen Biškek. ◊ Suslova/Superanskaja, S. 71

Frunzik (Фрунзик) – abgeleitet von Frunze ◊ hexell.livejournal.com Polnyj (ili počti polnyj) spisok sovetskich imën

Ftor (Фтор) – Fluor (chemisches Element) ◊ Uspenskij, 1959

Ful'ton (Фультон) – von Robert Fulton (1765–1815), amerikanischer Ingenieur, erbaute die ersten brauchbaren Dampfschiffe ◊ Suslova, 1979, S. 316

Fur'e (Фурье) – von Charles Fourier (1772–1837), französischer utopischer Sozialist ◊ Pravda 12.6.1924, S. 6

Furman (Фурман) – eine Verkürzung von Furmanov, Dmitrij Andreevič (1891–1926), sowjetischer Schriftsteller, war im Bürgerkrieg in der Roten Armee politischer Kommissar einer Division sowie Chef der politischen Abteilung einer Front und Armee. Seine Erzählung „Čapaev" (1923) gilt als Standardwerk der Sowjetliteratur. ◊ Kim German han1000@yandex.ru Tradicii i innovacii v antroponimii korejcev Kazachstana

G

Gaėta (Гаэта) – Gaeta, italienische Stadt nordwestlich von Neapel ◊ Suslova, 1979, S. 310

Gagarvok (Гагарвок) – von russ. **Gagar**in **v k**osmose (Gagarin ist im Weltraum), s. Jura ◊ www.sotnia.ruforum Revoljucionnye imena (Das „o" hat die Funktion eines Verbindungsvokals.)

Gagvkosur (Гагвкосур) – von der Losung „**Gag**arin **v kos**mose, **ur**a!" (Gagarin ist im Weltraum, hurra!) ◊ Mokienko/Nikitina, S. 84

Gajdar (Гайдар) – von Arkadij Petrovič Gajdar (1904–41), sowjetischer Schriftsteller, Verfasser von Erzählungen für Kinder ◊ Bondaletov, 1983, S. 134

Galaviktorija (Галавиктория) – wahrscheinlich eine Kombination aus den Vornamen **Gal**ja und **Viktorija** ◊ Radio „Govorit Moskva" Kak obstojat dela s tendencijami v imjanarečenii v Rossii?, 23.11.2011

Galij (Галий) – von russ. gallij (Gallium, chemisches Element) ◊ Superanskaja: Slovar' russkich imën, S. 85

Galija (Галия) – weibliche Entsprechung zu Galij ◊ Superanskaja, 1998, S. 364

Galilej (Галилей) – von Galileo Galilei (1564–1642), italienischer Mathematiker, Physiker und Astronom ◊ Superanskaja, 1998, S. 152

Galileo (Галилео) – s. Galilej ◊ Suslova, 1979, S. 308 und 314

Gal'vani (Гальвани) – von Luigi Galvani (1737–98), italienischer Arzt und Naturforscher ◊ Suslova, 1979, S. 314

Gamlet (Гамлет) – Hamlet, Titelheld der Tragödie „Hamlet, Prince of Denmark" (Hamlet, Prinz von Dänemark, um 1600) von William Shakespeare (1564–1616) ◊ Trud 25.11.1984, S. 2 und Gusejnov, S. 86

Gamma (Гамма) – dritter Buchstabe des griechischen Alphabets ◊ Zakir'janov, S. 156

Gara (Гара) – eine Verkürzung von Angara (rechter Nebenfluß des Enisej/ Jenissei/ in Sibirien) ◊ Danilina, 1969, S. 79

Garej (Гарей) – Der Vorname entstand durch falsche Eintragung von Garri (von englisch Harry) in das Geburtsregister. ◊ Nepokupnyj, S. 84

Gari (Гари) – individuelle Variante zu Garri (von englisch Harry) ◊ Superanskaja, 1978, S. 417

Garibal'da (Гарибальда) – weibliche Form zu Garibal'di ◊ Suslova, 1979, S. 308 und 314

Garibal'di (Гарибальди) – von Giuseppe Garibaldi (1807–82), italienischer Freiheitskämpfer ◊ Bondaletov, 1983, S. 134

Gariėl' (Гариэль) – Phantasiename ◊ Superanskaja, 1998, S. 153

Garij (Гарий) – individuelle Variante zu Garri (von englisch Harry) ◊ Superanskaja, 1978, S. 417

Garik (Гарик) – individuelle Variante zu Garri (von englisch Harry) ◊ Superanskaja, 1978, S. 417

Garmonija (Гармония) – Harmonie, Übereinstimmung, Einklang, Eintracht ◊ Suslova, 1979, S. 306

Garrison (Гаррисон) – wahrscheinlich von William Lloyd Garrison (1805–79), amerikanischer Publizist, setzte sich für die Abschaffung der Sklaverei ein ◊ Suslova/Superanskaja, S. 136

Garvej (Гарвей) – von William Harvey (1578–1657), englischer Anatom und Arzt, begründete die Lehre vom Blutkreislauf ◊ Suslova, 1979, S. 314

Garveja (Гарвея) – weibliche Form zu Garvej ◊ Suslova, 1979, S. 314

Gavkosur (Гавкосур) – von der Losung „**Ga**garin **v kos**mose, **ur**a!" (Gagarin ist im Weltraum, hurra!), s. Jura ◊ Ėcho Moskvy/Peredači/Govorim po-russki. Peredača-igra/Vtornik, 16.05.2000

Gavroš (Гаврош) – von französisch Gavroche (Straßenjunge), eine Figur aus dem Roman „Les Misérables" (Die Elenden, 1862) von Victor Hugo (1802–85) ◊ Superanskaja, 1998, S. 151

Gazel' (Газель) – Gazelle (Gattung der Antilopen) ◊ Suslova, 1979, S. 310

Gazet (Газет) – von russ. gazeta (Zeitung), von franz. gazette (früher Zeitung, Gazette) ◊ Smešnye imena-Bakililar. AZ Forum

Gegel' (Гегель) – von Georg Wilhelm Friedrich Hegel (1770–1831), deutscher Philosoph ◊ Superanskaja, 1998, S. 154

Gegelina (Гегелина) – abgeleitet von Georg Wilhelm Friedrich Hegel (1770–1831), deutscher Philosoph ◊ Superanskaja, 1978, S. 421

Gegemon (Гегемон) – Hegemon, Führer, Leiter (gemeint ist das Proletariat) ◊ Čuprijanov

Gegemonija (Гегемония) – Hegemonie, Vorherrschaft, Führerschaft (die Hegemonie des Proletariats) ◊ Čuprijanov

Gejne (Гейне) – von Heinrich Heine (1797–1856), deutscher Schriftsteller ◊ Rylov, S. 97

Gejša (Гейша) – Geisha, Frau zur Unterhaltung der Gäste in japanischen Teehäusern ◊ Suslova/Superanskaja, S. 135

Gejzer (Гейзер) – Geysir (heiße Springquelle in vulkanischen Gebieten) ◊ Zakir'janov, S. 156

Gektolitr (Гектолитр) – Hektoliter (100 Liter) ◊ Ščetinin, 1968, S. 63

Gelian (Гелиан) – abgeleitet von russ. gelij (Helium, chemisches Element) ◊ Superanskaja: Slovar' russkich imën, S. 87

Geliana (Гелиана) – weibliche Form zu Gelian ◊ Superanskaja: Slovar' russkich imën, S. 297

Gelij (Гелий) – von russ. gelij (Helium, chemisches Element) ◊ Akišina, S. 132 und 133

Gelija (Гелия) – weibliche Entsprechung zu Gelij ◊ Akišina, S. 132

Geliotrop (Гелиотроп) – Heliotrop (Zimmerpflanze und Edelstein) ◊ Nikonov, 1970, S. 34 und 1974, S. 68

Gel'vecij (Гельвеций) – von Claude Adrien Helvétius (1715–71), französischer Philosoph ◊ Suslova, 1979, S. 308

Gel'vecija (Гельвеция) – Helvetia, Helvetien (lateinischer Name für die Schweiz) ◊ Suslova, 1979, S. 314

Gemir (Гемир) – von russ. **gen**ij **mir**a (Genius der Welt), wahrscheinlich zu Ehren von Lenin ◊ Superanskaja, 1998, S. 155

Gemma (Гемма) – Gemme (Edelstein) ◊ Bondaletov, 1983, S. 135

Genaida (Генаида) – Abkürzung von russ. **gen**ial'naja **id**eja (geniale Idee) ◊ smi.marketgid.com Imena, kotorye ne sleduet davat' detjam, 12.4.2009

Gendel' (Гендель) – von Georg Friedrich Händel (1685–1759), deutscher Komponist, erwarb 1727 die britische Staatsbürgerschaft ◊ Superanskaja, 1978, S. 425

Genij (Гений) – Genie, genialer Mensch (Das Wort wurde oft im Zusammenhang mit Lenin gebraucht.) ◊ Uspenskij, 1960, S. 46

Genija (Гения) – weibliche Form zu Genij ◊ Danilina, 1972, S. 17 und 18

Genlin (Генлин) – von russ. **gen**eral'naja **lin**ija partii (die Generallinie der Partei, offizieller Begriff) ◊ Kolonitskii, 1993, S. 225

Genocid (Геноцид) – Genozid, Völkermord ◊ RIA Novosti Orech-, A.: Vdaleke ot Moskvy Genocid i Genocida, 24.8.2009

Genocida (Геноцида) – weibliche Form zu Genocid ◊ RIA Novosti Orech-,A.: Vdaleke ot Moskvy Genocid i Genocida, 24.8.2009

Genor (Генор) – von russ. **gen**ij **O**ktjabr'skoj **r**evoljucii (der Genius der Oktoberrevolution, d. h. Lenin) ◊ www.woman.ru forum Ulybnites': sovetskie imena

Genri (Генри) – Henry (Einheit der elektromagnetischen Induktivität), benannt nach dem amerikanischen Physiker Joseph Henry (1797–1878) ◊ Novikova, L. I.: Urok-konferencija „imja v reke vremeni", eženedel'nik „Russkij jazyk" 10, 2001

Genrich (Генрих) – Henry, Heinrich, von dem Drama „King Henry IV." (König Heinrich IV., Teil 1–1598, Teil 2–1600) von William Shakespeare (1564–1616) ◊ Bondaletov, 1976, S. 24

Gensek (Генсек) – von russ. **Gen**eral'nyj **sek**retar' CK KPSS (Generalsekretär des ZK der KPdSU). Der Vorname wurde zur Zeit Brežnevs als Generalsekretär (1966–82) nicht zur Eintragung in die Geburtsregister zugelassen. ◊ Ktorova, 2007, S. 158

Genuja (Генуя) – Genua (Genova, Stadt in Italien), Namengebung zu Ehren der Weltwirtschaftskonferenz von Genua (10.4.–19.5.1922). Während dieser ergebnislos beendeten Konferenz, auf welcher sich Sowjetrußland weigerte, die Vorkriegsschulden anzuerkennen, kam es im nahegelegenen Rapallo am 16.4.1922 überraschend zum Abschluß eines deutsch-russischen Sondervertrages, der die bilateralen Beziehungen neu regelte. ◊ Torop, S. 274

Geo (Гео) – von griechisch ge (Erde,Land) ◊ http://www.livejournal.ru/themes/id/8255 Vilor, Stind i Dazdraperma (22.6.2008)

Geodar (Геодар) – eine Neubildung nach der Oktoberrevolution aus geo (von griech. Erde, Land) und dar (russ. Gabe, Geschenk) ◊ Suslova/Superanskaja, S. 136 und 146

Geodim (Геодим) – von russ. **Geo**rgij Michajlovič **Dim**itrov (bulgarisch Georgi Michajlov Dimitrov, 1882–1949), bulgarischer kommunistischer Politiker, wurde bekannt als Angeklagter im Leipziger Reichstagsbrandprozeß von 1933, 1935–43 Generalsekretär der Komintern in Moskau, 1946–49 Ministerpräsident Bulgariens, 1948–49 Generalsekretär der bulgarischen KP ◊ Superanskaja, 1998, S. 156

Georgina (Георгина) – Georgine, Dahlie (Blume) ◊ Akent'eva, S. 41

Geraida (Гераида) – künstlich geschaffener Vorname ◊ Samsonov, S. 129

Gerb (Герб) – Wappen ◊ Nikonov, 1974, S. 67

Gercen (Герцен) – von Aleksandr Ivanovič Gercen (auch Herzen wegen seiner deutschen Mutter) (1812–70), russischer Schriftsteller, Philosoph, Publizist ◊ Kolonitskii, 1993, S. 224

Gerciana (Герциана) – **[1]** abgeleitet von dem Schriftsteller Gercen ◊ Kolonitskii, 1993, S. 224 und Torop, S. 274 – **[2]** von russ. gerc, deutsch Hertz, Maßeinheit der Frequenz (Anzahl der Schwingungen pro Zeiteinheit) in Physik und Technik, benannt nach dem deutschen Physiker Heinrich Hertz (1857–94) ◊ Danilina, 1972, S. 18

Gerda (Герда) – Person aus dem Märchen „Die Schneekönigin" von Hans Christian Andersen (1805–75), dänischer Schriftsteller ◊ Danilova, S. 19 und Andersen, H. Chr.: Sämtliche Märchen, Band 1, München 1959, S. 313–350

Gerkulan (Геркулан) – von Herculanum, Herculaneum (antike Ruinenstadt am Vesuv, Italien), war 79 n. Chr. durch einen Ausbruch des Vulkans verschüttet worden ◊ Suslova, 1979, S. 310

German (Герман) – nach dem Helden Germann (sic!) in der Erzählung „Pikovaja dama" (Pique Dame, 1834) von Aleksandr Sergeevič Puškin (1799–1837), russischer Dichter ◊ Ugrjumov, S. 36 und 37

Gerodot (Геродот) – von Herodot (etwa 485–425 v. Chr.), griechischer Geschichtsschreiber ◊ Superanskaja, 1978, S. 421

Geroida (Героида) – Heldin, Ableitung von Geroj ◊ Superanskaja, 1998, S. 366

Geroj (Герой) – Held, gefeierte Person ◊ Nikonov, 1974, S. 67

Gerojtruda (Геройтруда) – von russ. Geroj truda (Held der Arbeit), eigentlich Geroj Socialističeskogo Truda (Held der sozialistischen Arbeit), seit 1938 in der Sowjetunion höchster Ehrentitel für Verdienste in der Produktion und auf kulturellem Gebiete ◊ www.ya.ru/ Roždënnye v SSSR

Gerol'd (Герольд) – Herold, Bote, Verkündiger ◊ narod.od.ua

Gerol'dina (Герольдина) – weibliche Entsprechung zu Gerol'd ◊ narod.od.ua

Gerrev (Геррев) – von russ. **ger**oj **rev**oljucii (Held der Revolution) ◊ mage_victor.livejournal.ru

Gert (Герт) – von russ. **Ger**oj **t**ruda (Held der Arbeit), s. Gerojtruda ◊ Danilina, 1972, S. 22

Gerta (Герта) – eine Verkürzung von Gertruda, s. dort ◊ Danilina, 1969, S. 79

Gertrud (Гертруд) – von russ. **Ger**oj **trud**a (Held der Arbeit), s. Gerojtruda ◊ Rylov, S. 98

Gertruda (Гертруда) – **[1]** von russ. **Ger**oj **trud**a (Held der Arbeit), s. Gerojtruda ◊ Nepokupnyj, S. 229 und 231 – **[2]** von russ. **ger**oinja **trud**a (Heldin der Arbeit) ◊ Vedina, 1999, S. 144

Geta (Гета) – von russ. ėner**get**ika (Energetik, Energiewirtschaft) ◊ forum kuraev.ru Polnyj (ili počti polnyj) spisok sovetskich imën

Gėta (Гэта) – von russ. **g**osudarstvo, **ė**lektričestvo, **t**rud, **a**vangard (Staat, Elektrizität, Arbeit, Avantgarde) ◊ Danilina, 1972, S. 22

Giacint (Гиацинт) – Hyazinthe (Blume, Gartenpflanze) ◊ Gric, S. 73

Gibel' (Гибель) – von russ. gibel' (Untergang, Verderben, Verfall). Die Namengebung erfolgte aus Unkenntnis der russischen Sprache. Anscheinend gefiel dem Namengeber die Lautkombination. ◊ smi.marketgid.com

Gibraltar (Гибралтар) – Halbinsel an der Südspitze Spaniens ◊ Bondaletov, 1976, S. 23

Gigant (Гигант) – Riese, Gigant. Anlaß für die Namengebung war die Gründung des Getreide produzierenden Staatsgutes (Sovchoz) „Gigant" im Zuge der

Zwangskollektivierung im Rayon Sal'sk, Gebiet Rostov (Südrußland) im Jahre 1928. Um den landwirtschaftlichen Betrieb entstand eine Siedlung gleichen Namens ◊ Uspenskij, 1960, S. 46

Gigiena (Гигиена) – Hygiene, Gesundheitspflege, Gesundheitsfürsorge ◊ Torop, S. 274

Gimalaj (Гималай) – von russ. Gimalai (Himalaja, auch Himalaya, höchstes Gebirge der Erde in Asien) ◊ Torop, S. 274

Gimn (Гимн) – Hymne (Nationalhymne) ◊ Zakir'janov, S. 156

Gipotenuza (Гипотенуза) – Hypotenuse (Mathematik) ◊ Ogonëk 6, 1960, S. 32

Gipsi (Гипси) – von russ. **g**ordost' **i**nternacional'nogo **p**roletariata **Si**biri (der Stolz des internationalen Proletariats Sibiriens) ◊ mage_victor.livejournal.ru

Gjui (Гюи) – von Guy de Maupassant (1850–93), französischer Schriftsteller (im Russischen auch Gi de Mopassan) ◊ Suslova, 1979, S. 315

Glasp (Гласп) – **[1]** eine Verkürzung der Abkürzung **Glavsp**irt, s. Glavspirt ◊ Uspenskij, 1959 – **[2]** von russ. **glas**nost' **p**ečati (Offenheit /Transparenz/ der Presse) ◊ Čuprijanov

Glavsp (Главсп) – eine Verkürzung der Abkürzung **Glavsp**irt, s. Glavspirt ◊ Danilina, 1969, S. 82

Glavspirt (Главспирт) – von russ. **Glav**noe upravlenie **spirt**ovoj i likëro-vodočnoj promyšlennosti (Hauptverwaltung für die Spiritus-, Likör- und Schnapsbrennereien). Die Hauptverwaltung änderte mehrere Male ihre Bezeichnung, die Abkürzung Glavspirt blieb aber unverändert. Sie war seit den 30er Jahren verschiedenen für die Lebensmittelversorgung zuständigen Volkskommissariaten bzw. (seit 1946) Ministerien unterstellt. ◊ Nikonov, 1986, S. 266

Globus (Глобус) – Globus ◊ Nikonov: Iščem imja, S. 5

Glorija (Глория) – von lateinisch gloria (Ruhm, Ehre) ◊ Torop, S. 274

Godar (Годар) – von Eugène Godard (1827–90), französischer Luftschiffer, Ballonfahrer ◊ Superanskaja, 1998, S. 159

Goėlro (Гоэлро) – **[1]** von russ. **Go**sudarstvennaja komissija po **ė**lektrifikacii **Ro**ssii (Staatliche Kommission zur Elektrifizierung Rußlands), gegründet 1920 ◊ Ogonëk 6, 1960, S. 32 – **[2]** von russ. **Go**sudarstvennyj plan **ė**lektrifikacii **Ro**ssii (Staatsplan zur Elektrifizierung Rußlands) ◊ Superanskaja, 1978, S. 423

Gogol' (Гоголь) – von Nikolaj Vasil'evič Gogol' (1809–52), russischer Schriftsteller ◊ Monraev, S. 9

Gomer (Гомер) – von Homer, griechischer Dichter des 8. Jahrhunderts v. Chr., ihm werden die großen Epen „Ilias" und „Odyssee" zugeschrieben ◊ Torop, S. 274

Gopriod (Гоприод) – von russ. **gor**jačo **pri**vetstvuju i **od**obrjaju (ich begrüße und billige es voll und ganz), z. B. Zustimmung zu Parteibeschlüssen ◊ Maksimova in: Rodina 11–12, 1992, S. 114

Goracij (Гораций) – Horaz, latein. Quintus Horatius Flaccus (65–8 v. Chr.), römischer Dichter ◊ **Suslova, 1979, S. 305**

Gordon (Гордон) – zweiter Vorname des englischen Dichters George Gordon Noel Byron (1788–1824) ◊ **Superanskaja, 1998, S. 160**

Gorkom (Горком) – von russ. **gor**odskoj **kom**itet (Stadtkomitee, städtisches Komitee), z. B. der Partei oder des Komsomol ◊ **Prague Watchdog Radio Liberty, Detjam inogda dajut strannye imena, 7.11.2006**

Gorn (Горн) – Herd, Teil eines Hochofens. Das Wort ist slawischen Ursprungs, dagegen ist russ. gorn (Horn) als Musikinstrument aus dem Deutschen entlehnt. ◊ **Superanskaja, 1990, S. 67**

Gortenzija (Гортензия) – Hortensie (Zierpflanze) ◊ **Gric, S. 73**

Gota (Гота) – Gotha (Stadt in Thüringen) ◊ **Vseobščij nastol'nyj kalendar' na 1924 god, S. 10**

Gracija (Грация) – von latein. gratia (Grazie, Anmut) (Gratia – Göttin der Anmut in der römischen Mythologie) ◊ **Gorbanevskij, 1987, S. 149**

Gradacija (Градация) – Gradation, stufenweise Erhöhung, Steigerung, Abstufung (z. B. in der Biologie, auch rhetorische Figur) ◊ **Torop, S. 274**

Grakch (Гракх) – abgeleitet von den altrömischen Volkstribunen (Volksführern), den Brüdern Tiberius Sempronius Gracchus (162–133 v. Chr.) und Gaius Sempronius Gracchus (153–121 v. Chr.) ◊ **Pravda, 12.6.1924, S. 6**

Granat (Гранат) – Granat (Mineral) ◊ **www.kloop.kg Škola žurnalistiki Internews**

Granata (Граната) – Granate (von einer 1924 geborenen Trägerin dieses Namens als Kampfwaffe des Proletariats bezeichnet) ◊ **Nazarova, S.260–261**

Granit (Гранит) – Granit (sehr hartes Gestein) als Symbol der Härte und Standhaftigkeit. Der Vorname entstand offenbar nach einer Rede von Trockij am 11.10.1922 auf dem 5. Allrussischen Kongreß des Russischen Kommunistischen Jugendverbandes (RKSM), in welcher er die Jugend aufrief, am Granit der Wissenschaft zu nagen („gryzt' granit nauki"), d. h. alle Anstrengungen zu unternehmen, um sich die Wissenschaft zu erschließen. ◊ **Superanskaja, 1998, S. 161** und **Dušenko, S. 104**

Granita (Гранита) – abgeleitet von Granit (Gestein) ◊ **Kil'dibekova, S. 78**

Gražina (Гражина) – von Grażyna, Heldin der gleichnamigen poetischen Erzählung (1823) des polnischen Dichters Adam Bernard Mickiewicz (1798–1855) ◊ **Superanskaja, 1998, S. 368**

Grenada (Гренада) – Granada (Stadt in Spanien). Im Russischen ist die Schreibung Grenada gebräuchlich. ◊ **Superanskaja, 1978, S. 421**

Grëza (Грёза) – Traum, Wunschtraum, Trugbild ◊ **Superanskaja, 1978, S. 421**

Grik (Грик) – von Edvard Grieg (1843–1907), norwegischer Komponist (mit einer Abweichung am Wortende) ◊ Superanskaja, 1978, S. 422

Grina (Грина) – Vorname zu Ehren des russischen Schriftstellers Aleksandr Stepanovič Grin (Grinëvskij) (1880–1932) ◊ Danilina, 1972, S. 18

Grizin (Гризин) – von **Gri**gorij Evseevič **Zin**ov'ev, s. Zinovij ◊ revim.narod.ru

Gudok (Гудок) – Hupe, Sirene ◊ Torop, S. 275

Guliver (Гуливер) – von Gullivers Reisen, satirischer Roman (1726) des englischen Schriftstellers Jonathan Swift (1667–1745). Originaltitel: „The Travels into Several Remote Nations of the World by Lemuel Gulliver" (Reisen in verschiedene ferne Länder der Erde von Lemuel Gulliver) ◊ FantLab.ru

Guljaš (Гуляш) – Gulasch (ungarisches Fleischgericht, ungarisch Gulyás) ◊ Zaljaleeva, S. 49

Gus (Гус) – von Guus Hiddink (geb. 1946), holländischer Fußballtrainer, trainierte von 2006 bis 2010 die russische Nationalmannschaft ◊ RIA Novosti 14.10.2008 Ėti strannye imena: na smenu Dazdraperme prichodjat domeny

Gutenberg (Гутенберг) – von Johannes Gutenberg (1397–1468), Erfinder des Buchdrucks mit beweglichen Lettern ◊ Vseobščij nastol'nyj kalendar' na 1924 god, S. 8 und 20

Gvozdika (Гвоздика) – Nelke, eine in vielen Arten bekannte Blume, als rote Nelke Symbol der deutschen Sozialdemokratie, vor allem am Tag der Arbeit, dem 1. Mai, bei den Kommunisten revolutionäres Symbol ◊ Bondaletov, 1983, S. 139

I

Ibarruri (Ибаррури) – von Dolores Ibarruri, genannt La Pasionaria, die Leidenschaftliche, spanische kommunistische Politikerin (1895–1989) ◊ Superanskaja, 1998, S. 381

Ibsena (Ибсена) – von Henrik Ibsen (1828–1906), norwegischer Schriftsteller, Verfasser gesellschaftskritischer Dramen ◊ Suslova, 1979, S. 315

Ideal (Идеал) – Ideal, Vorbild, Hochziel, Wunschbild ◊ Ogonëk 6, 1960, S. 32

Idej (Идей) – männliche Form zu Ideja ◊ Bondaletov, 1976, S. 23

Ideja (Идея) – **[1]** Idee, Grundgedanke, Einfall ◊ Solouchin – **[2]** Kurzform von Marksida, abgeleitet von marksistskaja ideja (die marxistische Idee) ◊ Gusejnov, S. 86

Idillija (Идиллия) – Idylle (als literarische Gattung) ◊ Gric, S. 73

Idlen (Идлен) – von russ. **id**ei **Len**ina (die Ideen Lenins) ◊ Irošnikov/Šelaev in: Rodina 9–10, 1991, S. 38

Idmas (Идмас) – von russ. **i**skusstvo **d**lja **mas**s (die Kunst für die Massen) ◊ Subaeva, S. 24

Idrež (Идреж) – von russ. **Id**ei **re**voljucii živi. (Die Ideen der Revolution sind lebendig.) ◊ htpp://dirty.ru/comments/241348 Dirty.ru Forumy commentarii

Ijul' (Июль) – Juli (Monatsname) ◊ ITAR-TASS aus Moskau, 2.3.1995 (über die zentrale Wahlkommission für die Subjekte der Russischen Föderation)

Ijulij (Июлий) – von russ. ijul' (Juli), Monatsname ◊ Superanskaja, 1998, S. 201

Ijulija (Июлия) – von russ. ijul' (Juli), Monatsname ◊ Samsonov, S. 130

Ijun' (Июнь) – Juni (Monatsname) ◊ Samsonov, S. 130

Ijunij (Июний) – von russ. ijun' (Juni), Monatsname ◊ Superanskaja: Slovar' russkich imën, S. 135

Ikki (Икки) – von russ. **I**spolnitel'nyj **K**omitet **K**ommunističeskogo Internacionala (Exekutivkomitee der Kommunistischen Internationale/Komintern) ◊ Torop, S. 275

Ilana (Илана) – eine Kombination aus den elterlichen Vornamen **I**van und Svet**lana** ◊ Samsonov, N.: Jakutskie imena.Sovetskij period, in: Ilin 1, 2000

Iliada (Илиада) – griechisch „Ilias", Epos über den trojanischen Krieg aus dem 8. Jahrhundert v. Chr., das Homer zugeschrieben wird ◊ Torop, S. 275

Il'ič (Ильич) – Lenins Vatersname als Vorname ◊ Pravda 12.6.1924, S.6

Ilida (Илида) – von Iliada – „Ilias", griechisches Epos über den trojanischen Krieg aus dem 8. Jahrhundert v. Chr., das Homer zugeschrieben wird ◊ Sattar-Mulille, S. 372

Ilina (Илина) – Der Name wurde vom Geburtsort an Bord einer „Il-18" abgeleitet, einem nach seinem Konstrukteur S.V. Il'jušin (1894–1977) benannten Flugzeug. ◊ Suslova/Superanskaja, S. 178

Il'ina (Ильина) – abgeleitet von Lenins Vatersnamen Il'ič ◊ Ivaško, S. 125

Il'kom (Ильком) – von russ. **Il'**ič, **kom**muna (Il'ič /Vatersname Lenins/, Kommune) ◊ Torop, S. 275

Il'lenstalk (Ильленсталк) – von russ. **Il'**ič, **Len**in, **Stal**in, **k**ommunizm (Il'ič, Lenin, Stalin, Kommunismus) ◊ www.NEWSru.com Dazdraperma i Lagšmivara – imena, roždënnye revoljuciej, 5.11.2000

Illirija (Иллирия) – Illyrien (im Altertum das von den Illyrern an der östlichen Adriaküste und auf der nordwestlichen Balkanhalbinsel besiedelte Gebiet) ◊ Vseobščij nastol'nyj kalendar' na 1924 god, S. 8

Illjuzija (Иллюзия) – Illusion, Täuschung ◊ Bondaletov, 1983, S. 155

Il'mar (Ильмар) – Variante von Èl'mar ◊ Superanskaja, 1978, S. 422

Il'mara (Ильмара) – weibliche Entsprechung zu Il'mar ◊ Superanskaja, 1998, S. 383

Il'mira (Ильмира) – Variante zu Èl'mira ◊ Superanskaja, 1998, S. 383

Imels (Имелс) – Variante zu Imėls ◊ ru.wikipedia.org

Imėls (Имэлс) – von russ. Institut **M**arksa-**Ė**ngel'sa-**L**enina-**S**talina pri CK KPSS (Marx-Engels-Lenin-Stalin-Institut beim ZK der KPdSU, 1954–56). Die Benennung des seit 1931 bestehenden Marx-Engels-Lenin-Instituts beim ZK der Partei (IMĖL) wurde nach dem Tode Stalins (1953) zu Ehren des Diktators um seinen Namen erweitert. Im Zuge der Entstalinisierung nach Chruščëvs Geheimrede auf dem 20. Parteitag der KPdSU (Februar 1956) wurde das Imėls in Marxismus-Leninismus-Institut beim ZK der KPdSU (IML) umbenannt. ◊ ru.wikipedia.org Institut marksizma-leninizma Istorija

Improvizacija (Импровизация) – Improvisation ◊ Ogonëk 6, 1960, S. 32

Ina (Ина) – **[1]** eine Verkürzung von Len**ina** ◊ Petrovskij: Slovar' russkich ličnych imën, 4. Auflage, Moskau 1995, S. 184 – **[2]** Kurzform von Stal**ina** ◊ http://www.astromeridian.ru Imena Značenie imeni Stalina

Inaida (Инаида) – Phantasiename ◊ Superanskaja, 1998, S. 383

Inar (Инар) – von Gustave Isnard (1847–1935), Veteran der Pariser Kommune von 1871. Nach deren Niederschlagung befand er sich in der Emigration, seit 1925 in der Sowjetunion. Starb in Moskau ◊ Bondaletov, 1983, S. 133

Inda (Инда) – von russ. Ind (Indus, Strom in Südasien/Pakistan) ◊ ru.wikipedia.org

Indigirka (Индигирка) – Fluß im nordöstlichen Sibirien ◊ Čto v imeni tebe moëm?, gazeta „Južno-Sachalinsk Segodnja", September 2009

Indija (Индия) – Indien ◊ Vseobščij nastol'nyj kalendar' na 1924 god, S. 20

Indira (Индира) – von Indira Gandhi (1917–1984), indische Politikerin ◊ Nikonov: Iščem imja, S. 77

Indonezija (Индонезия) – Indonesien ◊ Vedomosti Verchovnogo Soveta RSFSR 3, 1981, S. 61

Indus (Индус) – eine Verkürzung von russ. industrija (Industrie) ◊ Galiullina, S. 48

Industrial (Индустриал) – eine Verkürzung von russ. industrializacija (Industrialisierung) ◊ http://aidan4.livejournal.com/profile Nekotorye sovetskie imena načala veka

Industrializacija (Индустриализация) – Industrialisierung ◊ Ščetinin, 1966, S. 17

Industrian (Индустриан) – von russ. industrializacija (Industrialisierung) ◊ Ktorova, 2007, S. 52 und 158

Industrij (Индустрий) – von russ. industrializacija (Industrialisierung) ◊ Akišina, S. 14

Industrija (Индустрия) – weibliche Form zu Industrij ◊ Ogonëk 6, 1960, S. 32

Industrina (Индустрина) – von russ. industrializacija (Industrialisierung) ◊ Ju.F.Gavrjučenkov Revoljucionnye imena gavru@mail.ru

Inercija (Инерция) – Trägheit, Beharrungsvermögen (Terminus aus der Physik) ◊ Gusejnov, S. 86

Inessa (Инесса) – von Inessa (Inès) Armand (1874–1920), französische Bolschewikin, s. Armand ◊ Torop, S. 276

Ingreta (Ингрета) – Phantasiename ◊ Superanskaja, 1998, S. 383

Ingrid (Ингрид) – Person aus „Peer Gynt" (1867), Drama des norwegischen Dichters Henrik Ibsen (1828–1906) ◊ Vseobščij nastol'nyj kalendar' na 1928 god, 28.5.

Iniciativa (Инициатива) – Initiative, Anregung ◊ Gusejnov, S. 86

Inta (Инта) – von Stadt und Fluß in der heutigen Republik der Komi, einer Teilrepublik der Russischen Föderation ◊ Superanskaja, 1998, S. 383

Integral (Интеграл) – Terminus aus der Mathematik ◊ Uspenskij, 1959

Intellekta (Интеллекта) – von russ. intellekt (Intellekt, Denkvermögen, Verstand) ◊ Suslova, 1979, S. 315

Intern (Интерн) – von russ. Internacional (Internationale). Der Name wurde zum Gedenken an die Erste Internationale (1864–76) gegeben ◊ http://www.sankalinina.info/medicstat671.htm Moda na imena. Imja tvorčestvo, Autor Kijas,G.

Interna (Интерна) – von russ. Internacional (Internationale). Der Name wurde in sowjetischen Kalendern für am 23. September geborene Mädchen empfohlen. An diesem Tage hatte 1865 in London eine Konferenz der Ersten Internationale (1864–76) stattgefunden. ◊ Superanskaja in: Nauka i žizn' 8, 1991, S. 72

Internacional (Интернационал) – Internationale. Aus der Quelle geht nicht hervor, ob es sich um die internationale Organisation, das Kampflied der Arbeiterbewegung oder um die Staatshymne Sowjetrußlands (1918–1922) bzw. der Sowjetunion (1922–43) handelt. ◊ Reformatskij, 1962, S. 46

Internacionalina (Интернационалина) – von russ. Internacional (Internationale) ◊ smi.marketgid.com

Intervil' (Интервиль) – von russ. **Inter**nacional, **V. I.** **Lenin** (Internationale, V. I. Lenin) ◊ Petrovskij, 1969, S. 181

Inventarizacija (Инвентаризация) – Inventur, Bestandsaufnahme ◊ http://www.elle.ru/girl/forum/index.php?s=c62c2348e741e916a69f5e79b8a5978f&s howtopic=30610 Legko li žit' s neobyčnymi imenami

Inženerija (Инженерия) – von russ. inžener (Ingenieur) ◊ narod.od.ua

Iolanta (Иоланта) – nach der gleichnamigen Oper (1891) von Pëtr Il'ič Čajkovskij (1840–93), russischer Komponist (im Deutschen Jolanthe) ◊ Poljakova, S. 39

Ion (Ион) – elektrisch geladenes Atom oder Molekül (Begriff aus der Physik) ◊ Suslova, 1979, S. 308

Iona (Иона) – weibliche Form zu Ion ◊ Bondaletov, 1983, S. 143

Iordan (Иордан) – Jordan (Fluß im Nahen Osten) ◊ Vseobščij nastol'nyj kalendar' na 1924 god, S. 6

Iosif (Иосиф) – zu Ehren von Iosif Vissarionovič Stalin ◊ Gusejnov, S. 87

Iovel' (Иовель) – von russ. **i**spolnjajuščij **o**bjazannosti **V**. Lenina (Stellvertreter V. Lenins) ◊ Torop, S. 276 (Zwischen den Konsonanten wurde zur besseren Aussprache ein „e" eingefügt.)

Iovist (Иовист) – von **Io**sif **V**issarionovič **St**alin ◊ revim.narod.ru

Ira (Ира) – Der Name entstand aus Irina durch falsche Eintragung in das Geburtsregister. ◊ Samsonov, N.: Jakutskie imena. Sovetskij period, in: Ilin 1, 2000

Iradij (Ирадий) – von russ. irradiacija (Irradiation, Terminus in verschiedenen Wissenschaftsgebieten wie Physik, Medizin u.a.) ◊ Superanskaja, 1998, S. 198

Irana (Ирана) – von russ. Iran (Iran), Namengebung nach dem Geburtsland ◊ Superanskaja, 1978, S. 418

Irdja (Ирдя) – von russ. **I**zbienie **r**abočich **d**evjatogo **ja**nvarja (die Ermordung von Arbeitern am 9. Januar), Namengebung zur Erinnerung an die Niederschlagung einer friedlichen Massendemonstration von Arbeitern vor dem Winterpalais in St. Petersburg am 9.(22.) Januar 1905 („Blutiger Sonntag"), um dem Zaren eine Petition zu übergeben ◊ http://dirty.ru/comments/241348 Dirty.ru Forumy commentarii

Iridij (Иридий) – Iridium (chemisches Element) ◊ Petrovskij, 1966, S. 7

Irisa (Ириса) – Iris, Schwertlilie ◊ Levčenko, S. 17

Irtyš (Иртыш) – [1] Fluß in Westsibirien ◊ Savel'eva, S. 32 – [2] Person aus der Erzählung „Bumbaraš" (1937) des Schriftstellers Arkadij Petrovič Gajdar (1904–41) ◊ Gaidar, A. P.: Sobranie sočinenij, Band 4, Moskau 1960, S. 382–442

Is (Ис) – von Iosif Vissarionovič Stalin ◊ mündliche Quelle

Iskander (Искандер) – von Fazil' Abdulovič Iskander (geb. 1929), in russischer Sprache schreibender abchasischer Schriftsteller (Abchasen – Volk im westlichen Kaukasus) ◊ Suslova, 1979, S. 305

Iskra (Искра) – Namengebung zu Ehren der von Lenin 1900 gegründeten und bis 1903 geleiteten marxistischen Exilzeitung. Die „Iskra" (Der Funke) erschien zuerst in Leipzig, später in München. Sie kam dann unter menschewistische Leitung. Motto des Blattes war „Iz iskry vozgoritsja plamja" (Aus einem Funken entzündet sich eine Flamme.), eine Zeile aus einem Gedicht (1827) des russischen Dichters und Dekabristen Aleksandr Ivanovič Odoevskij (1802–39). ◊ S. Odoevskij, A.: Stichotvorenija, Moskau 1982, S. 55 und Seliščev, 1928, S. 190

Iskremas (Искремас) – von russ. „**Isk**usstvo **re**voljucii v **mas**sy!" (Die Kunst der Revolution in die Massen!) ◊ Maksimova in: Rodina 5, 1992

Iskrina (Искрина) – abgeleitet von Iskra, s. dort ◊ Gavrjučenkov, Ju. F.: Revoljucionnye imena, gavru@mail.ru

Iskrjak (Искряк) – abgeleitet von Iskra, s. dort ◊ Kolonitskii, 1993, S. 225

Ispana (Испана) – von russ. Ispanija (Spanien) ◊ Samsonov, S. 130

Istalina (Исталина) – von **I**osif **Vi**ssarionovič **Stal**in ◊ Bondaletov, 1983, S. 155

Istmat (Истмат) – von russ. **ist**oričeskij **mat**erializm (historischer Materialismus), die von Marx und Engels begründete Lehre ◊ Mogilevskij, S. 56

Istra (Истра) – linker Nebenfluß der Moskva und Stadt im Gebiet Moskau ◊ http://montu.ru/dehvil-ditya-v-i-lenina-ne-umeyu-delat-kat.htm Dėvil – ditja V. I. Lenina, 1.11.2011

Italija (Италия) – Italien ◊ Rylov, S. 98

Ivag (Иваг) – Phantasiename ◊ Superanskaja, 1998, S. 192

Ivelina (Ивелина) – Der Vorname entstand durch falsche Schreibung von Ėvelina in der Geburtsurkunde und wurde damit rechtskräftig. ◊ Nepokupnyj, S. 84

Ivis (Ивис) – von **I**osif **Vi**ssarionovič **S**talin ◊ http://dic.academic.ru Imena sovetskogo proischoždenija

Ivist (Ивист) – von **I**osif **Vi**ssarionovič **St**alin ◊ www.kuraev.ru Polnyj (ili počti polnyj) spisok sovetskich imën

Ivista (Ивиста) – weibliche Entsprechung zu Ivist ◊ ru.wikipedia.org club.ya.ru Imena sovetskogo proischoždenija

Ivistalij (Ивисталий) – von **I**osif **Vi**ssarionovič **Stal**in ◊ kommari.livejournal.com

Ivistalina (Ивисталина) – von **I**osif **Vi**ssarionovič **Stal**in ◊ www.yandex.ru/ Roždënnye v SSSR

Ivstal (Ивстал) – von **I**osif **V**issarionovič **Stal**in ◊ Forumy Tolkien.SU Smešnye familii i imena

Ivstal' (Ивсталь) – von **I**osif **V**issarionovič **Stal**in ◊ mage_victor.livejournal.ru

Ivstalin (Ивсталин) – von **I**osif **V**issarionovič **Stal**in ◊ smi.marketgid.com Imena, kotorye ne sleduet davat' detjam, 4.2.2009

Izaid (Изаид) – von russ. „**I**di **za** Il'**ič**ëm, **d**etka!" (Kind, folge Il'ič!) (Il'ič – Vatersname Lenins.) ◊ ru.wikipedia.org

Izaida (Изаида) – weibliche Form zu Izaid ◊ Mironov, S. 343

Izail (Изаил) – von russ. **i**spolnitel' **za**vetov Il'**ič**a (Vollstrecker des Vermächtnisses Il'ičs), Il'ič – Vatersname Lenins ◊ Sattar-Mulille, S. 110

Izail' (Изаиль) – dasselbe wie Izail ◊ Sattar-Mulille, S. 110

Izavetta (Изаветта) – Phantasiename ◊ Superanskaja, 1998, S. 382

Izida (Изида) – dasselbe wie Izaid ◊ botinok.co.il/blog Prjamoj éfir Imenem revoljucii...

Izil (Изил) – [1] dasselbe wie Izail ◊ botinok.co.il/blog Prjamoj éfir Imenem revoljucii... – [2] von russ. „Ispolnjaj zavety Il'iča!" (Verwirkliche das Vermächtnis Il'ičs!) (Il'ič – Vatersname Lenins) ◊ mage_victor.livejournal.ru

Izil' (Изиль) – [1] dasselbe wie Izail ◊ mage_victor.livejournal.ru – [2] dasselbe wie Izil (2) ◊ Petrovskij, 1969, S. 181 – [3] von russ. „Izučaj zavety Il'iča!" (Studiere das Vermächtnis Il'ičs!) ◊ Petrovskij, 1969, S. 181 – [4] von russ. „Idi za Il'ičëm!" (Folge Il'ič!) ◊ Forumy Tolkien.SU Smešnye familii i imena

Izila (Изила) – von russ. Ispolnjaju zavety Il'iča. (Ich verwirkliche das Vermächtnis Il'ičs.) (Il'ič – Vatersname Lenins) ◊ Superanskaja, 1998, S. 382

Izili (Изили) – dasselbe wie Izail ◊ http://to-name.ru/baby/rev-name.htm Revoljucionnye imena (smešnye imena)

Izilja (Изиля) – dasselbe wie Izail ◊ Zaljaleeva, S. 55

Izira (Изира) – Phantasiename ◊ Superanskaja, 1998, S. 382

Izol'd (Изольд) – maskuline Form zu Izol'da ◊ Superanskaja, 1978, S. 424

Izol'da (Изольда) – [1] von russ. **izo l'da** (aus dem Eis). Der vorher schon aus Westeuropa bekannte Vorname erhielt eine neue Bedeutung. Einige Polarforscher nannten ihre Kinder Izol'da oder Izol'd. ◊ Superanskaja, 1990, S. 68 und ru.wikipedia.org – [2] Ein Mädchen erhielt den Vornamen, weil es während der Überwinterung auf einer von I. D. Papanin geleiteten Polarstation (1934–35) am Kap Čeljuskin am nördlichen Ende der Halbinsel Tajmyr geboren wurde. ◊ Suslova/Superanskaja, S. 137 – [3] Der Abkürzungsname wird auch dechiffriert als „**I**di **z**a **L**eninym, **d**etka!" (Kind, folge Lenin!) ◊ www.epidemia.ru forum Samye stëbnye imena

Izolina (Изолина) – Person aus der Ballade „Alonzo" (1831) des russischen Dichters Vasilii Andreevič Žukovskij (1783–1852) ◊ Žukovskij,V. A.: Polnoe sobranie sočinenij i pisem v dvadcati tomach, Band 3, Moskau 2008, S. 179–180 und forum kuraev.ru Polnyj (ili počti polnyj) spisok sovetskich imën

Izora (Изора) – von russ. **I**spolnjaem **z**avet **O**ktjabr'skoj **r**evoljucii (Wir verwirklichen das Vermächtnis der Oktoberrevolution) ◊ http://ForumKiev.com Samye populjarnye i samye redkie imena i familii, Juni 2009

Izoterma (Изотерма) – Isotherme (in der Meteorologie Verbindungslinie zwischen Orten mit gleicher Temperatur) ◊ Superanskaja, 1978, S. 420

Izumrud (Изумруд) – Smaragd ◊ Bondaletov, 1983, S. 135

Izumruda (Изумруда) – dasselbe ◊ Bondaletov, 1983, S. 135

Izzvil (Иззвил) – von russ. „**Iz**učajte **z**avety **V**ladimira **Il**'iča Lenina!" (Studiert das Vermächtnis von Vladimir Il'ič Lenin!) ◊ ru.wikipedia.org

J

Jaateja (Яатея) – von russ. **Ja at**eist. (Ich bin Atheist.) ◊ Ktorova, 2007, S. 157

Jačejka (Ячейка) – Parteizelle. Die Grundorganisationen der KP (pervičnye partijnye organizacii) hießen bis 1934 Parteizellen (partijnye jačejki). ◊ Kolonitskii, 1993, S. 225

Jago (Яго) – Figur aus William Shakespeares (1564–1616) Tragödie „Othello, the Moor of Venice" (Othello, der Mohr von Venedig, 1604) ◊ Torop, S. 281

Jamb (Ямб) – Jambus (antiker Versfuß) ◊ Uspenskij, 1959

Jana (Яна) – Fluß in der Republik Sacha (Jakutien), einer Teilrepublik Rußlands ◊ Samsonov, S. 139

Jantar' (Янтарь) – Bernstein ◊ Ivaško, S. 179

Janvar' (Январь) – Januar (Monatsname) ◊ Akent'eva, S. 35

Jarek (Ярек) – von russ. **ja**dernyj **re**aktor (Kernreaktor) ◊ ru.wikipedia.org

Jaroslavna (Ярославна) – Vatersname der Fürstin Efrosin'ja Jaroslavna, einer Heldin aus dem altrussischen Epos von der Heerfahrt Igor's (Slovo o polku Igoreve), auch Igorlied genannt (12. oder 13. Jahrhundert) ◊ ru.wikipedia.org

Jasen (Ясен) – von russ. **Ja s Èn**gel'som. (Ich bin ein Anhänger von Engels.) ◊ kommari.livejournal.com

Jaslen (Яслен) – von russ. **Ja s Len**inym. (Ich bin ein Anhänger Lenins.) ◊ Irošnikov/Šelaev in: Rodina 9–10, 1991, S. 38

Jaslenik (Ясленик) – von russ. **Ja s Len**inym **i K**rupskoj. (Ich bin ein Anhänger Lenins und der Krupskaja.) ◊ Mironov, S. 344

Jaslik (Яслик) – dasselbe ◊ ru.wikipedia.org

Jazamir (Язамир) – von russ. **Ja za mir**. (Ich bin für den Frieden.) ◊ diary.ru

Jubilej (Юбилей) – Jubiläum. Der Name wurde 1927 zum 10. Jahrestag der Oktoberrevolution gegeben. ◊ ru.wikipedia.org

Jul (Юл) – von russ. **ju**nyj **l**eninec (junger Leninist) ◊ http://www.rovego.narod.ru Zapiski žizneradostnogo pessimista Imena SSSR

Julana (Юлана) – willkürliche Bildung ◊ Ščetinin, 1972, S. 218

Julen (Юлен) – von russ. **ju**nyj **len**inec (junger Leninist) ◊ Vestnik Ministerstva inostrannych del SSSR 13, 1989, S. 55 und kommari.livejournal.com

Jum (Юм) – von David Hume (1711–76), englischer Philosoph, Historiker und Ökonom ◊ Bondaletov, 1983, S. 134

Jumanita (Юманита) – von „l'Humanité" (die Menschheit), Zeitung, seit 1921 Zentralorgan der französischen KP ◊ Torop, S. 281

Junarma (Юнарма) – abgeleitet von „Junarmija" (russ. **jun**aja **arm**ija – junge Armee), Titel einer 1932 erschienenen Erzählung des russischen Schriftstellers Grigorij Il'ič Mirošničenko (1904–85) über den Bürgerkrieg (1918–20) in Rußland, zu der Romain Rolland das Vorwort schrieb ◊ Danilina, 1973, S. 137

Junarmočka (Юнармочка) – eine Ableitung von Junarma ◊ Danilina, 1973, S. 137

Junata (Юната) – von russ. **ju**naja **nat**uralistk**a** (junge Naturforscherin, in einem Schülerzirkel im Verband der Jungen Pioniere) ◊ Klimov, S. 173

Junion (Юнион) – von englisch trade union (Gewerkschaft, Arbeitnehmerverband) ◊ Suslova, 1979, S. 316

Junir (Юнир) – von russ. **jun**yj **r**evoljucioner (junger Revolutionär) ◊ ru.wikipedia.org

Junkers (Юнкерс) – von dem deutschen Flugzeugkonstrukteur Hugo Junkers (1859–1935) und nach ihm benannten Flugzeugtypen ◊ Korotkova, 1971, S. 45

Junkom (Юнком) – von russ. **jun**yj **kom**munist (junger Kommunist) ◊ Danilina, 1972, S. 21

Junkoma (Юнкома) – von russ. **jun**aja **kom**munarka (junge Kommunardin, Aufständische der Pariser Kommune von 1871, französisch communarde) ◊ ru.wikipedia.org

Junna (Юнна) – [1] von russ. **jun**yj **na**turalist (junger Naturforscher, in einem Schülerzirkel im Verband der Jungen Pioniere) ◊ Korotkova, 1969, S. 101 – [2] von russ. junost' (Jugend, Jugendzeit, junge Leute) ◊ ru.wikipedia.org

Junnata (Юнната) – von russ. **jun**aja **nat**uralistk**a**, dasselbe wie bei Junata ◊ Superanskaja, 1998, S. 445

Junost' (Юность) – von russ. junost' (Jugend, Jugendzeit, junge Leute) ◊ Zakir'janov, S. 156

Junovlad (Юновлад) – männliche Form zu Junovlada ◊ Superanskaja, 1978, S. 415

Junovlada (Юновлада) – Neubildung nach traditionellem Muster aus russ. **jun**ost' (Jugend, Jugendzeit, junge Leute) und russ. **vlad**et' (besitzen, beherrschen) ◊ Superanskaja, 1978, S. 429

Junpibuk (Юнпибук) – von russ. **jun**yj **pi**oner – **bu**duščij **k**omsomolec (Der junge Pionier ist der zukünftige Komsomolze.) (Komsomolze – Mitglied des kommunistischen Jugendverbandes Komsomol) ◊ ru.wikipedia.org

Junpion (Юнпион) – von russ. **jun**yj **pion**er (junger Pionier), s. Pioner ◊ ru.wikipedia.org

Jura (Юра) – von Jurij (Kurzform Jura) Alekseevič Gagarin (1934–68), sowjetischer Kosmonaut, erste bemannte Weltraumfahrt am 12.4.1961 ◊ Trud 25.11.1984, S.2

Juralg (Юралг) – von **Jur**ij **Al**ekseevič **G**agarin, s. Jura ◊ http://3522.ru/news/news259.html Kurgancy vspomnili Dazdraperm i pridumali Medputov

Juralga (Юралга) – weibliche Form zu Juralg ◊ ru.wikipedia.org

Juravkos (Юравкос) – von russ. **Jura v kos**mose. (Jura ist im Weltraum.), s. Jura ◊ ru.wikipedia.org

Jurgag (Юргаг) – von **Jur**ij **Gag**arin, s. Jura ◊ ru.wikipedia.org
Jurgagvkos (Юргагвкос) – von russ. **Jur**ij **Gag**arin **v kos**mose. (Jurij Gagarin ist im Weltraum.), s. Jura ◊ www.elle.ru Legko li žit' s neobyčnymi imenami?, 15.1.2009
Jurgoz (Юргоз) – von russ. **Jur**ij **G**agarin **o**bletel **Z**emlju. (Jurij Gagarin umflog die Erde.), s. Jura ◊ ru.wikipedia.org
Jurij (Юрий) – zu Ehren von Jurij Alekseevič Gagarin, s. Jura ◊ shkolazhizni.ru Kakie byvajut imena, i počemu oni takie?, 10.2.2008
Jurist (Юрист) – Jurist (Beruf als Vorname) ◊ Nikonov: Iščem imja, S. 126
Jurvkosur (Юрвкосур) – von russ. „**Jur**a **v kos**mose, **ur**a!" (Jura ist im Weltraum, hurra!), s. Jura ◊ ru.wikipedia.org
Juvkosur (Ювкосур) – von russ. „**Ju**ra **v kos**mose, **ur**a!" (Jura ist im Weltraum, hurra!), s. Jura ◊ www.epidemia.ru forum Samye stëbnye imena

K

Kabė (Кабэ) – von Etienne Cabet (1788–1856), französischer utopischer Kommunist (im Russischen auch Kabe) ◊ Suslova, 1979, S. 315
Kadr (Кадр) – Bild, Filmszene ◊ Irošnikov/Šelaev: Bez retuši, S. 89
Kair (Каир) – Kairo (Hauptstadt Ägyptens) ◊ Torop, S. 276
Kaj (Кай) – Kai, Person aus dem Märchen „Die Schneekönigin" des dänischen Schriftstellers Hans Christian Andersen (1805–75) ◊ Andersen, H. Chr.: Sämtliche Märchen, Band 1, München 1959, S. 313–350
Kalerija (Калерия) – von russ. **K**rasnaja **A**rmija **le**gko **r**azgromila **i**mperialistov **Ja**ponii. (Die Rote Armee hat den Imperialisten Japans leicht eine Niederlage bereitet.) ◊ ru.wikipedia.org/wiki Imena sovetskogo proischoždenija, 2012
Kalij (Калий) – von Kalium (chemisches Element) ◊ Superanskaja, 1978, S. 420
Kalina (Калина) – von Michail Ivanovič Kalinin (1875–1946), war 1922–46 nominelles Staatsoberhaupt der Sowjetunion, zuletzt als Vorsitzender des Präsidiums des Obersten Sowjets der UdSSR (1938–46), s. Mika ◊ Danilina, 1972, S. 23
Kal'kuljacija (Калькуляция) – Kalkulation, Kostenermittlung ◊ Agafonova, S. 106
Kal'vin (Кальвин) – von Johannes Calvin (1509–64), schweizer Reformator, begründete den Calvinismus ◊ Vseobščij nastol'nyj kalendar' na 1924 god, S. 18
Kama (Кама) – linker Nebenfluß der Wolga (Volga) ◊ Suslova, 1979, S. 306
Kamelija (Камелия) – Kamelie (Zierpflanze) ◊ Bondaletov, 1983, S. 135
Kamena (Камена) – von Lev Borisovič Kamenev (1883–1936), führender

Bolschewik, 1917 und 1919–25 Mitglied des Politbüros des ZK der Russischen KP, geriet in Konflikt mit Stalin und verlor 1926 alle leitenden Funktionen im Partei- und Staatsapparat, 1926–27 Botschafter in Italien, wurde 1934 verhaftet, 1936 verurteilt und erschossen ◊ Superanskaja, 1998, S. 387

Kammira (Каммира) – von russ. **komm**unizm **i mir** (Kommunismus und Welt) ◊ d-v-sokolov.com

Kanalizacija (Канализация) – Kanalisation, Entwässerung, Abwasserbeseitigung ◊ Gorbanevskij, 1987, S. 149 und http://sovserv.ru/vbb/ Russkij jazyk. Sokraščenija i abbreviatury

Kanat (Канат) – Seil, Tau, Strang, Tauwerk ◊ forum.styles.bb3x.ru Original'noe imja, Mai/Juni 2009

Kant (Кант) – von Immanuel Kant (1724–1804), deutscher Philosoph ◊ Suslova, 1979, S. 315

Kapitalin (Капиталин) – von dem dreibändigen Hauptwerk von Karl Marx „Das Kapital" (die einzelnen Bände erschienen 1867, 1885 und 1894) ◊ Superanskaja, 1969, S. 35

Kapitalina (Капиталина) – weibliche Entsprechung zu Kapitali ◊ Nepokupnyj, S. 85

Kapitan (Капитан) – Kapitän, Hauptmann (militärische Dienstgrade) ◊ Bondaletov, 1983, S. 133

Kapsul' (Капсуль) – Kapsel, Zündschraube (Begriff aus der Waffentechnik, korrekte Schreibung im Russischen ist kapsjul') ◊ Šatinova, S. 154

Kara (Кара) – von **Kar**l Marks (Karl Marx) ◊ Žovtis, S. 54

Karakoz (Каракоз) – von Dmitrij Vladimirovič Karakozov (1840–66), verübte 1866 ein mißlungenes Attentat auf Zar Aleksandr II. (1855–81), wurde hingerichtet ◊ Suslova, 1979, S. 308

Karandaš (Карандаш) – Bleistift ◊ http://elena.gorod.tomsk.ru Moda na imena, 28.6.2012

Karina (Карина) – abgeleitet vom Geburtsort, dem Karischen Meer (auch Karasee, Kara-Meer, russ. Karskoe more), einem Nebenmeer des Nordpolarmeeres zwischen Novaja Zemlja und Severnaja Zemlja. Die Mutter der 1934 Neugeborenen gehörte zu der von O. J. Smidt geleiteten Polarexpedition auf der „Čeljuskin". s. Ojušminal'd ◊ Gorbanevskij, 1987, S. 152

Karl (Карл) – [1] von russ. Karl Marks (Karl Marx, 1818–83), deutscher Philosoph und Nationalökonom, zusammen mit Friedrich Engels Begründer des Marxismus, der Teil der Staatsdoktrin der Sowjetunion war. Im „Kommunistischen Manifest" von 1848, einem von Marx und Engels verfaßten Grundsatzprogramm, wird die proletarische Revolution als Ergebnis eines unausweichlichen historischen Prozesses vorausgesagt. ◊ Ivaško, S. 116 – [2] von russ. Karl Libknecht (Karl Liebknecht, 1871–1919), deutscher Politiker, gehörte zum linken Flügel der

SPD, proklamierte am 9.11.1918 in Berlin eine „freie sozialistischer Republik", war an der Gründung der KPD (1.1.1919) beteiligt ◊ Torop, S. 276

Karlen (Карлен) – **[1]** von russ. **Kar**l Marks, **Len**in (Karl Marx, Lenin) ◊ Vedomosti Verchovnogo Soveta SSSR 16, 1974, S. 274 – **[2]** von russ. **K**rasnaja **Ar**mija **Len**ina (die Rote Armee Lenins). Die Rote Armee wurde per Dekret vom 15.(28.)1.1918 geschaffen und hieß so bis zum 25.2.1946, als sie in Sowjetarmee (Sovetskaja Armija) umbenannt wurde. ◊ Superanskaja: Slovar' russkich imën, S. 139

Karlib (Карлиб) – von **Kar**l **Lieb**knecht, s. Karl ◊ Danilina, 1972, S. 21

Karm (Карм) – von russ. **K**rasnaja **Arm**ija (Rote Armee), 1918–46, danach Sowjetarmee ◊ Rylov, S. 98

Karman'ola (Карманьола) – von franz. la carmagnole (die Carmagnole, ein Tanzlied der Französischen Revolution) ◊ Torop, S. 276

Karmen (Кармен) – von Carmen, Oper von Georges Bizet (1838–75) ◊ Gric, S. 73

Karmij (Кармий) – von russ. **K**rasnaja **Armij**a (Rote Armee), 1918–46, danach Sowjetarmee ◊ Rylov, S. 98

Karmija (Кармия) – weibliche Form zu Karmij ◊ Rylov, S. 98

Karmlen (Кармлен) – von russ. **Kar**l **M**arks, **Len**in (Karl Marx, Lenin) ◊ Superanskaja, 1998, S. 205

Kassiopeja (Кассиопея) – nach dem Sternbild Kassiopeia ◊ smi.marketgid.com

Katet (Катет) – Kathete (Begriff aus der Mathematik) ◊ smi.marketgid.com

Kavaler (Кавалер) – jemand, der mit einem Orden ausgezeichnet wurde, Ordensträger (von italienisch cavaliere – Ritter) ◊ Šatinova, S. 154

Kazbek (Казбек) – zweithöchster Berg des Großen Kaukasus (an der Grenze von Georgien und Rußland) ◊ Savel'eva, S. 32

Kėm (Кэм) – von russ. **k**ommunizm, **ė**lektrifikacija, **m**echanizacija (Kommunismus, Elektrifizierung, Mechanisierung) ◊ Torop, S. 276

Kerkira (Керкира) – griechischer Name der griechischen Insel Korfu ◊ Bondaletov, 1976, S. 37

Kėt (Кэт) – von russ. **k**ommunizm, **ė**lektrifikacija, **t**rud (Kommunismus, Elektrifizierung, Arbeit) ◊ Danilina, 1972, S. 22

Kev (Кев) – von **K**liment **E**fremovič **V**orošilov (1881–1969), Marschall der Sowjetunion (seit 1935), 1926–60 Mitglied des Politbüros (Präsidiums) des ZK der KPdSU, 1953–60 als Vorsitzender des Präsidiums des Obersten Sowjets der UdSSR nominelles Staatsoberhaupt der Sowjetunion ◊ Subaeva, S. 24

Kiber (Кибер) – von russ. **kiber**netika (Kybernetik), eine interdisziplinäre Wissenschaft ◊ Turšatov, S. 6

Kid (Кид) – von russ. **k**ommunističeskij **id**eal (das kommunistische Ideal, d. h. das Endstadium des Kommunismus) ◊ Torop, S. 276

Kim (Ким) – von russ. **K**ommunističeskij **i**nternacional **m**olodëži (Kommunistische Jugend-Internationale), bestand 1919–43 als eine Sektion der Komintern ◊ Podol'skaja, S. 28

Kima (Кима) – weibliche Form zu Kim ◊ Bondaletov 1983, S. 132

Kimjud (Кимюд) – **[1]** von russ. **K**ommunističeskij **i**nternacional **m**olodëži, **ju**nošeskij **d**en' (Kommunistische Jugend-Internationale, Jugendtag) ◊ Superanskaja, 1998, S. 208 – **[2]** von russ. **K**ommunističeskij **i**nternacional **m**olodëži, **ju**nošeskoe **d**viženie (Kommunistische Jugend-Internationale, Jugendbewegung) ◊ Superanskaja, 1998, S. 208

Kin (Кин) – von russ. **K**ommunističeskij **In**ternacional (Kommunistische Internationale – Komintern, 1919–43) ◊ Vseobščij nastol'nyj kalendar' na 1924 god, S. 14

Kina (Кина) – weibliche Form zu Kin ◊ Maksimova in: Rodina 11–12, 1992, S. 114

Kinel'm (Кинельм) – von russ. **K**ommunističeskij **In**ternacional **M**arksa – Lenina (die Kommunistische Internationale von Marx und Lenin) ◊ Maksimova in: Rodina 5, 1992

Kinemm (Кинемм) – **[1]** eine Verkürzung von russ. kinematika (Kinematik, Bewegungslehre, Teil der Mechanik). Da „kinem" auch „wir werden werfen" bedeutet, wurde offenbar ein zweites „m" an den Namen angehängt. ◊ Superanskaja, 1998, S. 208 und Steier, B. S. A495 – **[2]** eine Verkürzung von russ. kinematograf (Kinematograph als Apparat und Kinematographie als Kunst), seit 1895 der erste brauchbare Apparat zur Aufnahme und Wiedergabe bewegter Bilder ◊ ru.wikipedia.org

Kint (Кинт) – von russ. **K**ommunističeskij **In**ternacional (Kommunistische Internationale – Komintern, 1919–43) ◊ Superanskaja, 1998, S. 208

Kinta (Кинта) – weibliche Form zu Kint ◊ Suslova, 1979, S. 304

Kintalina (Кинталина) – Namengebung zur Erinnerung an eine Konferenz radikaler Sozialisten im April 1916 in der Ortschaft Kiental im Kanton Bern (Schweiz), an der auch Lenin teilgenommen hatte ◊ Suslova, 1979, S. 308

Kintel'm (Кинтельм) – von russ. **K**ommunističeskij **In**ternacional Lenina – **M**arksa (die Kommunistische Internationale von Lenin und Marx) ◊ mage_victor.livejournal.ru

Kiparis (Кипарис) – Zypresse ◊ Suslova, 1979, S. 311

Kir (Кир) – **[1]** von Sergej Mironovič Kirov (1886–1934), führender Bolschewik, 1926–34 Erster Sekretär der Leningrader Parteiorganisation, 1934 Sekretär des ZK der KP der Sowjetunion, 1930–34 Mitglied des Politbüros des ZK der KP, in Leningrad ermordet ◊ Gusejnov, S. 86 – **[2]** eine Abkürzung von russ. **K**ommunističeskij **In**ternacional (Kommunistische Internationale – Komintern, 1919–43) ◊ ru.wikipedia.org – **[3]** von russ. **K**ommunističeskij **I**nternacional **r**evoljucii (Kommunistische

Internationale der Revolution) ◊ www.lipoisk.ru kakoj nacional'nosti prinadležit ėto imja?, 26.9.2008 – **[4]** von russ. **k**ommunizm **i r**evoljucija (Kommunismus und Revolution) ◊ blog.i.ua/user/9816/142254/ TOP sovetskich imën, 24.7.2008 – **[5]** von russ. **K**ommunističeskij **I**nternacional **r**abočich (Kommunistische Internationale der Arbeiter) ◊ http://elena.gorod.tomsk.ru Moda na imena, 28.6.2012

Kira (Кира) – weibliche Form zu Kir ◊ Superanskaja, 1990, S. 182

Kirina (Кирина) – gebildet nach dem Muster traditioneller weiblicher Vornamen wie Ekaterina, Irina, Marina ◊ ru.wikipedia.org

Kirov (Киров) – s. Kir ◊ Čuprijanov

Kirsan (Кирсан) – von Aleksandr Matveič (sic!) Kirsanov, einer der Haupthelden in dem Roman „Čto delat"? (Was tun?, 1863) des russischen Schriftstellers Nikolaj Gavrilovič Černyševskij (1828–89) ◊ Superanskaja: Slovar' russkich imën, S. 144

Kiv (Кив) – von russ. **k**ommunizm, **i**nternacionalizm, **v**olja (Kommunismus, Internationalismus, Macht) ◊ kommari.livejournal.com

Kjuri (Кюри) – **[1]** Namengebung zu Ehren des Ehepaares Marie Curie (1867–1934), französische Chemikerin polnischer Herkunft und Pierre Curie (1859–1906), französischer Physiker ◊ Superanskaja, 1998, S. 217 – **[2]** von Curie, Maßeinheit der Radioaktivität ◊ Suslova/Superanskaja, S. 135

Klara (Клара) – von Clara Zetkin (1857–1933), deutsche kommunistische Politikerin, Mitglied des Exekutivkomitees der Komintern ◊ Rylov, S. 89

Klaracetkin (Кларацеткин) – s. Klara ◊ http://ct.kz forumy Smešnye familii i imena

Klarcet (Кларцет) – männliche Form zu Klarceta ◊ mündliche Quelle

Klarceta (Кларцета) – von Clara Zetkin, s. Klara ◊ Kolonitskii, 1993, S. 224

Klasbor (Класбор) – von russ. **klas**sovaja **bor**'ba (Klassenkampf) ◊ Danilina, 1972, S. 21

Klassoboj (Классобой) – von russ. **klasso**vyj **boj** (Klassenkampf) ◊ Danilina, 1972, S. 17

Klassobor (Классобор) – von russ. **klasso**vaja **bor**'ba (Klassenkampf) ◊ Kolonitskii, 1993, S. 213

Klasspolit (Классполит) – von russ. **klass**ovaja **polit**ika (Klassenpolitik) ◊ Torop, S. 276

Kleopatra (Клеопатра) – Königin von Ägypten (51–30 v. Chr.), lebte von 69 bis 30 v. Chr., Titelgestalt einer Tragödie (1607) von William Shakespeare (1564–1616) und in einem Schauspiel (1906) von George Bernard Shaw (1856–1950) ◊ Gric, S. 73

Klever (Клевер) – Klee ◊ Dušečkina

Klim (Клим) – von Kliment Efremovič Vorošilov (1881–1969), s. Kev ◊ my.mail.ru Moj mir@Mail.Ru: Soobščestvo: Redkie i krasivye imena

Klub (Клуб) – Klub, Klubhaus ◊ Ktorova, 2007, S. 158

Knopka (Кнопка) – Knopf, Taste, Druckknopf ◊ http://www.rusedu.ru/download2963.html Sekret imeni

Kolchida (Колхида) – die Kolchis, antike griechische Benennung der fruchtbaren Landschaft an der östlichen Schwarzmeerküste am unteren Rioni im heutigen Georgien ◊ Suslova, 1979, S. 306

Kolchoz (Колхоз) – von russ. **kol**lektivnoe **choz**jajstvo (Kollektivwirtschaft, Kolchose), landwirtschaftlicher Großbetrieb, entstand in der Sowjetunion seit 1928 im Zuge der Zwangskollektivierung aus bäuerlichen Einzelbetrieben ◊ Monraev, S. 9

Koljach (Колях) – von russ. **kol**lektivizacija **ja**roslavskich **ch**ozjajstv (die Kollektivierung der landwirtschaftlichen Betriebe im Gebiet Jaroslavl', an der oberen Wolga) ◊ www.yandex.ru/ Roždënnye v SSSR

Kollekta (Коллекта) – von russ. kollektiv (Kollektiv, Arbeitsgemeinschaft, Belegschaft, Gruppe, Team) ◊ Suslova, 1979, S. 308

Kollektiv (Коллектив) – Kollektiv, Gemeinschaft, Belegschaft ◊ Torop, S. 276

Kollektivizacija (Коллективизация) – Kollektivierung, die 1928 in der Sowjetunion unter Stalin begonnene und 1930 forcierte Zwangskollektivierung der Landwirtschaft. Der Zweck war die Kontrolle der Bauern durch die Partei. Sie führte zu einem Rückgang der landwirtschaftlichen Produktion und zu Hungersnöten im Wolgagebiet, im Nordkaukasus, in der Ukraine und anderen Regionen. ◊ mage_victor.livejournal.ru

Kollontaj (Коллонтай) – von Aleksandra Michajlovna Kollontaj (1872–1952), Bolschewikin. War in der ersten Sowjetregierung (Rat der Volkskommissare) Volkskommissarin für die staatliche Fürsorge (Sozialwesen, Oktober/November 1917-März 1918). Sie befaßte sich mit der Frauenfrage und Familienpolitik. In ihren Thesen über die kommunistische Moral in den ehelichen Beziehungen (1921) bezeichnete sie die Institution der Familie „in der Epoche der Diktatur des Proletariats" als nicht mehr zeitgemäß. Unter der Devise „alles für das Kollektiv" propagierte sie die freie Liebe in einer kommunistischen Gesellschaft und fand dabei nicht die ungeteilte Zustimmung. 1923 wurde sie in den diplomatischen Dienst abgeschoben. ◊ Kolonitskii, 1993, S. 215

Kollontaja (Коллонтая) – weibliche Form zu Kollontaj ◊ Torop, S. 276

Kol'mar (Кольмар) – eine Kombination aus den diminutiven Formen der elterlichen Vornamen **Kol**ja (von Nikolaj) und **Mar**usja (von Marija) ◊ Danilina, 1969, S. 76

Kolokol (Колокол) – abgeleitet von der gleichnamigen Zeitung „Kolokol" (die Glocke). Es war die erste nichtzensierte revolutionäre Zeitung in Rußland. Sie wurde von den russischen Schriftstellern A. I. Herzen (Gercen, 1812–70) und

N. P. Ogarëv (1813–77) begründet und erschien in London (1857–65) und Genf (1865–67) in russischer und französischer Sprache. ◊ Torop, S. 276

Kolos (Колос) – Ähre, Blütenstand des Getreides ◊ http://www.livejournal.ru/themes/id/8255Vilor, Stind i Dazdraperma (22.6.2008)

Kolper (Колпер) – von russ. **kol**choznik-**per**edovik (Bestarbeiter unter den Kolchosbauern) (kolchoz – Kollektivwirtschaft) ◊ www.SovMusic.ru Forum sajta „Sovetskaja muzyka"

Kolrab (Колраб) – von russ. **kol**choznik i **rab**očij (Kolchosbauer und Arbeiter) ◊ revim.narod.ru

Kolumb (Колумб) – von Christoph Kolumbus (Columbus, 1451–1506), italienischer Seefahrer in spanischen Diensten, Entdecker Amerikas ◊ Suslova, 1979, S. 315

Kolumba (Колумба) – weibliche Form zu Kolumb ◊ Vseobščij nastol'nyj kalendar' na 1924 god, S. 10

Kolumbij (Колумбий) – **[1]** Columbium, frühere Bezeichnung für das chemische Element Niob ◊ Superanskaja, 1998, S. 211 – **[2]** abgeleitet von Christoph Kolumbus, s. Kolumb ◊ ru.wikipedia.org

Komandir (Командир) – Kommandeur, Befehlshaber (militärischer Dienstgrad) ◊ Bondaletov, 1983, S. 132

Kombajn (Комбайн) – von englisch combine (Mähdrescher, Kombine, Vollerntemaschine) ◊ Tropin, S. 13

Kometa (Комета) – Komet, Schweifstern ◊ Suslova, 1979, S. 311

Komin (Комин) – von russ. Komintern, s. dort ◊ kommari.livejournal.com

Komint (Коминт) – von russ. Komintern, s. dort ◊ Torop, S. 276

Kominta (Коминта) – weibliche Entsprechung zu Komint ◊ Superanskaja, 1998, S. 390

Komintern (Коминтерн) – von russ. **Kom**munističeskij **Intern**acional (Kommunistische Internationale, abgekürzt Komintern, 4.3.1919–15.5.1943), auf Initiative Lenins in Moskau gegründete Vereinigung aller kommunistischen Parteien mit dem Ziel der Verbreitung der Weltrevolution. Als Gegenorganisation zur Zweiten (sozialistischen) Internationale stand sie ganz unter sowjetischem Einfluß und wurde von Stalin aus außenpolitischen Gründen aufgelöst. ◊ Nikonov, 1974, S. 153

Kominterna (Коминтерна) – weibliche Entsprechung zu Komintern ◊ Reformatskij, 1962, S. 46

Komissar (Комиссар) – **[1]** von russ. narodnyj komissar (Volkskommissar), 1917–46 Leiter eines Volkskommissariats (1946 in Ministerium umbenannt) ◊ slovnik.narod.ru/rus/tayny/index.html Fazil' Davud ogly Irzabekov: Tajna russkogo slova (nach dem Stand vom 28.9.2011) – **[2]** von russ. voennyj komissar (Militärkommissar, Kriegskommissar, abgekürzt voenkom), 1918–42 bevollmächtigter Vertreter der Partei in der Roten Armee ◊ slovnik.narod.ru/rus/tayny/index.html Fazil' Davud ogly Irzabekov: Tajna russkogo slova (nach dem Stand vom 28.9.2011)

Komissara (Комиссара) – weibliche Form zu Komissar ◊ Torop, S. 276

Komitet (Комитет) – Komitee, Ausschuß (Parteikomitee, Zentralkomitee der KPdSU usw.) ◊ Torop, S. 276

Kommentarija (Комментария) – von russ. kommentarij (Kommentar, Erläuterung, Anmerkungen) ◊ Gorbanevskij, 1987, S. 149

Kommir (Коммир) – [1] von russ. **kom**muna, **mir** (Kommune, Welt) ◊ Superanskaja, 1998, S. 212 – [2] von russ. **kom**munističeskij **mir** (kommunistische Welt) ◊ Superanskaja, 1998, S. 212

Kommira (Коммира) – von russ. **kom**munizm **i** mir (der Kommunismus und die Welt) ◊ Maksimova in: Rodina 11–12, 1992, S. 114

Kommun (Коммун) – [1] von russ. **kommun**ist (Kommunist) ◊ Torop, S. 276 – [2] von russ. kommunizm (Kommunismus) ◊ Danilina, 1972, S. 20 – [3] von russ. Parižskaja kommuna (Pariser Kommune, franz. la Commune de Paris, 18.3.-28.5.1871), s. Parižkoma ◊ Danilina, 1972, S. 20

Kommuna (Коммуна) – von russ. Parižskaja kommuna (Pariser Kommune, franz. la Commune de Paris, 18.3.-28.5.1871), s. Parižkoma ◊ Superanskaja, 1998, S. 390

Kommunar (Коммунар) – der Kommunarde, von franz. le communard, Aufständischer der Pariser Kommune von 1871, s. Parižkoma ◊ Torop, S. 276

Kommunara (Коммунара) – weibliche Form zu Kommunar (die Kommunardin, von franz. la communarde) ◊ Danilina, 1972, S. 18

Kommunarka (Коммунарка) – weibliche Form zu Kommunar ◊ www.vipshow.ru V Vašem dome-radost'. Prodolženie (nach dem Stand vom 29.3.2011)

Kommunella (Коммунелла) – Variante zu Kommuna ◊ Superanskaja, 1998, S. 390

Kommunėlla (Коммунэлла) – Variante zu Kommuna ◊ Superanskaja, 1990, S. 77

Kommunėllja (Коммунэлля) – Variante zu Kommuna ◊ ru.wikipedia.org

Kommunera (Коммунера) – dasselbe wie Kommunėra ◊ Superanskaja, 1998, S. 390

Kommunėra (Коммунэра) – von russ. **kommun**ističeskaja **ėra** (kommunistische Ära) ◊ Suslova, 1979, S. 307

Kommunij (Коммуний) – männliche Form zu Kommuna ◊ ru.wikipedia.org

Kommunist (Коммунист) – von russ. Kommunist ◊ Torop, S. 276

Komnavož (Комнавож) – von russ. **kom**somol **na**š **vož**d' (der Komsomol, unser Führer), s. Komsomol ◊ www.bboldino.ru Bol'šoe Boldino (nach dem Stand vom 3.3.2009)

Kompar (Компар) – von russ. **Kom**munističeskaja **par**tija (Kommunistische Partei) ◊ kommari.livejournal.com

Kompart (Компарт) – von russ. **Kom**munističeskaja **part**ija (Kommunistische Partei) ◊ Pravda 12.6.1924, S. 6

Kompro (Компро) – von russ. **kom**munizm, **pro**letariat (Kommunismus, Proletariat) ◊ Litvinova

Komsa (Комса) – von russ. Komsomol, s. Komsomol ◊ Suslova, 1979, S. 315

Komsomol (Комсомол) – Kurzwort für Leninskij **Kom**munističeskij **so**juz **mol**odëži (Leninscher Kommunistischer Jugendverband), 1918 gegründete Jugendorganisation der KPdSU, erfaßte laut Statut die 14–28jährigen ◊ Šatinova, S. 153 und 154

Komsomolit (Комсомолит) – von russ. Komsomol + Suffix -it, s. Komsomol ◊ Torop, S. 276

Komsomolita (Комсомолита) – weibliche Form zu Komsomolit ◊ Danilina, 1972, S. 17

Komunėr (Комунэр) – von russ. **kom**munističeskaja **ėra** (kommunistische Ära) ◊ revim.narod.ru

Komunėra (Комунэра) – weibliche Form zu Komuner ◊ www.savok.name 298.html Imena sovetskogo proischoždenija, 2011

Komunna (Комунна) – von russ. Parižskaja kommuna (Pariser Kommune, franz. la Commune de Paris, 18.3.-28.5.1871), s. Parižkoma ◊ narod.od.ua

Komzërnyško (Комзёрнышко) – von russ. **kom**munističeskoe **zërnyško** (kommunistisches Körnchen, von russ. zerno – Korn, Getreide), die Getreideernte im kommunistischen Staat ◊ Savel'eva, S. 32

Kongress (Конгресс) – Kongreß, Versammlung, Tagung ◊ Torop, S. 276

Konstanta (Константа) – Konstante (unveränderliche feste Größe in der Mathematik) ◊ forum.leit.ru (Fushigi Nippon) Japonskie imena (in diesem Forum wurden auch Vornamen sowjetischer Herkunft zitiert) (nach dem Stand vom 3.3.2009)

Konstitucija (Конституция) – Konstitution, Verfassung, Grundgesetz ◊ Vseobščij nastol'nyj kalendar' na 1924 god, S. 18

Kont (Конт) – von Auguste Comte (1798–1857), französischer Philosoph, Begründer der Soziologie ◊ Torop, S. 276

Kontrol' (Контроль) – Kontrolle, Überwachung, Aufsicht, Überprüfung ◊ Torop, S. 276

Konvencija (Конвенция) – Konvention, Vertrag, Übereinkunft, Abkommen ◊ Torop, S. 276

Konvent (Конвент) – von französisch la Convention nationale, der Nationalkonvent, die in der Französischen Revolution nach dem Sturz des Königs gewählte verfassunggebende Versammlung (1792–95) ◊ Kolonitskii, 1993, S. 224 und 228

Kooperacija (Кооперация) – Kooperation, Genossenschaft, Genossenschaftswesen. In Sowjetrußland gab es verschiedene Genossenschaften, z.B. Konsum-, Gewerbe-, Landwirtschafts- und Vertriebsgenossenschaften. ◊ Ktorova, 2007, S. 52

Kooperativ (Кооператив) – Verbrauchergenossenschaft, Konsumgenossenschaft ◊ www.bestportal.ru Smešnye familii, 3.6.2008

Korall (Коралл) – Koralle (Hohltier), Korallenschmuck ◊ http://www.my-shop.ru/ Tajna imeni

Kosinus (Косинус) – Kosinus (Terminus aus der Mathematik) ◊ Savel'eva, S. 32

Kosma (Косма) – von russ. kosmos (Kosmos, Weltraum, Weltall) ◊ Suslova, 1979, S. 315

Kosmodrom (Космодром) – Startplatz für Weltraumraketen ◊ Suslova/ Superanskaja, S. 170

Kosmos (Космос) – Kosmos, Weltraum, Weltall ◊ Ivaško, S. 179

Kospoura (Коспоура) – von russ. **Kos**mičeskim **pol**ëtam **Ura**! (Ein Hurra auf die Weltraumflüge!) ◊ chio.livejournal.com/32501.html istorija pro imena... (tret'ja), 13.12.2002

Kostjuško (Костюшко) – von russ. Kostjuško zu Tadeusz Kościuszko (1746–1817), polnischer Feldherr und Nationalheld ◊ Suslova, 1979, S. 315

Košut (Кошут) – von Lajos Kossuth (1802–94), ungarischer Politiker, Führer der ungarischen Unabhängigkeitsbewegung von 1848/49 ◊ Suslova, 1979, S. 315

Kraft (Крафт) – von russ. **Kr**asnaja **A**rmija i **Flot** (die Rote Armee und die Flotte) ◊ Nazarova, S. 261

Krakon (Кракон) – von russ. **Kra**snaja **Kon**nica (die Rote Kavallerie, Reitertruppe) ◊ diary.ru

Kramira (Крамира) – von russ. „**Kr**epi **a**rmiju **mira**!" (Stärke die Armee der Welt!), d. h. die weltweite Armee der Werktätigen. S. dazu die 3. Strophe der Internationale, wo es heißt „...my, rabotniki vsemirnoj Velikoj armii truda", wörtlich übersetzt „...wir, die Werktätigen der weltweiten großen Armee der Arbeit". ◊ fanlab.ru/ Laboratorija fantastiki Kak vy otnosites' k mode davat' detjam starinnye ili ...(nach dem Stand vom 3.3.2009)

Krarm (Крарм) – von russ. **Kr**asnaja **Arm**ija (Rote Armee), 15.(28.)1.1918–25.2.46, danach Sowjetarmee ◊ Superanskaja, 1998, S. 214

Krarmij (Крармий) – von russ. **Kr**asnaja **Armij**a (Rote Armee), 15.(28.)1.1918–25.2.46, danach Sowjetarmee ◊ Akišina, S. 172

Krarmija (Крармия) – weibliche Entsprechung zu Krarmij ◊ Torop, S. 276

Krarnepoba (Крарнепоба) – von russ. **Kr**asnaja **Ar**mija **nepob**edima. (Die Rote Arme ist unbesiegbar.) ◊ fanlab.ru/ Laboratorija fantastiki Kak vy otnosites' k mode davat' detjam starinnye ili ... (nach dem Stand vom 3.3.2009)

Kras (Крас) – eine Verkürzung von russ. krasnyj (rot), seit dem 19. Jahrhundert Farbensymbol der Arbeiterbewegung ◊ Superanskaja, 1998, S. 214

Krasar (Красар) – von russ. **Kras**naja **Ar**mija (Rote Armee), 15.(28.)1.1918–25.2.1946, danach Sowjetarmee ◊ http://www.rovego.narod.ru Zapiski žizneradostnogo pessimista. Imena SSSR

Krasara (Красапа) – weibliche Form zu Krasar ◊ http://www.rovego.narod.ru Zapiski žizneradostnogo pessimista. Imena SSSR

Krasarm (Красарм) – **[1]** von russ. **Kras**naja **Arm**ija (Rote Armee), 15.(28.)1.1918–25.2.1946, danach Sowjetarmee ◊ Ugrjumov, S. 35 – **[2]** von russ. **kras**no**arm**eec (Rotarmist, als Verteidiger der Errungenschaften der Oktoberrevolution) ◊ Ènciklopedija gosudarstva i prava, Band 1, Moskau 1925–26, Spalte 88

Krasarma (Красарма) – weibliche Form zu Krasarm ◊ Ugrjumov, S. 35

Krasb (Красб) – von russ. **Kras**naja **B**avarija (Rotes Bayern). Namengebung im Zusammenhang mit der am 7.4.1919 in München nach sowjetischem Vorbild proklamierten „Baierischen Räterepublik" (entspricht der Sowjetrepublik), deren als Diktatur des Proletariats bezeichnetes Regime nur von kurzer Dauer war. Am 1.5.1919 wurde der kommunistische Putsch niedergeschlagen. ◊ mündliche Quelle

Krasnaja (Красная) – Rote, weibliche Entsprechung zu Krasnyj (Selbstidentifikation der Bolschewiken in Abgrenzung zu den Weißen) ◊ Torop, S. 276

Krasnaja Konnica (Красная Конница) – die Rote Kavallerie (Reitertruppe) ◊ www.talar.sitecity.ru Sovetskie imena

Krasnaja Presnja (Красная Пресня) – von einem geographischen Begriff abgeleiteter Vorname, ins Deutsche übersetzt Rote Presnja, westlicher industrieller Stadtbezirk von Moskau. Er erhielt diese Benennung, weil er 1905 das Zentrum eines bewaffneten Aufstandes war. Hieß bis 1918 Presnja, benannt nach dem gleichnamigen linken Nebenfluß der Moskva ◊ Dobyčin, S. 68

Krasnaja Zarja (Красная Заря) – die roten Morgenröte (wörtliche Übersetzung), ein Synonym für das Endstadium des Kommunismus ◊ www.torg.uz Čto v imeni moëm, kak nas zovut i čto èto značit?

Krasnaja Zvezda (Красная Звезда) – Roter Stern, war eines der Symbole im Staatswappen der UdSSR und Erkennungszeichen der Angehörigen der sowjetischen Streitkräfte ◊ Torop, S. 276

Krasnina (Краснина) – Variante zu Krasnaja ◊ Superanskaja, 1998, S. 392

Krasnoarmij (Красноармий) – Variante zu Krarmij ◊ mündliche Quelle

Krasnoarmija (Красноармия) – von russ. **Krasn**aja **Armij**a (Rote Armee) ◊ d-v-sokolov.com

Krasnocvet (Красноцвет) – von russ. **krasn**yj (rot) und russ. **cvet** (Blüte, Blume). Rot ist seit dem 19. Jahrhundert Farbensymbol der Arbeiterbewegung. ◊ www.credit.deposit.com.ua Sovetskie imena, 2007 (Das „o" hat die Funktion eines Verbindungsvokals.)

Krasnogor (Красногор) – von russ. **krasn**aja (rot, feminine Form) und russ. **gor**a (Berg), eine Analogiebildung zu altrussisch Svjatogor u. a. ◊ Superanskaja, 1998, S. 214

Krasnomir (Красномир) – von russ. **krasn**yj **mir** (rote, d.h. revolutionäre Welt), Analogiebildung zu slawisch Borimir, Dobromir, Ljubomir u. a. ◊ Kas'janova, S. 65

Krasnomira (Красномира) – weibliche Form zu Krasnomir, Analogiebildung zu slawisch Dobromira, Ljubomira, Velimira, u. a. ◊ Ugrjumov, S. 35 und Akišina, S. 172

Krasnoslav (Краснослав) – Neubildung nach dem Muster slawischer Vornamen wie Bronislav, Jaroslav, Svjatoslav u. a. in Verbindung mit krasnyj (rot), dem Farbensymbol der Arbeiterbewegung seit dem 19. Jahrhundert ◊ Danilina, 1972, S. 19

Krasnyj (Красный) – Roter (Selbstidentifikation der Bolschewiken in Abgrenzung zu den Weißen) ◊ www.credit.deposit.com.ua Sovetskie imena, 2007

Krasnyj Oktjabr' (Красный Октябрь) – Roter Oktober (Oktober als Synonym für die Oktoberrevolution) ◊ Torop, S. 276

Krass (Красс) – von russ. **kras**nyj **s**tjag (rotes Banner, rote Fahne) ◊ Suslova, 1979, S. 311

Krastera (Крастера) – von russ. **kras**nyj **ter**ror (roter Terror). Der rote Terror wurde zum ersten Mal offiziell in einer Resolution des Allrussischen Zentralen Exekutivkomitees (VCIK) vom 2.9.1918 erklärt. Hierin hieß es: „Den weißen Terror der Feinde der Arbeiter- und Bauernmacht beantworten die Arbeiter und Bauern mit einem roten Massenterror gegen die Bourgeoisie und ihre Agenten". Am 5.9.1918 folgte eine entsprechende Verordnung des Rates der Volkskommissare der RSFSR „Über den roten Terror". Zum Anlaß für die nun einsetzende Schreckensherrschaft nahm man ein Attentat auf Lenin am 30.8.1918 und die Ermordung des Vorsitzenden der Petrograder Tscheka M. S. Urickij (1873–1918) am gleichen Tage. Es folgten Massenverhaftungen und Massenerschießungen und die Einrichtung von Konzentrationslagern. Der rote Terror war für die Bolschewiken ein Mittel, um ihre durch den Widerstand gegen das Sowjetregime bedrohte Machtposition zu behaupten. ◊ www.talar.mastersite.ru Sovetskie imena

Krater (Кратер) – von russ. **kras**nyj **ter**ror (roter Terror) ◊ mündliche Quelle

Kravsil (Кравсил) – von russ. **Kr**asnaja **A**rmija **vs**ech **sil**'nej (Die Rote Armee ist die stärkste) ◊ www.credit.deposit.com.ua Sovetskie imena, 2007

Krazna (Кразна) – von russ. **kra**snoe **zna**mja (das rote Banner, die rote Fahne) ◊ kommari.livejournal.com

Krematorij (Крематорий) – Krematorium, Einäscherungsanstalt, Anlage zur Feuerbestattung ◊ FantLab.ru

Kremnij (Кремний) – Silicium, Silizium (chemisches Element) ◊ Uspenskij, 1959

Kremona (Кремона) – Cremona (Stadt in Italien) ◊ Vseobščij nastol'nyj kalendar' na 1924 god, S. 4

Krest'jan (Крестьян) – Verkürzung von russ. krest'janin (Bauer), der Bauer als Verbündeter des Arbeiters in der kommunistischen Gesellschaft ◊ Suslova, 1979, S. 308

Krest'jana (Крестьяна) – weibliche Form zu Krest'jan ◊ Suslova, 1979, S. 308

Kristall (Кристалл) – Kristall ◊ Danilina, 1969, S. 76

Krit (Крит) – Kreta (Insel im östlichen Mittelmeer) ◊ Vseobščij nastol'nyj kalendar' na 1924 god, S. 22

Kriterij (Критерий) – Kriterium, Merkmal, Gradmesser, Kennzeichen ◊ Vseobščij nastol'nyj kalendar' na 1924 god, S. 12

Kro (Kpo) – Abkürzung von russ. **k**ont**r**razvedyvatel'nyj **o**tdel (Abteilung Abwehr) der Vereinigten staatlichen politischen Verwaltung (OGPU, 1923–34) beim Rat der Volkskommissare der UdSSR (später NKVD und KGB) ◊ Gorbanevskij, 1987, S. 153

Krokodil (Крокодил) – Krokodil, Panzerechse ◊ Bogdanov, S. 222 und 223

Kromvel' (Кромвель) – von Oliver Cromwell (1599–1658), englischer Politiker und Heerführer, kämpfte im Bürgerkrieg gegen die absolutistische Gewalt und rigide Kirchenpolitik Karls I. ◊ Vseobščij nastol'nyj kalendar' na 1924 god, S. 10

Ksantippa (Ксантиппа) – Xanthippe, Gattin des griechischen Philosophen Sokrates (469–399 v. Chr.), wurde zum Inbegriff der zanksüchtigen Ehefrau ◊ Vseobščij nastol'nyj kalendar' na 1928 god (23.9.)

Kserks (Ксеркс) – [1] Xerxes, persischer König (519–465 v. Chr.) ◊ Suslova, 1979, S. 311 – [2] Oper (1738) von Georg Friedrich Händel (1685–1759) ◊ Suslova, 1979, S. 311

Ksvetu (Ксвету) – von russ. **k svetu** (zum Licht), bezieht sich auf die russische sprichwörtliche Redensart „Učen'e – svet, neučen'e – t'ma", die mit „Wissen ist Macht" übersetzt wird, wörtlich „Bildung ist Licht, Mangel an Bildung ist Finsternis" ◊ revim.narod.ru

Kukucapol' (Кукуцаполь) – von russ. **Kuku**ruza – **ca**rica **pol**ej. (Der Mais ist die Königin der Felder.). Der Name entstand in der Chruščëv-Ära, als auf Betreiben des Parteichefs der Anbau von Futtermais forciert wurde. ◊ ru.wikipedia.org

Kulon (Кулон) – von Coulomb (Amperesekunde), Maßeinheit der Elektrizitätsmenge, benannt nach dem französischen Physiker Charles Augustin de Coulomb (1736–1806) ◊ Novosibirskaja oblast' (Russische Föderation), Novosibirskij rajon, Mičurinskaja srednjaja obščeobrazovatel'naja škola Nr. 123 – Imja v reke vremeni (škol'nyj referat)

Kul'tbazik (Культбазик) – [1] von russ. **kul't**urno-prosvetitel'naja **baz**a (Stützpunkt für kulturelle und für Aufklärungsarbeit) ◊ www.sotnia.ruforum Revoljucionnye imena – [2] von russ. **kul't**urnaja **baz**a, abgekürzt kul'tbaza (gleiche Bedeutung wie bei obiger Variante) ◊ Mezencev, S. 117

Kun (Кун) – von Béla Kun (1886–1939), ungarischer kommunistischer Politiker ◊ Suslova, 1979, S. 315

Kupava (Купава) – weiße Seerose, Seelilie, Wasserlilie ◊ Superanskaja, 1998, S. 392

Kuvalda (Кувалда) – Vorschlaghammer (in der Schmiedetechnik) ◊ forum. 1tv.ru/index.php?showtopic Naši imena (nach dem Stand vom 29.3.2009)

Kuzbas (Кузбас) – von russ. **Kuz**neckij ugol'nyj **bas**sejn (Kuznecker Kohlenbecken, im westlichen Sibirien), abgekürzt Kuzbass ◊ Zakir'janov, S. 156

Kvadrat (Квадрат) – Quadrat ◊ www.Rebenok.ru forum Materinstvo–Imenoslov Konferencija „Materinstvo" (nach dem Stand vom 8.12.2009)

Kventin (Квентин) – von Quentin Durward, Titelheld des gleichnamigen Romans (1823) von Walter Scott (1771–1832), schottischer Dichter ◊ Vseobščij nastol'nyj kalendar' na 1924 god, S. 24

Kveta (Квета) – von tschechisch květ (Blume, Blüte) ◊ Bondaletov, 1983, S. 135

Kvitancija (Квитанция) – Quittung, Beleg. Der Name entstand durch falsche Eintragung von Konstancija in das Geburtsregister. ◊ Nikonov, 1974, S. 252

Kzeta (Кзета) – von russ. **k**rymskoe **ze**mletrjasenie (Erdbeben auf der Krim). Eltern auf der Halbinsel gaben ihrer 1927 geborenen Tochter zur Erinnerung an die Erdbeben vom Juni und September 1927 diesen absurden Namen. ◊ Šejko, S. 26

Kzetočka (Кзеточка) – Verkleinerungsform von Kzeta ◊ Uspenskij, 1959

L

Lačekamora (Лачекамора) – von russ. **la**ger' **če**ljuskincev v **Ka**rskom **mor**e (das Lager der Besatzung der Čeljuskin im Karischen Meer), s. Ojušminal'd ◊ mage_victor.livejournal.ru

Lačekomura (Лачекомура) – der Vorname entstand durch falsche Schreibung von Lačekamora, s. dort ◊ narod.od.ua

Ladlen (Ладлен) – eine Verkürzung von Vladlen, s. dort ◊ Nazarov, A. I.: Russkij imennik Almaty 1990-ch godov, Alma-Ata, Kazachstan (publiziert im Internet am 21.5.2009)

Ladžen (Ладжен) – von russ. Ne ždal (er erwartete sie nicht) rückwärts gelesen. Der Vater erwartete einen Sohn, aber eine Tochter wurde geboren ◊ Mezencev, S. 117

Laėrt (Лаэрт) – von Laertes, Person aus „Hamlet, Prince of Denmark" (Hamlet, Prinz von Dänemark), Tragödie (um 1600) von William Shakespeare (1564–1616) ◊ Bondaletov, 1983, S. 134

Lafarg (Лафарг) – von Paul Lafargue (1842–1911), französischer Sozialist, Schwiegersohn von Karl Marx (verheiratet mit Tochter Laura) ◊ Superanskaja, 1998, S. 219

Lafargina (Лафаргина) – weibliche Entsprechung zu Lafarg ◊ Torop, S. 277

Lagšminal'd (Лагшминальд) – von russ. **lag**er' **Šmi**dta **na l'd**ine (das Lager Šmidts auf der Eisscholle), s. Ojušminal'd ◊ ru.wikipedia.org

Lagšminal'da (Лагшминальда) – weibliche Form zu Lagšminal'd ◊ ru.wikipedia.org

Lagšmira (Лагшмира) – von russ. **lag**er' **Šmi**dta **v Ar**ktike (das Lager Šmidts in der Arktis), s. Ojušminal'd ◊ Maksimova in: Rodina 11–12, 1992, S. 114

Lagšmivar (Лагшмивар) – **lag**er' **Šmi**dta **v Ar**ktike (das Lager Šmidts in der Arktis), s. Ojušminal'd ◊ Prochorov, 1995

Lagšmivara (Лагшмивара) – weibliche Form zu Lagšmivar ◊ Irošnikov/Šelaev in: Rodina 9–10, 1991, S. 38

Lailja (Лаиля) – dasselbe wie Lajla ◊ ru.wikipedia.org

Lajla (Лайла) – von russ. **la**mpočka **Il'iča** (die Glühlampe Il'ičs – Vatersname Lenins). Der Name steht im Zusammenhang mit dem von Lenin initiierten Programm zur Elektrifizierung Rußlands. ◊ my.mail.ru Soobščestvo: Redkie i krasivye imena

Lamil' (Ламиль) – dasselbe wie Lajla ◊ www.woman.ru forum Ulybnites': sovetskie imena

Lampiada (Лампиада) – Der Name entstand durch falsche Schreibung von Olimpiada. ◊ Nikonov: Iščem imja, S. 36

Lancet (Ланцет) – von russ. lancet (Lanzette, zweischneidiges kleines Operationsmesser). Ein Chirurg nannte seine Zwillinge nach seinem Operationsbesteck Lancet und Pincet (Pinzette). ◊ Kas'janova, S. 64 und Gorbanevskij, 1987, S. 149

Landyš (Ландыш) – Maiglöckchen, Maiblume ◊ Nikonov, 1973, S. 34

Lapanal'd (Лапанальд) – männliche Form zu Lapanal'da ◊ sonnerbergsson.livejournal.org Čto v imeni tebe moëm… (nach dem Stand vom 29.3.2009)

Lapanal'da (Лапанальда) – von russ. **la**ger' **pa**panincev **na l'd**ine (das Lager des Forschungsteams Papanins auf der Eisscholle). Der russische Polarforscher Ivan Dmitrievič Papanin (1894–1986) leitete von Mai 1937 bis Februar 1938 die erste sowjetische Forschungsstation „Severnyj poljus-1" (Nordpol-1), die auf einer driftenden Eisscholle eingerichtet worden war. In neun Monaten trieb sie mehr als 2000 km im zentralen Nordpolarmeer. Als die Eisscholle auf eine kritische Größe zusammengeschmolzen war, wurde das Forscherteam in der Grönlandsee von einem sowjetischen Schiff aufgenommen. ◊ Severnaja ėnciklopedija, Moskau 2004, S. 716 und Torop, S. 276

Lapanal'dina (Лапанальдина) – von russ. **la**ger' **pa**panincev **na l'din**e, s. Lapanal'da ◊ revim.narod.ru

Largo (Ларго) – von largo, dem langsamsten Zeitmaß in der Musik, sehr langsam, sehr breit, von italienisch largo – breit, Musikstück (Largo) in diesem Zeitmaß ◊ Gorbanevskij, 1988, S. 249

Larina (Ларина) – eine Kombination aus den Vornamen **La**risa und **Ma**rina ◊ Puzyaka.ru forum Kak nazvat' malyša: sovety filologičeskie, nacional'nye i racional'nye

Lašminal' (Лашминаль) – von russ. **la**ger' **Šmi**dta **na l'**dine (das Lager Šmidts auf der Eisscholle), s. Ojušminal'd ◊ www.talar.mastersite.ru Sovetskie imena

Lašmivar (Лашмивар) – von russ. **la**ger' **Šmi**dta **v Ar**ktike (das Lager Šmidts in der Arktis), s. Ojušminal'd ◊ ru.wikipedia.org

Lašmivara (Лашмивара) – weibliche Entsprechung zu Lašmivar ◊ ru.wikipedia.org

Lassal' (Лассаль) – von Ferdinand Lassalle (1825–64), deutscher sozialdemokratischer Politiker und Publizist, Mitbegründer der deutschen Sozialdemokratie ◊ Torop, S. 276

Lassalina (Лассалина) – weibliche Ableitung von Lassal' ◊ Suslova, 1979, S. 308 und 315

Lassalist (Лассалист) – Anhänger von Ferdinand Lassalle (1825–64), deutscher sozialdemokratischer Politiker und Publizist, Mitbegründer der deutschen Sozialdemokratie ◊ Torop, S. 276

Last (Ласт) – von russ. **la**tyšskij **st**relok (lettischer Schütze), Angehöriger der 1915 in der zaristischen Armee aufgestellten lettischen Schützenregimenter, die später völlig unter bolschewistischen Einfluß gerieten ◊ Mironov, S. 343

Laura (Лаура) – Laura (1845–1911), Tochter von Karl Marx, Frau von Paul Lafargue, französischer Sozialist ◊ Kolonitskii, 1993, S. 222

Lavansarija (Лавансария) – abgeleitet von der Insel Lavansaari im Finnischen Meerbusen, welche Finnland zusammen mit anderen Inseln durch den Vertrag vom 12.3.1940 an die UdSSR abtreten mußte. Russisch heißt die Insel jetzt Moščnyj. ◊ Kraus, H.: Die Sowjetunion und ihre Nachfolgestaaten, München 2007, S. 160–161 und Ktorova, 2007, S. 158

Lavuaz (Лавуаз) – von Antoine Laurent de Lavoisier (1743–94), französischer Chemiker, Begründer der neueren organischen Chemie ◊ Suslova, 1979, S. 315

Lavuaza (Лавуаза) – weibliche Form zu Lavuaz ◊ Suslova, 1979, S. 315

Lazer (Лазер) – Laser, ein Gerät zur Erzeugung sehr intensiver Lichtstrahlen (von englisch light amplification by stimulated emission of radiation) ◊ www.ct.kz forum Smešnye familii i imena, glupaja i smešnaja tema (28.6.2009)

Lazo (Лазо) – von Sergej Georgievič Lazo (1894–1920), führender bolschewistischer Funktionär und Kommandeur ◊ Zakir'janov, S. 155

Lazurita (Лазурита) – von russ. lazurit (Lasurit), ein Schmuckstein, Superanskaja ◊ 1998, S. 393

Leandr (Леандр) – Leander, griechische Sagengestalt, literarisch behandelt in dem Kleinepos „Hero und Leander" (um 500 n. Chr.) des griechischen Dichters Musaios, das zahlreiche literarische Bearbeitungen nach sich zog (Schiller, Grillparzer u. a.) ◊ Suslova, 1979, S. 311 und Ktorova, 2007, S. 157

Leda (Леда) – von russ. lëd (Eis). Der Name steht im Zusammenhang mit der „Exotik des Nordens". ◊ Samsonov, S. 130 und 139

Ledat (Ледат) – von **Le**v **Da**vidovič **T**rockij (1879–1940), s. Trockij ◊ Mironov, S. 343

Ledav (Ледав) – von **Le**v **Dav**idovič Trockij (1879–1940), s. Trockij ◊ Pravda 12.6.1924, S. 6

Ledikt (Ледикт) – [1] von russ. **Le**ninskaja **dikt**atura (die Leninsche Diktatur), nach der bolschewistischen Ideologie die Diktatur des Proletariats ◊ Petrovskij, 1969, S. 180 – [2] von russ. **Le**nin i **dikt**atura (Lenin und die Diktatur) ◊ ru.wikipedia.org

Ledit (Ледит) – von russ. „**Le**ninskoe **d**elo **i**spolniš' **T**y". (Du wirst die Sache Lenins verwirklichen.) ◊ kamsha.ru/forum/index.php Naša žizn' i naši prazdniki. Obo vsëm, Avtor: LeddHead na 17 Sentjabr' 2003 goda

Ledrud (Ледруд) – von russ. **Le**nin – **dru**g **d**etej (Lenin, der Freund der Kinder) ◊ Torop, S. 277

Leėnmar (Леэнмар) – von russ. **Le**nin, **Ė**ngel's, **Mar**ks (Lenin, Engels, Marx) ◊ Petrovskij, 1969, S. 179

Legenda (Легенда) – Legende (als literarische Gattung eine sagenhafte Erzählung oder Erzählung aus dem Leben eines Heiligen) ◊ Uspenskij, 1960, S. 51

Legrad (Леград) – eine Kontraktion aus Leningrad, zweitgrößte Stadt Rußlands und der ehemaligen Sowjetunion, seit 6.9.1991 wieder Sankt-Peterburg ◊ ru.wikipedia.org

Legrada (Леграда) – weibliche Form zu Legrad ◊ ru.wikipedia.org

Leklerk (Леклерк) – von Théophile Leclerc (1771-?), französischer Revolutionär zur Zeit der Französischen Revolution (1789–99) ◊ Suslova, 1979, S. 315

Leljud (Лелюд) – von russ. **Le**nin **lju**bit **d**etej. (Lenin liebt die Kinder.) ◊ Irošnikov/Šelaev in: Rodina 9–10, 1991, S. 38

Lem (Лем) – von russ. **Le**nin, **M**arks (Lenin, Marx) ◊ Superanskaja, 1998, S. 220

Lėm (Лэм) – von russ. **Le**nin, **Ė**ngel's, **M**arks (Lenin, Engels, Marx) ◊ Petrovskij, 1969, S. 179

Lema (Лема) – weibliche Entsprechung zu Lem ◊ Zaljaleeva, S. 55

Lemar (Лемар) – von russ. **Le**nin, **Mar**ks (Lenin, Marx) ◊ Petrovskij, 1969, S. 179

Lemara (Лемара) – weibliche Entsprechung zu Lemar ◊ Zaljaleeva, S. 53

Lemaren (Лемарен) – von russ. **Le**nin, **Mar**ks, **Ėn**gel's (Lenin, Marx, Engels) ◊ FantLab.ru

Lemarėn (Лемарэн) – von russ. **Le**nin, **Mar**ks, **Ėn**gel's (Lenin, Marx, Engels) ◊ Petrovskij, 1969, S. 179

Lemarėna (Лемарэна) – weibliche Entsprechung zu Lemarėn ◊ Petrovskij, 1969, S. 179

Lemark (Лемарк) – von russ. **Le**nin, **Mar**ks (Lenin, Marx) ◊ Superanskaja: Slovar' russkich imën, S. 154

Lemir (Лемир) – **[1]** von russ. **Le**nin i **mi**rovaja **r**evoljucija (Lenin und die Weltrevolution) ◊ Torop, S. 277 – **[2]** von russ. **Le**nin – **mi**rovoj **i**deal **r**evoljucii (Lenin das weltweite Vorbild der Revolution) ◊ kuraev.ru/index.php?option=com smf&Itemid=63&topic=8981740 Polnyj (ili počti polnyj) spisok sovetskich imën

Lemira (Лемира) – **[1]** von russ. **Le**nin i **mi**rovaja **r**evoljucija (Lenin und die Weltrevolution) ◊ Ugrjumov, S. 35 – **[2]** von russ. **Le**nin, **mir** (Lenin, Frieden) ◊ Kas'janova, S. 64 – **[3]** von russ. **Le**nin, **mi**rovaja **r**evoljucija (Lenin, Weltrevolution) ◊ Ivaško, S. 125

Lėmira (Лэмира) – wahrscheinlich von russ. **Le**nin, **Ė**ngel's, **M**arks, Internacional, **r**evoljucija (Lenin, Engels, Marx, Internationale, Revolution) ◊ Forumy Tolkien.SU Smešnye familii i imena

Lemirka (Лемирка) – von russ. **Le**nin i **mi**rovaja **r**evoljucija (Lenin und die Weltrevolution), Verkleinerungsform von Lemira ◊ http://dic.academic.ru Mirovaja revoljucija

Lemza (Лемза) – von russ. **Le**nin – **m**oë **znamja** (Lenin, mein Banner) ◊ Petrovskij, 1969, S. 180

Len (Лен) – **[1]** eine Verkürzung von Lenin ◊ Petrovskij 1969, S. 177 – **[2]** von russ. Lenskie sobytija (die Ereignisse an der Lena, Fluß in Sibirien), die Erschießung streikender Arbeiter durch zaristische Truppen am 4.(17.)4.1912 auf den Goldfeldern an der Lena und ihren rechten Nebenflüssen Vitim und Olëkma ◊ Kolonitskii, 1993, S. 224

Lena (Лена) – **[1]** Ableitung von Lenin ◊ Petrovskij, 1969, S. 177 – **[2]** von Lena, Fluß in Sibirien ◊ Suslova/Superanskaja, 1978, S. 70 und 71 – **[3]** Ableitung von Lenina, der weiblichen Form zu Lenin ◊ Akišina, S. 175

Lenar (Ленар) – **[1]** von russ. **Len**inskaja **ar**mija (die Leninsche Armee, d. h. die Werktätigen) ◊ Petrovskij, 1969, S. 181 – **[2]** **len**inskij **ar**meec (Angehöriger der Armee Lenins) ◊ Petrovskij, 1969, S. 181 – **[3]** **Len**ina **ar**mija (die Armee Lenins) ◊ Torop, S. 277

Lenara (Ленара) – von russ. **Len**inskaja **ar**mija (die Leninsche Armee, d. h. die Werktätigen) ◊ Petrovskij, 1969, S. 181

Lenard (Ленард) – von russ. **Len**in, **rad**ost' (Lenin, Freude), mit Umstellung der Buchstaben im zweiten Teil des Vornamens ◊ Danilina, 1972, S. 21

Lenarda (Ленарда) – feminine Entsprechung zu Lenard ◊ Suslova/Superanskaja, S. 144

Lendikt (Лендикт) – von russ. **Len**inskaja **dikt**atura (die Leninsche Diktatur), nach kommunistischer Definition die Diktatur des Proletariats ◊ Petrovskij, 1969, S. 180

Lenėr (Ленэр) – von russ. **len**inskaja **ėr**a (die Leninsche Ära oder die Ära Lenins) ◊ Torop, S. 277

Lenera (Ленера) – von russ. **len**inskaja **èr**a (die Leninsche Ära oder die Ära Lenins) ◊ Superanskaja: Slovar' russkich imën, S. 328

Lenėra (Ленэра) – weibliche Entsprechung zu Lenėr ◊ Danilina, 1972. S. 22

Lenėrg (Ленэрг) – von russ. **Len**inskaja **èr**a **g**rjadët. (Die Leninsche Ära naht.) ◊ Superanskaja: Slovar' russkich imën, S. 155

Lenfrid (Ленфрид) – Lenin kombiniert mit einem aus dem Deutschen übernommenen Wort (Lenin und Frieden) ◊ Superanskaja, 1998, S. 220

Lengenmir (Ленгенмир) – **[1]** von russ. **Len**in – **gen**ij **mir**a (Lenin, der Genius der Welt) ◊ ru.wikipedia.org – **[2]** von russ. **Len**in – **gen**ij **mi**rovoj **r**evoljucii (Lenin, der Genius der Weltrevolution) ◊ ru.wikipedia.org – **[3]** von russ. **Len**in – **mir**ovoj **gen**ij (Lenin, der weltumspannende Genius) ◊ Petrovskij, 1969, S. 179 – **[4]** von russ. **Len**in, **gen**ij, **mir** (Lenin, Genius, Welt) ◊ d-v-sokolov.com

Lengenmira (Ленгенмира) – von russ. **Len**in – **gen**ij **mir**a (Lenin, der Genius der Welt) ◊ Petrovskij, 1969, S. 179

Lengerb (Ленгерб) – **[1]** von russ. **len**inskij **ger**b (das Leninsche Wappen) ◊ Danilina, 1969, S. 76 – **[2]** von russ. Len-gerb – **Len**ina **gerb** (das Wappen Lenins) ◊ Torop, S. 277

Lengvard (Ленгвард) – von russ. **Len**inskaja **gvard**ija (die Leninsche Garde). Mit Leninscher Garde bezeichnete man die Politiker der Sowjetzeit, die als Vollstrecker von Lenins Ideen und Vermächtnis galten. ◊ Samsonov, S. 127

Lengvarda (Ленгварда) – weibliche Entsprechung zu Lengvard ◊ diary.ru

Leni (Лени) – von Lenin ◊ Superanskaja in: Nauka i žizn' 8, 1991, S. 72

Leniada (Лениада) – von **Leni**n + Suffix -**ada** ◊ Petrovskij, 1969, S. 177

Lenian (Лениан) – von **Leni**n + Suffix -**an** ◊ Danilina, 1972, S. 23

Leniana (Лениана) – von **Leni**n + Suffix -**ana** ◊ Danilina, 1972, S. 23

Lenid (Ленид) – von russ. **Len**inskaja **id**eja (die Leninsche Idee) ◊ revim.narod.ru

Lenida (Ленида) – von **Leni**n + Suffix –**ida** ◊ Petrovskij, 1969, S. 177

Lenija (Ления) – von **Leni**n + Suffix -**ja** ◊ Danilina, 1972, S. 23

Lenik (Леник) – von russ. **Len**in **i k**ommunizm (Lenin und Kommunismus) ◊ Torop, S. 277

Lenika (Леника) – von **Len**in + Suffix -**ika** ◊ Danilina, 1972, S. 23

Lenimir (Ленимир) – [1] von russ. **Len**in **i** **m**ir (Lenin und die Welt) ◊ dok_zlo.livejournal.com Imena ėpochi istoričeskogo materializma, 2.2.2008 – [2] von russ. **Len**inskij **m**ir (die Leninsche Welt, die Verbreitung der Lehre Lenins auf der ganzen Welt) ◊ dok_zlo.livejournal.com Imena ėpochi istoričeskogo materializma, 2.2.2008

Lenin (Ленин) – von Vladimir Il'ič Lenin (1870–1924), eigentlich Ul'janov. Lenin war der bekannteste seiner insgesamt 146 Decknamen. Russischer Revolutionär und Politiker, Theoretiker des Sowjetkommunismus (Leninismus). In den April-Thesen von 1917 verkündete er ein Aktionsprogramm zum Übergang von der parlamentarischen Republik zur Sowjetrepublik und Diktatur des Proletariats. Neben seiner führenden Stellung im ZK der KP war er 1917–24 Vorsitzender des Rates der Volkskommissare der RSFSR, später der UdSSR, 1917 und 1919–24 Mitglied des Politbüros des ZK der Partei. ◊ Trockij, S. 60 und Petrovskij, 1969, S. 176

Lenina (Ленина) – von Vladimir Il'ič Lenin ◊ Akišina, S. 74 und 175

Leninar (Ленинар) – [1] von russ. **Len**in, **nar**od (Lenin, Volk) ◊ Superanskaja, 1998, S. 220 – [2] von russ. **Len**inskaja **ar**mija (die Leninsche Armee, d. h. die Werktätigen) ◊ Superanskaja, 1998, S. 220

Leninec (Ленинец) – von russ. leninec (Leninist) ◊ Petrovskij, 1969, S. 177

Leninėra (Ленинэра) – von russ. **Len**inskaja **ėra** (die Leninsche Ära) ◊ Petrovskij, 1969, S. 180

Leniniana (Лениниана) – von **Lenin** + Suffix -**iana** ◊ Bondaletov, 1983, S. 155

Leninid (Ленинид) – [1] von russ. **Len**inskie **id**ei (die Leninschen Ideen) ◊ Torop, S. 277 – [2] von russ. **Len**inskaja **id**eja (die Leninsche Idee) ◊ revim.narod.ru – [3] von russ. **Len**in **i d**eti (Lenin und die Kinder) ◊ http://www.woman.rupsychomedley6thread3872316.ru.html

Leninin (Ленинин) – von russ. **len**inskij **in**ternacional (die Leninsche Internationale), s. Komintern ◊ http://www.woman.rupsychomedley6thread3872316.ru.html

Leninina (Ленинина) – von **Lenin** + Suffix -**ina** ◊ Petrovskij, 1969, S. 177

Leninir (Ленинир) – von russ. **Len**in **i r**evoljucija (Lenin und die Revolution) ◊ Kolonitskii, 1993, S. 222

Leniniza (Лениниза) – abgekürzte Form von russ. leninizm (Leninismus) ◊ Petrovskij, 1969, S. 177

Leninizm (Ленинизм) – [1] von russ. **Len**in **i** **z**namja **m**arksizma (Lenin und das Banner des Marxismus) ◊ Irošnikov/Šelaev in: Rodina 9–10,1991, S. 38 – [2] von russ. leninizm (Leninismus) ◊ Petrovskij, 1969, S. 177

Leninizma (Ленинизма) – weibliche Entsprechung zu Leninizm ◊ Petrovskij, 1969, S. 177

Leninka (Ленинка) – eine Ableitung von Lenina ◊ Petrovskij: Slovar' russkich ličnych imën, 4. Auflage, Moskau 1995, S. 184

Leninslav (Ленинслав) – von **Lenin** und russ. **slav**a (Ruhm, Ehre). Der Vorname wurde nach dem Modell der altrussischen Fürstennamen wie Jaroslav, Rostislav, Svjatoslav u. a. gebildet. ◊ Rylov, S.98

Leninul (Ленинул) – von russ. **Lenin**-**Ul'**janov (Deck- und Familienname Lenins) ◊ revim.narod.ru

Lenin-Ul'janov (Ленин-Ульянов) – Doppelvorname von Lenins Deck- und Familiennamen ◊ Bondaletov, 1983, S. 143–145

Leninza (Ленинза) – von russ. **Lenin za** (Lenin ist dafür) ◊ ru.wikipedia.org/wiki Imena sovetskogo proischoždenija, 2012

Lenior (Лениор) – von russ. **Len**in i **O**ktjabr'skaja **r**evoljucija (Lenin und die Oktoberrevolution) ◊ Mironov, S. 343

Lenis (Ленис) – von russ. **Len**inskaja **is**kra (die Leninsche Iskra), Iskra (Der Funke), von Lenin 1900 gegründete Exilzeitung, s. Iskra ◊ Galiullina, S. 82

Lenislav (Ленислав) – von russ. **Len**inskaja **slav**a (der Ruhm Lenins, wörtlich der Leninsche Ruhm). Der Name wurde nach dem Modell der altrussischen Fürstennamen wie Izjaslav, Jaroslav, Mstislav u. a. gebildet. ◊ Petrovskij, 1969, S. 181

Lenita (Ленита) – von **Len**in + Suffix -**ita** ◊ Petrovskij, 1969, S. 177

Lenitr (Ленитр) – wahrscheinlich von **Len**in **i Tr**ockij (Lenin und Trockij) ◊ Larskij, S. 19

Leniz (Лениз) – von russ. **len**inskie **z**avety (Lenins Vermächtnis) ◊ Ivaško, S. 126

Leniž (Лениж) – von russ. **Len**in **živ**. (Lenin lebt.) ◊ Maksimova in: Rodina 11–12, 1992, S. 114

Leniza (Лениза) – [1] von russ. **len**inskie **za**vety (Lenins Vermächtnis) ◊ Galiullina, S. 48 – [2] eine Verkürzung von **len**in**iz**m (Leninismus) ◊ Petrovskij, 1969, S. 177 – [3] von russ. **len**inskoe **iz**datel'stvo (Leninscher Verlag) ◊ www.yandex.ru/ Roždënnye v SSSR

Lenmar (Ленмар) – [1] von russ. **Len**in, **Mar**ks (Lenin, Marx) ◊ Danilina, 1972, S. 21 – [2] von russ. **len**inizm, **mar**ksizm (Leninismus, Marxismus) ◊ diary.ru

Lenmara (Ленмара) – von russ. **Len**in, **Mar**ks (Lenin, Marx) ◊ Petrovskij, 1969, S. 179

Lenmaren (Ленмарен) – von russ. **Len**in, **Mar**ks, **Ėn**gel's (Lenin, Marx, Engels) ◊ Nikonov, 1974, S. 69

Lenmarėn (Ленмарэн) – von russ. **Len**in, **Mar**ks, **Ėn**gel's (Lenin, Marx, Engels) ◊ Petrovskij, 1969, S. 179

Lenmark (Ленмарк) – von russ. **Len**in, **Mark**s (Lenin, Marx) ◊ Torop, S. 277

Lenmir (Ленмир) – von russ. **Len**in, **mi**rovaja **r**evoljucija (Lenin, Weltrevolution) ◊ Kolonitskii, 1993, S. 222

Lenmira (Ленмира) – [1] von russ. **Len**in, **mi**rovaja **r**evoljucija (Lenin, Weltrevolution) ◊ http://akarelova.narod.ru Slovar' novych kommunističeskich imën – [2] von russ. **Len**inskij **mir** (Lenins Welt, d. h. Lenins Weltanschauung) ◊ Petrovskij, 1969, S. 180

Lenna (Ленна) – abgeleitet von Lenin ◊ Superanskaja: Slovar' russkich imën, S. 328

Lennor (Леннор) – [1] von russ. **Len**in – **n**aš **or**ganizator (Lenin, unser Organisator) ◊ Superanskaja, 1998, S. 220 – [2] von russ. **len**inizm **n**aše **or**užie (Der Leninismus ist unsere Waffe.) ◊ kamsha.ru/forum/index.php Naša žizn' i naši prazdniki. Obo vsë, Avtor: LeddHead na 17 Sentjabr' 2003 goda – [3] **Len**in – **n**aše **or**užie (Lenin ist unsere Waffe) ◊ ru.wikipedia.org

Lennora (Леннора) – von russ. **Len**in – **n**aše **or**užie (Lenin ist unsere Waffe.) ◊ ru.wikipedia.org

Lenomar (Леномар) – von russ. **Len**in, **Mar**ks (Lenin, Marx). Das „o" hat die Funktion eines Bindevokals. ◊ Petrovskij, 1969, S. 179

Lenor (Ленор) – [1] von russ. **Len**in, **O**ktjabr'skaja **r**evoljucija (Lenin, Oktoberrevolution) ◊ Petrovskij, 1969, S. 180 – [2] von russ. **Le**ninizm **n**aše **or**užie (Der Leninismus ist unsere Waffe.) ◊ livejournal.org sonnerbergsson Čto v imeni tebe moëm... (nach dem Stand vom 29.3.2009)

Lenora (Ленора) – [1] von russ. **Len**in, **O**ktjabr'skaja **r**evoljucija (Lenin, Oktoberrevolution) ◊ Petrovskij, 1969, S. 180 – [2] von russ. **Len**in – **n**aše **or**užie (Lenin ist unsere Waffe) ◊ ru.wikipedia.org

Lenoslav (Ленослав) – von russ. **Len**in, **slav**a (Lenin, Ruhm). Das „o" hat die Funktion eines Bindevokals. Zur Namensbildung s. Lenislav ◊ Samsonov, S. 128

Lenpriz (Ленприз) – von russ. **Len**inskij **priz**yv (das Leninsche Parteiaufgebot), der Masseneintritt in die Kommunistische Partei nach dem Tode Lenins am 21.1.1924 ◊ Petrovskij, 1969, S. 181

Lens (Ленс) – von russ. **Len**in, **S**talin ◊ stlashs.narod.ru/5-781502.html Samoe zabavnoe imja korejca ili korejanki, kotoroe Vy kogda-libo slyšali!, 2012

Lenslav (Ленслав) – von russ. **Len**inu **Slav**a (Ehre Lenin – Dativ) ◊ ru.wikipedia.org

Lenso (Ленсо) – von russ. **Len**skie **so**bytija (die Ereignisse an der Lena, Fluß in Sibirien), die Erschießung streikender Arbeiter durch zaristische Truppen am 4.(17.)4.1912 auf den Goldfeldern an der Lena und ihren rechten Nebenflüssen Vitim und Olëkma ◊ Danilina, 1972, S. 21

Lenst (Ленст) – von russ. **Len**in, **St**alin ◊ Mokienko/Nikitina, S. 221

Lenstal (Ленстал) – von russ. **Len**in, **Stal**in ◊ Akišina, S. 14

Lenstal' (Ленсталь) – dasselbe ◊ Akišina, S. 14

Lenstalber (Ленсталбер) – von russ. **Len**in, **Stal**in, **Ber**ija, s. Berija ◊ www.povarenok.ru Mamalyga-kulinarnaja stat'ja na Povarenok.Ru (6.12.2008)

Lenta (Лента) – von russ. **Len**inskaja **t**rudovaja **a**rmija (die Leninsche Arbeitsarmee), s. Plinta ◊ Mironov, S. 34

Lentrobuch (Лентробух) – von russ. **Len**in, **Tro**ckij, **Buch**arin ◊ www.inpearls.ru/comments/316137 Žemčužiny mysli, 2012

Lentroczin (Лентроцзин) – von **Len**in, **Tro**ckij, **Zin**ov'cv ◊ Ktorova, 2007, S. 52

Lentroš (Лентрош) – von russ. **Len**in, **Tro**ckij, **Š**aumjan. Stepan Georgievič Šaumjan (1878–1918), Bolschewik, war für die Sowjetisierung Transkaukasiens zuständig. 1918 Vorsitzender des kurzlebigen Rates der Volkskommissare und Kommissar für auswärtige Angelegenheiten der sogenannten Bakuer Kommune (25.4.–31.7.1918), wurde verhaftet und mit den anderen Kommissaren in das Transkaspische Gebiet (heute Teil Turkmenistans) gebracht und auf Weisung der hiesigen von einem Sozialrevolutionär geleiteten Regierung erschossen ◊ Torop, S. 277

Lentrozin (Лентрозин) – von **Len**in, **Tro**ckij, **Zin**ov'ev ◊ www.aif.ru (gorod Jaroslavl') Diktatura byla, demokratii net, 2009

Lentrozina (Лентрозина) – weibliche Entsprechung zu Lentrozin ◊ Kolonitskii, 1993, S. 222

Lentruš (Лентруш) – von **Len**in, **Tr**ockij, **U**šakov. Konstantin Petrovič Ušakov (1896–1943), Kommandeur in der Roten Armee, für seine Verdienste um die gewaltsame Sowjetisierung Mittelasiens mit mehreren Orden ausgezeichnet, im Zuge der großen Säuberungen der 30er Jahre 1938 verhaftet und im folgenden Jahr zu einer 15-jährigen Freiheitsstrafe verurteilt. Starb in einem Arbeitslager. ◊ http://otvety.google.ru/otvety/thread?tid=746fc89d013f581d S kakimi redkimi imenami, v real'noj žizni, Vam dovodilos' stalkivat'sja (11.7.2007)

Lenudež (Ленудеж) – von russ. **Len**in **u**mer, **d**elo **e**go **ž**ivo. (Lenin ist gestorben, aber sein Werk lebt.) ◊ Petrovskij, 1969, S. 181

Lenul (Ленул) – von **Len**in-**Ul**'janov (Ul'janov ist der eigentliche Familienname Lenins.) ◊ Pravda 12.6.1924, S. 6

Lenulja (Ленуля) – eine Ableitung von Lenina ◊ Petrovskij: Slovar' russkich ličnych imën, 4. Auflage, Moskau 1995, S. 184

Lenur (Ленур) – [1] von russ. **Len**in **u**čredil **r**evoljuciju. (Lenin organisierte die Revolution.) ◊ Zaljaleeva, S. 55 und 56 – [2] von russ. **Len**in **u**čreditel' **r**evoljucii (Lenin, der Organisator der Revolution) ◊ Byaki.net Ėto interesno (Sovetskie imena), 29.1.2009

Lenura (Ленура) – weibliche Entsprechung zu Lenur ◊ Sattar-Mulille, S. 381

Lenuša (Ленуша) – von Lenina abgeleitet ◊ Petrovskij: Slovar' russkich ličnych imën, 4. Auflage, Moskau 1995, S. 184

Lenusja (Ленуся) – von Lenina abgeleitet ◊ Petrovskij: Slovar' russkich ličnych imën, 4. Auflage, Moskau 1995, S. 184

Lenuza (Ленуза) – von russ. **Len**ina-**Ul**'janova **za**vety (das Vermächtnis von Lenin-Ul'janov). Ul'janov ist der eigentliche Familienname Lenins. ◊ Sattar-Mulille, S. 381

Lenvlad (Ленвлад) – von **Len**in **Vlad**imir ◊ ru.wikipedia.org

Lenž (Ленж) – von russ. **Len**in **ž**iv. (Lenin lebt.) ◊ ru.wikipedia.org

Lenzavet (Лензавет) – von russ. **Len**inskij **zavet** (das Leninsche Vermächtnis) ◊ Petrovskij, 1969, S. 180

Lenzina (Лензина) – von russ. **Len**in, **Zin**ov'ev, s. Zinovij ◊ Kolonitskii, 1993, S. 222

Lenživ (Ленжив) – von russ. **Len**in **ž**iv. (Lenin lebt.) ◊ FRTK-MFTI.ru Forum A vot imja Spartak v sovetskoe vremja načali ispol'zovat' (nach dem Stand vom 18.2.2009)

Leolla (Леолла) – Phantasiename ◊ Superanskaja, 1998, S. 395

Leomar (Леомар) – von russ. **Le**ninskoe **o**ružie – **mar**ksizm. (Die Leninsche Waffe ist der Marxismus.) ◊ EthnoGlobus.COM Tanach i evrejskie imena (24.3.2009)

Leomark (Леомарк) – von russ. **Le**nin, **o**tečestvo, **Mark**s (Lenin, Vaterland, Marx) ◊ Maksimova in: Rodina 11–12, 1992, S. 115

Leonardo (Леонардо) – s. Vinči ◊ Suslova, 1979, S. 315

Leonida (Леонида) – zu Ehren von Leonid Il'ič Brežnev (1906–1982), s. Libnacela. Für Leonida als ideologischen Vornamen konnte eine Namenträgerin nicht nachgewiesen werden. ◊ www.sotnia.ruforum Revoljucionnye imena

Leonina (Леонина) – gebildet aus den Vornamen **Leo**ntij und **Nina** ◊ Superanskaja, 1975, S. 140

Leorgina (Леоргина) – von russ. **Le**nin – **org**anizator **In**ternacionala (Lenin, der Organisator der Internationale), s. Zaklemena ◊ Suslova/Superanskaja, S.136

Lepan (Лепан) – von russ. **Le**ninskaja **p**artija **n**epobedima. (Die Leninsche Partei ist unbesiegbar.) ◊ Petrovskij, 1969, S. 180

Lera (Лера) – von russ. **Le**ninskaja ė**ra** (die Leninsche Ära oder die Ära Lenins) ◊ Superanskaja, 1998, S. 395

Leren (Лерен) – wahrscheinlich von russ. **Le**nin, **re**voljucija, **n**arod (Lenin, Revolution, Volk) ◊ Superanskaja, 1998, S. 221

Lėri (Лэри) – von russ. **Le**nin, **ė**lektrifikacija, **r**evoljucija, **i**ndustrializacija (Lenin, Elektrifizierung, Revolution, Industrialisierung) ◊ Maksimova in: Rodina 5, 1992

Lermont (Лермонт) – eine Verkürzung von Lermontov, Michail Jur'evič (1814–41), russischer Dichter ◊ Suslova 1979, S. 315

Les (Лес) – von russ. **Le**nin, **S**talin ◊ Torop, S. 277

Lesnadazdl (Леснадаздл) – von russ. „**Len**in **s na**mi, **da zd**ravstvuet Lenin!" (Lenin ist mit uns, es lebe Lenin!) ◊ www.kp.ru/daily/24354.3/541005

Komsomol'skaja pravda 13.10.2011 Dazdraperma ušla na pensiju. Eë zamenjat Upevorg i Doprosol

Lesnam (Леснам) – von russ. **Le**nin **s nam**i. (Lenin ist mit uns.) ◊ Larskij, S. 19

Lestaber (Лестабер) – von russ. **Le**nin, **Sta**lin, **Ber**ija, s. Berija ◊ www.bugaga.ru forum Imena novejšego vremeni (Oktober 2009)

Lestak (Лестак) – von russ. **Le**nin, **Sta**lin, **k**ommunizm (Lenin, Stalin, Kommunismus) ◊ Torop, S. 277

Lestanber (Лестанбер) – von russ. **Le**nin, **Sta**lin, **Ber**ija, s. Berija ◊ www.yandex.ru/ Roždënnye v SSSR

Lestart (Лестарт) – von russ. **Le**nin, **Sta**lin, **r**evoljucija, **t**rud (Lenin, Stalin, Revolution, Arbeit) ◊ blogbotinok.ru A vy znali sovetskie imena? (1.10.2006)

Lestat (Лестат) – von russ. **Le**nin, **Sta**lin, **t**rud (Lenin, Stalin, Arbeit) ◊ www.diary.ru V SSSR možno bylo najti mnogo interesnych imën, kotorye objazatel'no proslavljali Sovetskij Sojuz (13.6.2008)

Lëtčik (Лётчик) – Flieger, Pilot ◊ www.ct.kz Smešnye familii i imena, glupaja i smešnaja tema (14.6.2009)

Leul (Леул) – von russ. **Le**nin-**Ul'**janov (Deck- und Familienname Lenins) ◊ revim.narod.ru

Leunart (Леунарт) – von russ. **Le**nin – **u**čitel' **nar**odov (Lenin, der Lehrer der Völker) ◊ d-v-sokolov.com

Leundež (Леундеж) – von russ. **Le**nin **u**mer, **n**o **d**elo **e**go **ž**ivët. (Lenin starb, aber sein Werk lebt.) ◊ Dorner

Leundž (Леундж) – von russ. **Le**nin **u**mer, **n**o **d**elo ego živët. (Lenin starb, aber sein Werk lebt.) ◊ ru.wikipedia.org

Lev (Лев) – von russ. Lev Davidovič Trockij (1879–1940), s. Trockij ◊ Torop, S. 277

Levana (Левана) – eine Kombination aus den elterlichen Vornamen **Lev** und **Anna** ◊ gorod Meščovsk 2007 Meščovskaja obščeobrazovatel'naja škola Referat na temu: „Čto v imeni tvoëm?"

Levanna (Леванна) – eine Kombination aus den elterlichen Vornamen **Lev** und **Anna** ◊ Torop, S. 277

Leviné (Левинэ) – von russ. Evgenij Jul'evič Levine, in Deutschland Eugen Leviné (1883–1919), geboren in Sankt-Peterburg, war einer der Führer der in München nach sowjetischem Vorbild proklamierten kurzlebigen „Baierischen Räterepublik" (7.4.–1.5.1919). Wurde nach der Niederschlagung des kommunistischen Putsches am 5.6.1919 erschossen. S. auch Krasb ◊ Suslova, 1979, S. 315

Levokam (Левокам) – von **Lev** Borisovič **Kam**enev, s. Kamena ◊ revim.narod.ru

Levtina (Левтина) – eine Verkürzung von Alevtina ◊ Tropin, S. 13

L'ga (Льга) – Verkürzung von Ol'ga ◊ ru.wikipedia.org

Lianora (Лианора) – Der Name entstand durch falsche Schreibung von Ėleonora. ◊ Nikonov, 1970, S. 45

Libčeger (Либчегер) – von russ. Leonid Il'ič **Br**ežnev – **č**etyre**ž**dy **ger**oj (Leonid Il'ič Brežnev /1906–82/ vierfacher Held, bezieht sich auf seine viermalige Auszeichnung als Held der Sowjetunion /Geroj Sovetskogo Sojuza/ 1966, 1976, 1978 und 1981), s. Libnacela. Ein Namenträger konnte nicht nachgewiesen werden. ◊ savok.name Roždënnye v SSSR Imena sovetskogo proischoždenija

Liberat (Либерат) – abgeleitet von englisch liberty (Freiheit) ◊ www.liveinternet.ru Blog Botinok Imena, pridumannye v Sovetskom Sojuze i ich rasšifrovka

Liberija (Либерия) – Liberia (Staat in Westafrika) ◊ Vseobščij nastol'nyj kalendar' na 1924 god, S. 20

Libert (Либерт) – von franz. liberté (Freiheit) ◊ www.dhe-nlp.ru Imena sovetskogo proischoždenija. Forum

Liberta (Либерта) – weibliche Entsprechung zu Libert ◊ www.dhe-nlp.ru Imena sovetskogo proischoždenija. Forum

Libknecht (Либкнехт) – von Karl Liebknecht (1871–1919), s. Karl ◊ Vseobščij nastol'nyj kalendar' na 1924 god, S. 14, 16 und 22

Libnacela (Либнацела) – von russ. Leonid Il'ič **Br**ežnev **na cel**ine (Leonid Il'ič Brežnev auf dem Neuland). Brežnev (1906–82) war Erster Sekretär (1964–66) und Generalsekretär (1966–82) des ZK der KPdSU. Als Zweiter (1954–55) und Erster Sekretär (1955–56) des ZK der KP Kasachstans war er für die Neulandgewinnung in dieser ehemaligen Unionsrepublik verantwortlich. Ein Namenträger konnte nicht nachgewiesen werden. ◊ savok.name Roždënnye v SSSR Imena sovetskogo proischoždenija

Libretto (Либретто) – Textbuch von Opern, Operetten und anderen Gesangswerken ◊ Torop, S. 277

Liga (Лига) – von russ. Liga Nacij (Völkerbund), 1919 gegründete internationale Organisation zur Erhaltung des Friedens und zur Beachtung des Völkerrechts mit Sitz in Genf, 1946 aufgelöst ◊ Superanskaja, 1998, S. 396

Lil' (Лиль) – von Lille (Stadt in Nordfrankreich) ◊ Suslova, 1979, S. 307

Lilija (Лилия) – Lilie, Zierpflanze (häufiges Symbol in der Heraldik) ◊ Gric, S. 73

Lilina (Лилина) – abgeleitet von Lilija (Lilie, Zierpflanze) ◊ www.dhe-nlp.ru Imena sovetskogo proischoždenija. Forum

Lim (Лим) – [1] von russ. **L**enin **i M**arks (Lenin und Marx) ◊ Zaljaleeva, S. 55 – [2] von russ. **L**eninskij **I**nternacional **M**olodëži (Leninsche Internationale der Jugend). Der Namengeber bezog sich wahrscheinlich auf einen Artikel Lenins, der im Dezember 1916 unter dem Titel „Internacional molodëži" veröffentlicht wurde. ◊ www.exler.ru Chot' Gorškom nazovi–tol'ko v peč' ne stav'! Častnyj klub Aleksa Ėkslera

Lima (Лима) – Hauptstadt von Peru ◊ Superanskaja, 1998, S. 397

Limon (Лимон) – Zitrone, Zitronenbaum ◊ EthnoGlobus.COM Tanach i evrejskie imena (24.3.2009)

Limonad (Лимонад) – Limonade, Zitronenwasser ◊ Nikonov, 1974, S. 150

Lina (Лина) – **[1]** von russ. **Li**ga **Na**cij (Völkerbund), s. Liga ◊ Podol'skaja, 1988, S. 26 – **[2]** Verkürzung von Lenina ◊ Akišina, S. 175 – **[3]** Verkürzung von Stalina ◊ http://www.astromeridian.ru Imena Značenie imeni Stalina und Gusejnov, S. 88

Linaida (Линаида) – Phantasiename ◊ Superanskaja, 1998, S. 397

Linara (Линара) – Variante zu Lenara ◊ Superanskaja, 1998, S. 397

Linata (Лината) – Phantasiename ◊ Superanskaja, 1998, S. 397

Linkol'n (Линкольн) – von Abraham Lincoln (1809–65), Präsident der USA (1861–65), hob 1862 in den Südstaaten die Sklaverei auf ◊ Suslova, 1979, S. 315

Linur (Линур) – Variante zu Lenar ◊ www.Balancer.ru Sovetskie imena, 13.11.2009

Lion (Лион) – Lyon (zweitgrößte Stadt Frankreichs) ◊ Suslova, 1979, S. 315

Liona (Лиона) – weibliche Form zu Lion ◊ Suslova, 1979, S. 315

Lior (Лиор) – von russ. **L**enin, **I**nternacional, **O**ktjabr'skaja **r**evoljucija (Lenin, Internationale, Oktoberrevolution) ◊ kommari.livejournal.com Ojušminal'da, 23.10.2007

Lipa (Липа) – **[1]** Linde, Lindenbaum ◊ Superanskaja, 1998, S. 397 – **[2]** eine Verkürzung von Olimpiada ◊ Kas'janova, S. 63

Lipatra (Липатра) – eine Verkürzung von Kleopatra ◊ Nikonov, 1970, S. 34

Lir (Лир) – literarische Gestalt, „King Lear" (König Lear, 1608), Tragödie von William Shakespeare (1564–1616) ◊ Superanskaja, 1998, S. 222

Lira (Лира) – **[1]** von russ. **L**enin **i r**evoljucij**a** (Lenin und die Revolution) ◊ Gusejnov, S. 87 – **[2]** von russ. lira (Leier, Saiteninstrument) ◊ Mokienko/Nikitina, S. 223

Lirika (Лирика) – Lyrik, zusammen mit Epik und Drama eine der drei Dichtungsgattungen ◊ Gric, S. 73

Lirina (Лирина) – abgeleitet von Lira ◊ www.dhe-nlp.ru Imena sovetskogo proischoždenija. Forum

Lis (Лис) – von russ. **L**enin **i S**talin (Lenin und Stalin) ◊ chernenko.org.ua Prekrasnye imena SSSR, 20.1.2009

List (Лист) – von russ. **L**enin **i St**alin (Lenin und Stalin) ◊ Kolonitskii, 1993, S. 222

Litera (Литера) – Litera, Letter, Buchstabe, Drucktype, Druckbuchstabe (Fachausdruck aus dem graphischen Gewerbe) ◊ Savel'eva, S. 32

Livadij (Ливадий) – abgeleitet von der Ortschaft Livadija auf der Krim (3 km südwestlich von Jalta), wo im ehemaligen Zarenschloß im Februar 1945 die Jalta-

Konferenz zwischen Stalin, Roosevelt und Churchill stattfand ◊ Superanskaja, 1998, S. 221

Ljubistina (Любистина) – von russ. „**Ljubi istin**u!" (Liebe die Wahrheit!) ◊ Superanskaja, 1998, S. 398

Ljublen (Люблен) – von russ. „**Ljub**i **Len**ina!" (Liebe Lenin!) ◊ Torop, S. 277

Ljubomir (Любомир) – von russ. **ljubov'** (Liebe) und **mir** (Frieden). Der Vorname steht im Zusammenhang mit dem von Lenin am 26.10.(8.11.) 1917 unterzeichneten Dekret über den Frieden. Er ist zugleich ein reaktivierter nichtkanonischer Vorname. ◊ Danilina, 1972, S. 19

Ljuboveta (Любовета) – eine Kombination aus den Vornamen **Ljubov'** und Eliza**veta** ◊ Superanskaja, 1975, S. 140

Ljucerna (Люцерна) – Luzerne (Futterpflanze) ◊ Dušečkina

Ljuceta (Люцета) – eine Kombination von russ. **Lju**ksemburg (Rosa Luxemburg) und **Cet**kin (Clara Zetkin), s. Roza und Klara ◊ Superanskaja: Slovar' russkich imën, S. 333

Ljucian (Люциан) – eine Verkürzung von russ. revoljucija (Revolution) ◊ Torop, S. 277

Ljucij (Люций) – eine Verkürzung von russ. revoljucija (Revolution) ◊ Rylov, S. 97

Ljucija (Люция) – eine Verkürzung von russ. revoljucija (Revolution) ◊ Prochorov, 1995

Ljudal' (Людаль) – Phantasiename ◊ Superanskaja, 1998, S. 225

Ljuksem (Люксем) – Kurzform von russ. Roza Ljuksemburg (Rosa Luxemburg, 1871–1919), s. Roza ◊ Vedomosti Verchovnogo Soveta RSFSR 28, 1979, S. 453

Ljuksen (Люксен) – von lateinisch lux (Licht) ◊ Superanskaja, 1998, S. 225

Ljuksena (Люксена) – weibliche Form zu Ljuksen ◊ www.dhe-nlp.ru Imena sovetskogo proischoždenija. Forum

Ljutruda (Лютруда) – von russ. „**Lju**bite **trud**!" (Liebt die Arbeit!) ◊ smi.marketgid.com

Ljuvena (Лювена) – eine Kombination aus russ. **lju**bov', **ve**ra, **na**dežda (Liebe, Zuversicht, Hoffnung) ◊ smi.marketgid.com

Loėngrin (Лоэнгрин) – Lohengrin, Sagenheld in der französischen und deutschen Literatur des Mittelalters, Oper (1850) von Richard Wagner (1813–83) ◊ Vseobščij nastol'nyj kalendar' na 1924 god, S. 10 und 22

Lolita (Лолита) – Roman (1955) von Vladimir Vladimirovič Nabokov (1899–1977), russischer Schriftsteller ◊ Nikonov in: Voprosy jazykoznanija 6, 1967, S. 109

Loor (Лоор) – von russ. **L**enin – **o**rganizator **O**ktjabr'skoj **r**evoljucii (Lenin, der Organisator der Oktoberrevolution) ◊ Petrovskij, 1969, S. 180

Lor (Лор) – von russ. **L**enin, **O**ktjabr'skaja **r**evoljucija (Lenin, Oktoberrevolution) ◊ Superanskaja, 1998, S. 223

Lora (Лора) – **[1]** von russ. **L**enin, **O**ktjabr'skaja **r**evoljucija (Lenin, Oktoberrevolution) ◊ Superanskaja, 1998, S. 397 – **[2]** von russ. **L**enin i **O**ktjabr'skaja **r**evoljucija (Lenin und die Oktoberrevolution) ◊ Superanskaja, 1990, S. 183 – **[3]** von russ. **L**enin – **o**rganizator **r**evoljucii (Lenin, der Organisator der Revolution) ◊ Superanskaja, 1978, S. 425

Lord (Лорд) – von russ. **L**enin – **o**rganizator **r**evoljucionnogo **d**viženija (Lenin, der Organisator der revolutionären Bewegung) ◊ 7ja.ru Konferencija „Imena" Samye original'nye imena, Februar 2003

Loreleja (Лорелея) – Lorelei, Loreley, steiler Schieferfelsen am rechten Rheinufer bei Sankt Goarshausen (Mittelrhein) und eine von dem Dichter Clemens Brentano (1778–1842) erfundene Sagengestalt, zu welcher er auf einer Rheinfahrt angeregt wurde. Diese Phantasiegestalt (Rheinnixe oder Zauberin) wurde insbesondere durch ein Gedicht (1824) von Heinrich Heine (1797–1856) bekannt, das mit den Worten „Ich weiß nicht, was soll es bedeuten,..." beginnt. ◊ forum.farit.ru str.1 Konferencija-O žizni, o ljudjach-Imena, 21.3.2004

Lorens (Лоренс) – von David Herbert Lawrence (1885–1930), englischer Schriftsteller ◊ Torop, S. 277

Loriėks (Лориэкс) – **[1]** von russ. **L**enin, **O**ktjabr'skaja **r**evoljucija, **i**ndustrializacija, **ė**lektrifikacija, **k**ollektivizacija, **s**ocializm (Lenin, Oktoberrevolution, Industrialisierung, Elektrifizierung, Kollektivierung, Sozialismus) ◊ Petrovskij, 1969, S. 180 – **[2]** von russ. **L**eninizm, **O**ktjabr'skaja **r**evoljucija, **i**ndustrializacija, **ė**lektrifikacija, **k**ollektivizacija, **s**ocializm (Leninismus, Oktoberrevolution, Industrialisierung, Elektrifizierung, Kollektivierung, Sozialismus) ◊ Petrovskij, 1969, S. 180 – **[3]** von russ. **L**enin – **o**rganizator **r**evoljucii, **i**ndustrializacija, **ė**lektrifikacija, **k**ollektivizacija, **s**ocializm (Lenin, der Organisator der Revolution, Industrialisierung, Elektrifizierung, Kollektivierung, Sozialismus) ◊ Savel'eva, S. 32 – **[4]** von russ. **L**enin, **O**ktjabr', **r**evoljucija, **i**ndustrializacija, **ė**lektrifikacija, **k**ollektivizacija **s**trany (Lenin, Oktober, Revolution, Industrialisierung, Elektrifizierung, Kollektivierung des Landes) ◊ Mokienko/Nikitina, S. 225

Loriėn (Лориэн) – **[1]** von russ. **L**enin, **O**ktjabr'skaja **r**evoljucija, **i**ndustrializacija i **n**acionalizacija (Lenin, Oktoberrevolution, Industrialisierung und Nationalisierung /Verstaatlichung). Die letzte Silbe entspricht der Benennung des russischen Buchstabnes n – ėn ◊ www.diary.ru V SSSR možno bylo najti mnogo interesnych imën, kotorye objazatel'no proslavljali Sovetskij Sojuz (13.6.2008) – **[2]** von russ. **L**enin, **O**ktjabr'skaja **r**evoljucija, **i**ndustrializacija i **NĖP** – Novaja ėkonomiceskaja politika (Lenin, Oktoberrevolution, Industrialisierung und NEP – Neue Ökonomische Politik), s. Nėp ◊ www.diary.ru V SSSR možno bylo najti mnogo interesnych imën, kotorye objazatel'no proslavljali Sovetskij Sojuz (13.6.2008)

Loriėrik (Лориэрик) – von russ. **L**enin, **O**ktjabr'skaja **r**evoljucija, **i**ndustrializacija, ėlektrifikacija, radiofikacija i kommunizm (Lenin, Oktoberrevolution, Industrialisierung, Elektrifizierung, Radiofizierung /Einführung des Rundfunkempfangs/ und Kommunismus) ◊ Irošnikov/Šelaev in Rodina 9–10, 1991, S. 38

Loriėrk (Лориэрк) – dasselbe wie Loriėrik ◊ www.mamka.ru Ženskij forum Samye neobyčnye imena u detej, 23.8.2007

Lorik (Лорик) – [1] von russ. Lenin, Oktjabr'skaja revoljucija i kommunizm (Lenin, Oktoberrevolution und Kommunismus) ◊ mündliche Quelle – [2] eine Verkürzung von Vilorik ◊ mündliche Quelle

Lorikėrik (Лорикэрик) – [1] von russ. Lenin, Oktjabr'skaja revoljucija, industrializacija, kollektivizacija, ėlektrifikacija, radiofikacija i kommunizm (Lenin, Oktoberrevolution, Industrialisierung, Kollektivierung, Elektrifizierung, Radiofizierung /Einführung des Rundfunkempfangs/ und Kommunismus) ◊ Uspenskij, 1959 – [2] von russ. Lenin, Oktjabr'skaja revoljucija, industrializacija, kollektivizacija, ėlektrifikacija, radiofikacija, International, kommunizm (Lenin, Oktoberrevolution, Industrialisierung, Kollektivierung, Elektrifizierung, Radiofizierung, Internationale, Kommunismus) ◊ Gusejnov, S. 87

Lorikėsk (Лорикэск) – von russ. Lenin, Oktjabr'skaja revoljucija, industrializacija, kollektivizacija, ėlektrifikacija, socializm, kommunizm (Lenin, Oktoberrevolution, Industrialisierung, Kollektivierung, Elektrifizierung, Sozialismus, Kommunismus) ◊ kommari.livejournal.com

Loriks (Лорикс) – von russ. Lenin, Oktjabr'skaja revoljucija, industrializacija, kollektivizacija, socializm (Lenin, Oktoberrevolution, Industrialisierung, Kollektivierung, Sozialismus) ◊ Irošnikov/Šelaev in: Rodina 9–10, 1991, S. 38

Lot (Лот) – Lot, Senkblei, Wassertiefenmesser ◊ Vseobščij nastol'nyj kalendar' na 1924 god, S. 22

Lozanna (Лозанна) – von Lausanne (Stadt in der Schweiz) ◊ Rylov, S. 98

Luanna (Луанна) – Phantasiename ◊ Superanskaja, 1998, S. 398

Luara (Луара) – von Loire (längster Fluß Frankreichs) ◊ Superanskaja, 1978, S. 421

Luč (Луч) – von russ. Lenin – učitel' čelovečestva (Lenin, der Lehrer der Menschheit) ◊ forum.leit.ru (Fushigi Nippon) Japonskie imena (auch Namen sowjetischer Herkunft), nach dem Stand vom 3.3.2009

Luidži (Луиджи) – [1] von russ. Lenin umer, no idei živy. (Lenin ist gestorben, aber die Ideen sind lebendig.) ◊ Torop, S. 277 – [2] von russ. Lenin umer, no idei ego živy. (Lenin ist gestorben, aber seine Ideen leben.) ◊ www.NEWSru.com: Dazdraperma i Lagšmivara – imena, roždënnye revoljuciej, 5.11.2000

Luidžia (Луиджиа) – weibliche Entsprechung zu Luidži ◊ Irošnikov/Šelaev in: Rodina 9–10, 1991, S. 38

Luiza (Луиза) – von Louise Michel (1830–1905), französische Anarchistin, Teilnehmerin der Pariser Kommune von 1871 ◊ Galiullina, S. 98

Luna (Луна) – Mond ◊ Kil'dibekova, S. 78

Lunačar (Луначар) – von Anatolij Vasil'evič Lunačarskij (1875–1933), Bolschewik, Schriftsteller, Kritiker. Als Volkskommissar für das Bildungswesen der RSFSR (1917–29) war er für die Kulturpolitik verantwortlich. ◊ Suslova, 1979, S. 315

Lunačara (Луначара) – weibliche Form zu Lunačar ◊ Pravda 12.6.1924, S. 6

Lundeži (Лундежи) – von russ. **L**enin **u**mer, **n**o **d**elo **e**go **ž**ivët. (Lenin ist gestorben, aber sein Werk lebt.) ◊ ru.wikipedia.org

Lunik (Луник) – **[1]** von russ. **L**enin **u**mer, **n**o **i**dei **k**repki. (Lenin ist gestorben, aber die Ideen sind dauerhaft.) ◊ Torop, S. 277 – **[2]** von russ. **L**enin **u**mer, **n**o **i**dei **k**ujutsja. (Lenin ist gestorben, aber seine Ideen werden geschmiedet.) ◊ www.talar.mastersite.ru Sovetskie imena

Lunio (Лунио) – von russ. **L**enin **u**mer, **n**o **i**dei **o**stalis'. (Lenin ist gestorben, aber seine Ideen bleiben.) ◊ Torop, S. 277

Luvi (Луви) – von russ. V. I. Lenin – Ul'janov (mit Umstellung der Silben) ◊ Petrovskij, 1969, S. 182 (Ul'janov ist der eigentliche Familienname Lenins.)

M

Mab (Маб) – von dem sozialkritischen Gedicht (1813) „Queen Mab" (Königin Mab, russ. Koroleva Mab) von Percy Bysshe Shelley (1792–1822), Dichter der englischen Romantik ◊ Vseobščij nastol'nyj kalendar' na 1924 god, S. 8, 18 und 24

Macija (Мация) – eine Verkürzung von russ. prokla**macija** (Proklamation, amtliche Verkündigung, öffentliche Bekanntmachung) ◊ http://otvet.mail.ru/question.html Podskažite imena, kotorymi prinjato bylo nazyvat' detej v Rossii v postrevoljucionnoe vremja, 2011

Madrid (Мадрид) – Hauptstadt Spaniens ◊ Zakir'janov, S. 155

Maėglor (Маэглор) – wahrscheinlich von russ. **Ma**rks, **Ė**ngel's, **L**enin, **O**ktjabr'skaja **r**evoljucija (Marx, Engels, Lenin, Oktoberrevolution) ◊ dok_zlo.livejournal.com Imena ėpochi istoričeskogo materializma, 2.2.2008

Maėl' (Маэль) – von russ. **Ma**rks, **Ė**ngel's, **L**enin (Marx, Engels, Lenin) ◊ Petrovskij, 1969, S. 179

Maėla (Маэла) – von russ. **Ma**rks, **Ė**ngel's, **L**enin (Marx, Engels, Lenin) ◊ Petrovskij, 1969, S. 179

Maėlest (Маэлест) – von russ. **Ma**rks, **Ė**ngel's, **Le**nin, **St**alin (Marx, Engels, Lenin, Stalin) ◊ Kolonitskii, 1993, S. 222

Maėls (Маэлс) – von russ. **Ma**rks, **Ė**ngel's, **L**enin, **S**talin (Marx, Engels, Lenin, Stalin) ◊ www.andein.ru/mir/patr.html Iz mira imën Patriotičeskie imena

Maėl's (Маэльс) – phonetische Variante zu Maėls ◊ ru.wikipedia.org

Maėnlest (Маэнлест) – von russ. **Ma**rks, **Ė**ngel's, **Le**nin, **St**alin (Marx, Engels, Lenin, Stalin) ◊ www.andein.ru/mir/patr.html Iz mira imën Patriotičeskie imena

Maeslav (Маеслав) – **[1]** von russ. **slav**a **ma**ju (Ehre dem Mai), bezieht sich auf den 1. Mai, den internationalen Feiertag der Arbeit ◊ http://www.shkolazhizni.ru/archive/0/n-11077/ Kakie byvajut imena, i počemu oni takie?, 16.6.2009 – **[2]** Bildung aus russ. **ma**j (Mai) und russ. **slav**a (Ruhm, Ehre) nach traditionellem slawischen Muster wie Jaroslav, Miroslav, Svjatoslav ◊ ru.wikipedia.

Magadan (Магадан) – Stadt im äußersten Nordosten Sibiriens ◊ Zakir'janov, S. 155

Magellan (Магеллан) – von Magalhães, Fernão de, spanisch Magallanes (Magellan) (um 1480–1521), portugiesischer Seefahrer in portugiesischen, später spanischen Diensten ◊ Suslova, 1979, S. 315

Magija (Магия) – Magie, Zauberei, Zauberkunst ◊ forum.farit.ru, str.1 Prosmotr polnoj versii: Smešnye imena, 21.1.2006

Magnit (Магнит) – Magnet ◊ Superanskaja, 1998, S. 226

Magnita (Магнита) – **[1]** von russ. Magnitogorskij metallurgičeskij kombinat (Hüttenkombinat in Magnitogorsk). In der neugegründeten Stadt Magnitogorsk im südlichen Ural (Gebiet Čeljabinsk) wurde 1929–34 das größte Hüttenwerk der Sowjetunion errichtet. ◊ Bondaletov, 1983, S. 135 – **[2]** weibliche Form zu Magnit ◊ ru.wikipedia.org

Magnitostroj (Магнитострой) – von **Magnito**gorsk (Stadt) und russ. **stroj** (Bau, Organisation). Magnitostroj hieß das Hüttenkombinat in Magnitogorsk im südlichen Ural (Gebiet Čeljabinsk) während der Bauzeit von 1929 bis 1934. ◊ Uspenskij, 1960, S. 47

Magnolija (Магнолия) – Magnolie, Magnolienbaum (Holzpflanze) ◊ Bondaletov, 1983, S. 135

Maina (Маина) – abgeleitet vom Monat Mai (russ. maj), Namengebung zu Ehren des 1. Mai, dem internationalen Feiertag der Arbeit ◊ Petrovskij: Slovar' russkich ličnych imën, 4. Auflage, Moskau 1995, S. 194

Maj (Май) – von russ. maj (Monat Mai), zu Ehren des 1. Mai, dem internationalen Feiertag der Arbeit ◊ Rylov, S. 97

Maja (Мая) – weibliche Form zu Maj ◊ Danilina, 1972, S. 18

Majak (Маяк) – Leuchtturm, Leuchtfeuer (im übertragenen Sinne leuchtendes Vorbild) ◊ Superanskaja, 1998, S. 233

Majeslav (Майеслав) – eine Modifizierung von Majslav ◊ Superanskaja, 1978, S. 421

Maj Grjaduščij (Май Грядущий) – der kommende Mai (der 1.Mai als der internationale Feiertag der Arbeit) ◊ Torop, S. 277

Majja (Майя) – von russ. maj (Monat Mai), zu Ehren des proletarischen Feiertages, dem 1. Mai ◊ Rylov, S. 97

Majlen (Майлен) – **[1]** von russ. **maj**, **Len**in (Mai, Lenin) ◊ Superanskaja, 1998, S. 226 – **[2]** von russ. **Maj len**inskij (der Leninsche Maj) ◊ www.ruslife.org.ua/post 111340415.html Dazdraperma (ili imena posle revoljucii), 1.10.2009

Majlena (Майлена) – weibliche Entsprechung zu Majlen ◊ www.mikolka.info Dom moich myslej Urjurvkos i drugie – imena sovetskoj épochi, 11.9.2007

Majn (Майн) – Main (rechter Nebenfluß des Rhein) ◊ Superanskaja, 1978, S. 421

Majna (Майна) – weibliche Form zu Majn ◊ Torop, S. 277

Major (Майор) – Major (militärischer Dienstgrad als Vorname) ◊ Lidija Ostrovskaja, S. 6

Majslav (Майслав) – **[1]** von russ. **slav**a **maj**u (Ehre dem Mai), bezieht sich auf den 1. Mai, den internationalen Feiertag der Arbeit ◊ Bondaletov, 1983, S. 134 – **[2]** Bildung aus russ. **maj** (Monat Mai) und russ. **slav**a (Ruhm) nach traditionellem slawischen Muster wie Jaroslav, Rostislav, Svjatoslav ◊ ru.wikipedia.org

Majtruda (Майтруда) – von russ. **maj**, **trud** (Mai, Arbeit) ◊ forum.1tv.ru/index.php?showtopic Naši imena (nach dem Stand vom 29.3.2009)

Makbet (Макбет) – nach dem Helden in William Shakespeares (1564–1616) Tragödie „Macbeth" (Anfang des 17. Jahrhunderts), außerdem komponierte Giuseppe Verdi (1813–1901) eine Oper „Macbeth" (1847) ◊ Superanskaja, 1998, S. 226

Malentro (Малентро) – von russ. **Ma**rks, **Len**in, **Tro**ckij (Marx, Lenin, Trockij) ◊ Torop, S. 278

Mal'ta (Мальта) – Malta (aus einer Inselgruppe bestehender Staat südlich Siziliens) ◊ Sem'ja.ru (7ja.ru) Konferencija „Imena" Samye original'nye imena, Februar 2003

Mal'va (Мальва) – Malve, Käsepappel (Heil- und Zierpflanze) ◊ Vseobščij nastol'nyj kalendar' na 1928 god, 2.8.

Mal'vina (Мальвина) – Person aus dem Märchen „Das goldene Schlüsselchen oder die Abenteuer des Burattino" (Zolotoj ključik ili Priključenija Buratino) von Aleksej Nikolaevič Tolstoj (1883–1945), russischer Schriftsteller ◊ Poljakova, S. 39

Mandata (Мандата) – von russ. mandat (Mandat, Vollmacht) ◊ Samsonov, S. 125

Manfred (Манфред) – nach dem dramatischen Gedicht „Manfred" (1817) des englischen Dichters George Gordon Noel Byron (1788–1824) ◊ ru.wikipedia.org Iskusstvo davat' imena, 27.6.2009

Manifestacija (Манифестация) – Manifestation, Demonstration, Kundgebung ◊ Torop, S. 278

Manki (Манки) – von russ. **man**ifest **K**om**in**terna (Manifest der Kommunistischen Internationale) ◊ Odnokolenko

Mansur (Мансур) – von russ. **Ma**rksizm **n**esët **s**vobodu **u**gnetënnym **r**abočim. (Der Marxismus bringt den unterdrückten Arbeitern die Freiheit.) ◊ mündliche Quelle

Mao (Мао) – von russ. Mao Czė-Dun (Mao Tse-tung), chinesischer kommunistischer Staatsmann (1893–1976) ◊ FantLab.ru

Marat (Марат) – von Jean Paul Marat (1743–93), einer der Führer der Französischen Revolution (1789–99) ◊ Akent'eva, S. 21

Marata (Марата) – weibliche Form zu Marat ◊ Suslova, 1979, S. 315

Marel' (Марель) – von russ. **Mar**ks, **Ė**ngel's, **Len**in (Marx, Engels, Lenin) ◊ Kolonitskii, 1993, S. 221

Marela (Марела) – von russ. **Mar**ks, **Ė**ngel's, **Len**in (Marx, Engels, Lenin) ◊ Superanskaja, 1998, S. 402

Marėla (Марэла) – von russ. **Mar**ks, **Ė**ngel's, **Len**in (Marx, Engels, Lenin) ◊ www.martynenko-info.ru Vladimir Martynenko: Kal'dera gosudarstvennoj vlasti.Vvedenie

Maren (Марен) – von russ. **Mar**ks, **Ė**ngel's (Marx, Engels) ◊ Superanskaja, 1998, S. 230

Marėn (Марэн) – von russ. **Mar**ks, **Ė**ngel's (Marx, Engels) ◊ botinok.co.il/blog Prjamoj ėfir Imenem revoljucii...

Marėng (Марэнг) – von russ. **Mar**ks, **Ė**ngel's (Marx, Engels) ◊ http://otvety.google.ru/otvety/thread?tid=746fc89d013f581d S kakimi redkimi imenami, v real'noj žizni, Vam dovodilos' stalkivat'sja (11.7.2007)

Marėnglen (Марэнглен) – von russ. **Mar**ks, **Ė**ngel's, **Len**in (Marx, Engels, Lenin) ◊ Petrovskij, 1969, S. 179

Marėnglena (Марэнглена) – weibliche Entsprechung zu Marėnglen ◊ Petrovskij, 1969, S. 179

Marėnlen (Марэнлен) – von russ. **Mar**ks, **Ė**ngel's, **Len**in (Marx, Engels, Lenin) ◊ www.lovehate.ru Pro neobyčnye imena (rss), 29.3.2009

Marėnlenet (Марэнленет) – von russ. **Mar**ks, **Ė**ngel's, **Len**in, **T**rockij (Marx, Engels, Lenin, Trockij) ◊ Torop, S. 278

Marėnlenst (Марэнленст) – von russ. **Mar**ks, **Ė**ngel's, **Len**in, **St**alin (Marx, Engels, Lenin, Stalin) ◊ Irošnikov/Šelaev in: Rodina 9–10, 1991, S. 38

Marėnlest (Марэнлест) – von russ. **Mar**ks, **Ė**ngel's, **Len**in, **St**alin (Marx, Engels, Lenin, Stalin) ◊ Kolonitskii, 1993, S. 222

Marganec (Марганец) – Mangan (chemisches Element) ◊ mündliche Quelle

Marianna (Марианна) – eine Kombination aus den Vornamen **Mari**ja und **Anna** ◊ Torop, S. 278

Marica (Марица) – nach der Operette „Gräfin Mariza" (1924) von Emmerich (Imre) Kálmán (1882–1953), ungarischer Operettenkomponist ◊ Suslova, 1979, S. 306

Mariėnlenst (Мариэнленст) – von russ. **Mar**ks, **Ė**ngel's, **Len**in, **St**alin (Marx, Engels, Lenin, Stalin) ◊ aidan4.livejournal.com Ne Blog Nekotorye sovetskie imena načala veka, 4.5.2005

Marilen (Марилен) – von russ. **Mar**ks **i Len**in (Marx und Lenin) ◊ ru.wikipedia.org

Marilena (Марилена) – weibliche Form zu Marilen ◊ ru.wikipedia.org

Marimest (Маримест) – eine Kombination aus dem Vor- und Familiennamen der Mutter **Mari**ja **Mest**nikova ◊ Samsonov, S. 130

Markel (Маркел) – von russ. **Mark**s, **Ė**ngel's, **L**enin (Marx, Engels, Lenin) ◊ revim.narod.ru

Markelina (Маркелина) – von russ. **Mark**s, **Ė**ngel's, **L**enin (Marx, Engels, Lenin) ◊ Petrovskij, 1969, S. 179

Markėnglena (Маркэнглена) – von russ. **Mark**s, **Ė**ng**el's, **Len**in (Marx, Engels, Lenin) ◊ Vereščagin/Kostomarov, S. 98

Markiėn (Маркиэн) – von russ. **Mark**s **i Ė**ngel's (Marx und Engels) ◊ revim.narod.ru

Markizet (Маркизет) – von Marquisette (auch Markisette), ein Gardinengewebe. Zwillinge wurden Skelet (Skelett, Gerippe) und Markizet genannt. ◊ indostan.ru Forum-Fludistan- Pogovorim pro imena? (5), 29.7.2009

Marklen (Марклен) – von russ. **Mark**s, **Len**in (Marx, Lenin) ◊ Petrovskij, 1969, S. 179

Marklena (Марклена) – weibliche Entsprechung zu Marklen ◊ Kas'janova, S. 64

Marks (Маркс) – von russ. Karl Marks (Karl Marx). s. Karl ◊ Podol'skaja, S. 138

Marksa (Маркса) – weibliche Entsprechung zu Marks ◊ Torop, S. 278

Marksana (Марксана) – von russ. Karl Marks (Karl Marx) ◊ Ktorova, 2007, S. 157

Marksel' (Марксель) – von russ. **Marks**, **Ė**ngel's, **L**enin (Marx, Engels, Lenin) ◊ www.arkaim-center.ru/forum Imena, kotorye ne sleduet davat' detjam

Marksėlen (Марксэлен) – von russ. **Marks**, **Ė**ngel's, **Len**in (Marx, Engels, Lenin) ◊ Maksimova in: Rodina 5, 1992

Markselena (Маркселена) – von russ. **Marks**, **Ė**ngel's, **Len**in (Marx, Engels, Lenin) ◊ Superanskaja, 1998, S. 403

Marksen (Марксен) – von russ. **Marks**, **Ė**ngel's (Marx, Engels) ◊ www.woman.ru Internet dlja ženščin, 19.8.2009

Marksėn (Марксэн) – von russ. **Marks**, **Ė**ngel's (Marx, Engels) ◊ Kino. Ėnciklopedičeskij slovar', Moskau 1986, S. 91 und Gusejnov, S. 87

Marksena (Марксена) – weibliche Entsprechung zu Marksen ◊ www.babyplan.ru/blog/post/43712/40505 Otvet na blog Emmanuelle Imena v ėpochu SSSR 03 Sentjabr', 2009

Marksėna (Марксэна) – weibliche Entsprechung zu Marksėn ◊ Akent'eva, S. 48

Marksėnlen (Марксэнлен) – von russ. **Marks, Ėn**gel's, **Len**in (Marx, Engels, Lenin) ◊ www.aif.ru (gorod Jaroslavl') Diktatura byla, demokratii net, 2009

Marksėnlenst (Марксэнленст) – von russ. **Marks, Ėn**gel's, **Len**in, **St**alin (Marx, Engels, Lenin, Stalin) ◊ www.aif.ru (gorod Jaroslavl') Diktatura byla, demokratii net, 2009

Marksida (Марксида) – [1] von russ. **marks**istskaja **ide**ja (die marxistische Idee) ◊ Gusejnov, S. 87 – [2] von russ. **marksi**zmu – **da**! (ja zum Marxismus!) ◊ mage_victor.livejournal.ru

Marksilen (Марксилен) – von russ. **Marks i Len**in (Marx und Lenin) ◊ Torop, S. 278

Marksin (Марксин) – von russ. Karl Marks (Karl Marx) ◊ Akent'eva, S. 21

Marksina (Марксина) – weibliche Form zu Marksin ◊ Pravda 12.6.1924, S. 6

Marksista (Марксиста) – von russ. marksist (Marxist) ◊ Torop, S. 278

Marksiz (Марксиз) – von russ. marksizm (Marxismus) ◊ Danilina, 1972, S. 20

Marksizm (Марксизм) -von russ. marksizm (Marxismus) ◊ Torop, S. 278

Markslen (Маркслен) – von russ. **Marks, Len**in (Marx, Lenin) ◊ Kolonitskii, 1993, S. 221

Markslena (Маркслена) – weibliche Entsprechung zu Markslen ◊ Kolonitskii, 1993, S. 219

Marlen (Марлен) – [1] von russ. **Mar**ks, **Len**in (Marx, Lenin) ◊ Poljakova, S. 43 – [2] von russ. **mar**ksizm – **len**inizm (Marxismus – Leninismus) ◊ Golovenko – [3] von russ. **Mar**ks, **Len**in, **Ėn**gel's (Marx, Lenin, Engels) ◊ revim.narod.ru

Marlėn (Марлэн) – von russ. **Mar**ks, **Len**in, **Ėn**gel's (Marx, Lenin, Engels) ◊ Rylov, S. 98

Marlena (Марлена) – weibliche Entsprechung zu Marlen ◊ Mokienko/Nikitina, S. 231

Marlens (Марленс) – von russ. **Mar**ks, **Len**in, **St**alin (Marx, Lenin, Stalin) ◊ NeForum.ru Kommunističeskie imena..., Juli 2004

Marlenst (Марленст) – von russ. **Mar**ks, **Len**in, **St**alin (Marx, Lenin, Stalin) ◊ Rylov, S. 98

Marlest (Марлест) – von russ. **Mar**ks, **Le**nin, **St**alin (Marx, Lenin, Stalin) ◊ Rylov, S. 98

Marlin (Марлин) – von russ. **Mar**ks, Lenin, **In**ternacional (Marx, Lenin, Internationale) ◊ Rylov, S. 98

Marlina (Марлина) – von englisch marlin (ein Speerfisch) aus der Erzählung „The Old Man and the Sea" (Der alte Mann und das Meer, 1952) von Ernest Hemingway (1899–1961) ◊ Švarckopf, S. 50

Marlis (Марлис) – von russ. **Mar**ks, Lenin **i S**talin (Marx, Lenin und Stalin) ◊ Rylov, S. 98

Marsel' (Марсель) – **[1]** von Marcel Cachin (1869–1958), französischer kommunistischer Politiker, 1918–58 Direktor der Zeitung „l'Humanité", des Zentralorgans der französischen KP ◊ Sattar-Mulille, S. 160 – **[2]** von Marseille, Hafenstadt in Frankreich ◊ Galiullina, S. 23

Marsel'eza (Марсельеза) – von la Marseillaise, französisches Revolutions- und Freiheitslied, seit 1795 Nationalhymne Frankreichs ◊ Gric, S. 73

Marsėlina (Марсэлина) – von russ. **Mar**ks, **Ė**ngel's, **L**enin, **I**nternacional, **n**arodnaja **a**rmija (Marx, Engels, Lenin, Internationale, Volksarmee) ◊ Maksimova in: Rodina 5, 1992

Marserina (Марсерина) – eine Kombination aus den Vornamen **Mar**ina und **Ser**gej ◊ Natal'ja Gridneva: Povest' imennych let, žurnal „Vlast'" Nr. 29 vom 25.7.2000

Mart (Март) – **[1]** Namengebung zu Ehren von L. Martov (1873–1923, wirklicher Name Julij Osipovič Cederbaum), russischer Revolutionär, 1919 Mitglied des Allrussischen Zentralen Exekutivkomitees (VCIK) ◊ Torop, S. 278 – **[2]** zu Ehren des 8. März (russ. mart – März), dem internationalen Frauentag ◊ Botinok.co.il/ Imena, pridumannye v Sovetskom Sojuze i ich rasšifrovka, 13.12.2004 – **[3]** zu Ehren des 18. März, dem Tag der Pariser Kommune (18.3–28.5.1871), s. Parižkoma ◊ Botinok.co.il/ Imena, pridumannye v Sovetskom Sojuze i ich rasšifrovka, 13.12.2004

Marten (Мартен) – **[1]** von Pierre Émile Martin (1824–1915), französischer Ingenieur, erfand ein Verfahren zur Herstellung von Stahl (Siemens-Martin-Verfahren, 1864 entwickelt) ◊ Rylov, S. 97 – **[2]** von russ. marten (Martinofen, Siemens-Martin-Ofen) ◊ ru.wikipedia.org

Martėn (Мартэн) – dasselbe wie Marten ◊ Superanskaja, 1998, S. 232

Marti (Марти) – **[1]** von José Martí (1853–95, gefallen), kubanischer Politiker und Schriftsteller, der geistige Führer im Unabhängigkeitskampf gegen die spanische Kolonialmacht ◊ Botinok.co.il/ Imena, pridumannye v Sovetskom Sojuze i ich rasšifrovka, 13.12.2004 – **[2]** zu Ehren des internationalen Frauentages am 8. März ◊ Botinok.co.il/ Imena, pridumannye v Sovetskom Sojuze i ich rasšifrovka, 13.12.2004 – **[3]** zu Ehren des 18. März, dem Tag der Pariser Kommune (18.3.-28.5.1871), s. Parižkoma ◊ Botinok.co.il/ Imena, pridumannye v Sovetskom Sojuze i ich rasšifrovka, 13.12.2004

Martian (Мартиан) – von José Martí (1853–95, gefallen), kubanischer Politiker und Schriftsteller, der geistige Führer im Unabhängigkeitskampf gegen die spanische Kolonialmacht ◊ Torop, S. 278

Martiana (Мартиана) – von André Marty (1886–1956), französischer kommunistischer Politiker, 1935–43 Sekretär der Komintern, wurde 1923 Mitglied der

KPF, aber 1953 wegen Kritik der Nachkriegspolitik der KP aus der Partei ausgeschlossen ◊ Danilina, 1972, S. 18

Martina (Мартина) – von russ. vos'moe marta (8. März), dem internationalen Frauentag ◊ Botinok.co.il/ Imena, pridumannye v Sovetskom Sojuze i ich rasšifrovka, 13.12.2004

Mašina (Машина) – Maschine, Wagen, Auto ◊ Torop, S. 278

Matč (Матч) – Spiel, Match, sportlicher Wettkampf ◊ Zakir'janov, S. 156

Matfiza (Матфиза) – [1] von russ. **mat**ematika, **fiz**ika (Mathematik, Physik) ◊ diary.ru – [2] eine Kombination aus den Berufen der Eltern **mat**ematik (Mathematiker) und **fiz**ik (Physikerin) ◊ www.womanshobby.net Sovetskie imena – Dolce Vita, 5.2.2006

Mauzer (Маузер) – Mauserpistole, Mausergewehr, benannt nach den deutschen Waffenkonstrukteuren Paul (1838–1914) und Wilhelm (1834–82) Mauser ◊ Zakir'janov, S. 155

Mauzerina (Маузерина) – abgeleitet von Mauzer ◊ www.Balancer.ru Sovetskie imena, 13.11.2009

Mavlena (Мавлена) – von russ. **mav**zolej **Len**ina (das Lenin-Mausoleum) ◊ Petrovskij, 1969, S. 181

Mavr (Мавр) – von russ. mavr (der Mohr), von den Bolschewiken in der Illegalität benützter Deckname für Karl Marx ◊ Torop, S. 277

Mecenat (Меценат) – Mäzen, Kunstfreund, Kunstförderer ◊ Vseobščij nastol'nyj kalendar' na 1924 god, S. 4

Medera (Медера) – von russ. **Me**ždunarodnyj **d**en' **ra**botnicy (internationaler Tag der Arbeiterin – 8. März, internationaler Frauentag) ◊ Maksimova in: Rodina 11–12, 1992, S. 114

Mediana (Медиана) – Mediane, Mittellinie, Seitenhalbierende (Terminus aus der Mathematik) ◊ Ogonëk 6, 1960

Medmia (Медмиа) – von **Dm**itrij Anatol'evič **M**edvedev (geb. 1965), ehemaliger Präsident (2008–12), seit 2012 Ministerpräsident der Russischen Föderation ◊ Bez kommentariev. Roditeli nazvali svoju novoroždënnuju doč'... „Medvedev Dmitrij Anatol'evič" www.ura.ru Rossijskoe informacionnoe agentstvo, 28.7.2011

Medsestra (Медсестра) – von russ. medicinskaja sestra, abgekürzt medsestra (Krankenschwester, Sprechstundenhilfe) ◊ www.Znanie-Sila.ru Znanie-Sila 7, 1998 (online version) Kak vaše imja?

Mėk (Мэк) – von russ. **M**arks, **Ė**ngel's, **k**ommunizm (Marx, Engels, Kommunismus) ◊ mage_victor.livejournal.ru

Mėl (Мэл) – von russ. **M**arks, **Ė**ngel's, **L**enin (Marx, Engels, Lenin) ◊ http:/// forum.farit.ru Imena – o zizni, o ljudjach, Konferencija

Mėla (Мэла) – weibliche Entsprechung zu Mėl ◊ Petrovskij, 1969, S. 179

Mėl'd (Мэльд) – von russ. **M**arks, **Ė**ngel's, **L**enin, **D**imitrov (Marx, Engels,

Lenin, Dimitrov), Vorname eines Poeten, dessen Vater Bulgare war, s. Geodim ◊ hexel.livejournal.com Polnyj (ili počti polnyj) spisok sovetskich imën

Mėlena (Мэлена) – von russ. **M**arks, **Ė**ngel's, **Len**in (Marx, Engels, Lenin) ◊ Petrovskij, 1969, S. 179

Mėlik (Мэлик) – von russ. **M**arks, **Ė**ngel's, **L**enin **i K**omintern (Marx, Engels, Lenin und Komintern) ◊ Michael' Dorfman: Iudei i christianstvo, 2007

Meliks (Меликс) – von russ. **M**arks, **Ė**ngel's, **L**enin **i k**ak **S**talin (Marx, Engels, Lenin und wie Stalin) ◊ forum-psn.ru/index.php?showtopic=17778st=20 Forum goroda Puščino Sovetskie imena, August 2008

Mėliks (Мэликс) – von russ. **M**arks, **Ė**ngel's, **L**enin, **I**nternacional, **k**ommuna, **S**talin (Marx, Engels, Lenin, Internationale, Kommune, Stalin) ◊ Maksimova in: Rodina 5, 1992

Melioracija (Мелиорация) – Melioration, Verbesserung des Bodens durch Ent- und Bewässerung ◊ www.woman.ru forum Ulybnites': sovetskie imena

Mėlir (Мэлир) – von russ. **M**arks, **Ė**ngel's, **L**enin, **I**nternacional, **r**evoljucija (Marx, Engels, Lenin, Internationale, Revolution) ◊ Michael' Dorfman: Iudei i christianstvo, 2007

Melis (Мелис) – von russ. **M**arks, **Ė**ngel's, **L**enin **i S**talin (Marx, Engels, Lenin und Stalin) ◊ Žurnalist 1, 1993, S. 77

Mėlis (Мэлис) – von russ. **M**arks, **Ė**ngel's, **L**enin **i S**talin (Marx, Engels, Lenin und Stalin) ◊ Ivaško, S. 126

Melist (Мелист) – von russ. **M**arks, **Ė**ngel's, **L**enin **i St**alin (Marx, Engels, Lenin und Stalin) ◊ Superanskaja, 1998, S. 234

Mel'kor (Мелькор) – von russ. **M**arks, **Ė**ngel's, **L**enin, **K**ommunistische **Or**ganisation ◊ http://elena.gorod.tomsk.ru Moda na imena, 28.6.2012

Mėlo (Мэло) – von russ. **M**arks, **Ė**ngel's, **L**enin, **O**ktjabr' (Marx, Engels, Lenin, Oktober) ◊ mage_victor.livejournal.ru

Mėlor (Мэлор) – **[1]** von russ. **M**arks, **Ė**ngel's, **L**enin, **O**ktjabr'skaja **r**evoljucija (Marx, Engels, Lenin, Oktoberrevolution) ◊ Ščetinin, 1972, S. 207 – **[2]** von russ. **M**arks, **Ė**ngel's, **L**enin – **o**rganizatory **r**evoljucii (Marx, Engels, Lenin, die Organisatoren der Revolution) ◊ www.cirota.ru/forum Sozdadim obščedostupnyj rekomendatel'nyj spisok, 20.11.2005

Mėlori (Мэлори) – von russ. **M**arks, **Ė**ngel's, **L**enin, **O**ktjabr'skaja **r**evoljucija, **I**nternacional (Marks, Engel's, Lenin, Oktoberrevolution, Internationale) ◊ kommari.livejournal.com

Melos (Мелос) – Variante zu Mels ◊ Superanskaja, 1998, S. 234

Mels (Мелс) – von russ. **M**arks, **Ė**ngel's, **L**enin, **S**talin (Marx, Engels, Lenin, Stalin) ◊ Kaiser, S. 272

Mel's (Мельс) – von russ. **M**arks, **Ė**ngel's, **L**enin, **S**talin (Marx, Engels, Lenin, Stalin) ◊ Superanskaja, 1998, S. 234

Mėls (Мэлс) – **M**arks, **Ė**ngel's, **L**enin, **S**talin (Marx, Engels, Lenin, Stalin) ◊ Savel'eva, S. 32

Mėl's (Мэльс) – von russ. **M**arks, **Ė**ngel's, **L**enin, **S**talin (Marks, Engels, Lenin, Stalin) ◊ Superanskaja, 1998, S. 244

Mėlsa (Мэлса) – weibliche Entsprechung zu Mėls ◊ smi.marketgid.com Imena, kotorye ne sleduet davat' detjam, 8.2.2009

Mėlsor (Мэлсор) – von russ. **M**arks, **Ė**ngel's, **L**enin, **S**talin, **O**ktjabr'skaja **r**evoljucija (Marx, Engels, Lenin, Stalin, Oktoberrevolution) ◊ Odnokolenko

Meridian (Меридиан) – Meridian, Längenkreis (Begriff aus der Geographie und Astronomie) ◊ Kil'dibekova, S. 78

Mering (Меринг) – von Franz Mehring (1846–1919), linker sozialdemokratischer Politiker und Historiker ◊ Suslova, 1979, S. 308

Merlin (Мерлин) – von russ. **M**arks, **Ė**ngel's, **r**evoljucija, **Len**in (Marx, Engels, Revolution, Lenin) ◊ narod.od.ua

Mėrlis (Мэрлис) – von russ. **M**arks, **Ė**ngel's, **r**evoljucija, **L**enin **i** **S**talin (Marx, Engels, Revolution, Lenin und Stalin) ◊ ru.wikipedia.org

Metall (Металл) – Metall ◊ Torop, S. 278

Metallid (Металлид) – eine chemische Verbindung mehrerer Metalle ◊ Torop, S. 278

Metallina (Металлина) – abgeleitet von russ. metall (Metall) ◊ Kolonitskii, 1993, S. 223

Meteor (Метеор) – Lichterscheinung, die durch in die Erdatmosphäre eindringende Meteoriten hervorgerufen wird (Sternschnuppen, Feuerkugeln) ◊ 7ja.ru Konferencija „Imena" Samye original'nye imena, Februar 2003

Meteorit (Метеорит) – Meteorit (in die Erdatmosphäre eindringender kosmischer Körper, der vollständig oder teilweise verglüht) ◊ Superanskaja, 1998, S. 236

Metro (Метро) – von russ. metro (von franz. métro), U-Bahn, Metro, Untergrundbahn ◊ Kil'dibekova, S. 78

Metropoliten (Метрополитен) – von russ. metropoliten (von franz. métropolitain), Untergrundbahn, U-Bahn ◊ revim.narod.ru

Mežend (Меженд) – von russ. **Me**ždunarodnyj **žen**skij **d**en' (Internationaler Frauentag, 8. März) ◊ sonnerbergsson.livejournal.org Cto v imeni tebe moëm... (nach dem Stand vom 29.3.2009)

Mežendа (Меженда) – weibliche Form zu Mežend ◊ http://to-name.ru/baby/rev-name.htm Revoljucionnye imena (smešnye imena)

Michail (Михаил) – Namengebung zu Ehren von Michail Sergeevič Gorbačëv (geb. 1931), Generalsekretär des ZK der KPdSU von 1985 bis 1991, anläßlich des Treffens mit US Präsident Ronald Reagan (1911–2004) im Oktober 1986 in der isländischen Hauptstadt Reykjavik ◊ www.33plus1.ru Tolkovanie imën.Sovremennye sočinënnye imena, 2009

Miguėl' (Мигуэль) – von Cervantes Saavedra, Miguel de (1547–1616), spanischer Dichter ◊ Suslova, 1979, S. 315

Mika (Мика) – von Michail Ivanovič Kalinin (1875–1946), Bolschewik, 1926–46 Mitglied des Politbüros des ZK der KPdSU, war nominelles Staatsoberhaupt der RSFSR (1919–22) und der Sowjetunion (1922–46), s. Kalina ◊ Danilina, 1972, S. 21

Mikel' (Микель) – von russ. Mikelandželo (Michelangelo, eigentlich M. Buonarotti, 1475–1564), italienischer Bildhauer, Maler, Architekt und Dichter der Hoch- und Spätrenaissance ◊ Suslova, 1979, S. 315

Mikel'anželo (Микельанжело) – s. Mikel' ◊ Superanskaja, 1969, S. 35

Mikojan (Микоян) – von Anastas Ivanovič Mikojan (1895–1978), führender Bolschewik, 1935–66 Mitglied des Politbüros (Präsidiums) des ZK der KP, 1964–65 als Vorsitzender des Präsidiums des Obersten Sowjets der UdSSR nominelles Staatsoberhaupt der Sowjetunion, 1965–74 Mitglied des Präsidiums ◊ žurnal „Avtomag" 16, 2000

Mikron (Микрон) – Mikron (Längeneinheit, früher Bezeichnung für Mikrometer – ein millionstel Meter) ◊ Superanskaja in: Nauka i žizn' 8, 1991, S. 73

Milan (Милан) – Mailand (italienisch Milano), zweitgrößte Stadt Italiens ◊ Superanskaja: Slovar' russkich imën, S. 174

Milen (Милен) – von russ. **M**arks **i Len**in (Marx und Lenin) ◊ revim.narod.ru

Milena (Милена) – Der Vorname wurde Ende 1999/Anfang 2000 gegeben und ist von russ. millenium (Millennium – Jahrtausend) abgeleitet ◊ http://domohozyaushka.2x2forum.ru Tajna imeni. Rasšifrovka imën. März 2009

Milicija (Милиция) – Miliz, Polizeiorganisation in der Sowjetunion, gegründet am 28.10.(10.11.)1917 ◊ Šatinova, S. 154

Milja (Миля) – von russ. milja (Meile) bzw. morskaja milja (Seemeile) ◊ http://rus.tvnet.lv/ Imena-vešč interesnaja…, 2008

Millena (Миллена) – s. Milena. Der Name wurde zur Jahrtausendwende gegeben. ◊ smi.marketgid.com Imena, kotorye ne sleduet davat' detjam, 2.6.2009

Milolika (Милолика) – Person aus dem Kinderfilm von 1985 „Posle doždička v četverg" des Regisseurs Michail Iosifovič Juzovskij. Wörtlich übersetzt lautet der Filmtitel „Nach dem Sprühregen am Donnerstag". Mit dieser scherzhaften Redensart meint man nie (niemals) oder Zeitpunkt unbekannt ◊ 7ja.ru Konferencija „Imena" Samye original'nye imena, Februar 2003

Mil'ton (Мильтон) – von John Milton (1608–74), englischer Dichter, setzte sich für die republikanische Staatsform und für religiöse Toleranz ein ◊ Suslova, 1979, S. 315

Mimoza (Мимоза) – Mimose (Pflanze, die bei Erschütterungen besonders empfindlich ist und ihre Blätter abwärts klappt) ◊ Gric, S. 73

Mina (Мина) – von russ. Minsk. Der Name erinnert an den 1. Parteitag der

Sozialdemokratischen Arbeiterpartei Rußlands 1898 in Minsk, der heutigen Hauptstadt Weißrußlands. ◊ Danilina, 1972, S. 23

Mingečaurstroj (Мингечаурстрой) – von russ. Mingečaur (Stadt in Azerbaidžan) und russ. stroj (Bau, Organisation). Während der Bauzeit von 1945 bis 1954 hieß so die Baustelle des Wasserkraftwerkes bei Mingečaur. ◊ Uspenskij, 1960, S. 48

Min'ona (Миньона) – von Mignon, Titelheldin einer Oper (1866) von Ambroise Thomas (1811–96), französischer Komponist ◊ Superanskaja, 1998, S. 406

Minora (Минора) – abgeleitet von dem musikalischen Begriff minor (englisch), minore (ital.) zur Bezeichnung der Molltonart (im Gegensatz zum Dur) ◊ Superanskaja 1978, S. 420

Miol (Миол) – eine Kombination aus den elterlichen Vornamen **Mi**chail und **Ol**'ga ◊ Vvedenskaja, S. 37

Miol' (Миоль) – dasselbe ◊ Petrovskij, 1966, S. 8

Miola (Миола) – dasselbe ◊ www.beon.ru forumRžačnye imena, 18.7.2009

Miolina (Миолина) – dasselbe ◊ Petrovskij, 1966, S. 8

Mir (Мир) – **[1]** Frieden ◊ Akent'eva, S. 21 – **[2]** von russ. **mi**rovaja **r**evoljucija (Weltrevolution) ◊ Kolonitskii, 1993, S. 223

Mira (Мира) – **[1]** von russ. **mi**rovaja **r**evoljucija (Weltrevolution) ◊ Akišina, S. 193 – **[2]** von russ. mir (Frieden) ◊ Danilina, 1972, S. 18 und 24 – **[3]** eine Verkürzung von Èl'**mira** (s. dort) ◊ Danilina, 1969, S. 79

Mirabo (Мирабо) – **[1]** von Mirabeau, Honoré Gabriel de Riqueti (1749–91), französischer Politiker zur Zeit der Französischen Revolution (1789–99) ◊ Torop, S. 278 – **[2]** von russ. **mir rabo**čim (Frieden den Arbeitern) ◊ Danilina, 1972, S.23

Mirat (Мират) – von russ. **mir**nyj **at**om (friedliches Atom) ◊ Byaki.net Èto interesno (Sovetskie imena), 29.1.2009

Mir Bezbrežnyj (Мир Безбрежный) – Welt ohne Grenzen ◊ http://vk.com-notes/6470816.html pol'zovatel' „v kontakte", Maria Blyusenko: Imena, prisvaivavšiesja sovetskim detjam v 20-e – 30-e gody Avksoma-Moskva naoborot, Juli 2010

Mirian (Мириан) – Phantasiename ◊ Superanskaja, 1998, S. 240

Mirlen (Мирлен) – von russ. **mir**ovoj **len**inizm (der Leninismus, der die ganze Welt erfaßt hat) ◊ Petrovskij, 1969, S. 181

Mirlena (Мирлена) – weibliche Entsprechung zu Mirlen ◊ Petrovskij, 1969, S. 181

Mirmat (Мирмат) – von russ. „**Mir**, **ma**j, **t**rud!" (Frieden, Mai, Arbeit!) ◊ mündliche Quelle

Miroktjabr' (Мироктябрь) – von russ. **mir**ovoj **Oktjabr'** (der weltumspannende Oktober) ◊ d-v-sokolov.com

Miroljub (Миролюб) – von russ. **mir** (Frieden) und russ. **ljub**it' (lieben). Der Name wurde im Zusammenhang mit Lenins Dekret über den Frieden vom 26.10. (8.11.) 1917 gegeben. Somit erhielt der slawische Name einen neuen Sinn. ◊ Danilina, 1972, S. 19

Miroslav (Мирослав) – von russ. **mir** (Frieden) und russ. **slav**a (Ruhm, Ehre), Namengebung im Zusammenhang mit dem von Lenin unterschriebenen Dekret über den Frieden vom 26.10. (8.11.) 1917 ◊ Danilina, 1972, S. 19

Mirpovoj (Мирповой) – von russ. **Mir po**bedit **voj**nu. (Der Frieden wird den Krieg besiegen.) ◊ mage_victor.livejournal.ru

Mirra (Мирра) – von russ. **mir**ovaja **r**evoljucij**a** (Weltrevolution) ◊ Kas'janova, S. 64

Mirrevlen (Мирревлен) – von russ. **mir**ovaja **rev**oljucija, **Len**in (Weltrevolution, Lenin) ◊ Petrovskij, 1969, S. 180

Mirtruda (Миртруда) – von russ. **mir** (Frieden) und russ. **trud** (Arbeit), Welt der Arbeit ◊ www.NewsLand.ru V Rossii vozvraščajutsja patriotičeskie imena, 2009

Mir-Trud-Maj (Мир-Труд-Май) – Welt – Arbeit – Mai ◊ www.babyplan.ru/blog/post/43712/40505 Otvet na blog Emmanuelle Imena v épochu SSSR 03 Sentjabr', 2009

Mirza (Мирза) – von russ. **mir**ovaja **za**rja (Morgenröte der Welt) ◊ Torop, S. 278

Mirzajan (Мирзаян) – von russ. **Ja za mir**. (Ich bin für den Frieden.), silbenweise umgekehrt ◊ http://www.spbgu.ru/forums/index.php?act=Print&client=wordr&f=41&t=16907 TOP-13 sovetskich imën

Mišel' (Мишель) – von Louise Michel (1830–1905), französische Anarchistin, Teilnehmerin der Pariser Kommune von 1871 ◊ Suslova, 1979, S. 315 und Galiullina, S. 98

Missurija (Миссурия) – Missouri (rechter größter Nebenfluß des Mississippi und Staat der USA) ◊ Zakir'janov, S. 156

Miting (Митинг) – von englisch meeting (Begegnung, Zusammenkunft, Zusammentreffen, Versammlung, Beratung, Konferenz, Sitzung, Tagung, Meeting, in einem Wörterbuch der Sowjetzeit auch übersetzt als Kundgebung, Großkundgebung) ◊ Torop, S. 278

Mitruma (Митрума) – von russ. **mir**, **tru**d, **ma**j (Frieden, Arbeit, Mai) ◊ forum.farit.ru str.1 Konferencija-O žizni, o ljudjach-Imena, 21.3.2004

Mjatežnik (Мятежник) – Rebell, Aufständischer, Aufrührer ◊ http://www.livejournal.ru/themes/id/8255themes/ Vilor, Stind i Dazdraperma (22.6.2008)

Mjud (Мюд) – von russ. **M**eždunarodnyj **ju**noseškij **d**en' (Internationaler Jugendtag). Von 1915 bis 1945 internationaler Feiertag (seit 1932 der 1. September), in Rußland seit 1917 ◊ Savel'eva, S. 32 und 33

Mjuda (Мюда) – **[1]** weibliche Form zu Mjud ◊ Solouchin – **[2]** von russ. **me**ždunarodnoe **ju**nošeskoe **d**viženie (internationale Jugendbewegung) ◊ Gusejnov, S. 87

Mjund (Мюнд) – dasselbe wie Mjud ◊ ru.wikipedia.org

Mocart (Моцарт) – von Wolfgang Amadeus Mozart (1756–91), Komponist ◊ Vseobščij nastol'nyj kalendar' na 1924 god, S. 12, 16, 22

Modest (Модест) – von Modest Petrovič Musorgskij (1839–81), russischer Komponist ◊ Moj mir@Mail.Ru: Soobščestvo: Redkie i krasivye imena

Molekula (Молекула) – Molekül (kleinstes Teilchen einer chemischen Verbindung) ◊ Uspenskij, 1959

Molen (Молен) – von russ. **mo**lot **Len**ina (der Hammer Lenins). In der bolschewistischen Semantik ist der Hammer das Symbol für die Arbeiterklasse. ◊ kommari.livejournal.com Ojušminal'da, 23.10.2007

Molina (Молина) – eine Kombination aus den elterlichen Vornamen **M**ichail und **Ol**'ga ◊ Vvedenskaja/Kolesnikov, S. 37

Molnija (Молния) – Blitz ◊ Torop, S. 278

Molot (Молот) – der Hammer als Symbol des Arbeiters, der Arbeiterklasse, des Proletariats, war seit 1923 Teil des Staatssymbols der Sowjetunion im Wappen und auf der Flagge ◊ Ènciklopedija gosudarstva i prava, Band 1, Moskau 1925–26, Spalte 88

Monila (Монила) – künstlich geschaffener Vorname ◊ Samsonov, S. 129

Monolit (Монолит) – Monolith (Denkmal aus einem einzigen Steinblock), steht nach Aussage der Namengeberin für Unerschütterlichkeit, Unbesiegbarkeit, Härte, Festigkeit, Kraft, Stärke und Macht ◊ Maksimova in: Rodina 11–12, 1992, S. 114

Monolja (Моноля) – Variante von Monolit ◊ Maksimova in: Rodina 11-12, 1992, S. 114

Moor (Моор) – von Thomas More, s. Mora ◊ Torop, S. 278

Mopr (Мопр) – von russ. **M**eždunarodnaja **o**rganizacija **p**omošči borcam **r**evoljucii (Internationale Hilfsorganisation für Kämpfer für die Revolution), wurde 1922 von der Komintern gegründet. 1937 wurde die Leitung von Moskau nach Paris verlegt, wo sie sich bis September 1939 befand. Mit Beginn des 2. Weltkrieges stellte die Organisation ihre Tätigkeit im internationalen Maßstab ein. Die sowjetische Sektion bestand noch bis 1947. ◊ Torop, S. 279

Moprian (Моприан) – von Mopr + Suffix -ian, dasselbe wie Mopr ◊ Danilina, 1972, S. 17 und Torop, S. 279

Mora (Мора) – von Thomas More (1478–1535), englischer Staatsmann und Humanist, Begründer des utopischen Sozialismus. In seinem Werk „Utopia" (1516) schildert er eine auf Gemeineigentum basierende ideale Gesellschaft. ◊ Suslova, 1979, S. 315

Morgan (Морган) – von Lewis Morgan (1818–81), amerikanischer Ethnologe, hatte Einfluß auf den historischen Materialismus ◊ Superanskaja, 1998, S. 242

Moris (Морис) – von Maurice Thorez (1900–64), französischer kommunistischer Politiker, 1930–64 Generalsekretär der KPF ◊ Zaljaleeva, S. 53

Morjak (Моряк) – Seemann ◊ Zakir'janov, S. 156

Moroza (Мороза) – von russ. moroz (Frost). Diese Neubildung steht im Zusammenhang mit den klimatischen Verhältnissen im Norden Rußlands. ◊ Samsonov, S. 131

Moskva (Москва) – Moskau (Hauptstadt und Fluß) ◊ Naming the Baby in Russia in: The Literary Digest, Vol. 116, October 28, 1933, S. 31

Motel' (Мотель) – von englisch motorists hotel (Hotel für motorisierte Reisende) ◊ www.33plus1.ru Tolkovanie imën. Sovremennye sočinënnye imena. 2009

Motor (Мотор) – Motor, Kraftmaschine, Triebwerk ◊ Nikonov, 1974, S. 150

Motvil (Мотвил) – von russ. **My** ot **V. I. Le**nina. (Wir vertreten Lenin.) ◊ Irošnikov/Šelaev in: Rodina 9–10, 1991, S. 38

Mudrost' (Мудрость) – Weisheit ◊ http://www.livejournal.ru/themes/id/8255 Vilor, Stind i Dazdraperma (22.6.2008)

Mur (Мур) – von Thomas Moore (1779–1852), irischer Dichter ◊ Vseobščij nastol'nyj kalendar' na 1924 god, S. 12

Muzyka (Музыка) – Musik, Tonkunst ◊ smi.marketgid.com

Mydelev (Мыделев) – von russ. **My de**lu **Le**nina **v**erny. (Wir bleiben dem Werk Lenins treu.) ◊ http://poche.ru Moda na imena, 17.6.2012

Mysl' (Мысль) – Gedanke, Idee ◊ http://www.livejournal.ru/themes/id/8255 Vilor, Stind i Dazdraperma (22.6.2008)

Myslis (Мыслис) – von russ. **mys**li **Le**nina **i S**talina (die Ideen Lenins und Stalins) ◊ Irošnikov/Šelaev in: Rodina 9–10, 1991, S. 38

N

Nabat (Набат) – Sturmläuten, Sturmruf, Alarm, Glockengeläut ◊ Torop, S. 278

Nabatočka (Набаточка) – eine Ableitung von Nabat ◊ Danilina, 1973, S. 137

Načel (Начел) – von russ. **na**stojaščij **čel**ovek (ein wahrer Mensch), aus der bekannten Erzählung „Povest' o nastojaščem čeloveke" (Geschichte vom wahren Menschen, 1946) von Boris Nikolaevič Polevoj (1908–81), russischer Schriftsteller ◊ kommari.livejournal.com

Nacional (Национал) – eine Verkürzung von russ. Internacional (Internationale) ◊ Gusev und ru.wikipedia.org

Nacionala (Национала) – weibliche Form zu Nacional ◊ Suslova, 1979, S. 315 und ru.wikipedia.org

Nadelida (Наделида) – wahrscheinlich eine Kombination aus den Vornamen **Nade**žda und **Lida** ◊ Bondaletov, 1976, S. 38

Nadir (Надир) – Person aus der Oper „Les pêcheurs de perles" („Die Perlenfischer", 1863) von Georges Bizet (1838–75), französischer Komponist ◊ Bondaletov, 1983, S. 134

Nager (Нагер) – von russ. **na**rodnyj **ger**oj (Volksheld) ◊ kommari.livejournal.com

Nakrupa (Накрупа) – von russ. **Na**děžda (Konstantinovna) **Krup**skaja (Lenins Frau) ◊ revim.narod.ru

Nal' (Наль) – Hauptheld der Erzählung „Nal' i Damajanti" (Nala und Damajanti) aus dem Mahabharata, dem Nationalepos der Inder in Sanskrit ◊ Suslova/Superanskaja, S. 146

Nal'dina (Нальдина) – von russ. **na l'din**e (auf der Eisscholle). Der Name steht im Zusammenhang mit einer sowjetischen Polarexpedition. ◊ Nepokupnyj, S. 148

Nana (Нана) – wahrscheinlich von der Titelgestalt des gleichnamigen Romans von Émile Zola (1840–1902), französischer Schriftsteller ◊ Suslova/Superanskaja, S. 28 und 196

Nansen (Нансен) – von Fridtjof Nansen (1861–1930), norwegischer Polarforscher und Diplomat, organisierte 1921–23 als Hochkommissar des Völkerbundes für Flüchtlingsfragen (1921–30) Hilfsaktionen für das hungernde Sowjetrußland ◊ Suslova, 1979, S. 315

Nansena (Нансена) – weibliche Form zu Nansen ◊ Suslova, 1979, S. 315

Nansi (Нанси) – Nancy (Stadt in Frankreich) ◊ Superanskaja in: Nauka i žizn' 8, 1991, S. 73

Napoleon (Наполеон) – von Napoleon I. (Napoléon Bonaparte, 1769–1821), Kaiser der Franzosen (1804–14/15). Für die Bolschewiken war Napoleon I. der Zerstörer der alten feudalen Ordnung, des Ancien Régime, d. h. der absolutistischen Monarchie in Frankreich vor 1789. ◊ Vseobščij nastol'nyj kalendar' na 1928 god (17. 7.)

Nara (Нара) – Fluß in Zentralrußland ◊ Superanskaja, 1998, S. 62

Narbunt (Нарбунт) – von russ. **nar**odnyj **bunt** (Volksaufstand) ◊ Danilina, 1972, S. 22

Narciss (Нарцисс) – Narzisse (Zierpflanze) ◊ Gric, S. 73

Nargenij (Наргений) – **[1]** von russ. **nar**od (Volk) und russ. **genij** (Genius) ◊ Superanskaja, 1998, S. 245 – **[2]** von russ. **nar**odnyj **genij** (die schöpferische Kraft des Volkes) ◊ Superanskaja, 1998, S. 245

Narkom (Нарком) – **[1]** von russ. **nar**odnyj **kom**issar (Volkskommissar,

Bezeichnung der Minister vom 26.10.(8.11.) 1917 bis zum 15.3.1946) ◊ Torop, S. 278
– **[2]** von russ. **nar**odnyj **kom**issariat (Volkskommissariat, Bezeichnung der Ministerien vom 26.10.(8.11.) 1917 bis zum 15.3.1946) ◊ Kolonitskii, 1993, S. 225

Narodosyn (Народосын) – von russ. **narod** (Volk) und russ. **syn** (Sohn), Sohn des Volkes ◊ www.vipshow.ru V vašem dome-radost'. Prodolženie (nach dem Stand vom 29.3.2011)

Nauka (Наука) – Wissenschaft ◊ Suslova, 1979, S. 308

Nekrasa (Некраса) – von Nikolaj Alekseevič Nekrasov (1821–77/78), russischer Dichter ◊ Suslova, 1979, S. 315

Nelja (Неля) – Ableitung von Ni**nel'** (Lenin rückwärts) ◊ Petrovskij: Slovar' russkich ličnych imën, 4. Auflage, Moskau 1995, S. 221

Nèlja (Нэля) – von Lenin die erste Silbe rückwärts ◊ Torop, S. 278

Nel'son (Нельсон) – von Horatio Nelson (1758–1805), britischer Admiral ◊ Bondaletov, 1983, S. 134

Nenila (Ненила) – der Vorname entstand durch falsche Schreibung von Ninel' ◊ Nikonov: Iščem imja, 1988, S. 35

Neon (Неон) – chemisches Element, Edelgas ◊ Vseobščij nastol'nyj kalendar' na 1924 god, S. 4

Neona (Неона) – weibliche Form zu Neon ◊ Bondaletov, 1983, S. 135

Nèp (Нэп) – von russ. **N**ovaja **è**konomiceskaja **p**olitika (Neue ökonomische Politik, 1921–29). Wegen der katastrophalen wirtschaftlichen Lage am Ende des Bürgerkrieges (1918–20) war der bolschewistische Staat gezwungen, wieder zu kapitalistischen Wirtschaftsformen überzugehen. Dieser Kurswechsel wurde auf dem 10. Parteitag der RKP (b) im März 1921 mit der NÈP vorgenommen. Die Bauern konnten einen Teil ihrer Erzeugnisse selbst verkaufen. Der freie Binnenhandel wurde wieder zugelassen und in- und ausländische private Unternehmer erhielten Konzessionen. Die Großbetriebe, großen Banken und der Außenhandel blieben aber weiterhin unter staatlicher Kontrolle. ◊ Suslova, 1979, S. 308

Nepreryvka (Непрерывка) – **[1]** von russ. nepreryvnaja pjatidnevnaja nedelja (durchgehende Fünftagewoche), eine 1929 in der Sowjetunion eingeführte Arbeitszeitregelung, d. h. vier Arbeitstage und ein Ruhetag zwecks einer besseren Nutzung der Betriebsanlagen, ohne einheitliche freie Tage für alle ◊ Uspenskij, 1960, S. 46 – **[2]** von russ. nepreryvnyj (ununterbrochen, durchgehend, pausenlos), Namensbildung im Zusammenhang mit dem ununterbrochenen Gießen von Metall ◊ Mezencev, S. 117

Ner (Нер) – von revljucio**ner** (Revolutionär) ◊ Galiullina, S. 48

Nera (Нера) – von russ. **n**ovaja **è**ra (neue Ära) ◊ mage_victor.livejournal.ru

Nèra (Нэра) – von russ. **n**ovaja **è**ra (neue Ära) ◊ Danilina, 1972, S. 22

Nèri (Нэри) – eine Ableitung von Nèra ◊ Superanskaja, 1998, S. 411

Neringa (Неринга) – von litauisch Neringa, zu Litauen gehörende Stadt (gegründet 1961) auf der Kurischen Nehrung. Zum Stadtgebiet gehört das Seebad Nida (früher deutsch Nidden, russ. Nida), in dem sich das Haus von Thomas Mann befindet. ◊ Novosti slovesnosti S kakim imenem legče žit', 8.12.2006, „IIC Istorija Familii"

Nėtta (Нэтта) – von russ. netto (netto, Gegensatz von brutto, Fachausdruck aus dem Handel) ◊ ru.wikipedia.org

Neva (Нева) – Fluß im nordwestlichen Rußland, mündet bei Sankt Petersburg in den Finnischen Meerbusen ◊ Bondaletov, 1983, S. 135

Nezamožnik (Незаможник) – armer Bauer in der Ukraine ◊ Ėnciklopedija gosudarstva i prava, Band 1, Moskau 1925–26, Spalte 88

Niana (Ниана) – eine Kombination aus den Vornamen **Ni**na und An**na** ◊ Superanskaja, 1998, S. 410

Nija (Ния) – eine Verkürzung von Evge**nija** ◊ Superanskaja, 1998, S. 411

Nika (Ника) – eine Verkürzung von Vero**nika** ◊ Vseobščij nastol'nyj kalendar' na 1928 god (11.3.)

Nikel' (Никель) – Nickel (chemisches Element, Metall) ◊ Savel'eva, S. 32 und 35

Nikserch (Никсерх) – von **Nik**ita **S**ergeevič **Ch**ruščëv (1894–1971), Erster Sekretär des ZK der KPdSU (1953–64), Vorsitzender des Ministerrates der UdSSR (1958–64), 1939–64 Mitglied des Politbüros (Präsidiums) des ZK der KPdSU ◊ http://rus.tvnet.lv/ Imena, vešč interesnaja. Byvajut imena rasprostranënnye, a byvajut redkie i neobyčnye, 2008

Nilats (Нилатс) – Stalin rückwärts ◊ www.yaplakal.com Revoljucionnye imena, 21.8.2006

Nilatsi (Нилатси) – I. Stalin rückwärts ◊ ru.wikipedia.org

Nilja (Ниля) – eine Verkürzung von **Ninel'** (Lenin rückwärts) ◊ Petrovskij: Slovar' russkich ličnych imën, 4. Auflage, Moskau 1995, S. 221

Nina (Нина) – eine Verkürzung von Le**nina** ◊ Petrovskij: Slovar' russkich ličnych imën, 4. Auflage, Moskau 1995, S. 184

Ninel (Нинел) – Lenin rückwärts ◊ Korotkova, 1971, S. 44

Ninel' (Нинель) – Lenin rückwärts ◊ Ėnciklopedija gosudarstva i prava, Band 1, Moskau 1925–26, Spalte 88

Ninėl' (Нинэль) – Lenin rückwärts ◊ Danilina, 1969, S. 77 und Ščetinin, 1972, S. 208

Ninela (Нинела) – weibliche Form zu Ninel ◊ Petrovskij, 1969, S. 182

Nineliv (Нинелив) – V. I. Lenin rückwärts ◊ Petrovskij, 1969, S. 182

Ninel'ka (Нинелька) – Ableitung von Ninel' ◊ Petrovskij: Slovar' russkich ličnych imën, 4. Auflage, Moskau 1995, S. 221

Ninella (Нинелла) – Ableitung von Ninel' ◊ Suslova, 1979, S. 312

Nionel' (Нионель) – Ableitung von Ninel' ◊ Superanskaja, 1998, S. 410

Niserch (Нисерх) – von **Ni**kita **Ser**geevič **Ch**ruščëv (1894–1971), s. Nikserch ◊ ru.wikipedia.org

Nisercha (Нисерха) – weibliche Form zu Niserch ◊ ru.wikipedia.org

Niza (Низа) – Person aus dem Roman „Tumannost' Andromedy" (Der Andromeda-Nebel, 1957), von Ivan Antonovič Efremov (1907–72), russischer Schriftsteller ◊ Ivaško, S. 130

Nizami (Низами) – von Nizami, Abu-Muhammad Ilyas Ibn-Yusuf (1141–1209), persischer Dichter ◊ Suslova/Superanskaja, S. 187

N'jubol'd (Ньюбольд) – von John Turner Walton Newbold (1888–1943), englischer Politiker, wurde 1921 Mitglied der KP Großbritanniens und ihres ersten Zentralkomitees, war einer der ersten Kommunisten im britischen Parlament, trat aber 1924 desillusioniert wieder in die Labour Party ein, Verfasser des 1916 publizierten Buches „How Europe Armed for War, 1871–1914" (Wie Europa für den Krieg aufrüstete, 1871–1914), das 1923 in Moskau in russischer Übersetzung erschien ◊ Suslova, 1979, S. 316

Njurbina (Нюрбина) – abgeleitet von der 1930 gegründeten Siedlung Njurba in der russischen Teilrepublik Sacha (Jakutien) in Ostsibirien, wo Vorkommen von Diamanten und Kohle gefunden wurden ◊ Samsonov, S. 130

N'juton (Ньютон) – von Isaac Newton (1643–1727), englischer Physiker, Mathematiker und Astronom, auch physikalische Einheit, Maßeinheit der Kraft ◊ Suslova, 1979, S. 308

Nobel' (Нобель) – von Alfred Nobel (1833–96), schwedischer Chemiker und Industrieller, stiftete den Nobelpreis ◊ Zakir'janov, S. 155

Nodar (Нодар) – von russ. radon (Radon, chemisches Element), rückwärts gelesen ◊ Superanskaja, 1978, S. 424

Noël' (Ноэль) – von François Noël Babeuf (1760–97), französischer Revolutionär zur Zeit der Französischen Revolution (1789–99), Vorläufer des Kommunismus. Die marxistischen Ideen von der Verstaatlichung der Produktionsmittel und der Diktatur des Proletariats gehen auf ihn zurück. ◊ Suslova, 1959, S. 316

Nojabr' (Ноябрь) – November. Der Name wurde zu Ehren der Oktoberrevolution gegeben, s. Nojabrist ◊ Poljakova, S. 43

Nojabrin (Ноябрин) – abgeleitet von russ. nojabr' (November), der Monat, in welchem nach dem am 1.2.1918 eingeführten gregorianischen Kalender die Oktoberrevolution stattfand ◊ http://h.ua Viktor Sulima: Reformy: „Imja i imjanarečenie", Obščestvo 3.6.2006

Nojabrina (Ноябрина) – weibliche Form zu Nojabrin ◊ Akišina, S. 204

Nojabrist (Ноябрист) – von russ. nojabr' (November), Namengebung zu Ehren der Oktoberrevolution, welche nach dem am 1.2.1918 eingeführten gregorianischen Kalender im November stattfand ◊ Zakir'janov, S. 155

Nojabrita (Ноябрита) – von russ. nojabr' (November), dem „revolutionären Monat", s. Nojabrist ◊ Danilina, 1972, S. 19

Nora (Нора) – Gestalt aus dem Drama „Nora oder Ein Puppenheim" (norwegisch Et dukkehjem, 1879), von Henrik Ibsen (1828–1906), norwegischer Dichter ◊ Vedina, S. 357

Nord (Норд) – von deutsch Norden ◊ Bondaletov, 1983, S. 134 und Superanskaja, 1998, S. 252

Noren (Норен) – von russ. Neron (Nero, 37–68 n. Chr.), rückwärts gelesen, römischer Kaiser von 54 bis 68 n. Chr. ◊ Superanskaja, 1978, S. 424

Nortam (Нортам) – gebildet vom rückwärts gelesenen Namen Matrëna (Matrona) ◊ Superanskaja, 1978, S. 424

Not (Нот) – **[1]** von russ. **nov**yj **t**rud (neue Arbeit) ◊ Superanskaja, 1998, S. 252 – **[2]** von russ. **n**aučnaja **o**rganizacija **t**ruda, NOT (wissenschaftliche Arbeitsorganisation) ◊ Torop, S. 278

Nov' (Новь) – Neuland ◊ Koržanov, S. 124

Novatorka (Новаторка) – Neuerin, die in ihrem Tätigkeitsbereich neue Ideen, Methoden und Verfahren einführt ◊ www.ell.ru Klub elle girl. Žizn'. Obo vsëm v svobodnoj forme. Legko li žit' s neobyčnymi imenami?, 12.1.2009

Novella (Новелла) – Novelle (als literarische Gattung) ◊ Gric, S. 73

Novėra (Новэра) – von russ. **nov**aja (neue) und russ. **ėra** (Ära) (neue Ära) ◊ Čukovskij, Kornej: Živoj kak žizn'. Rasskazy o russkom jazyke, Kapitel IV

Novik (Новик) – Neuling, Anfänger ◊ Suslova, 1979, S. 316

Novina (Новина) – Neuland, Getreide der neuen Ernte ◊ www.kamrad.ru Trolebuzina, Dazdraperma, Perkosrak, 17.5.2005

Novita (Новита) – das Neue, auch im Sinne von Neuanfang ◊ Danilina, 1972, S. 19

Novoėra (Новоэра) – von russ. **nov**aja (neue) und russ. **ėra** (Ära) (neue Ära) ◊ kuraev.ru/smf/index.php?topic=89817.85;wap2 Polnyj (ili počti polnyj) spisok sovetskich imën, 15.2.2009

Novomir (Новомир) – von russ. **nov**yj (neu) und **mir** (Welt) (neue Welt), Analogiebildung zu slawischen Vornamen wie Dobromir, Ljubomir und Velimir ◊ Danilina, 1972, S. 19

Novomira (Новомира) – von russ. **nov**yj (neu) und **mir** (Welt) und + **a** (neue Welt), Analogiebildung zu slawischen Vornamen wie Dobromira, Ljubomira und Velimira ◊ Nikonov in: Voprosy jazykoznanija 6, 1967, S. 105

O

Obiperam (Обиперам) – von russ. **Ob**gonim **i per**egonim **Am**eriku. (Wir werden Amerika einholen und überholen.), s. Dognat-Peregnat ◊ www.ulitka.com/ Razvlečenija. Neobyčnye imena i familii

Obkom (Обком) – eine Abkürzung von russ. **ob**lastnoj **kom**itet (Gebietskomitee der Partei, des Komsomol u. a.) ◊ Prague Watchdog Radio Liberty, Detjam inogda dajut strannye imena, 7.11.2006

Obligacija (Облигация) – Obligation, Staatsanleihe, Schuldverpflichtung ◊ Trud 25.11.1984, S. 2

Odessa (Одесса) – Hafenstadt in der Ukraine am Schwarzen Meer ◊ Samsonov, S. 130

Odissej (Одиссей) – Odysseus, Held des Epos „Odyssee", das Homer, griechischer Dichter des 8. Jahrhunderts v. Chr., zugeschrieben wird ◊ Bondaletov, 1983, S. 134

Odr (Одр) – von russ. **O**bščestvo **d**ruzej **r**adio (Gesellschaft der Rundfunkfreunde). In den 20er Jahren gab es zuerst eine Gesellschaft der Rundfunkfreunde der RSFSR, später der UdSSR. ◊ Čuprijanov

Odvar (Одвар) – von russ. **O**sobaja **d**al'ne**v**ostočnaja **ar**mija (Besondere Fernöstliche Armee), von 1929 bis 1938 im Fernen Osten bestehender operativer Verband der Roten Armee, Befehlshaber war Vasilij Konstantinovič Bljucher (1889–1938), der 1935 zum Marschall der Sowjetunion befördert wurde ◊ Solouchin

Oėr (Оэр) – wird in der Quelle als ideologischer Name bezeichnet, aber nicht entschlüsselt ◊ Ktorova, 2007, S. 52

Ofelija (Офелия) – Ophelia, Person aus „Hamlet, Prince of Denmark" (Hamlet, Prinz von Dänemark, um 1600), Tragödie von William Shakespeare (1564–1616) ◊ Savel'eva, S.33

Ogjust (Огюст) – von Louis Auguste Blanqui (1805–81), französischer Sozialist, der auch Auguste Blanqui genannt wurde ◊ Ktorova, 2007, S. 157

Ogonëk (Огонёк) – Flämmchen, Lichtschimmer, Verkleinerungsform von russ. ogon' (Feuer) ◊ Papernyj, S. 150

Ojušmenal' (Оюшменаль) – s. Ojušminal'd ◊ www.povarenok.ru Mamalyga-kulinarnaja stat'ja na Povarenok.Ru (6.12.2008)

Ojušmenal'd (Оюшменальд) – s. Ojušminal'd ◊ www.talar.mastersite.ru Sovetskie imena

Ojušmid (Оюшмид) – von russ. **O**tto **Jul'**evič **Šmid**t, s. Ojušminal'd ◊ revim.narod.ru

Ojušmil'din (Оюшмильдин) – von russ. **O**tto **Jul'**evič **Šmi**dt na **l'din**e (Ottto Jul'evič Šmidt auf der Eisscholle), s. Ojušminal'd ◊ mage_victor.livejournal.ru

Ojušminal'd (Оюшминальд) – von russ. **O**tto **Jul**'evič **Šmi**dt na **l'd**ine (Otto Jul'evič Šmidt auf der Eisscholle). Der Vorname entstand nach der Rettung der Besatzung des sowjetischen Frachters „Čeljuskin" im nördlichen Eismeer im Frühjahr 1934. Obwohl Experten das in Dänemark gebaute Dampfschiff für eine Fahrt im Polarmeer für nicht geeignet hielten, bekam es von der Sowjetregierung den Auftrag, den Nördlichen Seeweg (russ. Severnyj morskoj put') von Murmansk nach Vladivostok erstmals ohne ständige Begleitung eines Eisbrechers und ohne Überwinterung zurückzulegen. Die Expedition wurde von dem russischen Geophysiker deutscher Herkunft Otto Jul'evič Šmidt (1891–1956) geleitet. Die „Čeljuskin", die nur am Bug einen geringen Eisschutz hatte, verließ Murmansk am 10.8.1933. Im Oktober geriet sie in der Beringstraße in Treibeis, wurde zurück in die Tschuktschensee abgetrieben, nach einigen Beschädigungen vom Eis eingeklemmt und am 13.2.1934 zerdrückt. Die 104 Personen an Bord, darunter zehn Frauen und zwei Kleinkinder, retteten sich und notwendige Versorgungsgüter auf eine Eisscholle und richteten das „Lager Šmidt" (russ. lager' Šmidta) ein. In einer großangelegten dramatischen Aktion mit vielen vergeblichen Versuchen wurden die Schiffbrüchigen vom 5.3. bis 13.4. unter extrem schwierigen Bedingungen auf dem Luftwege gerettet. Die „Čeljuskincy" und Flieger fuhren danach in einem Sonderzug von Vladivostok nach Moskau und bei jedem Halt wurden sie begeistert begrüßt. Die ganze Rettungsaktion wurde propagandistisch begleitet. In der Hauptstadt bereitete man den Rettern und Geretteten am 19.6. auf dem Roten Platz in Anwesenheit von Stalin und anderen Mitgliedern der sowjetischen Führung einen triumphalen Empfang. Speziell für die sieben Rettungspiloten wurde am 16.4.1934 der Ehrentitel eines Helden der Sowjetunion eingeführt, welchen sie vier Tage später als erste erhielten. Die im ganzen Lande verfolgte dramatische Bergung benützte Stalin für eine sich anbahnende Veränderung in der Ideologie, den „Sowjetpatriotismus". ◊ Trud 25.11.1984, S. 2. Aviacija: Ėnciklopedija, Moskau 1994, S. 652–653. Morskoj ėnciklopedičeskij slovar', Band 3, Sankt-Peterburg 1994, S. 384. Severnaja ėnciklopedija, Moskau 2004, S.1059. Bol'šaja Sovetskaja Ėnciklopedija, zweite Auflage, Band 47, Moskau 1957, S.108

Ojušminal'da (Оюшминальда) – weibliche Form zu Ojušminal'd ◊ Torop, S. 279

Ojušminal'de (Оюшминальде) – s. Ojušminal'd ◊ savok.name

Ojušnal (Оюшнал) – von **O**tto **Jul**'evič **Šmi**dt na **l'd**ine (Otto Jul'evič Šmidt auf der Eisscholle), s. Ojušminal'd ◊ revim.narod.ru

Okdes (Окдес) – von russ. **Ok**tjabr' **des**jatyj (zehnter Oktober), vielleicht abgeleitet vom zehnjährigen Jahrestag der Oktoberrevolution oder von der historischen Sitzung des Zentralkomitees der Sozialdemokratischen Arbeiterpartei (Bolschewiki) Rußlands vom 10.(23.) Oktober 1917, welche eine Resolution Lenins über die Vorbereitung des bewaffneten Aufstandes zur Machtergreifung angenommen hatte ◊ Kolonitskii, 1993, S. 216. Nikonov: Iščem imja, S. 31. Sovetskaja Istoričeskaja Ėnciklopedija, Band 3, Moskau 1963, Spalte 62

Okmir (Окмир) – von russ. **ok**tjabr' (Oktober) und russ. **mir** (Frieden), Namengebung im Zusammenhang mit dem von Lenin verfaßten Dekret über den Frieden vom 26.10.(8.11.) 1917 ◊ Kolonitskii, 1993, S. 223

Oktja (Октя) – Verkürzung von Oktjabrina ◊ Danilina, 1969, S. 79

Oktjabr' (Октябрь) – Oktober (als Synonym für die Oktoberrevolution) ◊ Seliščev, 1928, S. 192

Oktjabrënok (Октябрёнок) – abgeleitet von Oktober (russ. oktjabr') als Synonym für die Oktoberrevolution, ein 1917 geborener Schulanfänger der Jahre 1923–24 („Kind des Oktober", im Plural oktjabrjata – Kinder der Revolution) ◊ Kolonitskii, 1993, S. 225

Oktjabrij (Октябрий) – von russ. Oktjabr' (Oktober), dem Synonym für die Oktoberrevolution ◊ Superanskaja, 1969, S. 35

Oktjabrin (Октябрин) – von russ. Oktjabr' (Oktober), dem Synonym für die Oktoberrevolution ◊ Danilina, 1972, S. 18

Oktjabrina (Октябрина) – weibliche Form zu Oktjabrin ◊ Ėnciklopedija gosudarstva i prava, Band 1, Moskau 1925–26, Spalte 88

Oktjabris (Октябрис) – von russ. Oktjabr' (Oktober), dem Synonym für die Oktoberrevolution ◊ FantLab.ru

Oktjabrist (Октябрист) – abgeleitet von dem „revolutionären Monat" Oktober (russ. Oktjabr'), dem Synonym für die Oktoberrevolution mit der Bedeutung Revolutionär, Kommunist ◊ Seliščev, 1928, S. 192

Oktjabrit (Октябрит) – von russ. oktjabr' (Oktober) als Synonym für die Oktoberrevolution ◊ Samsonov, S. 125

Oktjabrita (Октябрита) – weibliche Form zu Oktjabrit ◊ Danilina, 1972, S. 19

Oktjabrjat (Октябрят) – abgeleitet von russ. Oktjabr' (Oktober), dem Synonym für die Oktoberrevolution ◊ Bondaletov, 1983, S. 132

Oktjabr'skaja Revoljucija (Октябрьская Революция) – Oktoberrevolution ◊ MyBio.ru O revoljucionnych imenach…, 2006

Oktomir (Октомир) – von russ. **Okt**jabr' (Oktober) und russ. **mir** (Welt), Oktober als Synonym für die Oktoberrevolution ◊ Superanskaja, 1998, S. 254

Oktrevlen (Октревлен) – von russ. **Okt**jabr'skaja **re**voljucija, **V**ladimir **Len**in (Oktoberrevolution, Vladimir Lenin) ◊ Petrovskij, 1969, S. 180

Olor (Олор) – von russ. **o**dinnadcat' **l**et **O**ktjabr'skoj **r**evoljucii (elf Jahre Oktoberrevolution) ◊ Maksimova in: Rodina 11–12, 1992, S. 114

Om (Ом) – von Ohm, der Maßeinheit des elektrischen Widerstandes, benannt nach dem deutschen Physiker Georg Simon Ohm (1789–1854) ◊ Suslova/Superanskaja, S. 135

Onega (Онега) – Fluß im Norden des europäischen Rußlands ◊ Savel'eva, S. 32

Onegin (Онегин) – Titelheld aus „Evgenij Onegin" (Eugen Onegin, 1823–31), Versroman von Aleksandr Sergeevič Puškin (1799–1837), russischer Dichter ◊ Superanskaja, 1998, S. 257 und Gusejnov, S. 86

Onore (Оноре) – von Honoré de Balzac (1799–1850), französischer Schriftsteller ◊ Suslova, 1979, S. 316

Or (Op) – von russ. **O**ktjabr'skaja **r**evoljucija (Oktoberrevolution) ◊ Poljakova, S. 43

Ora (Opa) – weibliche Form zu Or ◊ Petrovskij, 1966, S. 17

Ordes (Ордес) – von russ. **O**ktjabr'skoj **r**evoljucii **des**jat' (Zehn Jahre Oktoberrevolution) ◊ www.kirishi.ru/forum Familija ženy – ubeždenija i predrassudki so storony mužčin, August 2004

Ordžonika (Орджоника) – von Grigorij Konstantinovič Ordžonikidze (1886–1937), Georgier, führender Bolschewik, enger Mitarbeiter Stalins, war in leitenden Positionen für die Sowjetisierung Transkaukasiens zuständig, 1930–37 Mitglied des Politbüros des ZK der KP. Wegen Protest gegen die Massenrepressionen geriet er in Konflikt mit Stalin. Beging Selbstmord ◊ Bondaletov, 1983, S. 135

Ordžonikida (Орджоникида) – s. Ordžonika ◊ www.vseimena.com Smešnye imena, 2009

Orël (Орёл) – Adler ◊ http://www.livejournal.ru/jol/8255/themes/ Vilor, Stind i Dazdraperma (22.6.2008)

Orėlitos (Орэлитос) – von russ. **O**ktjabr'skaja **r**evoljucija, **ė**lektrifikacija, **i**ndustrializacija, **to**ržestvo **s**ocializma (Oktoberrevolution, Elektrifizierung, Industrialisierung, Sieg des Sozialismus) ◊ Maksimova in: Rodina 5, 1992

Orev (Орев) – von russ. **O**ktjabr'skaja **rev**oljucija (Oktoberrevolution) ◊ www.bolshoyvopros.ru Ljudej s kakimi neobyčnymi imenami vy znaete?, 2011

Orja (Оря) – weibliche Form zu Or ◊ Petrovskij, 1966, S. 171

Orletos (Орлетос) – von russ. „**O**ktjabr'skaja **r**evoljucija, **Len**in, **t**rud – **o**snova **s**ocializma" (Oktoberrevolution, Lenin und Arbeit sind die Grundlagen des Sozialismus) ◊ ru.wikipedia.org

Orolitos (Оролитос) – von russ. **O**rganizatory **r**evoljucii **o**tec **L**enin **i to**varišč **S**talin (die Organisatoren der Revolution Vater Lenin und Genosse Stalin) ◊ www.savok.name298.html Imena sovetskogo proischoždenija, 2011

Orr (Opp) – von russ. **o**tec **r**usskoj **r**evoljucii (Vater der russischen Revolution, d. h. Lenin) ◊ Gusejnov, S. 87 und http://afanarizm.livejournal.com/38651.html Ymena sobsnye, 17.6.2007

Oscel (Осцел) – von russ. **os**voitel' **cel**iny (jemand, der Neuland erschließt, urbar macht) ◊ Gusejnov, S. 89

Osina (Осина) – Espe, Zitterpappel (Nutz- und Zierbaum) ◊ Izdatel'skij dom „Pervoe sentjabrja" 2003–2009, Esaulova, O. Ju.: Urok razvitija reči po russkomu jazyku v 5-m klasse po teme: „Čto v imeni tebe moëm...?"

Osmij (Осмий) – Osmium (chemisches Element) ◊ www.beon.ru forum Ržačnye imena, 18.7.2009

Osoaviachim (Осоавиахим) – von russ. **O**bščestvo **s**odejstvija **o**borone i **avia**cionno-**chim**ičeskomu stroitel'stvu (Gesellschaft zur Förderung der Verteidigung, der Flugzeugindustrie und chemischen Industrie, 1927–48) ◊ Superanskaja, 1969, S. 35

Osoviachim (Осовиахим) – s. Osoaviachim ◊ Ktorova, 2007, S. 158

Otello (Отелло) – Othello, Held in William Shakespeares (1564–1616) Tragödie „Othello, the Moor of Venice" (Othello, der Mohr von Venedig, 1604) ◊ Trud 25.11.1984

Otjul'šminal'da (Отюльшминальда) – s. Ojušminal'd ◊ www.lovehate.ru Prosto interesno, 21.10.2004

Ottojušminal' (Оттоюшминаль) – s. Ojušminal'd ◊ www.woman.ru Internet dlja ženščin, 19.8.2009

Ottojušminal'd (Оттоюшминальд) – s. Ojušminal'd ◊ www.andein.ru/mir/patr.html Iz mira imën Patriotičeskie imena

Ouėn (Оуэн) – von Robert Owen (1771–1858), britischer Unternehmer und Sozialreformer ◊ Pravda 12.6.1924, S. 6

Ovidij (Овидий) – Ovid (Publius Ovidius Naso, 43 v.Chr.–etwa 17 n.Chr.), römischer Dichter ◊ Bondaletov, 1983, S. 134

Ovod (Овод) – stark ausgeprägte Titelgestalt eines italienischen Revolutionärs in dem 1897 in London erschienenen und in Rußland viel gelesenen historischen Roman „The Gadfly" (Die Stechfliege) der englischen Schriftstellerin Ethel Lillian Voynich (geb. Boole, 1864–1960), auf russisch erstmals 1898 erschienen unter dem Titel „Ovod" (Die Bremse) ◊ Ščetinin, 1968, S. 157

Ovodij (Оводий) – eine Ableitung von Ovod, s. dort ◊ Superanskaja, 1969, S. 35

P

Palera (Палера) – von russ. **pa**mjati **le**nskogo **ra**sstrela (zum Gedenken an die Erschießungen an der Lena), die Erschießung streikender Arbeiter durch zaristische Truppen am 4.(17.)4.1912 auf den Goldfeldern an der Lena (in Sibirien) und ihren rechten Nebenflüssen Vitim und Olëkma ◊ Maksimova in: Rodina 5, 1992

Palladij (Палладий) – Palladium (chemisches Element) ◊ Superanskaja, 1970, S. 128

Pal'ma (Пальма) – Palme (Baum in den Tropen und Subtropen) ◊ Gric, S. 73

Pal'mira (Пальмира) – Palmira (antike Stadt und Handelszentrum im heutigen Syrien) ◊ Ščetinin, 1968, S. 199

Pamir (Памир) – Gebirge in Zentralasien ◊ Samsonov, S. 130

Panal'd (Панальд) – von russ. **pa**panin**cy na l'd**ine (das Forschungsteam Papanins auf der Eisscholle), s. Lapanal'da ◊ revim.narod.ru

Papir (Папир) – von russ. **pa**rtijnaja **pir**amida (Parteipyramide), d. h. die Vertikale der Macht ◊ Mironov, S. 344

Parika (Парика) – von russ. **Pari**žskaja **K**ommun**a** (Pariser Kommune von 1871), s. Parižkoma ◊ www.arkaim-center.ru/forum Imena, kotorye ne sleduet davat' detjam

Pariž (Париж) – Paris (Hauptstadt Frankreichs) ◊ Suslova/Superanskaja, 1978, S. 71

Pariža (Парижа) – weibliche Form zu Pariž ◊ Ščetinin, 1968, S. 199

Parižkoma (Парижкома) – von russ. **Pari**žskaja **Kom**muna (Pariser Kommune, französisch La Commune de Paris, 18.3.–28.5.1871). Nach einem Aufstand der Pariser Arbeiterschaft und der Nationalgarde gegen die monarchistisch gesinnte Nationalversammlung wurde dieser kurzlebige revolutionäre Stadtrat gebildet. Die Bolschewiken interpretierten ihn als erste Regierung einer Diktatur des Proletariats. ◊ Ėnciklopedija gosudarstva i prava, Band 1, Moskau 1925–26, Spalte 88

Parižkomma (Парижкомма) – s. Parižkoma ◊ Danilina, 1972, S. 24

Parkomija (Паркомия) – wahrscheinlich von russ. **par**tijnyj **kom**itet (Parteikomitee) ◊ Superanskaja, 1998, S. 415

Parlen (Парлен) – von russ. **par**tija **Len**ina (die Partei Lenins) ◊ Petrovskij, 1969, S. 181

Parovoz (Паровоз) – Dampflokomotive, Dampflok ◊ Byaki.net Ėto interesno (Sovetskie imena), 29.1.2009

Partija (Партия) – von russ. partija (Partei), die Kommunistische Partei der Sowjetunion (KPdSU) ◊ Torop, S. 279

Partizan (Партизан) – von russ. partizan (Partisan), Widerstandskämpfer außerhalb einer offiziellen militärischen Organisation ◊ Bondaletov, 1983, S. 134

Pasionarija (Пасионария) – von Dolores Ibarruri (1895–1989), genannt La Pasionaria, die Leidenschaftliche, spanische kommunistische Politikerin ◊ Superanskaja, 1998, S. 415

Pasterina (Пастерина) – von Louis Pasteur (1822–95), französischer Chemiker und Mikrobiologe ◊ Suslova, 1979, S. 316

Patefon (Патефон) – Koffergrammophon (abgeleitet von den französischen Industriellen E. und Ch. P. Pathé) ◊ Torop, S. 279

Patron (Патрон) – Patrone (Munition) ◊ Šatinova, S. 138

Pečorin (Печорин) – Hauptfigur in dem Roman „Ein Held unserer Zeit" (Geroj našego vremeni, 1840) von Michail Jur'evič Lermontov (1814–41), russischer Dichter ◊ Superanskaja, 1998, S. 269

Pegor (Пегор) – von russ. **pe**rvaja **go**dovščina **r**evoljucii (der erste Jahrestag der Revolution) ◊ ru.wikipedia.org

Pelater (Пелатер) – eine Kombination aus den Vornamen **Pela**geja und **Ter**entij ◊ Samsonov, S. 126

Peregnat (Перегнат) – s. Dognat – Peregnat

Peregnatij (Перегнатий) – s. Dognat – Peregnat

Perekop (Перекоп) – von der Stadt Perekop an der gleichnamigen Landzunge (russ. Perekopskij perešeek), welche die Halbinsel Krim mit dem Festland verbindet. Der Vorname erinnert an den Sieg der Roten Armee über die weiße Armee unter General Vrangel' während des Bürgerkrieges im nördlichen Taurien im November 1920. Entscheidend waren die Kämpfe bei Perekop und auf der Halbinsel Čongar, die zur endgültigen Einnahme der Krim durch die roten Truppen führten. ◊ livejournal.ru poshlyachka Karlina, Mjatežnik i drugie (nach dem Stand vom 29.3.2009)

Perepis' (Перепись) – Volkszählung ◊ Šatinova, S. 154

Perevybor (Перевыбор) – von russ. perevybory (Neuwahlen) ◊ Šatinova, S. 154

Perikl (Перикл) – Perikles (kurz nach 500 v. Chr.-429 v. Chr.), athenischer Staatsmann ◊ Suslova, 1979, S. 307

Perkosrak (Перкосрак) – [1] von russ. **per**vaja **kos**mičeskaja **rak**eta (die erste Weltraumrakete), Start einer Rakete am 4.10.1957 mit Sputnik-1 ◊ Gusejnov, S. 89 und Igor' Dadašev: Putešestvie čerez Ameriku Čast' 061, 2010 – [2] von russ. **per**vyj **ko**mmunističeskij **s**ojuz **ra**bočego i **k**olchoznicy (das erste kommunistische Bündnis des Arbeiters mit der Kolchosbäuerin) ◊ www.kamrad.ru Trolebuzina, Dazdraperma, Perkosrak, 17.5.2005

Pėrli (Пэрли) – von russ. **p**ervaja **ė**lekt**r**iceskaja **l**ampocka Il'iča (die erste Glühlampe Il'ičs, gemeint ist Lenin), zur Elektrifizierung Rußlands s. Einleitung ◊ Ol'ga Grejg: Revoljucija polov ili Tajnaja missija Klary Cetkin, Moskau 2008

Permočka (Пермочка) – Diminutivum zu Dazdraperma ◊ Gusejnov, S. 86

Perpjat (Перпят) – von russ. **per**vaja **pjat**iletka (erster Fünfjahresplan, 1928/29–32/33) ◊ revim.narod.ru

Persostrat (Персострат) – von russ. **per**vyj **so**vetskij **strat**ostat (erster sowjetischer Stratostat, d.h. Stratosphärenballon). Anlaß für die Namengebung war der erste Flug eines sowjetischen Stratosphärenballons („SSSR-1" = „UdSSR-1") am 30.9.1933. ◊ Solouchin und Aviacija: Ėnciklopedija, Moskau 1994, S. 541

Persovstrat (Персовстрат) – dasselbe wie Persostrat ◊ sonnerbergsson.livejournal.org Čto v imeni tebe moëm ... (nach dem Stand vom 29.3.2009)

Pervomaj (Первомай) – von russ. **pervo**e **maj**a (der Erste Mai, internationaler Feiertag der Arbeit, in der Sowjetunion der Tag der internationalen Solidarität der Werktätigen) ◊ Krasnaja zvezda 13.11.1987, S. 4

Pervomaja (Первомая) – weibliche Form zu Pervomaj ◊ Torop, S. 279

Pervopjat (Первопят) – von russ. **perv**aja **pjat**iletka (erster Fünfjahresplan, 1928/29–32/33) ◊ revim.narod.ru

Peržekosma (Ържекосма) – von russ. **perv**aja ženščina – **kosm**onavt (die erste Frau im Weltraum), s. Valentina ◊ forum.ateist.ru Imena, roždënnye revoljuciej

Pestalocci (Песталоцци) – von Johann Heinrich Pestalozzi (1746–1827), schweizer Pädagoge ◊ Torop, S. 279

Pestel' (Пестель) – von Pavel Ivanovič Pestel' (1793–1826), russischer Offizier (Oberst) und Revolutionär, führender Dekabrist, d. h. Teilnehmer eines Aufstandes gegen das zaristische Regime im Dezember (russ. dekabr') 1825, entschiedener Gegner der Leibeigenschaft, Verfechter einer zentralistischen Republik, wurde hingerichtet ◊ Irošnikov/Šelaev in: Rodina 9–10, 1991, S. 36

Pestelina (Пестелина) – weibliche Form zu Pestel' ◊ Suslova, 1979, S. 316

Pigmalion (Пигмалион) – von Pygmalion, Titelheldin in der gleichnamigen Komödie (1913) des irischen Schriftstellers George Bernard Shaw (1856–1950) ◊ Vseobščij nastol'nyj kalendar' na 1924 god, S. 6

Pilot (Пилот) – Pilot, Flugzeugführer ◊ Torop, S. 279

Pioner (Пионер) – [1] Pionier, Bahnbrecher, Wegbereiter, Vorkämpfer für eine Idee ◊ Bondaletov, 1983, S. 132 – [2] Mitglied der für Jugendliche im Alter von 9 bis 14 Jahren am 19.5.1922 gegründeten Massenorganisation der Jungen Pioniere ◊ Savel'eva, S. 32

Pionerij (Пионерий) – Ableitung von Pioner, s. dort ◊ Torop, S. 279

Pionerka (Пионерка) – Pionierin, weibliche Form zu Pioner, Angehörige der nach Lenin benannten Unions-Pionierorganisation, bestand von 1922 bis 1990 für Jugendliche im Alter von 9 bis 14 Jahren ◊ Smoljak, S. 170

Pipkavroch (Пипкаврох) – von russ. **p**osvjaščaetsja **i**storičeskoj **p**obede **K**rasnoj **A**rmii **v r**ajone **o**zera **Ch**asan (gewidmet dem historischen Sieg der Roten Armee am Chasan-See). An dem im Süden der russischen fernöstlichen Küstenregion an der Grenze zu China und Korea gelegenen See besiegte die Rote Armee im Sommer 1938 japanische Truppen. ◊ http://www.ct.kz Smešnye familii i imena, glupaja i smešnaja tema (14.6.2009)

Pjačegod (Пячегод) – von der Losung „**Pja**tiletku – v **čet**yre **god**a!" (Den Fünfjahresplan in vier Jahren/erfüllen!), s. Pjatvčet ◊ ru.wikipedia.org

P'jana (Пьяна) – Fluß im Gebiet Nižnij Novgorod, Mittelrußland ◊ Ktorova, 2007, S. 158

Pjatiletka (Пятилетка) – Fünfjahresplan, s. Pjatvčet ◊ Poljakova, S. 11

Pjatvčet (Пятвчет) – von der Losung „**Pja**tiletku **v čet**yre goda!" (Den Fünfjahresplan in vier Jahren erfüllen!), eine Parole anläßlich des ersten Fünfjahresplans (1928/29–32/33), die zur vorzeitigen Übererfüllung der zentral festgelegten Planziffern aufrief ◊ Ivaško, S. 125

Pjat'včet (Пятьвчет) – s. Pjatvčet ◊ Gorbanevskij, 1987, S. 154

Pjatyvčetom (Пятывчетом) – von russ. „**Pjati**letku **v čet**yre goda!" (Den Fünfjahresplan in vier Jahren erfüllen!) ◊ d-v-sokolov.com

Pjavčet (Пявчет) – von der Losung „**Pja**tiletku **v čet**yre goda!" (Den Fünfjahresplan in vier Jahren erfüllen!), s. Pjatvčet ◊ Danilina, 1969, S. 82 und 1972, S. 22

Plakata (Плаката) – von russ. plakat (Plakat) für politische Propaganda ◊ Bondaletov, 1983, S. 133

Plamen' (Пламень) – männliche Variante zu russ. plamja (Flamme) ◊ Suslova/Superanskaja, S. 134 (s. auch Iskra)

Plan (План) – Plan, Plansoll (Volkswirtschaftsplan) ◊ Torop, S. 279

Planeta (Планета) – Planet (Wandelstern) ◊ Torop, S. 279

Platforma (Платформа) – (politische) Plattform, Aktionsprogramm ◊ botinok.co.il/blog Prjamoj efir Imenem revoljucii...

Plechan (Плехан) – von Georgij Valentinovič Plechanov (1856–1918), russischer Sozialist ◊ Kolonitskii, 1993, S. 224

Plechana (Плехана) – weibliche Form zu Plechan ◊ Kolonitskii, 1993, S. 224

Plinta (Плинта) – von russ. **p**artija **L**enina **i n**arodnaja **t**rudovaja **a**rmija (die Partei Lenins und die Volksarbeitsarmee). Die Arbeitsarmee bestand von 1918–22 und 1941–46 aus militärisch organisierten Formationen von zum Arbeitsdienst Zwangsverpflichteter. Später rekrutierten sie sich aus Wolgadeutschen, deren Autonome Sowjetrepublik 1941 aufgelöst worden war, aus den 1940 sowjetisierten baltischen Ländern, Koreanern und Angehörigen anderer Völker. ◊ Kolonitskii, 1993, S. 221

Pljus (Плюс) – plus (Begriff aus der Mathematik) ◊ Ugrjumov, S. 45

Pobed (Побед) – männliche Form zu Pobeda ◊ www.torg.uz Čto v imeni moëm, kak nas zovut i čto ėto značit

Pobeda (Победа) – Sieg ◊ Ščetinin, 1968, S. 67

Pobisk (Побиск) – [1] von russ. **p**okolenie **O**ktjabrja, **b**orcy **i s**troiteli **k**ommunizma (die Generation des Oktobers, die Vorkämpfer und Erbauer des Kommunismus) ◊ Verstakov, V G.: Ot „Pravdy" do „Svobody": Služebnaja povest', Moskau 2009, S. 196 – [2] von russ. **po**kolenie **b**orcov **i s**troitelej **k**ommunizma (die Generation der Vorkämpfer und Erbauer des Kommunismus) ◊ ru.wikipedia.org – [3] **p**okolenie **o**svoboditelej, **b**orcov **i s**troitelej **k**ommunizma (die Generation der Befreier, Vorkämpfer und Erbauer des Kommunismus) ◊ Torop, S. 279 – [4] **p**okolenie **O**ktjabrja, **b**orec **i s**troitel' **k**ommunizma (die Generation des Oktober, der Vorkämpfer und Erbauer des Kommunismus) ◊ mage_victor.livejournal.ru

Pobudzan (Побудзан) – von russ. **Po**beda **bud**et **za n**ami. (Der Sieg wird unser sein.), Namengebung vom September 1941 ◊ www.womantalks.ru Glavnyj Ženskij Forum>Imena, 4.1.2006

Pod-ëm (Подъём) – Aufschwung, Aufstieg, Anwachsen (Steigerung der Produktion) ◊ Superanskaja in: Nauka i žizn' 8, 1964, S. 85

Poėma (Поэма) – Poem, größeres Gedicht, Verserzählung ◊ Poljakova, S. 42

Poėtika (Поэтика) – Poetik (befasst sich als Teil der Literaturwissenschaft mit der Dichtung) ◊ Subaeva, S. 24

Pofistal (Пофистал) – von russ. **po**beditel' **fa**šizma **I**osif **Stal**in (Sieger über den Faschismus Iosif Stalin). Der Name wurde vorgeschlagen, ein Namenträger konnte aber nicht nachgewiesen werden. ◊ Maksimova in: Rodina 11–12, 1992, S. 114

Poles (Полес) – von russ. „**Pom**ni **Le**nina, **S**talina!" (Gedenke Lenins und Stalins!) ◊ Kolonitskii, 1993, S. 222

Polest (Полест) – von russ. „**Pom**ni **Le**nina i **St**alina!" (Gedenke Lenins und Stalins!) ◊ NeForum.ru Kommunističeskie imena …, Juli 2004

Poligraf (Полиграф) – Polygraph (ein im graphischen Gewerbe Beschäftigter) ◊ Rylov, S. 95/96. Der Vorname ist auch aus der satirischen Erzählung „Sobač'e serdce" (Hundeherz) von Michail Afanas'evič Bulgakov (1891–1940) bekannt.

Poligrafa (Полиграфа) – weibliche Form zu Poligraf ◊ Suslova, 1979, S. 308 und Superanskaja, 1998, S. 417

Polinezija (Полинезия) – Polynesien (Inseln im mittleren Pazifik) ◊ Torop, S. 279

Politruk (Политрук) – von russ. **polit**ičeskij **ruk**ovoditel' (politischer Leiter), 1919–42 Militärangehörige, die als KP-Mitglieder für die politische Ausrichtung und Politschulung in den sowjetischen Streitkräften zuständig waren ◊ www.Znanie-Sila.ru Znanie-Sila 7, 1998 (online version) Kak vaše imja?

Poljarij (Полярий) - von russ. Poljus (Nordpol) ◊ d-v-sokolov.com

Poljus (Полюс) – Pol (Begriff aus der Geographie, Physik und Mathematik) ◊ Vascenco, S. 478 und 479

Polkovnik (Полковник) – Oberst ◊ www.ct.kz Smešnye familii i imena, 12.6.2009

Polonija (Полония) – von russ. polonij (Polonium), radioaktives chemisches Element ◊ Superanskaja, 1998, S. 417

Polza (Полза) – von russ. „**Pom**ni **le**ninskie **za**vety!" (Gedenke des Vermächtnisses Lenins!) ◊ ru.wikipedia.org

Pol'za (Польза) – [1] von russ. „**Pom**ni **le**ninskie **za**vety!" (Gedenke des Vermächtnisses Lenins!) ◊ Mironov, S. 344 – [2] von russ. **pom**nim **Len**ina **za**vety (Wir gedenken des Vermächtnisses Lenins) ◊ savok.name

Pomaj (Помай) – von russ. **po**beda (Sieg) und russ. **maj** (Mai), abgeleitet vom 9. Mai, dem Feiertag des Sieges im 2. Weltkrieg ◊ fanlab.ru/ Laboratorija fantastiki Kak vy otnosites' k mode davat' detjam starinnye ili… (nach dem Stand vom 3.3.2009)

Pomar (Помар) – von russ. **po**beda **mar**ksizma (der Sieg des Marxismus) ◊ kommari.livejournal.com

Pomari (Помари) – von russ. **po**beda **mar**ksistskich **i**dej (der Sieg der marxistischen Ideen) ◊ kommari.livejournal.com

Pomark (Помарк) – von russ. **po**beda **mar**ksizma (der Sieg des Marxismus) ◊ kommari.livejournal.com

Pomkomvzvoda (Помкомвзвода) – von russ. **pom**oščnik **kom**andira **vzvoda** (Gehilfe des Zugführers, beim Militär) ◊ www.bestportal.ru Smešnye familii, 3.6.2008

Pores (Порес) – [1] von russ. „**Po**mni **re**šenija **s**-ezdov!" (Gedenke der Beschlüsse der Parteitage!) ◊ Torop, S. 279 – [2] von russ. „**Po**mni **re**šenija **S**talina!" (Gedenke der Entscheidungen Stalins!) ◊ sonnerbergsson.livejournal.org Čto v imeni tebe moëm ... (nach dem Stand vom 29.3.2009)

Portfel' (Портфель) – von franz. portefeuille (Aktentasche, Aktenmappe) ◊ Nikonov, 1974, S. 68

Povest' (Повесть) – Erzählung (literarische Gattung) ◊ Uspenskij, 1959

Prachlada (Прахлада) – von russ. prochlada (Kühle, Frische). Das Akan'e (o vor betonter Silbe wird in der Aussprache zu a) ist hier auf die Schreibung übertragen worden. ◊ hexell.livejournal.com Polnyj (ili počti polnyj) spisok sovetskich imën, 11.7.2007

Pravda (Правда) – Pravda (die Wahrheit), Tageszeitung, ehemaliges Zentralorgan des ZK der KPdSU ◊ Gric, S. 73

Pravdina (Правдина) – abgeleitet von Pravda ◊ Akent'eva, S. 51

Pravlen (Правлен) – von russ. **prav**da **Len**ina (die Wahrheit Lenins) ◊ Torop, S. 279

Pravles (Правлес) – von russ. **prav**da **Le**nina i **S**talina (die Wahrheit Lenins und Stalins) ◊ Irošnikov/Šelaev in: Rodina 9–10, 1991, S. 38

Prazdnosveta (Праздносвета) – von russ. **prazdn**ik **s**ovetskoj **vl**asti (Feiertag der Sowjetmacht, d. h. die Oktoberrevolution) ◊ Ktorova, 2007, S. 158

Priboj (Прибой) – Wellenschlag, Brandung (als Metapher) ◊ Torop, S. 279

Pridespar (Придеспар) – von russ. **pri**vet **de**legatam **s**-ezda **par**tii (ein Gruß an die Delegierten des Parteitages) ◊ Maksimova in: Rodina 11–12, 1992, S.114

Priroda (Природа) – Natur ◊ Torop, S. 279

Prizyv (Призыв) – von russ. prizyv (Aufruf, Appell, Losung, Einberufung). Das Wort wurde zur Zeit der Sowjetunion in verschiedenem Zusammenhang gebraucht. Es bedeutet vor allem die Einberufung zum Wehrdienst. Den Masseneintritt in die kommunistische Partei nach dem Tode Lenins nannte man Leninskij prizyv, das Leninsche Parteiaufgebot. Die Losungen zum 1. Mai hießen pervomajskije prizyvy. ◊ http://www.livejournal.ru/themes/id/8255 Vilor, Stind i Dazdraperma (22.6.2008)

Prochlada (Прохлада) – Kühle, Frische ◊ Forum No Wa.cc Obščij. Jumor. Imena, 4.8.2005

Prodik (Продик) – von russ. **pro**letarskaja **dik**tatura (proletarische Diktatur) ◊ mage_victor.livejournal.ru

Prodikt (Продикт) – von **pro**letarskaja **dik**tatura (Proletarische Diktatur) ◊ Danilina, 1972, S. 17 und 21

Prodkom (Продком) – von russ. **prod**ovol'stvennyj **kom**itet (Lebensmittelkomitee). Wegen der katastrophalen Versorgungslage in der Zeit des Kriegskommunismus (1917–21) wurden nach der Oktoberrevolution örtliche Lebensmittelkomitees eingerichtet. Sie unterstanden dem Volkskommissariat für Lebensmittelversorgung und hatten die Aufgabe, bei den Bauern Nahrungsmittel zu requirieren. Sie bestanden bis 1921, als der bolschewistische Staat gezwungen war, mit der Neuen Ökonomischen Politik (NĖP) wieder kapitalistische Wirtschaftsformen einzuführen. ◊ Torop, S. 279

Prof (Проф) – Der Vorname besteht aus dem ersten Teil des Wortes profsojus (vollständig professional'nyj sojuz), zu deutsch Gewerkschaft ◊ Superanskaja, 1998, S. 277

Professa (Професса) – [1] von russ. professija (Beruf) ◊ Superanskaja, 1998, S. 418 – [2] von russ. professor (Professor) ◊ Superanskaja, 1998, S. 418

Profinterna (Профинтерна) – von russ. Krasnyj **interna**cional **prof**sojuzov (Rote Internationale der Gewerkschaften, abgekürzt Profintern). Die Rote Gewerkschaftsinternationale (1921–37) war eine internationale Vereinigung kommunistischer Gewerkschaften. Sie wurde in Moskau gegründet, von Moskau gelenkt und alle fünf Kongresse fanden in Moskau statt. Deshalb wurde sie im Gegensatz zum Internationalen Gewerkschaftsbund auch die Moskauer Internationale genannt. Profsojuz ist ein Kurzwort für professional'nyj sojuz, zu deutsch Gewerkschaft, Berufsverband. ◊ Prochorov, 1995

Progress (Прогресс) – Fortschritt, Progreß ◊ Ščetinin, 1966, S. 17

Prokla (Прокла) – eine Verkürzung von russ. proklamacija (Proklamation, amtliche Verkündigung, öffentliche Bekanntmachung) ◊ http://otvet.mail.ru/question.html Podskažite imena, kotorymi prinjato bylo nazyvat' detej v Rossii v postrevoljucionnoe vremja, 2011

Prokuror (Прокурор) – Staatsanwalt ◊ Gusejnov, S. 86

Prolen (Пролен) – von russ. **pro**letariat, **Len**in (Proletariat, Lenin). Das Proletariat ist nach marxistischer Definition die Klasse der Besitzlosen und Lohnabhängigen. ◊ Danilina, 1972, S. 21

Prolet (Пролет) – Kurzform von russ. proletarij (Proletarier) ◊ Sovetskaja Latvija 2.8.1978, S. 3

Proletar (Пролетар) – eine Verkürzung von russ. proletarij (Proletarier) ◊ Suslova, 1979, S. 316

Proletar' (Пролетарь) – eine Verkürzung von russ. proletarij (Proletarier) ◊ www.vipshow.ru V Vašem dome-radost'. Prodolženie (nach dem Stand vom 29.3.2011)

Proletara (Пролетара) – weibliche Entsprechung zu Proletar ◊ Suslova, 1979, S. 316

Proletarij (Пролетарий) – Proletarier ◊ Torop, S. 279

Proletarija (Пролетария) – weibliche Entsprechung zu Proletarij ◊ Suslova, 1979, S. 316

Proletarskaja Revoljucija (Пролетарская Революция) – Proletarische Revolution ◊ fantlab.ru/ Laboratorija fantastiki Kak vy otnosites' k mode davat' detjam starinnye ili…, (nach dem Stand vom 3.3.2009)

Proletkul't (Пролеткульт) – von russ. **Prolet**arskaja **kul't**ura (Proletarische Kultur), s. Proletkul'tura ◊ fantlab.ru

Proletkul'ta (Пролеткульта) – von russ. **Prolet**arskaja **kul't**ura (Proletarische Kultur), s. Proletkul'tura ◊ Torop, S. 279

Proletkul'tura (Пролеткультура) – von russ. „**Prolet**arskaja **kul't**ura" (Proletarische Kultur), auch abgekürzt Proletkul't (Proletkult), eine im September 1917 in Rußland gegründete Organisation, die unabhängig von der kulturellen Tradition eine neue rein proletarische Massenkultur in der Literatur, im Theater, der bildenden Kunst usw. schaffen wollte. Ihre Prinzipien wurden von Lenin seit 1920 scharf kritisiert. Da sich die kulturrevolutionäre Bewegung der Kontrolle durch die Partei entziehen wollte, bestand sie nur bis 1932 ◊ Gusev

Prolikder (Проликдер) – abgeleitet von „**Pro**letarij **li**com **k der**evne" (dem Sinne nach – Der Proletarier widmet sich dem Dorf.), eine Losung aus der Zeit der Zwangskollektivierung in der Landwirtschaft ◊ Koršunkov, S. 157 und www.bugaga.ru forum Imena novejšego vremeni (Oktober 2009)

Prolja (Проля) – Verkleinerungsform von Proletarskaja Revoljucija (Proletarische Revolution) ◊ Maksimova in: Rodina 11–12, 1992, S. 114

Propaganda (Пропаганда) – Propaganda (Verbreitung von Ideen und Meinungen zur Beeinflussung der öffentlichen Meinung) ◊ Čuprijanov

Propeller (Пропеллер) – Propeller, Luftschraube ◊ botinok.co.il/blog Prjamoj efir Imenem revoljucii…

Prosper (Проспер) – von Prosper Mérimée (1803–70), französischer Schriftsteller ◊ Suslova, 1979, S. 312

Prosvet (Просвет) – Der Abkürzungsname wird vom Verfasser als Kul'tprosvet (kul'tura i prosveščenie) erklärt, was Kultur und Bildung bzw. Schulung oder Aufklärung bedeutet. ◊ Torop, S. 279

Protest (Протест) – Protest, Ablehnung, Widerspruch ◊ Suslova, 1979, S. 316

Protesta (Протеста) – weibliche Form zu Protest ◊ Bogdanov, S. 223

Proton (Протон) – Begriff aus der Atomphysik ◊ Gorbanevskij, 1987, S. 151
Pulja (Пуля) – Kugel, Geschoß ◊ www.bestportal.ru Smešnye familii, 3.6.2008
Purpur (Пурпур) – Purpur (sattroter Farbton). Der Name wurde nach der Revolution von 1917 kreiert. (Rot ist seit dem 19. Jahrhundert Farbensymbol der Arbeiterbewegung.) ◊ Danilina, 1969, S. 76
Puškin (Пушкин) – von Aleksandr Sergeevič Puškin (1799–1837), russischer Dichter ◊ Nepokupnyj, S. 47
Putislav (Путислав) – von **Put**in und russ. **slav**a (Ruhm, Ehre), s. Vlapunal ◊ Aleksandr Ščuplov: Ot s-ezda partii – k s-ezdu kryši, Literaturnaja gazeta 2002

R

Rabfak (Рабфак) – von russ. **rab**očij **fak**ul'tet (Arbeiterfakultät), von 1919 bis 1940 allgemeinbildende Lehranstalt, in welcher Arbeiter und Bauern ohne mittlere Schulbildung auf das Hochschulstudium vorbereitet wurden ◊ Mogilevskij, S. 56
Rabint (Рабинт) – von russ. **rab**očaja **int**elligencija (Arbeiterintelligenz), die aus Arbeitern und Bauern herangebildete Intelligenz ◊ Mogilevskij, S. 56
Rabkorin (Рабкорин) – von russ. **rab**očij **kor**respondent (Arbeiterkorrespondent) ◊ Torop, S. 279
Rabkrin (Рабкрин) – von russ. **rab**oče-**kr**est'janskij **in**ternacional (Internationale der Arbeiter und Bauern) ◊ mage_victor.livejournal.ru
Rabkrina (Рабкрина) – von russ. **rab**oče-**kr**est'janskaja **in**spekcija, RKI (Arbeiter- und Bauerninspektion), bestand von 1920 bis 1934 mit dem Status eines Volkskommissariats ◊ Torop, S. 279
Rabočaja (Рабочая) – von russ. rabočaja (Arbeiterin) ◊ smi.marketgid.com
Racija (Рация) – von russ. **ra**diostan**cija** (Funkstation, Funkstelle, Rundfunksender, Sender) ◊ Savel'eva, S. 32
Rada (Рада) – von russ. **ra**bočaja **d**emokratij**a** (Arbeiterdemokratie) ◊ Vedina, S. 384
Radames (Радамес) – Person aus der Oper „Aida" (1871) von Giuseppe Verdi (1813–1901) ◊ ru.wikipedia.org
Radar (Радар) – eine Abkürzung von englisch radio detecting and ranging (Funkermittlung und Funkortung) ◊ Turšatov
Radek (Радек) – von Karl Berngardovič Radek (1885–1939), führender Bolschewik, wollte 1923 in Deutschland einen kommunistischen Aufstand organisieren, als Anhänger Trockijs nach Sibirien deportiert und später verurteilt, starb in einem sowjetischen Straflager ◊ Torop, S. 279

Radel' (Радель) – von russ. radij (Radium, radioaktives chemisches Element) ◊ Galiullina, S. 100

Radema (Радема) – Phantasiename ◊ Superanskaja, 1998, S. 419

Radiana (Радиана) – von russ. radian (Radiant, Winkeleinheit), Begriff aus der Mathematik ◊ Ugrjumov, S. 45

Radiant (Радиант) – Radiant, Winkeleinheit, s. Radiana ◊ Superanskaja, 1998, S. 279

Radièl' (Радиэль) – von russ. **rad**iofikacija **i èl**ektrifikacija (Radiofizierung und Elektrifizierung). Mit Radiofizierung bezeichnete man die Einführung des Rundfunkempfangs durch Ausrüstung mit Radioapparaten und Sendeanlagen. ◊ NeForum.ru Kommunističeskie imena…, Juli 2004

Radij (Радий) – [1] von russ. radij (Radium, radioaktives chemisches Element) ◊ Samsonov, S. 128 – [2] von russ. radio (Radio, Funk, Rundfunk, Radioapparat) ◊ http://akarelova.narod.ru/sovnames.doc Slovar' novych kommunističeskich imën, 2010

Radik (Радик) – abgeleitet von russ. radij (Radium, radioaktives chemisches Element) ◊ Galiullina, S. 85

Radio (Радио) – von russ. radio (Radio, Funk, Rundfunk, Radioapparat) ◊ Torop, S. 279

Radiola (Радиола) – Rundfunkempfänger mit eingebautem Plattenspieler, Musiktruhe, Musikschrank (abgeleitet von russ. radio) ◊ Tropin, S. 13

Radiolina (Радиолина) – eine Ableitung von Radiola ◊ Superanskaja, 1998, S. 419

Radiona (Радиона) – abgeleitet von einem Terminus aus der Mathematik, entweder von russ. radius (Radius, Halbmesser) oder von russ. radiant (Radiant, Winkeleinheit) ◊ Akišina, S. 14

Radišča (Радища) – von Aleksandr Nikolaevič Radiščev (1749–1802), russischer Schriftsteller, protestierte gegen die Leibeigenschaft, verbrachte 10 Jahre in der Verbannung in Sibirien ◊ Suslova, 1979, S. 316

Radistka (Радистка) – Funkerin (In der Quelle steht irrtümlicherweise Radista.) ◊ Ogonëk 6, 1960, S. 32

Radius (Радиус) – Radius, Halbmesser ◊ Akišina, S. 73

Radnėr (Раднэр) – von russ. **Rad**ujsja **n**ovoj **èr**e (Freue dich über die neue Ära. ◊ http://filotaimist.ru/articles/odincov-agit-prop.htmvirtual'nyjklub kalendaristov-Jalta

Radomir (Радомир) – von russ. **rado**st' (Freude) und russ. **mir** (Frieden). Namengebung im Zusammenhang mit dem Leninschen Dekret über den Frieden vom 26.10.(8.11.) 1917 ◊ Danilina, 1972, S. 19

Radost' (Радость) – Freude ◊ Seliščev, 1928, S. 190

Raduga (Радуга) – Regenbogen ◊ http://www.livejournal.ru/themes/id/8255 Vilor, Stind i Dazdraperma (22.6.2008)

Rafinad (Рафинад) – von russ. rafinad (Raffinade, fein gemahlener, gereinigter Zucker) ◊ Zakir'janov, S. 156

Rafinat (Рафинат) – von russ. rafinat (Raffinat, Raffinationsprodukt durch Reinigung und Veredelung, z.B. von Erdöl, Speiseölen, Zucker) ◊ forum.farit.ru str.1 Prosmotr polnoj versii: Smešnye imena, 21.1.2006

Ragor (Рагор) – von russ. **ra**bočaja **gor**dost' (Arbeiterstolz) ◊ kommari.livejournal.com

Rajfo (Райфо) – von russ. **raj**onnyj **f**inansovyj **o**tdel (Rayonfinanzabteilung) ◊ www.SovMusic.ru Forum sajta „Sovetskaja muzyka"

Rajkom (Райком) – Abkürzung von russ. **raj**onnyj **kom**itet (Rayonkomitee), z. B. der Partei oder des Komsomol ◊ Prague Watchdog Radio Liberty, Detjam inogda dajut strannye imena, 7.11.2006

Rajtija (Райтия) – Abkürzung von russ. **raj**onnaja **ti**pografija (Rayondruckerei) ◊ Rylov, S. 52

Raketa (Ракета) – von russ. raketa (Rakete). Anlaß für diese Namengebung war offenbar der erste Weltraumflug Gagarins am 12.4.1961. ◊ Šejko, S. 20

Rakot (Ракот) – von russ. **ra**bočij **ko**ntrol' truda (wörtlich: die Arbeiterkontrolle der Arbeit, besser: die Kontrolle der Arbeit durch die Arbeiter) ◊ kommari.livejournal.com

Ralid (Ралид) – von russ. **ra**bočij **lid**er (Arbeiterführer) ◊ kommari.livejournal.com

Ramil' (Рамиль) – von russ. **ra**bočaja **mil**icija (Arbeitermiliz). Vollständig hießen die nach einer Verordnung vom 28.10.(10.11.)1917 in den Sowjets gegründeten Polizeiorgane raboče-krest'janskaja milicija (RKM) (Arbeiter- und Bauernmiliz). Später wurden sie in die Untergliederungen des Volkskommissariats des Innern (NKVD) übernommen. ◊ ru.wikipedia.org

Rašpil' (Рашпиль) – Raspel (ein Arbeitswerkzeug) ◊ Zakir'janov, S. 156

Rasstrel (Расстрел) – Erschießung ◊ mündliche Quelle

Rassvet (Рассвет) – Morgendämmerung, Tagesanbruch, Morgengrauen ◊ Bondaletov, 1983, S. 134

Ratmir (Ратмир) – einer der drei Recken (Krieger) in der Dichtung „Ruslan i Ljudmila" (Ruslan und Ljudmila, 1820) von Aleksandr Sergeevič Puškin (1799–1837), russischer Dichter ◊ Akišina, S. 217

Ravel' (Равель) – von Maurice Ravel (1875–1937), französischer Komponist ◊ Bondaletov, 1983, S. 134

Razin (Разин) – von Stepan (Sten'ka) Timofeevič Razin (um 1630–71), Kosakenführer, Anführer eines Bauernaufstandes im mittleren Wolgagebiet (1670–71), in Moskau hingerichtet ◊ Subaeva, S. 24

Razina (Разина) – weibliche Form zu Razin ◊ Suslova, 1979, S. 316
Razum (Разум) – Vernunft, Verstand ◊ Šejko, S. 20 und 21
Razuma (Разума) – weibliche Form zu Razum ◊ Suslova, 1979, S. 316
Rėd (Рэд) – von englisch red (rot), seit dem 19. Jahrhundert Farbensymbol der Arbeiterbewegung ◊ Torop, S. 280
Rėdo (Рэдо) – von russ. **r**evoljucija, **ė**lektrifikacija, **d**emokratija, **O**ktjabr' (Revolution, Elektrifizierung, Demokratie, Oktober) ◊ Kolonitskii, 1993, S. 223
Ref (Реф) – von russ. **re**voljucionnyj **f**ront (revolutionäre Front) ◊ Sattar-Mulille, S. 201
Rėf (Рэф) – von russ. **r**evoljucija, **ė**lektrifikacija, **f**ederacija (Revolution, Elektrifizierung, Föderation) ◊ d-v-sokolov.com
Refleks (Рефлекс) – Reflex, unwillkürliche Reaktion des Organismus auf einen Reiz ◊ Zakir'janov, S. 156
Reformator (Реформатор) – Reformator ◊ livejournal.com durakdurakom. Čto v imene (sic!) tvoëm…, 5.2.2007
Rejn (Рейн) – Rhein (europäischer Fluß) ◊ Zaljaleeva, S. 53
Rėksind (Рэксинд) – von russ. **r**ebënok **ė**pochi **k**ollektivizacii **s**ela, **ind**ustrializacii (ein Kind der Epoche der Kollektivierung des Dorfes und der Industrialisierung) ◊ Maksimova in: Rodina 11–12, 1992, S. 115
Rel' (Рель) – wahrscheinlich von russ. **re**voljucija, **L**enin (Revolution, Lenin) ◊ Superanskaja, 1998, S. 281
Rėli (Рэли) – von russ. **r**evoljucija, **ė**lektrifikacija, **l**jubov', **i**skusstvo (Revolution, Elektrifizierung, Liebe, Kunst) ◊ Kolonitskii, 1993, S. 223
Rel's (Рельс) – Schiene, Eisenbahnschiene (von englisch rail, Plural rails). Wegen ihrer Geburt in einem Eisenbahnzug wurden Zwillinge Rel's und Tormoz (Bremse, Hemmschuh) genannt. ◊ http://www.ct.kz Smešnye familii i imena, 12.6.2009
Rem (Рем) – [1] von russ. **re**voljucija **m**irovaja (Weltrevolution) ◊ Akišina, S. 219 – [2] von russ. **r**evoljucija, **ė**lektrifikacija, **m**echanizacija (Revolution, Elektrifizierung, Mechanisierung) ◊ Akišina, S. 219 – [3] von russ. **r**evoljucija, **e**dinenie, **m**arksizm (Revolution, Einigkeit, Marxismus) ◊ m.glazkov lm-id.vp Ostorozno – imja! – [4] von russ. **re**voljucija i **m**ir (die Revolution und die Welt) ◊ www.NewsLand.ru V Rossii vozvraščajutsja patriotičeskie imena, 2009
Rėm (Рэм) – [1] von russ. **r**evoljucija, **ė**lektrifikacija, **m**echanizacija (Revolution, Elektrifizierung, Mechanisierung) ◊ Danilina, 1972, S. 22 – [2] von russ. **r**evoljucija, **ė**lektrifikacija, **m**ašinostroenie (Revolution, Elektrifizierung, Maschinenbau) ◊ Danilina, 1972, S. 22 – [3] von russ. **r**evoljucija, **ė**lektrifikacija, **m**elioracija (Revolution, Elektrifizierung, Melioration – Bodenverbesserung) ◊ Danilina, 1972, S. 22 – [4] von russ. **re**voljucija **m**irovaja (Weltrevolution) ◊ Irošnikov/Šelaev in: Rodina, 9–10, 1991, S. 38 – [5] von russ. **r**evoljucija, **ė**nergetika, **m**elio-

racija (Revolution, Energetik, Melioration) ◊ Superanskaja, 1978, S. 423 - **[6]** von russ. **re**voljucija **M**arksa i **Ė**ngel'sa (die Revolution von Marx und Engels) ◊ http:// kto-kto.narod.ru/bl-bl-3/dazdraperma.html Dazdraperma Ivanovna, 2004 - **[7]** von russ. **re**voljucija, **Ė**ngel's, **M**arks (Revolution, Engels, Marx) ◊ Medvedev, S. 24 - **[8]** von russ. **re**voljucija, **ė**lektrifikacija, **m**ir (Revolution, Elektrifizierung, Frieden) ◊ Trockij, S. 60 - **[9]** von russ. **ra**dost' **ė**pochi **m**arksizma (Freude über die Epoche des Marxismus) ◊ Q.Gay-Connection.Ru - Lučšij sait gej znakomstv Pro imena v Rossii, 12.1.2009 - **[10]** von russ. **re**voljucionnaja **m**olodëž' (revolutionäre Jugend) ◊ http://rus.tvnet.lv/ Imena - vešč interesnaja..., 2008 - **[11]** von russ. **re**voljucija, **ė**lektrifikacija, **m**odernizacija (Revolution, Elektrifizierung, Modernisierung) ◊ savok.name Imena sovetskogo proischoždenija SSSR, August 2008 - **[12]** von russ. **re**voljucija, **ė**nergija, **m**ir (Revolution, Energie, Frieden) ◊ Michail Geller: Mašina i vintiki, Seite 17 - **[13]** von russ. **re**voljucionnaja **ė**nergija **m**ass (die revolutionäre Energie der Massen) ◊ smi.marketgid.com - **[14]** von russ. **ra**dio, **ė**lektricestvo, **m**ašinostroenie (Radio, Elektrizität, Maschinenbau) ◊ kuraev.ru/smf/index.php?topic=89817.85;wap2 Polnyj (ili počti polnyj) spisok sovetskich imën, 15.2.2009

Rema (Рема) - **[1]** von russ. **re**voljucija **mi**rovaja (Weltrevolution) ◊ Akišina, S. 219 - **[2]** von russ. **re**voljucija, **ė**lektrifikacija, **m**echanizacija (Revolution, Elektrifizierung, Mechanisierung) ◊ Akišina, S. 219

Rėma (Рэма) - weibliche Form zu Rėm ◊ Savel'eva, S. 33

Rembrandt (Рембрандт) - von Harmensz van Rijn Rembrandt (1606-69), holländischer Maler. In der Armeezeitung „Krasnaja zvezda" (Roter Stern) vom 1.4.1984, S. 2 wird im Zusammenhang mit der Baikal-Amur-Eisenbahnstrecke (russ. abgekürzt BAM) ein Oberstleutnant Remblandt Jakovlevič Pramzin erwähnt, was ganz offensichtlich ein Druckfehler ist.

Remi (Реми) - von russ. **re**voljucija **mi**rovaja (Weltrevolution) ◊ Danilina, 1972, S. 21

Rėmi (Рэми) - von russ. **re**voljucija, **Ė**ngel's, **M**arx (Revolution, Engels, Marx) ◊ Dušečkina

Remida (Ремида) - **[1]** eine Ableitung von Remira ◊ Superanskaja, S. 420 - **[2]** von russ. „**Re**voljuciju **mi**rovuju **da**vaj"! (Bringt uns die Weltrevolution!) ◊ www.lipoisk.ru Iskusstvennye imena, 16.6.2005

Remir (Ремир) - **[1]** von russ. **re**voljucija **mir**ovaja (Weltrevolution) ◊ Irošnikov/Šelaev in: Rodina 9-10, 1991, S. 38 - **[2]** von russ. **re**voljucija **mir**a (Weltrevolution) ◊ Sattar-Mulille, S. 201

Rėmir (Рэмир) - **[1]** von russ. **re**voljucija **mir**ovaja (Weltrevolution) ◊ Superanskaja, 1998, S. 286 - **[2]** von russ. **re**voljucija, **ė**lektrifikacija, **m**ir (Revolution, Elektrifizierung, Frieden) ◊ http://mi3ch.livejournal.com/109004.html detej zvezdit' prinesli?

Remira (Ремира) – **[1]** von russ. **re**voljucija **mir**ovaja (Weltrevolution) ◊ Superanskaja, 1998, S. 420 – **[2]** von russ. **re**voljucija **mir**a (Weltrevolution) ◊ Superanskaja, 1998, S. 420

Remizan (Ремизан) – von russ. **Re**voljucija **mi**rovaja **zan**jalas' (Die Weltrevolution hat begonnen.) ◊ Torop, S. 279

Remlifa (Ремлифа) – von russ. **re**voljucija i **m**arksistsko-**len**inskaja **f**ilosofij**a** (die Revolution und die marxistisch-leninistische Philosophie) ◊ revim.narod.ru

Rėmm (Рэмм) – umgangssprachliche Form zu Rėm ◊ Superanskaja: Slovar' russkich imën, S. 221

Rėmma (Рэмма) – **[1]** weibliche Entsprechung zu Rėm, von russ. **r**adio, **ė**lektričestvo, **m**ašinostroenie (Radio, Elektrizität, Maschinenbau) ◊ kuraev.ru/smf/index.php?topic=89817.85;wap2 Polnyj (ili počti polnyj) spisok sovetskich imën, 15.2.2009 – **[2]** von russ. **r**evoljucija, **Ė**ngel's, **M**arks (Revolution, Engels, Marx) ◊ kuraev.ru/smf/index.php?topic=89817.85;wap2 Polnyj (ili počti polnyj) spisok sovetskich imën, 15.2.2009

Remo (Ремо) – wahrscheinlich von russ. **re**voljucija, **M**arks, **O**ktjabr' (Revolution, Marx, Oktober) ◊ www.vrn.best-city.ru Ran'še v Voroneže..., 25.11.2008

Rėmo (Рэмо) – **[1]** von russ. **r**evoljucija, **ė**lektrifikacija, **m**irovoj **O**ktjabr' (Revolution, Elektrifizierung, der weltumspannende Oktober – Synonym für die Oktoberrevolution) ◊ Batuev, S. 13 – **[2]** von russ. **r**evoljucija, **ė**lektrifikacija, **mo**bilizacija (Revolution, Elektrifizierung, Mobilisierung im Sinne von Aktivierung) ◊ Vladimir Bachtin: My naš, my novyj mir postroim...

Rėms (Рэмс) – von russ. **r**evoljucija, **ė**lektrifikacija, **m**irovoj **s**ocializm (Revolution, Elektrifizierung, Sozialismus auf der ganzen Welt) ◊ Savel'eva, S. 32

Rėn (Рэн) – **[1]** von russ. **r**evoljucija, **ė**lektrifikacija, **n**auka (Revolution, Elektrifizierung, Wissenschaft). Ėlektrofikacija ist eine Variante von ėlektrifikacija. ◊ Galiullina, S. 87 – **[2]** von russ. **r**evoljucija, **ė**nergetika, **n**auka (Revolution, Energetik, Wissenschaft) ◊ Galiullina, S. 48 – **[3]** vielleicht von russ. **r**evoljucionnyj **ėn**tuziazm (revolutionärer Enthusiasmus) ◊ Superanskaja, 1998, S. 286

Rena (Рена) – von russ. **re**voljucija i **na**uka (Revolution und Wissenschaft) ◊ Galiullina, S. 86 und 101

Rėna (Рэна) – von russ. **r**evoljucija, **ė**nergetika, **na**uka (Revolution, Energetik, Wissenschaft) ◊ Galiullina, S. 48

Renas (Ренас) – von russ. **re**voljucija, **na**uka, **s**ojuz (Revolution, Wissenschaft, Union) ◊ Sattar-Mulille, S. 201

Renat (Ренат) – **[1]** von russ. **re**voljucija, **na**uka, **t**rud (Revolution, Wissenschaft, Arbeit) ◊ Mogilevskij, S. 56 – **[2]** von russ. **re**voljucija, **na**cionalizacija, **T**rockij (Revolution, Verstaatlichung, Trockij) ◊ savok.name

Renata (Рената) – von russ. **re**voljucija, **na**uka, **t**rud (Revolution, Wissenschaft, Arbeit) ◊ Vedina, S. 389

Renij (Рений) – Rhenium (chemisches Element) ◊ Superanskaja, 1998, S. 281

Renija (Рения) – weibliche Form zu Renij ◊ Superanskaja, 1998, S. 240

Rentgen (Рентген) – von Wilhelm Conrad Röntgen (1845–1923), deutscher Physiker, entdeckte die Röntgenstrahlen ◊ Torop, S. 279

Rentgena (Рентгена) – weibliche Form zu Rentgen ◊ Suslova, 1979, S. 316

Rentgina (Рентгина) – Variante zu Rentgen ◊ Torop, S. 279

Reomir (Реомир) – von der Losung „**Re**voljucija **o**chvatit **mir**!" (Die Revolution erfaßt die Welt!) ◊ Superanskaja, 1978, S. 426 und mage_victor.livejournal.ru

Res (Рес) – von russ. **re**šenija **s**-ezdov (die Beschlüsse der Kongresse), d. h. Sowjetkongresse oder Parteitage ◊ Irošnikov/Šelaev in: Rodina 9–10, 1991, S. 38 und ru.wikipedia.org

Respublika (Республика) – Republik ◊ Suslova, 1979, S. 308

Rėtik (Рэтик) – von russ. **r**evoljucija, **ė**lektrifikacija, **t**echnika, **i**nternacional, **k**ommunizm (Revolution, Elektrifizierung, Technik, Internationale, Kommunismus) ◊ d-v-sokolov.com

Rev (Рев) – Verkürzung von russ. revoljucija (Revolution) ◊ Gorbanevskij, 1987, S. 152

Reva (Рева) – weibliche Form zu Rev ◊ Prochorov, 1995 und Ščetinin, 1972, S. 2

Revadij (Ревадий) – eine Ableitung von Reva ◊ http://www.diary.ru/~rasta kawaii/p55604057.htm?oam Sovetskie imena – Dža na našej storone!

Revar (Ревар) – von russ. **rev**oljucionnaja **ar**mija (Revolutionsarmee) ◊ kommari.livejournal.com

Revdar (Ревдар) – von russ. **rev**oljucionnyj **dar** (revolutionäre Gabe) ◊ mage_victor.livejournal.ru

Revdi (Ревди) – von russ. **rev**oljucionnoe **di**tja (Kind der Revolution) ◊ revim.narod.ru

Revdit (Ревдит) – von russ. **rev**oljucionnoe **dit**ja (Kind der Revolution) ◊ Kolonitskii, 1993, S. 222

Revel' (Ревель) – bis 1918 Name von Tallinn, der jetzigen Hauptstadt Estlands ◊ Superanskaja, 1978, S. 421

Revil' (Ревиль) – von russ. **rev**oljucija, **V**ladimir **Il'ič** Lenin (Revolution, Vladimir Il'ič Lenin) ◊ http://www.spbgu.ru/forums/index.php?act=Print&client=w ordr&f=41&t=16907 TOP-13 sovetskich imën

Revkom (Ревком) – von russ. **rev**oljucionnyj **kom**itet (Revolutionskomitee). Revolutionskomitees bestanden in Sowjetrußland 1918–20 als zeitweilige Sonderorgane der Sowjetmacht. ◊ Suslova, 1979, S. 316

Revlit (Ревлит) – von russ. **rev**oljucionnaja **lit**eratura (Revolutionsliteratur) ◊ Bondaletov, 1983, S. 139

Revmark (Ревмарк) – von russ. **rev**oljucionnyj **mark**sizm (revolutionärer Marxismus) ◊ http://rus.tvnet.lv/ Imena, vešč interesnaja. Byvajut imena rasprostranënnye, a byvajut redkie i neobyčnye, 2008

Revmir (Ревмир) – [1] von russ. **rev**oljucija **mir**ovaja (Weltrevolution) ◊ Kas'janova, 1987, S. 64 – [2] von russ. **rev**oljucionnyj **mir** (revolutionäre Welt) ◊ Superanskaja, 1998, S. 280 – [3] von russ. **rev**oljucija **mir**a (Weltrevolution) ◊ Podol'skaja, 1988, S. 26

Revmira (Ревмир) – [1] von russ. **rev**oljucija **mir**ovaja (Weltrevolution) ◊ Ugrjumov, S. 35 – [2] von russ. **rev**oljucija **mir**a (Weltrevolution) ◊ Danilina, 1972, S. 23 – [3] von russ. **rev**oljucii **mir**ovoj **a**rmija (Armee der Weltrevolution) ◊ Mironov, S. 344 – [4] von russ. **rev**oljucija, **mir** (Revolution, Welt) ◊ Poljakova, S. 43 – [5] von russ. **rev**oljucionnyj **mir** (revolutionäre Welt) ◊ www.devichnik.ru/9805/imia.html Ženskie imena, 2010

Revner (Ревнер) – von russ. **rev**oljucio**ner** (Revolutionär) ◊ Galiullina, S. 48 und 86

Revo (Рево) – von russ. **revo**ljucija (Revolution) ◊ Gusev

Revokij (Ревокий) – abgeleitet von russ. **revo**ljucija (Revolution) ◊ Samsonov, S. 128

Revol (Револ) – von russ. **revol**jucija (Revolution) ◊ Čuprijanov

Revol' (Револь) – [1] von russ. **revol**jucija (Revolution) ◊ Rylov, S. 97 – [2] von russ. **re**voljucionnaja **vol**ja (revolutionärer Wille) ◊ mage_victor.livejournal.ru

Revola (Револа) – von russ. **revol**jucija (Revolution) ◊ Rylov, S. 97

Revold (Револд) – von russ. **revol**jucionnoe **d**viženie (revolutionäre Bewegung) ◊ http://www.diary.ru/~rastakawaii/p55604057.htm1?oam Sovetskie imena – Dža na našej storone!

Revol'd (Револьд) – [1] von russ. **revol**jucionnoe **d**viženie (revolutionäre Bewegung) ◊ Torop, S. 279 – [2] von russ. **revol**jucionnoe **d**itja (Kind der Revolution) ◊ Irošnikov/Šelaev in: Rodina 9–10, 1991, S. 38

Revol'da (Револьда) – weibliche Form zu Revol'd ◊ ru.wikipedia.org

Revolen (Револен) – von russ. **revol**jucija, **Len**in (Revolution, Lenin) ◊ d-v-sokolov.com

Revolij (Револий) – von russ. **revol**jucija (Revolution) ◊ Rylov, S. 97

Revoljucija (Революция) – Revolution ◊ Seliščev, 1928, S. 190

Revoljucioner (Революционер) – Revolutionär ◊ Ščetinin, 1972, S. 211

Revoljut (Револют) – von russ. **revolju**cija i **t**rud (Revolution und Arbeit) ◊ Čuprijanov

Revoljuta (Революта) – [1] von russ. **revolju**cija (Revolution) ◊ Rylov, S. 97 – [2] von russ. **revolju**cija i **t**rud (Revolution und Arbeit) ◊ Čuprijanov

Revolla (Револла) – von russ. **revol**jucija (Revolution) ◊ ru.wikipedia.org

Revolt (Револт) – von russ. **revo**ljucija, **L**enin, **T**rockij (Revolution, Lenin, Trockij) ◊ Gusejnov, S. 88

Revol't (Револьт) – **[1]** von englisch revolt (Revolte, Aufstand) ◊ Superanskaja, 1998, S. 281 – **[2]** von französisch révolté (Aufständischer) ◊ ru.wikipedia.org – **[3]** von russ. revol'ver (Revolver) ◊ narod.od.ua

Revol'ta (Револьта) – weibliche Form zu Revol't ◊ narod.od.ua

Revol'ver (Револьвер) – Revolver ◊ stlashs.narod.ru/2-781502.html Samoe zabavnoe imja korejca ili korejanki, kotoroe Vy kogda-libo slysali!, 2012

Revomir (Революмир) – von russ. **revo**ljucija **mir**ovaja (Weltrevolution) ◊ Kolonitskii, 1993, S. 223

Revorg (Реворг) – von russ. **rev**oljucionnyj **org**anizator (Revolutionsorganisator) ◊ ru.wikipedia.org

Revput' (Ревпуть) – von russ. **rev**oljucionnyj **put'** (der Weg der Revolution) ◊ Torop, S. 279

Revsomol (Ревсомол) – von russ. **Rev**oljucionnyj **so**juz **mol**odezi (Revolutionärer Jugendverband), früher in den zur Russischen Föderation gehörigen Teilrepubliken Burjatien und Tyva ◊ botinok.co.il/blog Prjamoj éfir Imenem revoljucii...

Revsov (Ревсов) – von russ. **rev**oljucionnyj **v**oennyj **sov**et (Revolutionskriegsrat, abgekürzt revvoensovet und RVS), 1918–34 Kollegium der Volkskommissariate für die Armee und die Marine, die 1922 zum Volkskommissariat für Heeres- und Marineangelegenheiten vereinigt wurden ◊ Turšatov

Revvol' (Revvol') (Рeвволь) – von russ. **rev**oljucionnaja **vol**ja (revolutionärer Wille) ◊ www.woman.ru forum Ulybnites': sovetskie imena

Revvola (Реввола) – von russ. **rev**oljucionnaja **vol**na (revolutionäre Welle) ◊ Kas'janova, S. 64

Revvolja (Ревволя) – von russ. **rev**oljucionnaja **vol**na (revolutionäre Welle) ◊ http://arhipovvv.narod.ru „Ritual'naja" politika, 2.8.2012

Revvolna (Ревволна) – von russ. **rev**oljucionnaja **voln**a (revolutionäre Welle) ◊ sve.proz.com Icke-engelska forum Slova byvajut raznye..., 2003

Rezeda (Резеда) – Reseda, Resede (Blume, Zierpflanze) ◊ Nikonov, 1973, S. 34

Ričard (Ричард) – von „King Richard II." (König Richard II., 1597), Drama von William Shakespeare (1564–1616) ◊ Bondaletov, 1976, S. 24

Rid (Рид) – von John Reed (1887–1920), amerikanischer Publizist und Kommunist, Mitglied des Exekutivkomitees der Komintern, als Augenzeuge Autor eines Buches über die Oktoberrevolution: „Ten Days That Shook the World" (Zehn Tage, die die Welt erschütterten), zu welchem Lenin das Vorwort schrieb ◊ Superanskaja: Slovar' russkich imën, S. 8

Rida (Рида) – **[1]** weibliche Form zu Rid ◊ Superanskaja, 1998, S. 420 –

[2] von Thomas Mayne Reid (1818–83), irischer Schriftsteller ◊ Danilina, 1972, S. 18

Rifma (Рифма) – Reim, Gleichklang von Endsilben im Vers ◊ Nikonov, 1988, S. 79

Rigoletta (Риголетта) – von „Rigoletto", Oper von Giuseppe Verdi (1813–1901) ◊ Trud 25.11.1984, S. 2

Rigolleta (Риоллета) – s. Rigoletta ◊ Zakir'janov, S. 155

Rik (Рик) – von russ. **R**ossijskij **i**spolnitel'nyj **k**omitet (Russisches Exekutivkomitee) ◊ mündliche Quelle

Riks (Рикс) – **[1]** von russ. **r**aboČich **i** **k**rest'jan **s**ojuz (das Bündnis der Arbeiter mit den Bauern) ◊ Čuprijanov – **[2]** von russ. **r**aboče-**k**rest'janskij **s**ojuz (dasselbe) ◊ Rylov, S. 98 – **[3]** von russ. **r**aboČij **i** **k**rest'janskij **s**ojuz (dasselbe) ◊ Poljakova, S. 43

Rim (Рим) – **[1]** von russ. **r**evoljucija **i** **m**ir (die Revolution und die Welt) ◊ Sattar-Mulille, S. 202 – **[2]** Rom (Hauptstadt Italiens) ◊ Galiullina, S. 21

Rima (Рима) – weibliche Form zu Rim ◊ Suslova, 1979, S. 307

Rina (Рина) – **[1]** von russ. **r**evoljucija, **In**ternacional (Revolution, Internationale) ◊ http://h.ua Viktor Sulima: Reformy: „Imja i imjanarečenie", Obščestvo 3.6.2006 – **[2]** Kurzform von Oktjab**rina** ◊ Gric, S. 73 – **[3]** Kurzform von Trakto**rina** ◊ www.kid.ru/forum/txt/index.php/t31668.html Imena sovetskogo proischoždenija, 14.4.2008

Riorita (Риорита) – von Rio Rita, in den 30er Jahren beliebter Foxtrott (Gesellschaftstanz) ◊ ru.wikipedia.org

Ritmina (Ритмина) – von russ. ritm (Rhythmus) ◊ Superanskaja, 1998, S. 421

Riv'era (Ривьера) – von italienisch Riviera (Küstengebiet am Mittelmeer in Italien und Frankreich, französische Riviera – Côte d'Azur) ◊ Zakir'janov, S. 156

Rivol' (Риволь) – Variante zu Revol' ◊ Superanskaja, 1998, S. 281

Rivol'da (Ривольда) – Ableitung von Rivol' ◊ Superanskaja, 1998, S. 420

Robesp'er (Робеспьер) – von Maximilien de Robespierre (1758–94), führender französischer Politiker zur Zeit der Französischen Revolution (1789–99) ◊ Torop, S. 280

Robin (Робин) – von Robin Hood, dem edlen Räuber und Helfer der Armen in der englischen Volksüberlieferung ◊ Suslova, 1979, S. 306

Robinzon (Робинзон) – vom Titelhelden des Abenteuerromans (1719) „The Life and Strange Surprising Adventures of Robinson Crusoe of York, Mariner" (Das Leben und die ungewöhnlichen Abenteuer des Robinson Crusoe, eines Seemanns aus York) von Daniel Defoe (1660–1731), englischer Schriftsteller ◊ Superanskaja, 1998, S. 283

Roblen (Роблен) – **[1]** von russ. **ro**dilsja **b**yt' **len**incem (geboren, um ein Leninist zu sein) ◊ Torop, S. 280 – **[2]** von russ. **ro**žden **b**yt' **len**incem (geboren, um ein Leninist zu sein) ◊ ski.spb.ru/conf/index.php?showtopic=34236 Piterskaja gornolyžnaja konferencija, Obščie forumy, Kurilka, Dezember 2010 – **[3]** von russ. **ro**ždennyj **b**yt' **len**incem (geboren, um ein Leninist zu sein) ◊ lingvoforum.net russkie imena, Oktober 2008 – **[4]** von russ. **ro**divšijsja **b**yt' **len**incem (geboren, um ein Leninist zu sein) ◊ http://arhipovvv.narod.ru „Ritual'naja" politika, 2.8.2012

Robot (Робот) – Roboter, Maschinenmensch ◊ Nikonov: Iščem imja, S. 35

Rodin (Родин) – Vorname von Rodion (Rodin) Rafailovič Nachapetov (geb. 12.1.1944), Schauspieler und Filmregisseur. Seine Mutter nannte ihn nach der Partisanenabteilung „Rodina" (Heimat), welcher sie während des 2. Weltkrieges angehörte. Als amtlicher Vorname wurde aber fälschlicherweise Rodin in das Geburtsregister eingetragen. Nachapetov nennt sich selbst Rodion. ◊ „Luganskaja Pravda", 2009 und Aktëry sovetskogo kino 12, 1976, S. 127

Rododendron (Рододендрон) – Rhododendron (Zierpflanze) ◊ Uspenskij, 1960, S. 48

Rodvark (Родварк) – **[1]** von russ. **ro**ž**d**ënnyj **v** **Ark**tike (geboren in der Arktis) ◊ Torop, S. 280 – **[2]** von russ. **ro**dilsja **v** **Ark**tike (geboren in der Arktis) ◊ ru.wikipedia.org

Roj (Рой) – **[1]** von russ. **r**evoljucija, **O**ktjabr', **I**nternacional (Revolution, Oktober, Internationale) ◊ www.dzagi.ru SSSR i ego posledovateli Forum Obo vsëm – **[2]** von Manabendra Nath Roy (1887–1954), indischer kommunistischer Politiker ◊ Kolonitskii, 1993, S. 224

Rojal' (Рояль) – Flügel, Klavier ◊ indostan.ru Forum Fludistan Pogovorim pro imena?(5), 29.7.2009

Rolana (Ролана) – von **Ro**main **Roll**an**d** (1866–1944), französischer Schriftsteller ◊ Superanskaja 1978, S. 422

Rolen (Ролен) – von russ. **ro**ždën **len**incem (als Leninist geboren) ◊ http://h.ua Viktor Sulima: Reformy: „Imja i imjanarečenie", Obščestvo 3.6.2006

Rom (Ром) – **[1]** von russ. **r**evoljucija, **o**rganizacija, **m**elioracija (Revolution, Organisation, Melioration – Bodenverbesserung) ◊ Superanskaja, 1998, S. 283 – **[2]** Verkürzung des Vornamens Roman ◊ Superanskaja, 1998, S. 283

Roman (Роман) – literarische Gattung als Vorname ◊ Uspenskij, 1959

Romblen (Ромблен) – von russ. **ro**ždën **m**oguščij **b**yt' **len**incem (geboren, um ein Leninist zu werden) ◊ ru.wikipedia.org/wiki Imena sovetskogo proischoždenija, 2012

Romen (Ромен) – von Romain Rolland (1866–1944), französischer Schriftsteller, bekannte sich zum Kommunismus, äußerte aber gegen Ende seines Lebens Zweifel am System in der Sowjetunion ◊ Superanskaja, 1998, S. 284

Romena (Ромена) – weibliche Form zu Romen ◊ Superanskaja, 1978, S. 422

Romeo (Ромео) – von „Romeo and Juliet" (Romeo und Julia), Tragödie (1595/96) von William Shakespeare (1564–1616) ◊ Zakir'janov, S. 155

Rona (Рона) – von Rhône, Fluß in der Schweiz und in Frankreich ◊ Suslova, 1979, S. 306

Ronal'd (Рональд) – Namengebung zu Ehren des US Präsidenten (1981–89) Ronald Reagan (1911–2004) anläßlich seines Treffens mit dem Generalsekretär des ZK der KPdSU (1985–91) Michail Sergeevič Gorbačëv (geb. 1931) im Oktober 1986 in der isländischen Hauptstadt Reykjavik ◊ www.33plus1.ru Tolkovanie imën. Sovremennye sociněnnye imena, 2009

Rora (Рора) – Verkürzung von Avrora ◊ Danilina, 1969, S. 79

Rošal' (Рошаль) – abgeleitet von der gleichnamigen Stadt im Gebiet Moskau (benannt nach dem Bolschewiken Semën Grigor'evič Rošal', 1896–1917) ◊ Superanskaja, 1978, S. 421

Rosik (Росик) – von russ. **Ros**sijskij **i**spolnitel'nyj **k**omitet (Russisches Exekutivkomitee) ◊ Mironov, S. 344

Roskompart (Роскомпарт) – von russ. Rossijskaja Kommunističeskaja Partija (Russische Kommunistische Partei) ◊ www.aguara.ru/post110302037/ Moda na imena, 16.9.2009

Rossija (Россия) – Rußland. Anlaß für die Namengebung war die Geburt am 12. Juni, dem Tag der Souveränitätserklärung der ehemaligen RSFSR (12.6.1990), der als Tag Rußlands (Den' Rossii) zum offiziellen Feiertag erklärt wurde. ◊ http://aeterna.qip.ru/userpost.php?Olivin&post=120903 Ot Dazdrapermy k Preziputinu

Rotefan (Ротефан) – von „Rote Fahne", 1918 in Berlin gegründetes Zentralorgan der KPD, wurde 1933 verboten, erschien bis 1935 im Untergrund, danach in Prag (bis 1936) und in Brüssel (1936–39) ◊ www.yandex.ru/ Roždënnye v SSSR

Rotor (Ротор) – Rotor, Läufer, rotierender, umlaufender Teil in einem Elektromotor und Generator (Rotor – Kurzform zu englisch rotator, vom Verb rotate – rotieren, kreisen, sich drehen, umlaufen) ◊ FRTK-MFTI.ru Forum A vot imja Spartak v sovetskoe vremja načali ispol'zovat' (nach dem Stand vom 18.2.2009)

Roza (Роза) – [1] von russ. Roza Ljuksemburg (Rosa Luxemburg, 1870–1919, radikale sozialistische Politikerin polnischer Herkunft, entwarf das Programm der am 1.1.1919 gegründeten KPD. Ihr Ziel war die Errichtung einer deutschen Räterrepublik durch eine Revolution.) ◊ Pravda 12.6.1924, S. 6 – [2] Rose (Blume) ◊ Akent'eva, S. 51

Rozalija (Розалия) – eine Kombination aus den Vornamen **Roza** (Rosa) und **Lija** ◊ Superanskaja: Slovar' russkich imën, S. 356

Roza-Ljuksemburg (Роза-Люксембург) – Doppelvorname, s. Roza ◊ Papernyj, S. 150

Rozanel' (Розанель) – von russ. **Roza** (Ljuksemburg) und (Vladimir Il'ič)

Lenin (erste Silbe von Lenin rückwärts) (Rosa, Lenin) ◊ Ščetinin, 1968, S. 51 und Torop, S. 280

Rozanna (Розанна) – der Vorname wurde zusammengesetzt aus russ. **Roz**a (Rosa) und **Anna** ◊ Superanskaja: Slovar' russkich imën, S. 356

Rožblen (Рожблен) – von russ. **rož**dënnyj **b**yt' **len**incem (geboren, um ein Leninist zu sein) ◊ Maksimova in: Rodina 11–12, 1992, S. 114

Rubin (Рубин) – Rubin (roter Edelstein) ◊ Savel'eva, S. 32

Rubina (Рубина) – weibliche Form zu Rubin ◊ Zaljaleeva, S. 53 und 56

Rubindar (Рубиндар) – eine Zusammensetzung aus russ. Rubin (roter Edelstein) und russ. dar (Geschenk) ◊ Zaljaleeva, S. 53

Rubinštejn (Рубинштейн) – von Anton Grigor'evič Rubinštejn (1829–94), russischer Komponist und Pianist ◊ Zakir'janov, S. 155

Ruda (Руда) – Verkürzung von russ. Truda, das wiederum eine Kurzform von russ. Gertruda ist ◊ Danilina, 1969, S. 79

Rudij (Рудий) – von russ. Rudin, Hauptheld des gleichnamigen Romans (1856) von Ivan Sergeevič Turgenev (1818–83), russischer Schriftsteller ◊ Superanskaja, 1998, S. 285

Rudina (Рудина) – weibliche Form zu Rudin ◊ Superanskaja, 1998, S. 422

Rudnik (Рудник) – Bergwerk, Grube, Mine, Erzmine ◊ Specnaz Rossii Nr. 12 (111) dekabr' 2005 goda

Ruina (Руина) – Ruine (wahrscheinlich abgeleitet von den „Ruinen des untergehenden Systems des Kapitalismus" auf dem Wege zum Kommunismus) ◊ Ščetinin, 1968, S. 62

Rul' (Руль) – Steuer, Steuerrad, Steuerruder, Lenkstange, Lenkrad ◊ Zakir'janov, S. 156

Runar (Рунар) – von russ. **R**evoljucija **u**ničtožaet **na**cional'nuju **r**ozn'. (Die Revolution beseitigt den Völkerhaß.) ◊ Danilina, 1972, S. 22

Runara (Рунара) – weibliche Form zu Runar ◊ Subaeva, S. 24

Rusalka (Русалка) – wahrscheinlich von der gleichnamigen Oper (1900) von Antonín Dvořák (1841–1904), tschechischer Komponist (rusalka – Wassernixe) ◊ www.ell.ru Klub elle girl. Žizn'. Obo vsëm v svobodnoj forme. Legko li žit' s neobyčnymi imenami?, 12.1.2009

Ruslan (Руслан) – von der Dichtung „Ruslan i Ljudmila" (1820) (Ruslan und Ludmila) von Aleksandr Sergeevič Puškin (1799–1837), russischer Dichter ◊ Savel'eva, S. 33

Russo (Руссо) – von Jean-Jacques Rousseau (1712–78), französischer Schriftsteller und Philosoph schweizerischer Herkunft ◊ Gorbanevskij, 1988, S. 250 und Torop, S. 280

Rutenij (Рутений) – Ruthenium (chemisches Element) ◊ Savel'eva, S. 32

Ruž (Руж) – von französisch rouge – rot (seit dem 19. Jahrhundert das Farbensymbol der Arbeiterbewegung) ◊ Suslova/Superanskaja, S. 195

Ruzvel't (Рузвельт) – von Franklin Delano Roosevelt (1882–1945), Präsident der USA (1933–45) ◊ Zakir'janov, S. 155

Rybokombinat (Рыбокомбинат) – Fischkombinat ◊ hexell.livejournal.com Polnyj (ili počti polnyj) spisok sovetskich imën, 11.7.2007

Rylej (Рылей) – von Kondratij Fëdorovič Ryleev (1795–1826), russischer Poet, einer der Führer des Dekabristenaufstandes gegen das zaristische Regime vom Dezember (russ. dekabr') 1825 in Sankt Petersburg und Südrußland, wurde hingerichtet ◊ Superanskaja, 1998, S. 286

Ryssi (Рысси) – von Nikolaj Ivanovič Rysakov (1861–81), Teilnehmer eines Attentates auf Zar Aleksandr II. (1855–81) im Jahre 1881, wurde aufgehängt ◊ Torop, S. 280 und Lancov, S. 130

S

Šachta (Шахта) – Grube, Schacht, Bergwerk ◊ Gric, S. 73

Sadko (Садко) – Held in der gleichnamigen Oper (1897) von Nikolaj Andreevič Rimskij-Korsakov (1844–1908), russischer Komponist ◊ Vseobščij nastol'nyj kalendar' na 1928 god (30.10.)

Šaės (Шаэс) – von russ. **ša**gajuščij **ėks**kavator (Schreitbagger) ◊ ru.wikipedia.org

Safo (Сафо) – Sappho, altgriechische Dichterin um 600 v. Chr., bedeutendste Lyrikerin der Antike ◊ Vseobščij nastol'nyj kalendar' na 1924 god, S. 6

Sajana (Саяна) – von russ. Sajany (Sajan, Sajanisches Gebirge), Gebirgssystem im südlichen Sibirien zwischen Altai und Baikalsee ◊ Bondaletov, 1983, S. 135

Sakko (Сакко) – s. Sakkovancetti ◊ Gorbanevskij, 1988, S. 249

Sakkovancetti (Саккованцетти) – von Nicola Sacco (1891–1927) und Bartolomeo Vanzetti (1888–1927), zwei Anarchisten italienischer Herkunft, die 1927 nach einem langjährigen umstrittenen Mordprozeß in den USA trotz weltweiter Proteste hingerichtet wurden ◊ Gorbanevskij, 1988, S. 249

Sakmara (Сакмара) – rechter Nebenfluß des Ural in der Republik Baškortostan und im Gebiet Orenburg, Russische Föderation ◊ Suslova/Superanskaja, S. 71

Salat-Latuk (Салат-Латук) – Salat ◊ Forum NoWa.cc Obščij. Jumor. Imena, 4.8.2005

Salomeja (Саломея) – von „Salome", Oper (1905) von Richard Strauß (1864–1949), deutscher Komponist ◊ Gric, S. 73

Saltan (Салтан) – Held im Märchen in Versen über den Zaren Saltan „Skazka o care Saltane" (1831) von Aleksandr Sergeevič Puškin (1799–1837), russischer Dichter ◊ Superanskaja, 1998, S. 288

Samanta (Саманта) – von Samantha Reed Smith (1972–85), amerikanische Schülerin, die als Goodwillbotschafterin (russ. posol dobroj voli) von der sowjetischen Propaganda benützt wurde. Sie schrieb an den im November 1982 neugewählten Generalsekretär des ZK der KPdSU Andropov einen Brief, in welchem sie ihn fragte, wie er zur Gefahr eines Atomkrieges zwischen den USA und der UdSSR stehe. Der Brief wurde in der Pravda veröffentlicht. Am 19.4.1983 folgte die Antwort, später ein Telefongespräch. Aus gesundheitlichen Gründen konnte sie Andropov nicht mehr empfangen. Im Juli 1983 besuchte Samantha die Sowjetunion. Ihr zu Ehren erschien 1985 eine sowjetische Briefmarke mit ihrem Porträt. ◊ Superanskaja, 1990, S. 186 und http://forumkiev.com Samye populjarnye i samye redkie imena i familii, Juni 2009

Samara (Самара) – Stadt an der Wolga (Volga), hieß von 1935 bis 1991 Kujbyšev ◊ m.glazkov lm-id.vp Ostorožno – imja!

Samolët (Самолёт) – Flugzeug ◊ NeForum.ru Kommunističeskie imena…, Juli 2004

Santi (Санти) – von Raffael (Raphael), eigentlich Raffaello Santi (Sanzio) (1483–1520), italienischer Maler und Baumeister der Hochrenaissance ◊ Suslova, 1979, S. 316

Šarfa (Шарфа) – von russ. šarf (Schal, Halstuch, Cachenez) ◊ Šatinova, S. 154

Satellitka (Сателлитка) – Verkleinerungsform von russ. satellit, Teil des Ausgleichsgetriebes beim Auto ◊ Danilina, 1972, S. 24

Satira (Сатира) – Satire (als literarische Gattung) ◊ Uspenskij, 1959

Ščors (Щорс) – von Nikolaj Aleksandrovič Ščors (1895–1919), Bolschewik, Kommandeur in der Roten Armee, während des Bürgerkrieges im Kampf gefallen ◊ NeForum.ru Kommunističeskie imena …, Juli 2004

Sed'moe Nojabrja (Седьмое Ноября) – Siebter November, Namengebung zu Ehren der Oktoberrevolution, welche am 25.10.1917 stattfand, aber nach dem am 1.2.1918 eingeführten gregorianischen Kalender am 7. November gefeiert wurde ◊ Gorbanevskij, 1988, S. 249

Selena (Селена) – von russ. selen (Selen, chemisches Element) ◊ Izdatel'skij dom „Pervoe sentjabrja" 2003–2009, Esaulova, O. Ju.: Urok razvitija reči po russkomu jazyku v 5-m klasse po teme: „Čto v imeni tebe moëm…?"

Selim (Селим) – wahrscheinlich Person aus dem Gedicht „Beglec" (Der Flüchtling, 1838?) von Michail Jur'evič Lermontov (1814–41), russischer Dichter ◊ Superanskaja, 1998, S. 293 und Lermontov, M.: Polnoe sobranie sočinenij, Band 2, Moskau 1953, S. 339–342

Selsovet (Селсовет) – russ. eigentlich sel'sovet – **sel**'skij **sovet** deputatov trudjaščichsja (Dorfsowjet der Deputierten der Werktätigen). Der Dorfsowjet war in der Sowjetzeit als Untergliederung eines Rayons die kleinste territoriale Einheit. ◊ mage_victor.livejournal.ru

Semirkir (Семиркир) – von Sergej Mironovič Kirov, s. Kir ◊ revim.narod.ru

Sen (Сен) – männliche Form zu Sena ◊ Superanskaja, 1998, S. 294

Sena (Сена) – von Seine, Fluß in Frankreich ◊ Suslova, 1979, S. 306

Sen-Simon (Сен-Симон) – von Saint-Simon, Claude Henri de Rouvroy (1760–1825), französischer Sozialkritiker ◊ Irošnikov/Šelaev in: Rodina 9–10, 1991, S. 36

Sentjabr' (Сентябрь) – September ◊ Vedomosti Verchovnogo Soveta RSFSR 44, 1977, S. 736

Sentjabrina (Сентябрина) – abgeleitet von russ. sentjabr' (September) ◊ Suslova, 1979, S. 308

Sentjabrja (Сентября) – von russ. sentjabr' (September), Nominativ mit Betonung auf der zweiten Silbe ◊ Šatinova, S. 154

Serenad (Серенад) – von russ. serenada (Serenade, Ständchen, Abendmusik) ◊ FantLab.ru

Sergo (Серго) – georgischer Vorname, wahrscheinlich von Grigorii Konstantinovič Ordžonikidze (1886–1937), s. Ordžonika ◊ Nikonov, 1974, S. 73

Sermol (Сермол) – von russ. serp (Sichel) und russ. molot (Hammer), im Deutschen Hammer und Sichel, s. Serp-i-Molot ◊ www.bestportal.ru Smešnye familii, 3.6.2008

Serp (Серп) – Sichel als Symbol der Bauernschaft, war seit 1923 Teil des Staatssymbols der Sowjetunion im Wappen und auf der Flagge, s. Serp-i-Molot ◊ Torop, S. 280

Serpim (Серпим) – von russ. Serp i molot (Sichel und Hammer, im Deutschen Hammer und Sichel) ◊ revim.narod.ru

Serpimolot (Серпимолот) – von russ. **serp i molot**, s. Serp-i-Molot ◊ www.proza.ru/2012/04/28/1747 Tat'jana Ėjsner: Menja zovut Kuvalda

Serp-i-Molot (Серп-и-Молот) – Sichel und Hammer, im Deutschen Hammer und Sichel. Sie symbolisieren die in Lenins Losung vom November 1918 formulierte Notwendigkeit eines engen Bündnisses von Stadt und Land, d. h. der Arbeiterklasse mit den Bauern. Seit 1923 waren sie als Symbol des Kommunismus Teil des Staatsemblems der Sowjetunion. ◊ Petrovskij, 1966, S. 7

Serpina (Серпина) – von russ. serp (Sichel), s. Serp-i-Molot ◊ Ėnciklopedija gosudarstva i prava, Band 1, Moskau 1925–26, Spalte 88

Serpodar (Серподар) – von russ. **serp** (Sichel) und russ. **dar** (Gabe, Fähigkeit), s. Serp ◊ Danilina, 1972, S. 19

Seržant (Сержант) – Sergeant (Unteroffiziersgrad) ◊ smi.marketgid.com

Sessij (Сессий) – männliche Form zu Sessija ◊ forum.1tv.ru/index. php?showtopic Naši imena (nach dem Stand vom 29.3.2009)
Sessija (Сессия) – Sitzung, Tagung, Sitzungsperiode ◊ www.ct.kz Centr tjažesti, Obščie forumy, Obščij, Smešnye familii i imena, glupaja i smešnaja tema, Juni 2009
Šesterënka (Шестерёнка) – Ritzel, kleines Zahnrad (im Maschinenbau) ◊ Nikonov: Iščem imja, S. 5, 32 und 35
Sever (Север) – Norden. Der Name steht im Zusammenhang mit der Erschließung der nördlichen Gebiete Rußlands. ◊ Superanskaja: Slovar' russkich imën, S. 227
Severij (Северий) – von russ. sever (Norden). Der Name entstand im Zusammenhang mit der Erschließung der nördlichen Gebiete Rußlands. ◊ Superanskaja, 1998,. S. 292
Severina (Северина) – von russ. sever (Norden). Nach Samsonov (S. 130, 138, 139) widerspiegelt der Name die Besonderheit und Exotik des sibirischen Nordens. Er wurde nach dem Modell traditioneller weiblicher Vornamen wie Ekaterina, Regina und Valentina gebildet.
Severjan (Северян) – von russ. severjanin (Nordländer) ◊ Superanskaja, 1978, S. 42 und www.dhe-nlp.ru Imena sovetskogo proischoždenija
Sevil'ja (Севилья) – Sevilla (Stadt in Spanien) ◊ www.torg.uz Biznes Forum Uzbekistana Čto v imeni moëm, Oktober 2008
Sevmorputina (Севморпутина) – abgeleitet von russ. Sevmorput', einer Abkürzung für **Sev**ernyj **mor**skoj **put**' (Nördlicher Seeweg, entlang der arktischen Küste Rußlands von der Barentssee zur Beringstraße). Der Name entstand in den 30er Jahren, als die Möglichkeiten der durchgehenden arktischen Schiffahrt auf dieser Nordostpassage in einer Schiffahrtssaison, d. h. ohne Überwinterung, erkundet wurden. ◊ Ogonëk 6, 1960, S. 32
S-ezd (Съезд) – Kongreß (s-ezd partii – Parteitag), Namengebung zu Ehren eines Parteitages ◊ Superanskaja, 1998, S. 305
Sibir' (Сибирь) – Sibirien (männlicher Vorname) ◊ www.aguara.ru/post110302037/ Moda na imena, 16.9.2009
Sicilija (Сицилия) – Sizilien, größte italienische Insel ◊ Vseobščij nastol'nyj kalendar' na 1924 god, S. 6 und 8
Silen (Силен) – [1] von russ. **si**la **Len**ina (die Macht Lenins) ◊ Mironov, S. 344 – [2] von russ. **s**ocializm **i Len**in (Sozialismus und Lenin) ◊ revim.narod.ru
Sil'n (Сильн) – von russ. sil'nyj (stark, kräftig, mächtig) ◊ Suslova, 1979, S. 313
Sil'va (Сильва) – von Sylva, Person aus der Operette „Die Csárdásfürstin" (1915) von Emmerich (Imre) Kálmán (1882–1953), ungarischer Operettenkomponist ◊ Superanskaja, 1990, S. 69 – [2] von russ. **sil**'naja **vlast'** (eine starke Macht) ◊ Aleksandr Ščuplov: Ot s-ezda partii – k s-ezdu kryši, Literaturnaja gazeta 2002

Sim (Сим) – von russ. **s**erp **i m**olot (Sichel und Hammer, im Deutschen Hammer und Sichel), s. Serp-i-Molot ◊ mündliche Quelle

Sima (Сима) – weibliche Entsprechung zu Sim ◊ mündliche Quelle

Simir (Симир) – von russ. **s**ocializm **i mi**rovaja **r**evoljucija (Sozialismus und Weltrevolution) ◊ revim.narod.ru

Šina (Шина) – Reifen (für Fahrzeuge), Radreifen ◊ Zakir'janov, S. 156

Singapur (Сингапур) – Singapur, Stadt und Staat, amtlich: Republic of Singapore, Inselstaat in Südostasien ◊ Michail Geller: Mašina i vintiki, S. 17

Sinus (Синус) – Sinus (Terminus aus der Mathematik) ◊ Savel'eva, S. 32

Siren' (Сирень) – Flieder ◊ Savel'eva, S. 32

Sirius (Сириус) – der hellste aller Fixsterne ◊ Vseobščij nastol'nyj kalendar' na 1924 god, S. 8 und 20

Sivren (Сиврен) – Variante zu Sivrèn ◊ Suslova, 1979, S. 304 und 313

Sivrèn (Сиврэн) – [1] von russ. **si**la, **v**olja, **r**azum, **ѐn**ergija (Kraft, Wille, Verstand, Tatkraft) ◊ Alekseev, S. 248 – [2] von russ. **si**stema, **vr**emja, **ѐn**ergija (System, Zeit, Energie) ◊ shkolazhizni.ru Kakie byvajut imena, i počemu oni takie?, 10.2.2008

Sjurpriza (Сюрприза) – von russ. sjurpriz (Überraschung) (von englisch oder französisch surprise) ◊ Sem'ja.ru (7ja.ru) Konferencija „Imena" Samye original'nye imena, Februar 2003

Skafandr (Скафандр) – von französisch scaphandre (Taucheranzug, Weltraumanzug) ◊ Gorbanevskij, 1987, S. 149

Skanderbeg (Скандербег) – albanischer Nationalheld (um 1405–68) ◊ Ktorova, 2007, S. 158

Skazka (Сказка) – Märchen (literarische Gattung) ◊ Uspenskij, 1959

Skelet (Скелет) – Skelett, Gerippe ◊ indostan.ru Forum-Fludistan-Pogovorim pro imena?(5), 29.7.2009

Slačela (Слачела) – von russ. „**Sla**va **Čel**juskincam!" (Ruhm und Ehre der Besatzung der Čeljuskin), s. Ojušminal'd ◊ livejournal.com hexell Polnyj (ili počti polnyj) spisok sovetskich imën, 11.7.2007

Slava (Слава) – Ruhm, Ehre ◊ Gric, S. 73

Slaventin (Славентин) – eine Ableitung von Slava ◊ Superanskaja, 1998, S. 298

Slavina (Славина) – abgeleitet von Slava ◊ Suslova/Superanskaja, S. 144

Slavjana (Славяна) – eine Verkürzung von russ. slavjanka (Slawin) ◊ Superanskaja, 1998, S. 426

Slavozar (Славозар) – von russ. **slav**a (Ruhm, Ehre) und russ. **ozar**jat' (beleuchten, bestrahlen, erhellen, erleuchten) ◊ Superanskaja, 1998, S. 298

Sliva (Слива) – Pflaume, Pflaumenbaum ◊ Šatinova, S. 154

Slučkos (Случкос) – von russ. „**Sl**ava **u**častnikam **ko**mmunističeskich **s**orevnovanij!" (Ehre den Teilnehmern der kommunistischen Wettbewerbe!), betrifft die Produktion ◊ ct.kz/topic/233300-smeshnie-familii-i-imena/page_st_240 Smešnye familii i imena, 5.10.2005

Smaragd (Смарагд) – Smaragd (ein Edelstein) ◊ Vseobščij nastol'nyj kalendar' na 1924 god, S. 8

Smaragda (Смарагда) – weibliche Form zu Smaragd ◊ Ščetinin, 1968, S. 203

Smefa (Смефа) – von russ. „**Sme**rt' **fa**šistam!" (Tod den Faschisten) ◊ www.sotnia.ruforum Revoljucionnye imena

Smena (Смена) – Wechsel, Ablösung, die junge Generation ◊ Gric, S. 73

Šmidt (Шмидт) – [1] von dem Erforscher der Arktis Otto Jul'evič Šmidt, s. Ojušminal'd ◊ ru.wikipedia.org – [2] von Petr Petrovič Šmidt (1867–1906), Leutnant der russischen Schwarzmeerflotte, Anführer des Matrosenaufstandes in Sevastopol' im Jahre 1905, wurde hingerichtet ◊ Torop, S. 281

Šmidta (Шмидта) – weibliche Form zu Šmidt ◊ Suslova, 1979, S. 316

Smyčka (Смычка) – Bündnis, Verbindung, Zusammenschluß. Betrifft das Bündnis zwischen der Arbeiterklasse und den Bauern, russ. smyčka goroda i derevni, wörtlich das Bündnis von Stadt und Land. ◊ Pravda 12.6.1924, S. 6

Snežina (Снежина) – Schneeflocke ◊ Ščetinin, 1968, S. 32, 53 und 58

Social (Социал) – eine Verkürzung von russ. socializm (Sozialismus) ◊ Superanskaja, 1998, S. 301

Sociala (Социала) – weibliche Form zu Social ◊ Superanskaja 1998, S. 427

Socialina (Социалина) – von russ. socializm (Sozialismus) ◊ ru.wikipedia.org

Socipatr (Соципатр) – von russ. **soci**alističeskij **patr**iotizm (sozialistischer Patriotismus) ◊ revim.narod.ru

Sockor (Соцкор) – von russ. **soc**ialističeskij **kor**respondent (sozialistischer Korrespondent) ◊ Superanskaja, 1978, S. 423

Socreva (Социрева) – von russ. **soc**ialističeskaja **rev**oljucija (sozialistische Revolution) ◊ Zima, D. und Zima, N.: Tajna imeni: Kak nazvat' vašego rebënka: 365 tajn imeni, Moskau 2006, Ripol klassik, 640 S.

Sogražd (Сограждан) – von russ. **so**vetskij **graž**danin (Sowjetbürger) ◊ kommari.livejournal.com

Sojuz (Союз) – von Sovetskij Sojuz (Sowjetunion), russ. sojuz (Union, Bund) ◊ Torop, S. 280

Sojuza (Союза) – weibliche Form von Sojuz ◊ Bondaletov, 1983, S. 133

Sol' (Соль) – sol, Bezeichnung des Tones g in der Musik ◊ Uspenskij, 1959

Soldat (Солдат) – unterster militärischer Dienstgrad ◊ www.ct.kz Centr tjažesti, Obščie forumy, Obščij, Smešnye familii i imena, glupaja i smešnaja tema, Juni 2009

Solidar (Солидар) – von russ. solidarnost' (Solidarität), nach kommunistischer Definition die internationale Solidarität der Werktätigen ◊ Suslova, 1979, S. 316

Solnce (Солнце) – Sonne ◊ smi.marketgid.com

Solncedar (Солнцедар) – von russ. **solnce** (Sonne) und russ. **dar** (Geschenk) ◊ Superanskaja, 1998, S. 299

Solncezar (Солнцезар) – von russ. **solnce** (Sonne) und russ. o**zar**jat' (erleuchten) ◊ Superanskaja, 1998, S. 299

Sona (Сона) – von russ. **So**vet **Na**cional'nostej (Nationalitätensowjet), seit 1924 eine der beiden Kammern des sowjetischen Scheinparlaments, das zuerst Zentrales Exekutivkomitee der UdSSR (1922–37) und danach Oberster Sowjet der UdSSR (1937–89) hieß. Laut Verfassung war das Exekutivkomitee zwischen den Sowjetkongressen das formal höchste Staatsorgan der UdSSR, seit 1938 hatte zwischen den Sitzungen des Obersten Sowjets sein Präsidium diese Funktion. ◊ Suslova, 1979, S. 313

Sonar (Сонар) – von russ. **so**vetskij **nar**od (Sowjetvolk) ◊ www.credit.deposit.com.ua Sovetskie imena, 2007

Sonata (Соната) – Sonate (instrumentales Musikstück) ◊ Nikonov: Iščem imja, S. 6

Sonaz (Соназ) – von russ. **so**cializm **na**še **z**avoevanie (der Sozialismus ist unsere Errungenschaft) ◊ revim.narod.ru

Sonet (Сонет) – Sonett (Gedichtform mit strengem Aufbau) ◊ Uspenskij, 1959

Sopromat (Сопромат) – von russ. **sopro**tivlenie **mat**erialov (Festigkeitslehre, befaßt sich mit der Festigkeit von Werkstoffen) ◊ smi.marketgid.com

Sosna (Сосна) – [1] von russ. **So**juz **s**vobodnych **na**rodov (Bündnis freier Völker in einer utopischen kommunistischen Welt) ◊ www.credit.deposit.com.ua Sovetskie imena, 2007 – [2] Kiefer, Föhre ◊ Pen'kovskij, S. 92

Sostager (Состагер) – von russ. **so**ldat – **sta**lingradskij **ger**oj (Soldat – Held der Schlacht um Stalingrad, 1942–43). 1961 wurde Stalingrad in Volgograd umbenannt. ◊ ru.wikipedia.org

Sovchoz (Совхоз) – von russ. **sov**etskoe **choz**jajstvo (Sowjetwirtschaft, staatlicher Betrieb in der Landwirtschaft) ◊ www.bestportal.ru Smešnye familii, 3.6.2008

Sovdep (Совдеп) – von russ. **sov**et **dep**utatov (Deputiertensowjet), Vorname aus der Sowjetzeit, später geringschätzige, verächtliche Bezeichnung für das Sowjetsystem ◊ Superanskaja, 1990, S. 67 und Mokienko/Nikitina, S. 391

Sovdepa (Совдепа) – weibliche Entsprechung zur Sovdep ◊ Suslova, 1979, S. 316

Sovet (Совет) – von russ. Sowjet (Rat) als Organ der Staatsmacht (Sowjet ist die im Deutschen allgemein gebräuchliche Schreibweise, deswegen weicht sie von der wissenschaftlichen Transliteration ab.) ◊ Samsonov, S. 125

Soveta (Совета) – weibliche Form zu Sovet ◊ Suslova, 1979, S. 316

Sovetskaja Vlast' (Советская Власть) – Sowjetmacht ◊ Ktorova, 1987, S. 243

Sovl (Совл) – von russ. **so**vetskaja **vl**ast' (Sowjetmacht) ◊ ru.wikipedia.org

Sovla (Совла) – von russ. **so**vetskaja **vla**st' (Sowjetmacht) ◊ Danilina, 1972, S. 21

Sovlaša (Совлаша) – von russ. **so**vetskaja **vla**st' (Sowjetmacht) ◊ http://forumkiev.com Samye populjarnye i samye redkie imena i familii, Juni 2009

Sovmina (Совмина) – von russ. **so**vetskaja **mi**licija (die sowjetische Miliz), Polizeiorganisation in der Sowjetunion, gegründet am 28.10.(10.11.)1917 ◊ narod.od.ua

Sovnarchoz (Совнархоз) – von russ. **Sov**et **nar**odnogo **choz**jajstva (Volkswirtschaftsrat), Wirtschaftsverwaltungsbehörde ab 1917 und später zur Zeit Chruščëvs ◊ Torop, S. 280

Sovnarkom (Совнарком) – von russ. **Sov**et **Nar**odnych **Kom**issarov (Rat der Volkskommissare) ◊ d-v-sokolov.com

Spartak (Спартак) – Spartakus (lat. Spartacus), römischer Sklave (gefallen 71 v. Chr.), Anführer im 3. Sklavenaufstand (73–71 v. Chr.) ◊ Ivaško, S. 214

Spartakiada (Спартакиада) – Spartakiade, Massensportveranstaltung, die seit 1928 regelmäßig in der Sowjetunion durchgeführt wurde, benannt nach Spartakus, dem Anführer eines Sklavenaufstandes im alten Rom. Spartakiada ist eine Analogiebildung zu russ. olimpiada (Olympiade). ◊ Superanskaja 1998, S. 427

Spasimir (Спасимир) – von russ. **spasi** (Imperativ rette!) und russ. **mir** (Frieden) (Rette den Frieden!) ◊ Superanskaja, 1998, S. 301

Sputnik (Спутник) – Satellit, Trabant, Name des ersten sowjetischen künstlichen Satelliten (erster Start am 4.10.1957) ◊ Akišina, S. 73

Stabilizacija (Стабилизация) – Stabilisierung ◊ Kolonitskii, 1993, S. 215

Stachan (Стахан) – von Aleksej Grigor'evič Stachanov (1905–77). Als Grubenarbeiter stellte er nach offiziellen Angaben 1935 beim Kohleabbau mit neuen Arbeitsmethoden einen Produktionsrekord auf. Seine vielfache Übererfüllung der vorgeschriebenen Arbeitsnorm führte zur Stachanovbewegung (russ. stachanovskoe dviženie), einer Kampagne zur Steigerung der Arbeitsproduktivität. ◊ Monraev, S. 9

Stakan (Стакан) – Glas, Trinkglas ◊ Šatinova, S. 154

Stako (Стако) – von russ. **Sta**linskaja **ko**nstitucija (die Stalinsche Verfassung von 1936) ◊ mündliche Quelle

Stal' (Сталь) – [1] von Stalin ◊ Kolonitskii, 1993, S. 222 – [2] von russ. stal' (Stahl) ◊ Savel'eva, S. 32

Stalber (Сталбер) – eine Kombination von **Stal**in und **Ber**ija, s. Berija ◊ ru.wikipedia.org

Stalen (Сталeн) – von **Sta**lin, **Len**in ◊ Ivaško, S. 126

Stalena (Сталeна) – weibliche Entsprechung zu Stalen ◊ Ščetinin, 1972, S. 213

Stalenita (Сталeнита) – von **Sta**lin, **Len**in ◊ ru.wikipedia.org

Stalentin (Сталeнтин) – von **Sta**lin, **Len**in ◊ www.savok.name298.html Imena sovetskogo proischoždenija, 2011

Stalet (Сталeт) – von **Sta**lin, **Le**nin, **T**rockij ◊ www.savok.name298.html Imena sovetskogo proischoždenija, 2011

Stalij (Сталий) – von Stalin ◊ Volkogonov, S. 99

Stalik (Сталик) – von Stalin ◊ ru.wikipedia.org

Stalilena (Сталилена) – von **Sta**lin, **Len**in ◊ portal@gramota.ru B.Rudenko: O imena! O nravy!, 21.4.2009

Stalimir (Сталимир) – von **Sta**lin **i mir** (Stalin und die Welt) ◊ Beatles.ru Forum Dorogie bitlomany, komu za sorok, otzovites'. 22.4.2009

Stalin (Сталин) – Der Name blieb in Sowjetrußland dem Diktator vorbehalten. Er war als Vorname im westlichen Ausland in kommunistischen und linksgerichteten Kreisen gebräuchlich. Iosif Vissarionovič Stalin (1879–1953), eigentlich Džugašvili, Georgier, Revolutionär und Politiker, 1922–53 Generalsekretär des ZK der Partei, 1941–53 Vorsitzender des Rates der Volkskommissare der UdSSR, ab 1946 des Ministerrates der UdSSR, 1917 und 1919–53 Mitglied des Politbüros (Präsidiums) des ZK der Partei. Als unumschränkter Diktator errichtete er ein brutales Terrorregime.

Stalina (Сталина) – von Stalin ◊ Seliščev, 1928, S. 190

Stalinada (Сталинада) – von Stalin ◊ www.wow.ua Značenie imeni Stalinada

Stalinber (Сталинбер) – von **Stalin, Ber**ija, s. Berija ◊ http://www.diary.ru/~rastakawaii/p55604057.htm?oam Sovetskie imena – Dža na našej storone!

Stalindar (Сталиндар) – von **Stalin** und russ. **dar** (Gabe, Geschenk) ◊ Ktorova, 2007, S. 158

Stalingrad (Сталинград) – Stadt an der unteren Wolga (Volga), heißt seit dem 10.11.1961 Volgograd. Die Schlacht um Stalingrad im 2. Weltkrieg (1942–43) führte zu einer Wende des Krieges an der Ostfront ◊ ru.wikipedia.org

Stalingrada (Сталинграда) – weibliche Form zu Stalingrad ◊ xsuseless.narod.ru Kto kakie pridumannye imena perioda SSSR znaet?

Stalinida (Сталинида) – von Stalin ◊ www.savok.name298.html Imena sovetskogo proischoždenija, 2011

Stalinina (Сталинина) – von Stalin ◊ mage_victor.livejournal.ru

Stalinmer (Сталинмер) – von russ. **Stalin** **umer** (Stalin ist gestorben, am 5.3.1953) ◊ revim.narod.ru

Stalinslav (Сталинслав) – von **Stalin** und russ. **slav**a (Ruhm, Ehre). Der

Vorname wurde nach dem Modell altrussischer Fürstennamen wie Jaroslav, Rostislav und Svjatoslav gebildet. ◊ Rylov, S. 98

Staliov (Сталиов) – von **Stal**in **Io**sif **V**issarionovic ◊ revim.narod.ru

Staliv (Сталив) – von **Stal**in **Io**sif **V**issarionovič ◊ ru.wikipedia.org

Stalja (Сталя) – [1] eine Ableitung von Stal' ◊ Superanskaja: Slovar' russkich imën, S. 362 – [2] Kurzform von Stalina ◊ http://www.astromeridian.ru Imena Značenie imeni Stalina

Stallina (Сталлина) – von russ. stal' (Stahl) ◊ Ščetinin, 1972, S. 213

Stal'lina (Стальлина) – von russ. stal' (Stahl) ◊ Ščetinin, 1968, S. 204

Stal'mir (Стальмир) – von russ. **Stal**in, **mir** (Stalin, Welt) ◊ www.content.su/p=582.html Glupye imena v sojuze, 22.5.2010

Staltor (Сталтор) – von russ. **Stal**in **tor**žestvuet. (Stalin siegt.) ◊ www.NEWSru.com: Dazdraperma i Lagšmivara – imena, roždënnye revoljuciej, 5.11.2000

Stalura (Сталура) – von russ. **Stal**inu, **ura** (ein Hurra auf Stalin) ◊ revim.narod.ru

Stalvek (Сталвек) – von russ. **stal**inskij **vek** (das Stalinsche Jahrhundert) ◊ http://www.livejournal.ru/themes/id/8255 Vilor, Stind i Dazdraperma (22.6.2008)

Stanasbo (Станасбо) – von russ. **Stal**in **na**ša **s**lava **bo**evaja (Stalin unser Kampfesruhm) ◊ www.SovMusic.ru Forum sajta „Sovetskaja muzyka"

Stanazna (Станазна) – von russ. **Stal**in – **na**še **zna**mja (Stalin, unser Banner) ◊ kommari.livejournal.com

Stanok (Станок) – Werkzeugmaschine, Werkbank ◊ Zakir'janov, S. 156

Start (Старт) – Begriff aus dem Sport ◊ Zakir'janov, S. 156

Stator (Статор) – von russ. **Stal**in **tor**žestvuet (Stalin siegt) ◊ Torop, S. 280

Statrazav (Статразав) – von russ. **Sta**lingradskij **tra**ktornyj **zav**od (Stalingrader Traktorenwerk). Stalingrad wurde am 10.11.1961 in Volgograd umbenannt. ◊ Maksimova in: Rodina, 5, 1992

Stazik (Стазик) – von russ. **S**talingradskij **t**raktornyj **z**avod (Stalingrader Traktorenwerk), s. Statrazav ◊ Kolonitskii, 1993, S. 223

Sten'ka (Стенька) – Namengebung zu Ehren von Stepan Timofeevič Razin (um 1630–71), Kosakenführer, Anführer eines Bauernaufstandes (1670–71) im mittleren Wolgagebiet, in Moskau hingerichtet. Sten'ka ist eine Ableitung von Stepan. ◊ Suslova, 1979, S. 316

Stenli (Стэнли) – von Henry Morton Stanley (1841–1904), britischer Journalist und Forschungsreisender in Afrika ◊ Suslova, 1979, S. 316

Stich (Стих) – Vers (Zeile, Strophe eines Gedichts), Gedicht ◊ Uspenskij, 1959

Stichija (Стихия) – Element, Elementarkraft, Naturkraft, Naturgewalt ◊ Torop, S. 280

Stind (Стинд) – von russ. **s**ila **t**ruda **i** **n**arodnaja **d**emokratija (die Kraft der Arbeit und die Volksdemokratie) ◊ http://www.livejournal.ru/themes/id/8255 Vilor, Stind i Dazdraperma (22.6.2008) und mündliche Quelle

Stjag Plamennyj (Стяг Пламенный) – flammenrote Fahne oder flammenrotes Banner ◊ Torop, S. 280

Stolica (Столица) – Hauptstadt ◊ Bondaletov, 1983, S. 133 (Bis Ende der 30er Jahre war der Begriff Hauptstadt nur Moskau als administrativem Zentrum der UdSSR vorbehalten.)

Stratosfera (Стратосфера) – Stratosphäre (Schicht der Erdatmosphäre in einer Höhe von 8–55 km) ◊ Podol'skaja, 1988, S. 73

Stratostat (Стратостат) – Stratostat, Stratosphärenballon, s. Stratosfera ◊ Čuprijanov

Stz (Стз) – von russ. **S**talingradskij **t**raktornyj **z**avod (Stalingrader Traktorenwerk). Stalingrad wurde am 10.11.1961 in Volgograd umbenannt. ◊ Kolonitskii, 1993, S. 223

Sudask (Судаск) – von russ. **s**tachanovec – **uda**rnik, **s**troitel' **k**ommunizma (der Stachanovarbeiter, Aktivist und Erbauer des Kommunismus), s. Stachan ◊ Maksimova in: Rodina 11–12, 1992, S. 115

Sudoverf' (Судоверфь) – Schiffswerft, Schiffsbaubetrieb ◊ ru.wikipedia.org

Sul'fatina (Сульфатина) – von russ. sul'fat (Sulfat, Salz der Schwefelsäure) ◊ Danilina, 1972, S. 19

Sul'fida (Сульфида) – von russ. sul'fid (Sulfid, Schwefelverbindung) ◊ Danilina, 1972, S. 18

Suliko (Сулико) – [1] georgischer Vorname ◊ Gorbanevskij, 1988, S. 249 – [2] georgisches Liebeslied, Lieblingslied Stalins ◊ botinok.co.il/ Imena, pridumannye v Sovetskom Sojuze i ich rasšifrovka, 13.12.2004

Svep (Свеп) – von russ. **sve**tlyj **p**ut' (ein hellstrahlender Weg), aus dem Wortschatz der revolutionären Pathetik ◊ kommari.livejournal.com

Svet (Свет) – Licht (pathetisch im Sinne von Licht des Kommunismus) ◊ Kolonitskii, 1993, S. 214

Svetlan (Светлан) – männliche Form zu Svetlana ◊ Zaljaleeva, S. 56

Svetlana (Светлана) – [1] Vorname der Tochter Stalins (1926–2011) ◊ Dušečkina – [2] von russ. **sve**t **la**mpočki **na**kalivanija (das Licht der Glühlampe). Nach der von Lenin 1920 verkündeten Losung „Kommunizm – ėto est' Sovetskaja vlast' pljus ėlektrifikacija vsej strany" (Kommunismus das ist Sowjetmacht plus Elektrifizierung des ganzen Landes) und dem Plan zur Elektrifizierung Rußlands (Goėlro) bekam der Vorname eine neue Konnotation. ◊ www.yaplakal.com Revoljucionnye imena, 21.8.2006 – [3] von russ. **sve**tit **la**mpočka **na**kalivanija (es leuchtet die Glühlampe) ◊ Dušečkina, S.104

Svetlena (Светлена) – von russ. **sve**t **Len**ina (das Licht Lenins oder die Welt

Lenins). Der Name steht wahrscheinlich im Zusammenhang mit der von Lenin initiierten Elektrifizierung des Landes. S. Svetlana ◊ Petrovskij,1969, S. 181

Svetoslav (Светослав) – von russ. **svet** (Licht) und russ. **slav**a (Ruhm, Ehre), gebildet nach dem traditionellen Modell slawischer Vornamen wie Miroslav, Svjatoslav und Vladislav ◊ Superanskaja, 1998, S. 424

Svetoslava (Светослава) – weibliche Form zu Svetoslav ◊ Superanskaja, 1998, S. 424

Svilen (Свилен) – von russ. sila V. I. **Len**ina (die Macht V. I. Lenins) ◊ blog.i.ua/user/9816/142254/ TOP sovetskich imën, 24.7.2008

Svoboda (Свобода) – Freiheit ◊ Gric, S. 73

Syrdar'ja (Сырдарья) – Fluß in Mittelasien (Tadžikistan, Uzbekistan, Kazachstan) ◊ Zakir'janov, S. 156

T

Taburetka (Табуретка) – Hocker, Schemel ◊ kamsha.ru/forum/index.php Naša žizn' i naši prazdniki. Obo vsëm, Avtor: LeddHead na 17 Sentjabr' 2003 goda

Taėlla (Таэлла) – Der Name entstand durch einen Kompromiß der Eltern, die sich weder auf **Ta**nja noch **Ėlla** einigen konnten und deshalb beide Vornamen miteinander verbanden. ◊ 7ja.ru Konferencija „Imena" Samye original'nye imena, Februar 2003

Taiv (Таив) – eine Kombination aus den ersten Silben der elterlichen Vornamen **Ta**mara und **Iv**an ◊ Nikonov, 1974, S. 69

Tajgina (Тайгина) – von russ. tajga (Taiga, dichtes Waldgebiet), die nordrussische und sibirische nördliche Nadelwaldzone ◊ Bondaletov, 1983, S. 135

Tajler (Тайлер) – von Wat Tyler (ermordet 1381), einer der Führer des englischen Bauernaufstandes von 1381 ◊ Suslova, 1979, S. 316

Tajna (Тайна) – Geheimnis ◊ Superanskaja, 1998, S. 429

Takles (Таклес) – von russ. **tak**tika **Len**ina i **S**talina (die Taktik Lenins und Stalins) ◊ ru.wikipedia.org

Taklis (Таклис) – von russ. **tak**tika **L**enina **i S**talina (die Taktik Lenins und Stalins) ◊ Torop, S. 280

Talant (Талант) – Talent, Begabung ◊ Ščetinin, 1968, S. 51 und 204

Talina (Талина) – eine Verkürzung von S**talina** ◊ www.Mail.Ru Otvety@Mail.Ru. Čto označaet imja Talina?, 2010

Talja (Таля) – eine Verkürzung von Na**tal'ja** ◊ 7ja.ru Konferencija „Imena" Samye original'nye imena, Februar 2003

Tamerlan (Тамерлан) – europäischer Name des mongolischen Herrschers Timur (1336–1405) ◊ Bondaletov, 1983, S. 134

Tanaka (Танака) – von russ. **Tan**kovaja **aka**demija (Panzerakademie) ◊ d-v-sokolov.com

Tank (Танк) – Panzer, Panzerwagen ◊ www.bestportal.ru Smešnye familii, 3.6.2008

Tankist (Танкист) – Panzersoldat, Angehöriger der Panzertruppen ◊ Bondaletov, 1983, S. 132

Tankred (Танкред) – Titelgestalt des Romans „Tancred, or The New Crusade" (Tancred oder Der neue Kreuzzug, 1847) von Benjamin Disraeli (1804–1881), britischer Staatsmann und Schriftsteller ◊ Žurnalist 5, 1979, S. 67

Tarzan (Тарзан) – Dschungelheld in den Abenteuerbüchern des amerikanischen Schriftstellers Edgar Rice Burroughs (1875–1950) und in Tarzan-Filmen ◊ Forum NoWa.cc Obščij. Jumor. Imena, 4.8.2005

Tat'jana (Татьяна) – Der Name wurde populär durch die gleichnamige Person in dem Versroman „Evgenij Onegin" (Eugen Onegin, 1825–30) von Aleksandr Sergeevič Puškin (1799–1837), russischer Dichter ◊ Akišina, S. 74

Technik (Техник) – von russ.technik (Techniker) ◊ Monraev, 1984, S. 9

Technika (Техника) – von russ. technika (Technik) ◊ Kolonitskii, 1993, S. 223

Tedin (Тедин) – von russ. **te**chnika – **d**vigatel' **in**dustrializacii (Die Technik ist der Motor der Industrialisierung.) ◊ Ospovat, S. 272

Tejmur (Теймур) – eine Variante von Timur, s. dort ◊ Superanskaja, 1998, S. 307

Tekstelina (Текстелина) – von russ. tekstil' (Textilwaren, Textilien, Webwaren) ◊ Suslova, 1979, S. 316

Tekstil' (Текстиль) – s. Tekstelina ◊ Torop, S. 280

Telegraf (Телеграф) – Telegraf, Fernschreiber ◊ smi.marketgid.com

Tella (Телла) – eine Verkürzung von russ. Na**tella**, S**tella** u. a. ◊ Superanskaja, 1998, S. 430

Tel'man (Тельман) – von Ernst Thälmann (1886–1944), deutscher kommunistischer Politiker ◊ Nikonov: Iščem imja, 1988, S. 123

Tel'mina (Тельмина) – weibliche Form zu Tel'man ◊ Podol'skaja, 1988, S. 138

Temp (Темп) – von russ.temp (Tempo), Zeitmaß für jedes Musikstück ◊ Superanskaja, 1978, S. 420

Tempa (Темпа) – von russ. temp (Tempo), s. Temp ◊ Samsonov, S. 125

Tërka (Тёрка) – Verkleinerungsform von russ. **ter**ror (Terror, Schreckensherrschaft) ◊ Seliščev, 1928, S. 190

Terpežekosma (Терпежекосма) – von russ. **Ter**eškova **pe**rvaja ženščina – **kosm**onavt (Tereškova, die erste Kosmonautin) ◊ NTV Mir 2.8.2011, 10:21

Terror (Террор) – Terror, Schreckensherrschaft, s. Krastera, der „revolutionäre Terror" als ein Instrument des siegreichen Proletariats ◊ Seliščev, 1928, S. 190

Terrora (Террора) – weibliche Form zu Terror ◊ Torop, S. 280

Tezian (Тезиан) – von russ. **tez**isy (Thesen) – Suffix -**an**, abgeleitet von den April-Thesen Lenins. In den am 7.4.1917 veröffentlichten zehn Thesen „Über die Aufgaben des Proletariats in der gegenwärtigen Revolution" (O zadačach proletariata v dannoj revoljucii) verkündete Lenin ein Aktionsprogramm zum Übergang von der parlamentarischen Republik zur einer Sowjetrepublik. ◊ Danilina, 1972, S. 23

Tezisian (Тезисиан) – von russ. **tez**isy (Thesen) + Suffix -**ian**, s. Tezian ◊ Danilina, 1972, S. 17

Tian (Тиан) – eine Kombination aus den ersten Silben der elterlichen Vornamen **Ti**mofej und **An**na ◊ Nikonov, 1974, S. 69

Tician (Тициан) – von Tizian, eigentlich Tiziano Vecellio (um 1477 oder 1488/90?-1576), italienischer Maler der Hochrenaissance ◊ Vseobščij nastol'nyj kalendar' na 1924 god, S. 4

Tiksi (Тикси) – Hafen an der gleichnamigen Bucht der Laptev-See, einem Randmeer des Nordpolarmeeres, in der Republik Sacha (Jakutien), Teilrepublik der Russischen Föderation, Stützpunkt an der Nordostpassage vom Atlantischen zum Stillen Ozean ◊ Superanskaja, 1978, S. 418

Til'da (Тильда) – von russ. til'da (Tilde, Wiederholungszeichen im Druckwesen, Korrekturzeichen) ◊ Uspenskij, 1957, S. 223

Tim (Тим) – eine Verkürzung von **Tim**ofej ◊ Superanskaja: Slovar' russkich imën, S. 244

Timur (Тимур) – **[1]** Namengebung nach dem Jugendbuch des Schriftstellers Arkadij Petrovič Gajdar (1904–41) „Timur i ego komanda" (Timur und sein Trupp, 1940) ◊ Torop, S. 281 – **[2]** Vorname zu Ehren des mongolischen Herrschers Timur (1336–1405) ◊ Superanskaja, 1998, S. 309

Tina (Тина) – eine Verkürzung von Alev**tina** oder Chris**tina** ◊ Superanskaja: Slovar' russkich imën, S. 365

Titan (Титан) – metallisches chemisches Element ◊ Suslova, 1979, S. 313

Tjul'pan (Тюльпан) – Tulpe ◊ Sattar-Mulille, S. 418

Točka (Точка) – Punkt als Schlußzeichen eines Satzes, hier im Sinne von Schlußpunkt einer Sache ◊ Nikonov, 1974, S. 79

Toklad (Токлад) – von russ. doklad (Bericht, Vortrag, Referat) ◊ www.ejonok.ru Altajcy

Toledo (Толедо) – Stadt in Spanien ◊ Torop, S. 280

Tomas (Томас) – s. Mora ◊ Torop, S. 280

Tomik (Томик) – **[1]** von russ. **To**ržestvujut **m**arksizm **i k**ommunizm. (Der Marxismus und Kommunismus siegen.) ◊ Mironov, S. 344 – **[2]** von russ.

toržestvo **m**arksizma **i k**ommunizma (der Sieg des Marxismus und Kommunismus) ◊ mage_victor.livejournal.ru. Tomik als Vorname von Stalins Adoptivsohn Artëm Fëdorovič Sergeev ist nicht ideologischen Ursprungs, sondern wurde vom englischen Tom abgeleitet. s. Sergeev, S. 123

Tomil (Томил) – von russ. **tor**žestvo **M**arksa **i L**enina (der Sieg von Marx und Lenin) ◊ Torop, S. 280

Tomila (Томила) – weibliche Entsprechung zu Tomil, Trudno byt' Gvidonom ◊ Stavopol'skaja pravda 20.1.2007

Torez (Торез) – von Maurice Thorez (1900–64), französischer kommunistischer Politiker, 1930–64 Generalsekretär der KPF ◊ Kolonitskii, 1993, S. 224 und 227

Torij (Торий) – von russ. torij (Thorium, Thor), chemisches Element ◊ Gorbanevskij, 1988, S. 24

Torija (Тория) – **[1]** weibliche Entsprechung zu Torij ◊ ru.wikipedia.org – **[2]** eine Verkürzung von Vik**torija** ◊ Superanskaja, 1998, S. 430

Torilis (Торилис) – **[1]** von russ. **Tor**ž**e**stvujut **i**dei **L**enina **i S**talina. (Es siegen die Ideen Lenins und Stalins.) ◊ Maksimova in: Rodina 5, 1992 – **[2]** von russ. **tor**žestvo **i**dei **L**enina **i S**talina (der Sieg der Idee Lenins und Stalins) ◊ mage_victor.livejournal.ru

Tormil (Тормил) – von russ. **tor**žestvo **M**arksa **i L**enina (der Sieg von Marx und Lenin) ◊ Beatles.ru Forum Dorogie bitlomany, komu za sorok, otzovites', 22.4.2009

Tormoz (Тормоз) – Bremse, Bremspedal, Hemmschuh, s. Rel's ◊ www.ct.kz Smešnye familii i imena, 12.6.2009

Tovarišč (Товарищ) – Genosse (Genossin) im Sinne von Parteigenosse (Parteigenossin) ◊ Bondaletov, 1983, S. 132

Tovlen (Товлен) – von russ. **tov**arišč **Len**in (Genosse Lenin) ◊ kommari.livejournal.com

Traktor (Трактор) – Traktor, Schlepper, Zugmaschine. Der Name steht im Zusammenhang mit der Auslieferung des ersten einheimischen Traktors in Petrograd im Jahre 1923. ◊ Nepokupnyj, S. 229 und Gusejnov, S. 86

Traktorin (Тракторин) – von russ. traktor + Suffix -in ◊ Danilina, 1972, S. 18

Traktorina (Тракторина) – weibliche Form zu Traktorin ◊ Maksimova in: Rodina 11–12, 1992, S. 115

Tramvaj (Трамвай) – Straßenbahn (von englisch tramway) ◊ dok_zlo.livejournal.com Imena ėpochi istoričeskogo materializma, 2.2.2008

Transparant (Транспарант) – Transparent, Spruchband mit politischen Losungen, Leuchtbild ◊ hexell.livejournal.com SPERVOZGLIP i dalee po spisku, 7.11.2007

Tranzistor (Транзистор) – Transistor, Halbleiterbauelement, Transistorgerät, Transistorempfänger, Transistorradio ◊ kamsha.ru/forum/index.php Naša žizn' i naši prazdniki. Obo vsëm, Avtor: LeddHead na 17 Sentjabr' 2003 goda

Traur (Траур) – Trauer, Leid ◊ Kil'dibekova, S. 78

Traven' (Травень) – Mai im Ukrainischen und Weißrussischen, Namengebung zu Ehren des proletarischen Feiertages, dem 1. Mai ◊ revim.narod.ru

Traviata (Травиата) – von „La Traviata" (1853), Oper von Giuseppe Verdi (1813–1901) ◊ Gric, S. 73

Trėd (Трэд) – wahrscheinlich von englisch trade union (Gewerkschaft, Arbeitnehmerverband) ◊ Suslova, 1979, S. 316

Tribun (Трибун) – Tribun, altrömischer Volksführer ◊ Gusev

Tribuna (Трибуна) – Tribüne, Rednerbühne, Tribünenaufbau für die Zuschauer ◊ http://h.ua Viktor Sulima: Reformy: „Imja i imjanarečenie", Obščestvo 3.6.2006

Tribunal (Трибунал) – Tribunal, Gericht, Gerichtshof ◊ d-v-sokolov.com

Trija (Трия) – eine Verkürzung von russ. indus**trija** (Industrie) ◊ Galiullina, S. 48

Trik (Трик) – von russ. **tri** „**k**" **K**omsomol, **K**omintern, **k**ommunizm (die drei „k" Komsomol, Komintern, Kommunismus) ◊ Irošnikov/Šelaev in: Rodina 9–10, 1991, S. 38

Trikom (Триком) – von russ. **tri** „**k**" **Kom**somol, **Kom**intern, **kom**munizm (die drei „k" Komsomol, Komintern, Kommunismus) ◊ Mironov, S. 344

Tristan (Тристан) – Gestalt der keltischen Sage, behandelt in Richard Wagners (1813–1883) Musikdrama „Tristan und Isolde" (1859) ◊ Superanskaja, 1998, S. 312

Trockij (Троцкий) – von Lev Davidovič Trockij (1879–1940), Bolschewik, engster Mitarbeiter Lenins. Als Vorsitzender eines Militärischen Revolutionskomitees organisierte er den Oktoberrevolution genannten Aufstand der Bolschewiken gegen die Provisorische Regierung. Als Volkskommissar für Heeres- und Marineangelegenheiten (1918–25) organisierte er die Rote Armee. Im Machtkampf mit Stalin mit seiner Forderung nach permanenter Revolution unterlegen, wurde er als Volkskommissar abgesetzt, verlor seine Mitgliedschaft im Politbüro (1917 und 1919–26) und Zentralkomitee (1917–27) und wurde 1927 aus der Partei ausgeschlossen. Im folgenden Jahre folgte seine Verbannung nach Kasachstan, 1929 die Ausweisung aus der Sowjetunion und 1932 die Aberkennung der sowjetischen Staatsbürgerschaft. Im mexikanischen Exil wurde er von einem Agenten des NKVD ermordet. ◊ Torop, S. 280

Troja (Троя) – antike Stadt in Kleinasien ◊ Vseobščij nastol'nyj kalendar' na 1924 god, S. 10

Trol'da (Трольда) – von **Tro**ckij **L**ev **Da**vidovič (1879–1940), s. Trockij ◊ Ospovat, S. 272

Trolebuzin (Тролебузин) – von russ. **Tro**ckij, **Le**nin, **Bu**charin, **Zin**ov'ev. Dieser Abkürzungsname wurde auch mit dem Trolleybus assoziiert. Für den Oberleitungsbus (Obus) wurde aber der Name Trollejbus kreiert. Zu Trockij s. Trockij, zu Bucharin s. Buchara, zu Zinov'ev s. Zinovij ◊ sonnerbergsson.livejournal.org Čto v imeni tebe moëm... (nach dem Stand vom 29.3.2009)

Trolebuzina (Тролебузина) – weibliche Form zu Trolebuzin ◊ Papernyj, S. 150

Troled (Тролед) – von **Tro**ckij **L**ev **D**avidovič (1879–1940), s. Trockij ◊ www.credit.deposit.com.ua Sovetskie imena, 2007

Troledav (Троледав) – von **Tro**ckij **L**ev **Dav**idovič (1879–1940), s. Trockij ◊ Kolonitskii, 1993, S. 222

Trolen (Тролен) – von **Tro**ckij, **Len**in, s. Trockij, s. Lenin ◊ Torop, S. 280

Trolezian (Тролезиан) – von **Tro**ckij, **Le**nin, **Zi**nov'ev, s. Trockij, s. Lenin, s. Zinovij ◊ Torop, S. 280

Trolezin (Тролезин) – von **Tro**ckij, **Le**nin, **Zin**ov'ev, s. Trockij, s. Lenin, s. Zinovij ◊ Irošnikov/Šelaev in: Rodina 9–10, 1991, S. 38

Trolezina (Тролезина) – weibliche Entsprechung zu Trolezin ◊ mage_victor.livejournal.ru

Trollejbus (Троллейбус) – von Trolleybus, Oberleitungsbus, Obus (von englisch trolley – Stromabnehmerrolle bei elektrischen Oberleitungsfahrzeugen). Dieser neue Name ist nicht zu verwechseln mit dem „revolutionären" Namen Trolebuzin, einer Kombination aus Trockij, Lenin, Bucharin und Zinov'ev. ◊ Kolonitskii, 1993, S. 223

Tropik (Тропик) – Wendekreis (Terminus aus der Geographie) ◊ Šatinova, S.154

Trud (Труд) – Arbeit ◊ Solouchin

Truda (Труда) – [1] weibliche Form zu Trud ◊ Superanskaja, 1998, S. 431 – [2] eine Verkürzung von Ger**truda** ◊ Danilina, 1969, S. 79

Trudarma (Трударма) – von russ. trudarm – **trud**ovaja **arm**ija (Arbeitsarmee), s. Plinta ◊ www.woman.ru forum Ulybnites': sovetskie imena

Trudomir (Трудомир) – von russ. **trud** (Arbeit) und russ. **mir** (Frieden), gebildet nach dem traditionellen Modell slawischer Namen wie Borimir, Velimir, Vladimir ◊ Ugrjumov, S. 36

Trudoslav (Трудослав) – von russ. **trudo**vaja **slav**a (Ehre der Arbeit) ◊ Torop, S. 280

Truko (Труко) – von russ. **tru**dovaja **ko**mmuna (Arbeitskommune). Der Begriff wurde in verschiedenem Zusammenhang gebraucht. Nach dem Umzug der Sowjetregierung nach Moskau im März 1918 hieß der Petrograder Sowjet bis zum Februar 1919 Petrograder Arbeitskommune. Außerdem hieß die 1941 aufgelöste Autonome Sozialistische Sowjetrepublik der Wolgadeutschen zuerst Arbeitskommune der Wolgadeutschen (1918–23). Eine Erziehungsanstalt für Kinder nannte man detskaja trudovaja kommuna. ◊ kommari.livejournal.com

Trupor (Трупор) – von russ. **tru**dovoj **por**yv (eine außerordentliche Arbeitsinitiative) ◊ revim.narod.ru

Tualet (Туалет) – Toilette als Kleidung, Aufmachung oder Frisiertisch ◊ Zajceva und htpp://017.by/node/1196 Žacem menjajut imja minčane

Tullij (Туллий) – Thulium (chemisches Element) ◊ imena-list.ru/Grup/sovet.html Sovetskie imena, 2012

Turbina (Турбина) – Turbine, Kraftmaschine ◊ Poticha/Rozental', S. 89

Turgenija (Тургения) – von Ivan Sergeevič Turgenev (1818–83), russischer Schriftsteller ◊ Suslova, 1979, S. 316

Turksib (Турксиб) – von russ. **Turk**estano-**Sib**irskaja železnaja doroga (Turkestan-Sibirische Eisenbahn), verbindet Mittelasien mit Westsibirien ◊ fan.lab.ru/ Laboratorija fantastiki Kak vy otnosites' k mode davat' detjam starinnye ili ... (nach dem Stand vom 3.3.2009)

Tykva (Тыква) – Kürbis ◊ www.bestportal.ru Smešnye familii, 3.6.2008

U

Uar (Уар) – wahrscheinlich von russ. „**U**ra **a**rmii **r**evoljucii!" (Ein Hurra auf die Armee der Revolution!) ◊ Ktorova, 2007, S. 157

Uatt (Уатт) – Watt, Maßeinheit der elektrischen Leistung, benannt nach dem englischen Ingenieur James Watt (1736–1819), dem Erfinder der ersten brauchbaren Dampfmaschine (1765) ◊ Torop, S. 280

Uatta (Уатта) – weibliche Form zu Uatt ◊ Suslova, 1979, S. 316

Uazik (Уазик) – von russ. **U**l'janovskij **a**vtomobil'nyj **z**avod (Automobilfabrik in Ul'janovsk, an der Wolga), besteht seit 1942 ◊ Forumy Tolkien.SU Smešnye familii i imena

Udarnik (Ударник) – Bestarbeiter, Stoßarbeiter, Aktivist ◊ Monraev, S. 9

Uėl's (Уэльс) – von Herbert George Wells (1866–1946), englischer Schriftsteller, interviewte Lenin und Stalin, undogmatischer Sozialist. Seine Ideen wurden in der Sowjetunion als reaktionäre Utopien bezeichnet. ◊ Torop, S. 281

Ujukos (Уюкос) – von russ. „**U**ra, **Ju**ra v **kos**mose!" (Hurra, Jura ist im Weltraum!), s. Jura ◊ ru.wikipedia.org

Ulena (Улена) – von **U**l'janov, **Len**in (Familien- und Deckname) ◊ 1k.com.ua Novosti Ukrainy i Kryma N 22, April 2004, V čest' voždja nazyvali asteroidy i terroristov

Ul'jana (Ульяна) – abgeleitet von Lenins Familiennamen **Ul'jan**ov ◊ revim.narod.ru

Ul'janovskij (Ульяновский) – von Vladimir Il'ič **Ul'janov** (Lenin) ◊ Torop, S. 280

Ullen (Уллен) – von **Ul'**janov, **Len**in (Familien- und Deckname) ◊ Akišina, S. 14

Ul'timatum (Ультиматум) – Ultimatum ◊ Torop, S. 280

Umza (Умза) – von russ. **U**fimskij **m**otorostroitel'nyj **za**vod (Motorenwerk in Ufa, Hauptstadt der Baschkirischen Teilrepublik) ◊ mc.com.ua Seksual'nye imena, 18.2.2008

Undina (Ундина) – „Undine", Oper (1845) von Albert Lortzing (1801–51), deutscher Opernkomponist ◊ Vseobščij nastol'nyj kalendar' na 1924 god, S. 10

Universiteta (Университета) – von russ. universitet (Universität) ◊ Superanskaja, 1998, S. 432

Uot (Уот) – von Wat Tyler (ermordet 1381), einer der Führer des englischen Bauernaufstandes von 1381 ◊ Suslova, 1979, S. 316

Ura (Ура) – Hurra, Namengebung zu Ehren des Kriegsendes ◊ mc.com.ua Seksual'nye imena, 18.2.2008

Uracik (Урацик) – von russ. „**Ura C**entral'nomu **i**spolnitel'nomu **k**omitetu!" (Ein Hurra auf das Zentrale Exekutivkomitee!). Das Zentrale Erxekutivkomitee der UdSSR (1922–37) war laut Verfassung als Parlament der Sowjetunion zwischen den Sowjetkongressen das formal höchste Staatsorgan der UdSSR ◊ NeForum.ru Kommunističeskie imena..., Juli 2004

Ural (Урал) – Ural, Grenzgebirge und Grenzfluß zwischen dem europäischen und asiatischen Teil Rußlands ◊ Rylov, S. 98

Uran (Уран) – **[1]** von Planet Uranus ◊ Galiullina, S. 21 – **[2]** von Uran (chemisches Element) ◊ Galiullina, S. 21

Urgavkos (Ургавкос) – von russ. „**Ura Ga**garin **v kos**mose!" (Hurra, Gagarin ist im Weltraum!), s. Jura ◊ www.bibo.kz Pro tupye imena domenov

Urgavneb (Ургавнеб) – von russ. „**Ura! Ga**garin **v neb**e!" (Hurra! Gagarin ist am Himmel!), s. Jura ◊ ru.wikipedia.org

Uricija (Уриция) – von Michail (Moisej) Solomonovič Urickij (1873–1918), Bolschewik, nahm am Oktoberaufstand von 1917 teil ◊ Danilina, 1972, S. 23

Urjavkos (Урявкос) – von russ. „**Ura ja v kos**mose!" (Hurra ich bin im Weltraum!) ◊ blog.i.ua/user/9816/142254/ TOP sovetskich imën, 24.7.2008

Urjurvkos (Урюрвкос) – von russ. „**Ura! Jur**a **v kos**mose!" (Hurra! Jura ist im Weltraum!), s. Jura ◊ Gorbanevskij, 1987, S. 150

Urjuvkosm (Урювкосм) – von russ. „**Ura! Jur**a **v kos**mose!" (Hurra! Jura ist im Weltraum!), s. Jura ◊ ru.wikipedia.org

Urožaj (Урожай) – Ernte, Ernteertrag ◊ Podol'skaja/Superanskaja, S. 144

Ušosdor (Ушосдор) – von russ. **U**pravlenie **šos**sejnych **dor**og (Straßenverwaltung), seit 1935, lokale Organisation, unterstand dem Volkskommissariat für innere Angelegenheiten (NKVD) ◊ www.Balancer.ru Sovetskie imena, 13.11.2009

Uspepja (Успепя) – von russ. **us**pechi **pe**rvych **pja**tiletok (die Erfolge der ersten Fünfjahrespläne), begannen 1928 ◊ ru.wikipedia.org

Ustav (Устав) – Statut, Satzung, (z. B. russ. ustav partii – Parteistatut oder russ. ustav voinskoj sluzby – Dienstvorschriften beim Militär) ◊ Ėkonomika i matematičeskie metody 3, 1985, S. 576

Utopija (Утопия) – Utopie, ein nicht realisierbarer Idealzustand ◊ Narin'jani, 1958, S. 25

V

Vačakan (Вачакан) – von VČK – **V**serossijskaja **č**rezvyčajnaja **k**omissija po bor'be s kontrrevoljuciej, spekuljaciej i sabotažem pri SNK RSFSR (Allrussische Sonderkommission zur Bekämpfung von Konterrevolution, Spekulation und Sabotage beim Rat der Volkskommissare der RSFSR). Die per Erlaß vom 7.(20.)12.1917 geschaffene VČK (auch ČK genannt, daher das Wort Tschekist) wurde von F.E.Dzeržinskij (1877–1926) geleitet und war ein Instrument des roten Terrors (s. Krastera). Am 6.2.1922 wurde sie in die GPU (Gosudarstvennoe političeskoe upravlenie – Staatliche Politische Verwaltung) beim Volkskommissariat für innere Angelegenheiten (NKVD) der RSFSR umgewandelt. ◊ Forum NoWa.cc Obščij. Jumor. Imena, 4.8.2005

Vagon (Вагон) – Waggon, Wagen, s. Ėvakuac ◊ Nikonov, 1974, S. 69

Vagon'ja (Вагонья) – Namengebung nach dem Geburtsort in einem Wohnwagen (russ. vagončik) ◊ http://ct.kz/topic/233300-smeshnie-familii-i-imena/ (forum respubliki Kazachstan, centr tjažesti) Smešnye familii i imena, glupaja i smešnaja tema

Vagranka (Вагранка) – Kupolofen, Kuppelofen, Schachtofen (Schmelzofen zur Herstellung von Gußeisen) ◊ Torop, S. 273

Valenarij (Валенарий) – Phantasiename ◊ Superanskaja, 1998, S. 139

Valentin (Валентин) – zu Ehren der Kosmonautin V. V. Tereškova, s. Valentina ◊ http://www.shkolazhizni.ru/archive/0/n-11077 Kakie byvajut imena, i počemu oni takie?, 16.6.2009

Valentina (Валентина) – zu Ehren der sowjetischen Kosmonautin Valentina Vladimirovna Tereškova (geb. 1937), umkreiste als erste Frau vom 16.-19.6.1963 die Erde. Generalmajor Tereškova hatte von 1963 bis 1982 den Doppelfamiliennamen Nikolaeva-Tereškova, da sie während dieser Zeit mit dem Kosmonauten A. G. Nikolaev verheiratet war. ◊ Čuvašova/Archipov, S. 35

Valerij (Валерий) – zu Ehren des sowjetischen Rekordfliegers Valerij (Valer'jan) Pavlovič Čkalov (1904–38) ◊ Superanskaja, 1990, S. 75

Valerit (Валерит) – eine Kombination aus den elterlichen Vornamen **Vale**rij und **Rit**a ◊ Samsonov, S. 126

Valja (Валя) – von Valentina (Kurzform Valja) Vladimirovna Tereškova, erste Kosmonautin ◊ http://elena.goprod.tomsk.ru Moda na imena, 28.6.2012

Val'jan (Вальян) – von Édouard Marie Vaillant (1840–1915), französischer sozialistischer Politiker, Mitglied der Pariser Kommune von 1871 (russ. auch Vajjan) ◊ Superanskaja, 1998, S. 140

Val'kirija (Валькирия) – von „Die Walküre", Titel des zweiten Teils von Richard Wagners (1813–83) Trilogie „Der Ring des Nibelungen" (1853–76) Die Walküren sind überirdische weibliche Wesen in der altnordischen Mythologie. ◊ Suslova, 1979, S. 310

Valterperžekosma (Валтерпержекосма) – von russ. **Val**entina **Ter**eškova – **per**vaja žen**ščina** – **kosm**onavt (Valentina Tereškova, die erste Kosmonautin), s. Valentina ◊ lingvoforum.net russkie imena, Oktober 2008

Valterperženka (Валтерперженка) – von russ. **Val**entina **Ter**eškova – **per**vaja žen**ščina** – **k**osmonavt (Valentina Tereškova, die erste Kosmonautin), s. Valentina ◊ ru.wikipedia.org

Val'terperženka (Вальтерперженка) – von russ. **Val**entina **Ter**eškova – **per**vaja žen**ščina** – **k**osmonavt (Valentina Tereškova, die erste Kosmonautin), s. Valentina ◊ www.bugaga.ru forum Imena novejšego vremeni (Oktober 2009)

Valterperženvkos (Валтерперженвкос) – von russ. **Val**entina **Ter**eškova – **per**vaja žen**ščina v kos**mose (Valentina Tereškova, die erste Frau im Weltraum), s. Valentina ◊ novostivl.ru gazeta „Ežednevnye Novosti Vladivostoka" Čto v imeni tebe moëm?, 4.7.2003

Vanadij (Ванадий) – Vanadium (chemisches Element) ◊ Petrovskij, 1966, S. 7

Vancet (Ванцет) – Variante zu Vancetti ◊ Superanskaja, 1998, S. 140

Vancetti (Ванцетти) – von Bartolomeo Vanzetti (1888–1927), s. Sakkovancetti ◊ Nepokupnyj 1986, S. 47

Vanira (Ванира) – Der Vorname entstand durch falsche Schreibung von Venera (Venus) im Geburtsregister. ◊ Nikonov: Iščem imja, 1988, S. 36

Varlen (Варлен) – **[1]** von russ. **v**elikaja **ar**mija **Len**ina (die große Armee Lenins, d. h. die Werktätigen), groß im Sinne von unbesiegbar ◊ Kolonitskii, 1993, S. 221 – **[2]** von russ. **v**semirnaja **ar**mija **Len**ina (die weltumfassende Armee Lenins) ◊ Torop, S. 273 – **[3]** von russ. **V**elikaja **O**ktjabr'skaja **r**evoljucija, **Len**in (die Große Oktoberrevolution, Lenin) ◊ narod.od.ua (Das „o" wird vor der betonten Silbe wie „a" gesprochen.)

Vasilij (Василий) – von Stalins zweitem Sohn Vasilij (1921–62) ◊ Dušečkina

Vašington (Вашингтон) – von George Washington (1732–99), erster Präsident der USA (1789–97) ◊ Vseobščij nastol'nyj kalendar' na 1924 god, S. 14

Vasko (Васко) – von Vasco da Gama (1469–1524), portugiesischer Seefahrer, entdeckte den Seeweg um Afrika nach Indien ◊ Suslova, 1979, S. 314

Vat (Ват) – Watt, Maßeinheit der elektrischen Leistung, benannt nach dem englischen Ingenieur James Watt (1736–1819), dem Erfinder der ersten brauchbaren Dampfmaschine (im Russischen auch Vatt und Uatt) ◊ Suslova, 1979, S. 314

Vaterperkosma (Ватерперкосма) – von russ. **Va**lentina **Ter**eškova – **per**vaja v **kosm**ose (Valentina Tereškova, die erste im Weltraum), s. Valentina, Trudno byt' Gvidonom ◊ Stavropol'skaja pravda 20.1.2007

Vaterperžekosma (Ватерпержекосма) – von russ. **Va**lentina **Ter**eškova – **per**vaja ženščina – **kosm**onavt (Valentina Tereškova, die erste Frau im Weltraum), s. Valentina ◊ www.babyplan.ru/blog/post/43712/40505 Otvet na blog Emmanuelle Imena v ėpochu SSSR 03 Sentjabr', 2009

Vaterperžekosmo (Ватерпержекосмо) – von russ. **Va**lentina **Ter**eškova – **per**vaja ženščina – **kosm**onavt (Valentina Tereškova, die erste Frau im Weltraum), s. Valentina ◊ forums.drom.ru Neobyčnye imena sovetskoj Rossii

Vaterpežekosm (Ватерпежекосм) – maskuline Form zu Vaterpežekosma, s. Valentina ◊ sonnerbergsson.livejournal.com Čto v imeni tebe moëm...(nach dem Stand vom 29.3.2009)

Vaterpežekosma (Ватерпежекосма) – von russ. **Va**lentina **Ter**eškova – **per**vaja ženščina – **kosm**onavt (Valentina Tereškova, die erste Kosmonautin), s. Valentina ◊ sonnerbergsson.livejournal.com Čto v imeni tebe moëm...(nach dem Stand vom 29.3.2009)

Vaučer (Ваучер) – von englisch voucher als Privatisierungsscheck (Anfang der 90er Jahre in Rußland für einen Anteil am ehemaligen Staatseigentum ausgegeben) ◊ Stuttgarter Zeitung 31.8.1992, S. 10

Vcika (Вцика) – von russ. **V**CIK – **V**serossijskij **C**entral'nyj **I**spolnitel'nyj **K**omitet (Allrussisches Zentrales Exekutivkomitee, 1917–37 Scheinparlament der RSFSR) ◊ Pravda 12.6.1924, S. 6

Vega (Вега) – Wega, Hauptstern des Sternbildes Lyra (Leier) der nördlichen Himmelshälfte ◊ Pavlova

Veka (Века) – eine Kombination aus den elterlichen Vornamen **V**ladimir und **Eka**terina ◊ Petrovskij, 1966, S. 8

Vėkapebeba (Вэкапебеба) – Abkürzungsvorname nach den Benennungen der Anfangsbuchstaben von russ. VKP(b) – **V**sesojuznaja **K**ommunističeskaja **p**artija (**b**ol'ševikov) (Kommunistische Partei der Sowjetunion/Bolschewiki/, KPdSU [B]) ◊ Superanskaja in: Nauka i žizn' 8, 1964, S. 86

Vėkapina (Вэкапина) – Abkürzungsvorname nach den Benennungen der

Anfangsbuchstaben von russ. VKP(b) + Suffix -ina, s. Vėkapebeba ◊ **Maksimova** in: Rodina 11–12, 1992, S. 115

Vektor (Вектор) – von russ. **Ve**likij **k**ommunizm **tor**žestvuet. (Der große Kommunismus siegt.) ◊ Torop, S. 273

Velemir (Велемир) – von russ. **ve**likij **Le**ninskij **mir** (die große Leninsche Welt), gemeint ist die Weltrevolution ◊ revim.narod.ru

Velikij Rabočij (Великий Рабочий) – der außergewöhnliche Arbeiter (eine Lobpreisung in der kommunistischen Ideologie) ◊ Uspenskij, 1959

Veliolen (Велиолен) – von russ. **veli**kij **o**rganizator **Len**in (der große Organisator Lenin) ◊ Petrovskij, 1969, S. 180

Velior (Велиор) – **[1]** von russ. **Veli**kaja **O**ktjabr'skaja **r**evoljucija (die Große Oktoberrevolution) ◊ Superanskaja: Slovar' russkich imën, S. 76 – **[2]** von russ. **V**ladimir **Lenin** i **O**ktjabr'skaja **r**evoljucija (Vladimir Lenin und die Oktoberrevolution) ◊ Superanskaja, 1998, S. 144 – **[3]** von russ. **veli**kij **o**rganizator **r**evoljucii (der große Organisator der Revolution) ◊ Klimov, S. 173 – **[4]** von russ. **Ve**likij **Lenin** i **O**ktjabr'skaja **r**evoljucija (der Große Lenin und die Oktoberrevolution) ◊ www.NEWSru.com: Dazdraperma i Lagšmivara – imena, roždënnye revoljuciej, 5.11.2000

Veliora (Велиора) – **[1]** von russ. **V**ladimir **Lenin** i **O**ktjabr'skaja **r**evoljucija (Vladimir Lenin und die Oktoberrevolution) ◊ Superanskaja, 1998, S. 360 – **[2]** von russ. **Veli**kaja **O**ktjabr'skaja **r**evoljucija (die Große Oktoberrevolution) ◊ Superanskaja: Slovar' russkich imën, S. 292

Velir (Велир) – **[1]** von russ. **V. Lenin** i **r**evoljucija (V. I. Lenin und die Revolution) ◊ Torop, S. 273 – **[2]** von russ. **veli**kij **ra**bočij (der außergewöhnliche Arbeiter), eine Lobpreisung in der kommunistischen Ideologie ◊ Torop, S. 273

Velira (Велира) – von russ. **veli**kij **ra**bočij, s. Velir ◊ Vvedenskaja/Kolesnikov, S. 37

Velizav (Велизав) – von russ. **veli**kij Leninskij **zav**et (das große Leninsche Vermächtnis) ◊ revim.narod.ru

Vellington (Веллингтон) – von Arthur Wellesley Wellington (1769–1852), englischer Feldherr und Politiker ◊ Ščetinin, 1968, S. 51

Vel'mir (Вельмир) – männliche Form zu Vel'mira ◊ Poljakova, S. 43

Vel'mira (Вельмира) – von russ. **Vel**ikaja **mi**rovaja **r**evoljuci**ja** (die große Weltrevolution) ◊ Kolonitskii, 1993, S. 223

Velor (Велор) – **[1]** von russ. **ve**likij **Lenin** – **o**rganizator **r**evoljucii (der große Lenin, der Organisator der Revolution) ◊ http://kto-kto.narod.ru/bl-bl-3/dazdraperma.html Dazdraperma Ivanovna, 2004 – **[2]** von russ. **V**ladimir Il'ič Lenin – **o**snovatel' **r**evoljucii (Vladimir Il'ič Lenin, der Gründer der Revolution) ◊ smi.marketgid.com

Vendetta (Вендетта) – von italienisch vendetta (Rache) ◊ www.diccionario.ru Russkie ženskie imena, 4.7.2010

Veor (Веор) – von russ. **Ve**likaja **O**ktjabr'skaja **r**evoljucija (die Große Oktoberrevolution) ◊ Mironov, S. 343

Verbena (Вербена) – Verbene, Eisenkraut (Zier- und Heilpflanze) ◊ Torop, S. 273

Vergilij (Вергилий) – von Vergil, Publius Vergilius Maro (70–19 v. Chr.), römischer Dichter ◊ Bondaletov, 1983, S. 134

Verlen (Верлен) – [1] von russ. **ver**nyj **len**inec (ein treuer Leninist) ◊ kuraev.ru/smf/index.php?topic=89817.85;wap2 Polnyj (ili počti polnyj) spisok sovetskich imën, 15.2.2009 – [2] von russ. **ver**nost' **Len**inu (Treue zu Lenin) ◊ mage_victor.livejournal.ru

Verlena (Верлена) – von russ. **ver**nost' **Len**inu (Treue zu Lenin) ◊ mage_victor.livejournal.ru

Vermilena (Вермилена) – von russ. **ver**nost' **M**arksu **i Len**inu (Treue zu Marx und Lenin) ◊ www.internet.ru/users/evgeniy_elena/post136218284.html Vspominaem neobyčnye, redkie imena, 1.10.2010

Vern (Верн) – von Jules Verne (1828–1905), französischer Schriftsteller, mit seinen utopischen Abenteuer- und Zukunftsromanen begründete er die Science-Fiction-Literatur ◊ Zakir'janov, S. 155

Vernata (Верната) – eine Kombination aus den Vornamen von Großmutter und Mutter **Ver**a und **Nat**alija ◊ Akišina, S. 14

Versal' (Версаль) – Versailles (Stadt südwestlich von Paris) ◊ smi.marketgid.com

Verso (Версо) – von russ. **Ver**chovnyj **So**vet (Oberster Sowjet, 1937–91), das seit 1938 aus zwei Kammern bestehende Parlament der Sowjetunion, das formal höchste Staatsorgan der UdSSR ◊ Mogilevskij, S. 56

Verst (Верст) – von russ. **ver**nost' **St**alinu (Treue zu Stalin) ◊ aidan4.livejournal.com Nekotorye sovetskie imena načala veka, 4.5.2005

Versta (Верста) – weibliche Entsprechung zu Verst ◊ Superanskaja: Sklonenie ...,1965, S. 123

Vesna (Весна) – Frühling, Frühjahr ◊ Superanskaja, 1978, S. 421

Vestal (Вестал) – von russ. **ve**likij **Stal**in (der große Stalin) ◊ kommari.livejournal.com

Veter (Ветер) – Wind, Brise ◊ Forum NoWa.cc Obščij. Jumor. Imena, 4.8.2005

Vetra (Ветра) – Ableitung von Veter ◊ Superanskaja, 1978, S. 421

Viagra (Виагра) – [1] stimulierendes Präparat zur Behandlung von Potenzstörungen ◊ Forum NoWa.cc Obščij. Jumor. Imena, 4.8.2005 – [2] von VIA Gra, eine 1999 gegründete russisch-ukrainische weibliche Popgruppe, bestand bis 2012 ◊ ru.wikipedia.org VIA Gra

Vida (Вида) – Kurzform von Davida, dem weiblichen Pendant zu David ◊ Superanskaja: Slovar' russkich imën, S. 294

Vidlen (Видлен) – von russ. **v**elikie **id**ei **Len**ina (die großen Ideen Lenins) ◊ Mironov, S. 343

Vigėn (Вигэн) – von russ. **V. I.** (Lenin) – **g**enij **n**ašej **ė**pochi (V. I. /Lenin/, der Genius unserer Epoche), mit Umstellung der Anfangsbuchstaben in der zweiten Silbe ◊ Petrovskij, 1969, S. 179

Vika (Вика) – Kurzform von Viktorija ◊ Superanskaja: Slovar' russkich imën, S. 294

Vikanna (Виканна) – eine Kombination aus den elterlichen Namen **Vik**tor und **Anna** ◊ http://www.spbgu.ru/forums/index.php?act=Print&client=wordr&f=41&t=16907 TOP-13 sovetskich imën

Viktor (Виктор) – von lateinisch victor – Sieger, Besieger. Der Name wurde besonders 1945, dem Jahr des Sieges im 2. Weltkrieg, gegeben. ◊ Samsonov, S. 130

Viktorij (Викторий) – eine Ableitung von Viktor. Der Name wurde sehr häufig 1945, dem Jahr des Sieges im 2. Weltkrieg, gegeben. ◊ Samsonov, N.: Jakutskie imena. Sovetskij period, in: Ilin 1, 2000

Viktorija (Виктория) – von lateinisch victoria, der Siegesgöttin in der römischen Antike. Der Name wurde sehr häufig 1945, dem Jahr des Sieges im 2. Weltkrieg, gegeben. ◊ Samsonov, S. 130

Vil (Вил) – von **V**ladimir **Il**'**ič** **L**enin ◊ Poljakova, S. 43

Vil' (Виль) – [1] von **V**ladimir **Il**'**ič** **L**enin ◊ Pravda 12.6.1924, S. 6 – [2] von **V**ladimir **Il'**ič ◊ narod.od.ua

Vila (Вила) – von russ. **V**ladimir **Il**'**ič** **L**enin + **a** ◊ Superanskaja: Slovar' russkich imën, S. 294

Vilan (Вилан) – von russ. **V. I. L**enin i **A**kademija **n**auk (V. I. Lenin und die Akademie der Wissenschaften) ◊ Mironov, S. 343

Vildamar (Вилдамар) – von russ. **V. I. L**enin **da Mar**ks (V. I. Lenin und Marx) ◊ e-novosti.info/forumo/viewtopic.php?t=5383 Rossija vozvraščaetsja k politizacii imën

Vilej (Вилей) – von **V**ladimir **Il**'**ič** **L**enin + Suffix -**ej** ◊ Petrovskij, 1969, S. 178

Vilen (Вилен) – von **V**ladimir **Il**'**ič** **Len**in ◊ Seliščev, 1971, S. 500

Vilėn (Вилэн) – Variante von Vilen ◊ Superanskaja: Slovar' russkich imën, S. 79

Vilena (Вилена) – weibliche Entsprechung zu Vilen ◊ Ugrjumov, S. 35

Vilenin (Виленин) – von **V. I. Lenin** ◊ Ugrjumov, S. 63

Vilenina (Виленина) – weibliche Entsprechung zu Vilenin ◊ Akišina, S. 126

Vilenor (Виленор) – von russ. **V**ladimir **Il**'**ič** **Len**in – **o**tec **r**evoljucii (Vladimir Il'ič Lenin, der Vater der Revolution) ◊ Petrovskij, 1969, S. 180 und http://to-name.ru/baby/rev-name.htm Revoljucionnye imena (smešnye imena)

Vilenton (Вилентон) – von russ. **V**ladimir **I**l'ič **Len**in – **t**ovarišč **o**bezdolen**n**ych **n**arodov (Vladimir Il'ič Lenin, der Freund der im Elend lebenden Völker) ◊ Ostapenko, S. 199

Vilentroš (Вилентрош) – von **V**ladimir **I**l'ič **Len**in, **Tro**ckij, **Š**aumjan (zu Šaumjan s. Lentroš) ◊ www.bakililar.az/ Forum Smešnye imena, 22.9.2009

Vileor (Вилеор) – **[1]** von russ. **V**. **I**. **Le**nin, **O**ktjabr'skaja **r**evoljucija (V. I. Lenin, Oktoberrevolution) ◊ Petrovskij, 1969, S. 180 – **[2]** **V**. **I**. **Le**nin – **o**rganizator **r**evoljucii (V. I. Lenin, der Organisator der Revolution) ◊ ru.wikipedia.org

Vilgenij (Вилгений) – von russ. **V**. **I**. **L**enin – **genij** (V. I. Lenin, der Genius) ◊ Petrovskij, 1969, S. 179

Vil'genij (Вильгений) – von russ. **V**ladimir **Il'**ič – **genij** (Vladimir Il'ič, der Genius) ◊ http://rovego.livejournal.com/1433230.html Imena SSSR, 9.9.2009

Vilger (Вилгер) – von russ. **V**ladimir **I**l'ič **L**enin – **ge**roj **r**evoljucii (Vladimir Il'ič Lenin, der Held der Revolution) ◊ kommari.livejournal.com

Vil'ger (Вильгер) – von russ. **V**ladimir **I**l'ič **L**enin – **ger**oj! (Vladimir Il'ič Lenin, ein Held!) ◊ smi.marketgid.com

Vilian (Вилиан) – von russ. **V**. **I**. **L**enin **i A**kademija **n**auk (V. I. Lenin und die Akademie der Wissenschaften) ◊ Ivaško, S. 126

Viliana (Вилиана) – von Vladimir Il'ič Lenin + Suffix -ana ◊ Nikonov: Iščem imja, S. 31

Vilič (Вилич) – von **V**ladimir **Il'ič** ◊ mage_victor.livejournal.ru

Vilien (Вилиен) – Variante von Vilen ◊ Superanskaja, 1998, S. 146

Vilij (Вилий) – von **V**ladimir **I**l'ič **L**enin + Suffix -**ij** ◊ Petrovskij, 1969, S. 178

Vilija (Вилия) – von **V**ladimir **I**l'ič **L**enin + Suffix -**ija** ◊ Petrovskij, 1969, S. 178

Vilim (Вилим) – von russ. **V**ladimir **I**l'ič **L**enin **i m**y (Vladimir Il'ič Lenin und wir) ◊ Forum NoWa.cc Obščij. Jumor. Imena, 4.8.2005

Vilin (Вилин) – von Vladimir Il'ič Lenin + Suffix -**in** ◊ Zaljaleeva, S. 55

Vilina (Вилина) – von Vladimir Il'ič Lenin + Suffix -**ina** ◊ Zaljaleeva, S. 55

Vilior (Вилиор) – von russ. **V**. **I**. **L**enin **i O**ktjabr'skaja **r**evoljucija (V. I. Lenin und die Oktoberrevolution) ◊ Ivaško, S. 126

Viliora (Вилиора) – weibliche Entsprechung zu Vilior ◊ Petrovskij, 1969, S. 180

Viliorika (Вилиорика) – von russ. **V**. **I**. **L**enin, **I**nternacional, **O**ktjabr'skaja **r**evoljucija **i K**rasnaja **A**rmija (V. I. Lenin, Internationale, Oktoberrevolution und Rote Armee) ◊ Maksimova in: Rodina 5, 1992

Vilja (Виля) – weibliche Entsprechung zu Vil' ◊ Rylov, S. 92 und 98

Vil'jam (Вильям) – von William Shakespeare (1564–1616), englischer Dramatiker ◊ Torop, S. 274

Vil'jame (Вильяме) – von russ. **V**. **I**. **L**enin – **ja**rkij **m**yslitel' socializma (V. I. Lenin, der hervorragende Denker des Sozialismus) ◊ d-v-sokolov.com

Vil'jams (Вильямс) – von russ. **V. I. L**enin – **ja**rkij **m**yslitel' **s**ocializma (V. I. Lenin, der hervorragende Denker des Sozialismus) ◊ Maksimova in: Rodina 11–12, 1992, S. 115

Viljur (Вилюр) – von russ. **V**ladimir **I**l'ič **lju**bit **ra**bočich (Vladimir Il'ič liebt die Arbeiter) ◊ Galiullina, S. 48

Viljura (Вилюра) – von russ. **V**ladimir **I**l'ič **lju**bit **ra**bočich (Vladimir Il'ič liebt die Arbeiter) ◊ Sattar-Mulille, S. 349

Vil'kim (Вильким) – von russ. **V**ladimir **I**l'ič – **k**ommunističeskij **i**deal **m**olodëži (Vladimir Il'ič, das kommunistische Vorbild der Jugend) ◊ Beatles.ru Forum Dorogie bitlomany, komu za sorok, otzovites', 22.4.2009

Vilkom (Вилком) – von russ. **V**ladimir **I**l'ič Lenin, **kom**munizm (Vladimir Il'ič Lenin, Kommunismus) ◊ Superanskaja, 1998, S. 146

Vill (Вилл) – Variante zu Vil ◊ Superanskaja, 1998, S. 147

Villen (Виллен) – von **V**ladimir **Il**'ič **Len**in ◊ Petrovskij, 1969, S. 178

Villena (Виллена) – weibliche Entsprechung zu Villen ◊ Petrovskij, 1969, S. 178

Villenin (Вилленин) – von **V**ladimir **Il**'ič **Len**in ◊ Petrovskij, 1969, S. 178

Viller (Виллер) – von russ. **V**ladimir **Il**'ič **Le**nin, **r**evoljucija (Vladimir Il'ič Lenin, Revolution) ◊ Superanskaja, 1998, S. 146

Villian (Виллиан) – von **V**ladimir **Il**'ič **Le**nin + Suffix -**ian** ◊ Petrovskij, 1969, S. 178

Villij (Виллий) – von **V**ladimir **Il**'ič **Le**nin + Suffix -**ij** ◊ Petrovskij, 1969, S. 178

Villor (Виллор) – von russ. **V**ladimir **Il**'ič Lenin, **O**ktjabr'skaja **r**evoljucija (Vladimir Il'ič Lenin, Oktoberrevolution) ◊ Petrovskij, 1969, S. 180

Villora (Виллора) – weibliche Entsprechung zu Villor ◊ Petrovskij, 1969, S. 178

Villorij (Виллорий) – von russ. **V**ladimir **Il**'ič Lenin, **O**ktjabr'skaja **r**evoljucija + Suffix -**ij** ◊ Petrovskij, 1969, S. 178

Vil'marks (Вильмаркс) – von russ. **V. I. L**enin – **Marks** (V. I. Lenin – Marx) ◊ Petrovskij, 1969, S. 179

Vil'mir (Вильмир) – von russ. **V. I. L**enin, **mir** (V. I. Lenin, Welt) ◊ Zaljaleeva, S. 53

Vil'mira (Вильмира) – weibliche Form zu Vil'mir ◊ Zaljaleeva, S. 49

Vilmirgen (Вилмирген) – von russ. **V**ladimir **Il**'ič Lenin – **mir**ovoj **gen**ij (Vladimir Il'ič Lenin, der weltumspannende Genius) ◊ Petrovskij, 1969, S. 179

Vilmirgenij (Вилмиргений) – dasselbe ◊ Petrovskij, 1969, S. 179

Vil'mirgenij (Вильмиргений) – dasselbe ◊ Petrovskij, 1969, S. 179

Vilog (Вилог) – wahrscheinlich von russ. **V**ladimir **Il**'ič Lenin – **o**rganisator **g**osudarstva (Vladimir Il'ič Lenin, der Organisator des Staates) ◊ Čuprijanov

Vil'onar (Вильонар) – von russ. **V. I. Lenin** – **o**tec **nar**oda (V. I. Lenin, der Vater des Volkes) ◊ Maksimova in: Rodina 11–12, 1992, S. 115

Vilor (Вилор) – **[1]** von russ. **V. I. Lenin** – **or**ganizator **r**evoljucii (V. I. Lenin, der Organisator der Revolution) ◊ Rylov, S. 98 – **[2]** von russ. **V. I. Lenin** – **o**tec **r**evoljucii (V. I. Lenin, der Vater der Revolution) ◊ Kolonitskii, 1993, S. 220 – **[3]** von russ. **V. I. Lenin, O**ktjabr'skaja **r**evoljucija (V. I. Lenin, Oktoberrevolution) ◊ Petrovskij, 1969, S. 179 – **[4]** von russ. **V. I. Lenin o**svobodil **r**abočich (V.I. Lenin befreite die Arbeiter) ◊ ru.wikipedia.org

Vilora (Вилора) – **[1]** von russ. **V. I. Lenin** – **or**ganizator **r**evoljucii (V. I. Lenin, der Organisator der Revolution) ◊ Bondaletov, 1983, S. 132 – **[2]** von russ. **V. I. Lenin** – **o**tec **r**evoljucii (V. I. Lenin, der Vater der Revolution) ◊ Reformatskij, 1962, S. 46 – **[3]** von russ. **V. I. Lenin, O**ktjabr'skaja **r**evoljucija (V. I. Lenin – Oktoberrevolution) ◊ Petrovskij, 1969, S. 180 – **[4]** von russ. **V. I. Lenin** – **or**ganizator **r**abočich (V. I. Lenin, der Organisator der Arbeiter) ◊ Poljakova, S. 43

Vil'ora (Вильора) – Variante zu Vilora ◊ Superanskaja, 1998, S. 362

Vilord (Вилорд) – **[1]** von russ. **V. I. Lenin** – **or**ganizator **r**abočego **d**viženija (V. I. Lenin, der Organisator der Arbeiterbewegung) ◊ Mironov, S. 343 – **[2]** von russ. **V. I. Lenin, O**ktjabr'skaja **r**evoljucija, **d**ialektika (V. I. Lenin, Oktoberrevolution, Dialektik) ◊ Superanskaja, 1998, S. 147 – **[3]** von russ. **V. I. Lenin** – **or**ganizator **r**evoljucionnogo **d**viženija (V. I. Lenin, der Organisator der revolutionären Bewegung) ◊ 7ja.ru Konferencija „Imena" Samye original'nye imena, Februar 2003

Vilorg (Вилорг) – von russ. **V. I. Lenin** – **org**anizator (V. I. Lenin, der Organisator) ◊ Mokienko/Nikitina, S. 64

Vilorij (Вилорий) – **[1]** von russ. **V. I. Lenin, O**ktjabr'skaja **r**evoljucija + Suffix **-ij** (V. I. Lenin, Oktoberrevolution + Suffix -ij) ◊ Petrovskij, 1969, S. 180 – **[2]** von russ. **V. I. Lenin** – **or**ganizator **r**evoljucii + Suffix **-ij** (V. I. Lenin, der Organisator der Revolution + Suffix -ij) ◊ Danilina, 1972, S. 17

Vilorija (Вилория) – **[1]** von russ. **V. I. Lenin, O**ktjabr'skaja **r**evoljucija + Suffix **-ija** (V. I. Lenin, Oktoberrevolution + Suffix -ija) ◊ Petrovskij, 1969, S. 180 – **[2]** von russ. **V. I. Lenin** – **or**ganizator **r**evoljucii (V. I. Lenin, der Organisator der Revolution) ◊ Superanskaja: Slovar' russkich imën, S. 295

Vilorik (Вилорик) – **[1]** von russ. **V. I. Lenin o**svobodil **r**abočich **i k**rest'jan (V. I. Lenin befreite die Arbeiter und Bauern) ◊ Prochorov, 1993 – **[2]** von russ. **V. I. Lenin** – **o**svoboditel' **r**abočich **i k**rest'jan (V. I. Lenin, der Befreier der Arbeiter und Bauern) ◊ http://www.sankalinina.info/medicstat71htm Kijas, G.: Moda na imena. Imja tvorčestvo – **[3]** von russ. **V. I. Lenin** – **or**ganizator **r**abočich **i k**rest'jan (V I. Lenin, der Organisator der Arbeiter und Bauern) ◊ Poljakova, S. 43 und Zaljaleeva, S. 55 – **[4]** von russ. **V. I. Lenin** – **o**tec **r**abočich **i k**rest'jan (V. I. Lenin, der Vater der Arbeiter und Bauern) ◊ laire-laire.livejournal.com imena,

28.4.2008 – [5] von russ. **V. I. L**enin, **O**ktjabr'skaja **r**evoljucija **i k**ommunizm (V. I. Lenin, Oktoberrevolution und Kommunismus) ◊ mündliche Quelle – [6] von russ. **V**ladimir **Il'ič L**enin, **O**ktjabr'skaja **r**evoljucija **i k**omsomol (Vladimir Il'ič Lenin, Oktoberrevolution und Komsomol) ◊ stlashs.narod.ru/4-781502.html Samoe zabavnoe imja korejca ili korejanki, kotoroe Vy kogda-libo slyšali!, 2012 – [7] von russ. **V**ladimir **Il'ič L**enin **o**rganizoval **r**abočich **i k**rest'jan (Vladimir Il'ič Lenin organisierte die Arbeiter und Bauern) ◊ stlashs.narod.ru/2-781502.html Samoe zabavnoe imja korejca ili korejanki, kotoroe Vy kogda-libo slyšali!, 2012

Vilork (Вилорк) – [1] von russ. **V. I. L**enin – **o**rganizator **r**evolucionnoj **k**ommuny (V. I. Lenin, der Organisator der revolutionären Kommune) ◊ Irošnikov/Šelaev in: Rodina 9–10, 1991, S. 38 – [2] von russ. **V. I. L**enin – **o**rganizator **r**evoljucii, **k**ommunizma (V. I. Lenin, der Organisator der Revolution, des Kommunismus) ◊ Torop, S. 274 – [3] **V. I. L**enin – **o**rganizator **r**abočego **k**lassa (V. I. Lenin, der Organisator der Arbeiterklasse) ◊ Petrovskij, 1969, S. 180

Vilorra (Вилорра) – von russ. **V. I. L**enin – **o**rganizator **r**usskoj **r**evoljucii (V. I. Lenin, der Organisator der russischen Revolution) ◊ Petrovskij, 1969, S. 180

Vilort (Вилорт) – von russ. **V. I. L**enin – **o**rganizator **r**abočego **t**ruda (V. I. Lenin, der Organisator der Arbeit) ◊ ru.wikipedia.org (Gemeint ist die Arbeitsorganisation unter den neuen nachrevolutionären Bedingungen.)

Viložum (Виложум) – von russ. **V. I. L**enin **o**tdal **ž**izn' **u**gnetënnomu **m**iru (Lenin widmete sein Leben der unterdrückten Welt) ◊ Petrovskij, 1969, S. 181

Vil'son (Вильсон) – Der häufige englische Familienname Wilson wurde zu einem Vornamen umfunktioniert. ◊ ru.wikipedia.org

Vilsor (Вилсор) – [1] von russ. **V. I. L**enin **s**overšil **O**ktjabr'skuju **r**evoljuciju (Lenin vollbrachte die Oktoberrevolution) ◊ Kolonitskii, 1993, S. 220 – [2] **V. I. L**enin – **s**ozdatel' **O**ktjabr'skoj **r**evoljucii (Lenin, der Gründer der Oktoberrevolution) ◊ Sattar-Mulille, S. 73

Vil'sor (Вильсор) – dasselbe, wie unter Vilsor (2) ◊ ru.wikipedia.org

Vilta (Вилта) – von russ. **V. I. L**enin, **ta**ktika (V. I. Lenin, Taktik) ◊ mündliche Quelle

Viluta (Вилута) – von russ. **V. I. L**enin – **U**l'janov – **ta**ktika (V. I. Lenin – Ul'janov, Taktik) ◊ Sattar-Mulille, S. 349

Viluz (Вилуз) – [1] von russ. **V**ladimira **Il'**iča **U**l'janova **z**avety (Das Vermächtnis von Vladimir Il'ič Ul'janov (Ul'janov – Familienname Lenins) ◊ Zaljaleeva, S. 55 – [2] **V**ladimira **Il'**iča **L**enina – **U**l'janova **z**avety (das Vermächtnis von Vladimir Il'ič Lenin – Ul'janov) ◊ ru.wikipedia.org

Viluza (Вилуза) – von russ. **V**ladimira **Il'**iča **L**enina – **U**l'janova **z**avety (das Vermächtnis von Vladimir Il'ič Lenin – Ul'janov) ◊ www.inpearls.ru/comments/316137 Žemčužiny mysli, 2012

Vincent (Винцент) – von Vincent van Gogh (1853–90), niederländischer Maler ◊ Suslova, 1979, S. 310

Vinči (Винчи) – von Leonardo da Vinci (1452–1519), italienischer Maler, Architekt, Bildhauer, Naturforscher, Erfinder ◊ Suslova, 1979, S. 314

Vinegret (Винегрет) – von französisch vinaigrette (Salatsoße, Essig und Öl, Vinaigrette) ◊ Nikonov, 1986, S. 266

Vinilita (Винилита) – Phantasiename ◊ Superanskaja, 1978, S. 424

Vinun (Винун) – [1] von russ. **V**ladimir **I**l'ič **ne** **u**mrët **ni**kogda. (Vladimir Il'ič wird niemals sterben.) ◊ Mironov, S. 343 – [2] von russ. **V**ladimir **I**l'ič **ni**kogda **ne** **u**mrët (Vladimir Il'ič wird niemals sterben.) ◊ http://otvet.mail.ru/question.html Podskažite imena, kotorymi prinjato bylo nazyvat' detej v Rossii v postrevoljucionnoe vremja, 2011 (Umstellung der Buchstaben in der zweiten Silbe.)

Violen (Виолен) – von russ. **V**ladimir **I**l'ič, **O**ktjabr', **Len**in (Vladimir Il'ič, Oktober, Lenin) ◊ ru.wikipedia.org

Vionor (Вионор) – von russ. **V**ladimir **I**l'ič **o**suščestvil **na**šu **O**ktjabr'skuju **r**evoljuciju (Vladimir Il'ič verwirklichte unsere Oktoberrevolution) ◊ mage_victor.livejournal.ru

Vior (Виор) – von russ. **V**ladimir **I**l'ič, **O**ktjabr'skaja **r**evoljucija (Vladimir Il'ič, Oktoberrevolution) ◊ Petrovskij, 1969, S. 180

Viora (Виора) – weibliche Entsprechung zu Vior ◊ Petrovskij, 1969, S. 180

Viorel (Виорел) – [1] von russ. **V**ladimir **I**l'ič, **O**ktjabr'skaja **re**voljucija, Lenin (Vladimir Il'ič, Oktoberrevolution, Lenin) ◊ ru.wikipedia.org – [2] von russ. **V**ladimir **I**l'ič – **o**rganizator **re**voljucii (Vladimir Il'ič, der Organisator der Revolution) ◊ botinok.co.il/ Imena, pridumannye v Sovetskom Sojuze i ich rasšifrovka, 13.12.2004

Viorg (Виорг) – Variante zu Vilorg ◊ Superanskaja, 1998, S. 147

Virakl (Виракл) – von russ. **V**erju **i**dejam **ra**bočego **kl**assa. (Ich bin von den Ideen der Arbeiterklasse überzeugt.) ◊ Superanskaja: Slovar' russkich imën, S. 80

Višnja Cvetuščaja v Mae (Вишня цветущая в Мае) – blühender Kirschbaum im Mai ◊ www.beon.ru forum Ržačnye imena, 18.7.2009

Vist (Вист) – von russ. **v**elikaja **i**storičeskaja **s**ila **t**ruda (die große historische Kraft der Arbeit) ◊ Mironov, S. 343

Vitalina (Виталина) – eine Kombination aus den elterlichen Vornamen **Vitali**j und El**ena** ◊ smi.marketgid.com

Vitim (Витим) – rechter Nebenfluß der Lena in Ostsibirien ◊ Samsonov, S. 130

Viul (Виул) – von **V**ladimir **I**l'ič **Ul**'janov – Lenin (Vor-, Vaters-, Familien- und Deckname) ◊ Petrovskij, 1969, S. 179

Viul' (Виуль) – dasselbe ◊ Petrovskij, 1969, S. 179

Viula (Виула) – weibliche Entsprechung zu Viul ◊ Petrovskij, 1969, S. 179

Viulen (Виулен) – von **Vladimir Il'ič Ul**'janov – **Len**in (Vor-, Vaters-, Familien- und Deckname) ◊ Ivaško, S. 126

Viulena (Виулена) – weibliche Entsprechung zu Viulen ◊ Petrovskij, 1969, S. 179

Viuleta (Виулета) – von russ. **Vladimir Il'ič Ul**'janov – **Le**nin + Suffix **-ta**, s. Viulen ◊ Petrovskij, 1969, S. 179

Viulian (Виулиан) – von russ. **Vladimir Il'ič Ul**'janov – Lenin + Suffix **-ian**, s. Viulen ◊ Petrovskij, 1969, S. 179

Viulina (Виулина) – von russ. **Vladimir Il'ič Ul**'janov – Lenin + Suffix **-ina**, s. Viulen ◊ Petrovskij, 1969, S. 179

Viullen (Виуллен) – von **V. I. Ul**'janov – **Len**in ◊ Petrovskij, 1969, S. 179

Vizantij (Византий) – von russ. Vizantija (Byzanz), das heutige Istanbul, war seit 395 n. Chr. Hauptstadt des Byzantinischen (Oströmischen) Reiches ◊ Okorokova, S. 110

Vlad (Влад) – eine Verkürzung von **Vlad**ilen ◊ Danilina, 1969, S. 79

Vlada (Влада) – eine Verkürzung von **Vlad**lena ◊ Nazarov, A. I.: Russkij imennik Almaty 1990-ch godov

Vladelen (Владелен) – von **Vlad**imir **Len**in ◊ savok.name (Das eingefügte „e" hat die Funktion eines Verbindungsvokals.)

Vladelin (Владелин) – eine Ableitung von Vladilen ◊ ru.wikipedia.org

Vladelina (Владелина) – weibliche Form zu Vladelin ◊ ru.wikipedia.org

Vladiana (Владиана) – von russ. **Vlad**imir (Vorname Lenins) + Suffix **-ana** ◊ Danilina, 1972, S. 23

Vladič (Владич) – von **Vlad**imir **Il'ič** (Vor- und Vatersname Lenins) ◊ Danilina, 1972, S. 21

Vladik (Владик) – eine verkürzte Koseform von **Vlad**len ◊ www.torg.uz Biznes Forum Uzbekistana Čto v imeni moëm, Oktober 2008

Vladikatra (Владикатра) – eine Kombination aus den elterlichen Vornamen **Vladi**mir und E**kat**er**ina** ◊ Vvedenskaja, S. 37

Vladil' (Владиль) – von **Vlad**imir **Il'**ič Lenin ◊ Poticha/Rozental', S. 89

Vladilen (Владилен) – von **Vlad**imir **Len**in ◊ Gric, S. 73

Vladilena (Владилена) – [1] weibliche Entsprechung zu Vladilen ◊ Torop, S. 274 – [2] von **Vlad**imir **Il'**ič **Len**in ◊ http://rovego.livejournal.com/1433230.html Imena SSSR, 9.9.2009 – [3] eine Kombination aus den elterlichen Vornamen **Vladi**mir und E**lena** ◊ Samsonov, S. 134

Vladileon (Владилеон) – gebildet aus den Vornamen **Vladi**mir und **Leon**id ◊ Korotkova, 1971, S. 45

Vladilian (Владилиан) – von russ. **Vlad**imir Lenin + Suffix **-ian** ◊ Petrovskij, 1969, S. 178

Vladilij (Владилий) – von russ. **Vlad**imir Il'ič + Suffix **-ij** ◊ Petrovskij, 1969, S. 177

Vladilin (Владилин) – von russ. **Vlad**imir Il'ič + Suffix **-in** ◊ Vedomosti Verchovnogo Soveta RSFSR 1, 1979, S. 3

Vladilina (Владилина) – von russ. **Vlad**imir Il'ič + Suffix **-ina** ◊ Petrovskij 1969 , S. 177

Vladillen (Владиллен) – von **Vlad**imir Il'ič **Len**in ◊ Petrovskij 1969, S. 179

Vladimer (Владимер) – von Vladimir. Der Name entstand durch falsche Eintragung in das Geburtsregister. ◊ Comrie/Stone, S. 189

Vladimilen (Владимилен) – von **Vladimi**r **Len**in ◊ Petrovskij, 1969, S. 178

Vladimir (Владимир) – nach 1917 ideologischer Name, da er zu Ehren von **Vladimir** Il'ič Lenin gegeben wurde ◊ Körner, S. 139

Vladimira (Владимира) – weibliche Entsprechung zum ideologischen Namen Vladimir ◊ Körner, S. 139

Vladimlen (Владимлен) – von **Vladimi**r **Len**in ◊ Petrovskij, 1969, S. 178

Vladin (Владин) – von **Vlad**imir Il'ič Lenin ◊ Akišina, S. 74

Vladina (Владина) – eine Kombination aus **Vladi**mir Il'ič Lenin und **Na**dežda Konstantinovna Krupskaja (Lenins Frau) ◊ revim.narod.ru

Vladiolen (Владиолен) – von russ. **Vlad**imir Il'ič, **O**ktjabr', **Len**in (Vladimir Il'ič, Oktober, Lenin) ◊ club.osinka.ru/topic-66184?start=10875-cached Vladimir Il'ič Oktjabr' Lenin (google cash)

Vladiulen (Владиулен) – von **Vlad**imir Il'ič **U**l'janov – **Len**in (Vor-, Vaters-, Familien- und Deckname) ◊ shkolazhizni.ru Kakie byvajut imena, i počemu oni takie?, 19.11.2007

Vladja (Владя) – Verkürzung von Vladilen, weibliche Form ◊ Danilina, 1969, S. 79

Vladlen (Владлен) – [1] von **Vlad**imir **Len**in ◊ Seliščev, 1928, S. 190 – [2] eine Kontamination der Elternnamen **Vlad** und **Len**a ◊ http://www.mikolka.info Dom moich myslej, 11.9.2007 – [3] eine Kontamination der Vornamen **Vlad**a und **Len**a ◊ www.elle.ru Legko li žit' s neobyčnymi imenami?, 15.1.2009

Vladlena (Владлена) – [1] weibliche Entsprechung zu **Vladlen** ◊ Bondaletov, 1983, S. 154 – [2] von russ. **Vlad**imir **Len**in, **a**rmija (Vladimir Lenin, Armee) ◊ mage_victor.livejournal.ru – [3] Der Vorname ist das Ergebnis eines Kompromisses. Ein Elternteil wollte die neugeborene Tochter **Vlad**a nennen, der andere entschied sich für **Len**a. Schließlich einigte man sich auf Vladlena ◊ www.elle.ru Legko li žit' s neobyčnymi imenami?, 15.1.2009

Vladlik (Владлик) – von russ. **Vlad**imir Lenin i **k**omsomol (Vladimir Lenin und der Komsomol) ◊ www.proza.ru/2012/04/28/1747 Tat'jana Ėjsner: Menja zovut Kuvalda

Vladlina (Владлина) – von russ. **Vlad**imir **Len**in + Suffix **-ina** ◊ Petrovskij, 1969, S. 178

Vladul' (Владуль) – von russ. **Vlad**imir **Ul'**janov (Ul'janov ist der eigentliche Familienname Lenins) ◊ www.lovehate.ru Prosto interesno Bednaja Nelli, 21.10.2004

Vladur (Владур) – wahrscheinlich von russ. **Vlad**imir **U**l'janov, **r**evoljucija (Vladimir Ul'janov, Revolution) ◊ smi.marketgid.com

Vlagenolij (Влагенолий) – von russ. **Vla**dimir, **Gen**nadij und **Ol**'ga, Vorname des vierten Kindes, kombiniert aus den Vornamen der ersten drei Kinder ◊ d-v-sokolov.com

Vlail' (Влаиль) – [1] von **Vla**dimir **Il'**ič (Vor- und Vatersname Lenins) ◊ Petrovskij, 1969, S. 178 – [2] von **Vla**dimir **Il'**ič Lenin ◊ ru.wikipedia.org

Vlapunal (Влапунал) – von **Vla**dimir **Pu**tin – **na**s lider (Vladimir Putin, unser Leader), Vladimir Vladimirovič Putin (geb. 1952), 2000–2008 und seit 2012 Präsident der Russischen Föderation ◊ Bez kommentariev. Roditeli nazvali...ura.ru Rossijskoe informacionnoe agentstvo, 28.7.2011

Vlasta (Власта) – von tschechisch vlast (Heimat) ◊ smi.marketgid.com

Vlena (Влена) – [1] von **Vl**adimir **Len**in ◊ Petrovskij, 1969, S. 178 – [2] eine Kombination aus den elterlichen Vornamen **Vl**adimir und **E**kateri**na** ◊ Petrovskij, 1966, S. 8

Vlillen (Влиллен) – von russ. **Vl**adimir **Il'**ič **Len**in ◊ Petrovskij, 1969, S. 178

Vlis (Влис) – von **V**ladimir **L**enin, **I**osif **S**talin ◊ www.talar.mastersite.ru Sovetskie imena

Vlodilent (Влодилент) – Variante von Vladilen ◊ Superanskaja, 1998, S. 149

Vobudryk (Вобудрык) – von **Vo**rošilov, **Bud**ënnyj, **Ryk**ov, s. Vorošil, s. Budëna, s. Air ◊ www.privet.ru Kratkij slovar' imën (pojavivšichsja v Rossii v gody sovetskoj vlasti), 2006

Voenleor (Военлеор) – von russ. **voen**nyj, **Le**nin, **O**ktjabr'skaja **r**evoljucija (Soldat, Lenin, Oktoberrevolution) ◊ Samsonov, S. 140

Voenmor (Военмор) – von russ. **voen**nyj **mor**jak (Angehöriger der Kriegsmarine) ◊ Torop, S. 274

Voin (Воин) – Kämpfer, Soldat, Krieger ◊ Suslova, 1979, S. 314

Vol' (Воль) – eine Verkürzung von **vol**ja (Wille, Freiheit, Unabhängigkeit) ◊ ru.wikipedia.org

Volemarks (Волемаркс) – von **Vo**lodarskij, **Le**nin, **Marks**. Volodarskij, V. (Moisej Markovič Gol'dštejn), Bolschewik (1891–1918), war zuletzt Präsidiumsmitglied des Allrussischen Zentralen Exekutivkomitees (VCIK), s. Volodar ◊ savok.name

Volen (Волен) – von russ. **vol**ja **Len**ina (der Wille Lenins) ◊ Mironov, S. 343

Volena (Волена) – von russ. **Vo**lodja (Koseform von Vladimir) **Len**in ◊ Körner, S. 139

Voler (Волер) – von russ. **V**elikij **O**ktjabr', **Le**nin, **r**evoljucija (der Große Oktober, Lenin, Revolution). Oktober ist ein Synonym für die Oktoberrevolution. ◊ Petrovskij, 1969, S. 180

Voleslav (Волеслав) – von russ. **vol**ja (Freiheit) und russ. **slava** (Ruhm, Ehre) ◊ Superanskaja, 1998, S. 149

Vol'fram (Вольфрам) – Wolfram (chemisches Element) ◊ Petrovskij, 1966, S. 7

Volga (Волга) – Wolga, längster europäischer Fluß ◊ Petrovskij, 1966, S. 7

Volgodon (Волгодон) – von russ. **Volgo** – **Don**skoj sudochodnyj kanal (Wolga – Don-Schiffahrtskanal), verbindet Wolga (Volga) und Don, eröffnet 1952 ◊ Ogonëk 6, 1960, S. 32

Volja (Воля) – Wille, Freiheit, Unabhängigkeit ◊ Seliščev, S. 190

Vollen (Воллен) – [1] von russ. **Vol**odja (Koseform zu Vladimir) **Len**in ◊ Petrovskij, 1969, S. 178 – [2] von russ. **vol**ja **Len**ina (der Wille Lenins) ◊ smi.marketgid.com

Vol'mir (Вольмир) – von russ. **vol**ja (Freiheit) und russ. **mir** (Welt) ◊ Suslova/Superanskaja, S. 150

Volna (Волна) – Welle, Woge (im übertragenen Sinne) ◊ Kolonitskii, 1993, S. 215

Volodar (Володар) – von V. **Volodar**skij (Moisej Markovič Gol'dštejn, 1891–1918), Bolschewik, war seit November 1917 Mitglied des Präsidiums des Allrussischen Zentralen Exekutivkomitees (VCIK) und seit März 1918 Kommissar für Presseangelegenheiten, Propaganda und Agitation in der Petrograder Arbeitskommune (Sowjet), am 20.7.1918 ermordet ◊ Suslova, 1979, S. 314

Volodara (Володара) – weibliche Form zu Volodar ◊ Suslova, 1979, S. 314

Vol't (Вольт) – Volt, Maßeinheit der elektrischen Spannung, benannt nach dem italienischen Physiker Alessandro Volta (1745–1827) ◊ Timofeev

Vol'ta (Вольта) – weibliche Form zu Volt ◊ Superanskaja, 1998, S. 363

Vol'ter (Вольтер) – von Voltaire (Pseudonym), eigentlich François Marie Arouet (1694–1778), französischer Philosoph und Schriftsteller ◊ Torop, S. 274

Vorlen (Ворлен) – von **Vor**ovskij, **Len**in. Vaclav Vaclavovič Vorovskij (1871–1923), führender Bolschewik, Diplomat ◊ Danilina, 1972, S. 21 und Kolonitskii, 1993, S. 222 (Trotz zweier Belege ist der Vorname problematisch, weil russ. „vor" Dieb bedeutet. Der Familienname polnischer Herkunft ruft im Polnischen nicht diese negative Assoziation hervor, da Dieb złodziej heißt.)

Vorošil (Ворошил) – von Kliment Efremovič Vorošilov (1881–1969), sowjetischer Marschall (seit 1935) und Politiker, 1925–34 Volkskommissar für Heeres- und Marineangelegenheiten der UdSSR, 1934–40 Volkskommissar für Verteidigung der UdSSR (In dieser Funktion war er wesentlich an der Säuberung der Roten Armee in den Jahren 1937 und 1938 beteiligt.), 1946–53 stellvertretender Ministerpräsident der UdSSR, 1953–60 als Vorsitzender des Präsidiums des Obersten

Sowjets der UdSSR nominelles Staatsoberhaupt der Sowjetunion, 1926–60 Mitglied des Politbüros (Präsidiums) des ZK der KP ◊ Monraev, S. 9

Vors (Ворс) – von russ. **vor**ošilovskij **s**trelok (Vorošilov-Schütze), 1932–41 in der UdSSR ein Ehrentitel und Abzeichen zu Ehren von K.E. Vorošilov für das Erreichen der festgelegten Normen im Gewehrschießen, s. Vorošil ◊ Mironov, S. 343

Vorstrel (Ворстрел) – von russ. **vor**ošilovskij **strel**ok (Vorošilov-Schütze), s. Vors ◊ revim.narod.ru

Vosmart (Восмарт) – von russ. **vos**'moe **mart**a (8. März), internationaler Frauentag ◊ Superanskaja, 1978, S. 423

Vosstan (Восстан) – von russ. vosstanie (Aufstand, Erhebung) ◊ Danilina, 1972, S. 20

Vostan (Востан) – von russ. vosstanie (Aufstand, Erhebung) ◊ Torop, S. 274

Vostok (Восток) – Osten (als geographischer Begriff) ◊ Ktorova, 2007, S. 158

Vožd' (Вождь) – Führer. In der Quelle als Teil des Leninkultes angeführt. ◊ Kolonitskii, 1993, S. 220 und 227

Vrubelina (Врубелина) – von Michail Aleksandrovič **Vrubel'** (1856–1910), russischer Maler ◊ Suslova, 1979, S. 314

Vsemir (Всемир) – **[1]** von russ. **vsemi**rnaja **r**evoljucija (Weltrevolution) ◊ Danilina, 1972, S. 20 – **[2]** von russ. **ves' mir** (die ganze Welt), mit Umstellung der Buchstaben in der ersten Silbe ◊ Torop, S. 274

Vsemira (Всемира) – weibliche Form zu Vsemir ◊ superstyle.ru Vyperdosy s Persostratami ili moda na imena

Vtorpet (Вторпет) – von russ. **vtor**aja **p**jatiletka (zweiter Fünfjahresplan), 1933–37 ◊ mage_victor.livejournal.ru und narod.od.ua (Des Wohlklangs wegen wurde das „ja" in der zweiten Silbe durch ein „e" ersetzt.)

Vtorpit (Вторпит) – von russ. **vtor**aja **pit**iletka (zweiter Fünfjahresplan), 1933–37. Die Eltern des Namentragers konnten kaum lesen und schreiben, deshalb die Abweichung in der Schreibweise: pitiletka statt pjatiletka. ◊ Uspenskij, 1959

Vtorpjat (Вторпят) – von russ. **vtor**aja **pjat**iletka (zweiter Fünfjahresplan), 1933–37 ◊ Maksimova in: Rodina 11–12, 1992, S. 115

Vukol (Вукол) – von russ. **v**sesojuznaja **u**darnaja **kol**lektivizacija (eine wirkungsvolle Kollektivierung im Unionsmaßstab) ◊ revim.narod.ru

Vulen (Вулен) – von **V**ladimir **U**l'janov-**Len**in ◊ www.privet.ru Kratkij slovar' imën (pojavivšichsja v Rossii v gody sovetskoj vlasti), 2006

Vulkanida (Вулканида) – Namengebung zur Erinnerung an einen Vulkanausbruch auf den Kurilen als die Benannte geboren wurde ◊ d-v-sokolov.com

Vybor (Выбор) – von russ. **vybor**y (Wahl, Wahlen) ◊ Šatinova, S. 154

Vyborina (Выборина) – von russ. **vybor**y (Wahl, Wahlen) ◊ http://www.newsland.ru/ V Rossii vozvraščajutsja patriotičeskie imena, 2009

Vydeznar (Выдезнар) – von russ. „**Vyše de**r**ži zna**mja **r**evoljucii!" (Halte die Fahne der Revolution höher!) ◊ ru.wikipedia.org

Vydviženec (Выдвиженец) – Werktätiger in leitender Stellung, abgeleitet vom russ. Verb vydvigat'/vydvinut' – befördern, aufrücken lassen, einsetzen, einen Arbeiter auf einen verantwortlichen Posten stellen, für einen Posten vorschlagen ◊ Ktorova, 2007, S. 157

Vydviženka (Выдвиженка) – eine Werktätige in leitender Stellung, s. Vydviženec ◊ Batuev, S. 13

Vykraznar (Выкразнар) – von russ. „**Vyše kra**snoe **zna**mja **r**evoljucii!" (Höher das rote Banner der Revolution!) ◊ aidan4.livejournal.com Ne Blog Nekotorye sovetskie imena načala veka, 4.5.2005

Vystavka (Выставка) – Ausstellung ◊ Šatinova, S. 154

Vyznor (Вызнор) – von russ. „**Vyše zna**mja **O**ktjabr'skoj **r**evoljucii!" (Höher das Banner der Oktoberrevolution!) ◊ kommari.livejournal.com

Vzil (Взил) – von russ. **V**ypolnim **z**avety **Il**'iča. (Wir werden das Vermächtnis Il'ičs /Vatersname Lenins/ verwirklichen.) ◊ Zajceva

Z

Zaëm (Заём) – Anleihe, Darlehen. Das Wort war in der Sowjetzeit besonders gebräuchlich im Zusammenhang mit den Staatsanleihen (russ. gosudarstvennye zajmy) von den Ersparnissen der Bevölkerung. Die Einlösung der von 1922 bis 1958 ausgestellten Obligationen erfolgte erst in den 70er Jahren. ◊ Torop, S. 275

Zagotskot (Заготскот) – von russ. **zagot**ovka **skot**a (Viehbeschaffung, Vieherfassung) ◊ Nikonov, 1974, S. 146

Žakerija (Жакерия) – von französisch jacquerie, die Bezeichnung für den Bauernaufstand in Frankreich im Jahre 1358 (von Jacques, deutsch Jakob, Spottname für den französischen Bauern) ◊ Suslova, 1979, S. 311

Zaklemen (Заклемен) – männliche Form zu **Zaklemen**a ◊ www.baku.ru Forum: Emigranty razgovarivajut: Fevral', 2, 2005: Chot' gorškom nazovi...

Zaklemena (Заклемена) – von russ. Vstavaj, prokljat'em **zaklejmënn**yj... (Wacht auf, Verdammte dieser Erde...). Anfang der ersten Strophe der Internationale, dem Kampflied der internationalen Arbeiterbewegung, welches von 1918 bis 1922 die Staatshymne Sowjetrußlands und von 1922 bis 1943 der Sowjetunion war. 1944 wurde sie die Hymne der KPdSU. Der ursprüngliche Text (1871) stammt aus Frankreich, die Melodie (1888) ebenfalls. ◊ Gusejnov, S. 86

Zaklemo (Заклемо) – s. Zaklemena ◊ www.sarinfo.org forum Unikal'nye imena, 2007

Zaklimena (Заклимена) – s. Zaklemena ◊ Ktorova, 2007, S. 158

Zako (Зако) – von russ. **za**rja **ko**mmunizma (die Morgenröte des Kommunismus) ◊ mündliche Quelle

Zakon (Закон) – Gesetz ◊ Referat Urok russkogo jazyka v 6-m klasse „Čto v imeni tebe moëm?", 1.7.2009, Izdatel'skij dom „Pervoe sentjabrja"

Zamir (Замир) – von russ. „**Za mir**!" (Für den Frieden!), eine Losung ◊ Subaeva, S. 24

Zamira (Замира) – weibliche Form zu Zamir ◊ Subaeva, S. 24

Zamvil (Замвил) – von russ. **zam**estitel' **V. I. L**enina (Stellvertreter V. I. Lenins, in der Regierung) ◊ Torop, S. 275

Žan (Жан) – von Jean Jaurès (1859–1914), französischer sozialistischer Politiker ◊ Torop, S. 275

Zanda (Занда) – von George Sand, Pseudonym der französischen Schriftstellerin Aurore Dupin, verheiratete Baronin Dudevant (1804–76), trat in ihren Romanen für die Emanzipation der Frau ein ◊ Danilina, 1972, S. 18

Žanna (Жанна) – von Jeanne d'Arc, die heilige Johanna, Jungfrau von Orléans (1410/12–31), französische Nationalheldin ◊ Gusev

Žan-Pol'-Marat (Жан-Поль-Марат) – von Jean-Paul Marat (1743–93), einer der Führer der Französischen Revolution (1789–99) ◊ Petrovskij, 1966, S. 7

Zapad (Запад) – Westen (als geographischer Begriff) ◊ Ktorova, 2007, S. 158

Zarem (Зарем) – von russ. **Za**rja **re**voljucii i **m**ira (die Morgenröte der Revolution und der Welt) ◊ Vedomosti Verchovnogo Soveta RSFSR 23, 1980, S. 468 und Gusejnov, S. 86

Zarema (Зарема) – [1] von russ. „**Za re**voljuciju **m**ira!" (Für die Weltrevolution!) ◊ Akišina, S. 156 – [2] von russ. „**Za re**voljuciju **m**irovuju!" (Für die Weltrevolution!) ◊ Kas'janova, S. 64 – [3] von russ. **za**rja **re**voljucii **m**ira (die Morgenröte der Weltrevolution) ◊ http://www.diary.ru/~rastakawaii/p55604057.htm1?oam Sovetskie imena – Dža na našej storone! – [4] von russ. **za**rja **re**voljucii **m**irovoj (die Morgenröte der Weltrevolution) ◊ Trudno byt' Gvidonom, Stavropol'skaja pravda 20.1.2007 – [5] Person in „Bachčisarajskij fontan" (Der Springbrunnen von Bachčisaraj), Verserzählung von Aleksandr Sergeevič Puškin (1799–1837), russischer Dichter ◊ Akišina, S. 157

Zares (Зарес) – von russ. „**Za re**spubliku **S**ovetov!" (Für die Sowjetrepublik!) ◊ ru.wikipedia.org

Zarina (Зарина) – eine Ableitung von zarja ◊ ru.wikipedia.org

Zarislava (Зарислава) – von russ. **zar**ja (Morgenröte) und **slava** (Ruhm, Ehre) ◊ Superanskaja: Slovar' russkich imën, S. 313

Zarja (Заря) – die Morgenröte (der Revolution, einer neuen Welt) ◊ Gric, S. 73

Zarko (Зарко) – von russ. **za**rja **ko**mmunizma (die Morgenröte des Kommunismus) ◊ kommari.livejournal.com

Zarnica (Зарница) – Wetterleuchten, das Aufleuchten entfernter Blitze ◊ Seliščev, 1928, S. 190

Zaroastr (Зароастр) – Zarathustra (iran. Zarathuschtra), altiranischer Religionsstifter (um 630- um 553 v. Chr.), s. auch Zoroastr ◊ Suslova, 1979, S. 311

Zdrast'permaj (Здрастьпермай) – von russ. „Da **zdra**v**st**vuet **per**voe **maj**a!" (Es lebe der erste Mai!), der 1. Mai war in der Sowjetunion der Tag der internationalen Solidarität der Werktätigen ◊ inoSMI.Ru Imena rossijskich detej stanovjatsja internacional'nymi, 31.1.2012

Zeja (Зея) – linker Nebenfluß des Amur in Ostsibirien ◊ Ogonëk 6, 1960, S. 32

Želdor (Желдор) – männliche Form zu Želdora ◊ www.kuraev.ru Polnyj (ili počti polnyj) spisok sovetskich imën, 2007

Želdora (Желдора) – von russ. **žel**eznaja **dor**oga (Eisenbahn), Namengebung zur Erinnerung an einen Eisenbahnerstreik in England ◊ Prochorov, 1995 und www.rusrep.ru/2010/04/imena/ Imena Rossii, 3.2.2010

Zelida (Зелида) – Phantasiename ◊ Superanskaja, 1998, S. 380

Žemčug (Жемчуг) – Perlen ◊ http://www.my-shop.ru Tajna imeni, 2009

Zemfira (Земфира) – Person aus dem Poem „Cygane" (Die Zigeuner, 1824) von Aleksandr Sergeevič Puškin (1799–1837), russischer Dichter ◊ Savel'eva, S. 33

Zemljan (Землян) – Erdbewohner (von russ. zemlja – Erde, Erdkugel) ◊ Superanskaja, 1998, S. 189

Zemljana (Земляна) – weibliche Form zu Zemljan ◊ Superanskaja 1998, S. 380

Ženev'ena (Женевьена) – abgeleitet von Ženeva (Genf, Stadt in der Schweiz), Namengebung zu Ehren einer der zahlreichen Genfer Konferenzen verschiedener Staaten ◊ Torop, S. 275

Ženni (Женни) – s. Dženni

Žermena (Жермена) – von Germinal, dem 7. Monat des französischen Revolutionskalenders, der von 1792 bis 1806 galt ◊ Danilina, 1972, S. 23

Zif (Зиф) – von russ. **z**emlja **i f**abrika (das Land und die Fabriken, d. h. das Bündnis der Arbeiter mit den Bauern). So hieß ein bekannter Verlag, der von 1922–30 in Moskau und Leningrad (bis 1924 Petrograd) existierte. ◊ NeForum.ru Kommunističeskie imena..., Juli 2004

Zigfrid (Зигфрид) – von deutsch Siegfried (germanische Sagengestalt) ◊ Superanskaja: Slovar' russkich imën, S. 123

Zikatra (Зикатра) – von russ. **Zi**nov'ev, **Ka**menev, **Tr**ockij, s. Zinovij, s. Kamena und s. Trockij ◊ Michail Rumer-Zaraev: Imena, Evrejskaja gazeta 2009

Zil (Зил) – von russ. Moskovskij avtomobil'nyj **z**avod **i**meni I.A. **L**ichačëva (Lichačëv-Automobilfabrik). Unter diesem Firmennamen bestand die Fabrik von 1956 bis 1971. Sie wurde nach ihrem ehemaligen Direktor I. A. Lichačëv (1896–1956) benannt. ◊ Zakir'janov, S. 157

Zima (Зима) – Winter ◊ Superanskaja, 1978, S. 421

Zinovij (Зиновий) – von Grigorij Evseevič Zinov'ev (1883–1936), führender Bolschewik, enger Mitarbeiter Lenins, 1917–26 Vorsitzender des Petrograder Sowjets, 1919–26 Vorsitzender des Exekutivkomitees der Komintern, 1917 und 1921–26 Mitglied des Politbüros des ZK der Partei, wegen Kritik an Stalin degradiert, 1936 in einem Schauprozeß verurteilt und erschossen ◊ Pravda 12.6.1924, S. 6 und Torop, S. 275

Zinovija (Зиновия) – weibliche Form zu Zinovij ◊ Vseobščij nastol'nyj kalendar' na 1924 god, S. 22

Žizalen (Жизален) – von russ. **ži**zn' **za Len**ina (ein Leben für Lenin) ◊ revim.narod.ru

Žjul'vern (Жюльверн) – von Jules Verne (1828–1905), französischer Schriftsteller, mit seinen utopischen Abenteuer- und Zukunftsromanen begründete er die Science-Fiction-Literatur ◊ rusmama.ru Aleksandr ili Makedonij? V poiskach imeni, 2006

Znamjalen (Знамялен) – von russ. **znamja Len**ina (das Banner Lenins) ◊ revim.narod.ru

Zolja (Золя) – von Émile Zola (1840–1902), französischer Schriftsteller ◊ Superanskaja in: Nauka i žizn' 8, 1991, S. 73

Zonda (Зонда) – Sonde, Sondierballon ◊ Superanskaja, 1978, S. 420

Zor (Зор) – von russ. **z**arja **O**ktjabr'skoj **r**evoljucii (die Morgenröte der Oktoberrevolution) ◊ lapa-lapushka.ru Nostal'gija, 2008

Žores (Жорес) – von Jean Jaurès (1859–1914), französischer sozialistischer Politiker ◊ Ščetinin, 1968, S. 187

Žoresa (Жореса) – weibliche Form zu Žores ◊ Suslova, 1979, S. 308 und 315

Žoresina (Жоресина) – von Jean Jaurès (1859–1914), französischer sozialistischer Politiker ◊ Danilina, 1972, S. 19

Zoreslav (Зореслав) – männliche Form zu Zoreslava ◊ http://www.shkolazhizni.ru/archive/0/n-11077/ Kakie byvajut imena, i počemu oni takie?, 16.6.2009

Zoreslava (Зореслава) – von russ. **zar**ja (Morgenröte) und russ. **slava** (Ruhm, Ehre) (die Morgenröte der Revolution, einer neuen Welt), Neubildung mit traditionellem zweiten Namensteil wie bei Jaroslava, Mstislava, Svjatoslava ◊ ru.wikipedia.org

Žoressa (Жоресса) – weibliche Form zu Žores ◊ Suslova, 1979, S. 315

Zorij (Зорий) – abgeleitet von russ. zarja (Morgenröte) ◊ Ščetinin, 1968, S. 188

Zorin (Зорин) – abgeleitet von russ. zarja (Morgenröte) ◊ Superanskaja, 1998, S. 191

Zorina (Зорина) – weibliche Form zu Zorin ◊ Torop, S. 275

Zorislava (Зорислава) – dasselbe wie Zoreslava ◊ ru.wikipedia.org

Zorja (Зоря) – abgeleitet von russ. zarja (Morgenröte) ◊ Seliščev, 1928, S. 190

Zoroastr (Зороастр) – Zarathustra (iran. Zarathuschtra), altiranischer Religionsstifter (um 630- um 553 v. Chr.), s. auch Zaroastr ◊ Vseobščij nastol'nij kalendar' na 1924 god, S. 16

Žozanna (Жозанна) – eine Kombination aus den Vornamen **Žoz**ef (von französisch Joseph) und **Anna** ◊ Superanskaja, 1998, S. 379

Zvezda (Звезда) – Stern, von Roter Stern (russ. Krasnaja zvezda), war eines der Symbole im Staatswappen der UdSSR und Erkennungszeichen der Angehörigen der sowjetischen Streitkräfte ◊ Bondaletov, 1983, S. 132 und ru.wikipedia.org

Zvezdalina (Звездалина) – abgeleitet von russ. zvezda (Stern) ◊ hexell. livejournal.com Polnyj (ili počti polnyj) spisok sovetskich imën, 7.11.2007

Zvezdan (Звездан) – abgeleitet von russ. zvezda (Stern) ◊ Superanskaja, 1979, S. 365

Zvezdana (Звездана) – weibliche Form zu Zvezdan ◊ Superanskaja, 1990, S. 181

Zvezdina (Звездина) – abgeleitet von russ. zvezda (Stern) ◊ hexell. livejournal.com SPERVOZGLIP i dalee po spisku, 7.11.2007

Zvëzdočka (Звёздочка) – Sternchen ◊ http://vk.comnotes/6470816.html pol'zovatel' „v kontakte", Maria Blyusenko: Imena, prisvaivavšiesja sovetskim detjam v 20-e – 30-e gody Avksoma-Moskva naoborot, Juli 2010

Literaturverzeichnis

Agafonova, N. P.: Poėtičeskaja antroponimija v russkich satiričeskich žurnalach pervych posleoktjabr'skich let (1917-23 gg.), in: Voprosy onomastiki, Samarkand 1971, S. 100-112
Akent'eva, L. M.: Imena i imeniny, Novosibirsk 1994
Akišina, A. A., Akišina, T. E.: Krugovorot imën. Imja v istorii i kul'ture, Moskau 1999
Alekseev, D. I.: K istorii abbreviacii ličnych imën, in: Antroponimika, Moskau 1970, S. 242-248
Aljakrinskij; A.: Brak, sem'ja i opeka (Praktičeskoe rukovodstvo dlja organov ZAGS), Moskau 1930
Batuev, V.: Rimma Kazakova kak Revoljucija, Ėlektrifikacija i Mirovoj Oktjabr', in: Argumenty i fakty 17, 1997, S. 13 (Interview)
Belyk, N. A.: Nekotorye pravovye i sociologičeskie voprosy antroponimiki, in: Ličnye imena v prošlom, nastojaščem, buduščem. Problemy antroponimiki, Moskau 1970, S. 9-23
Belyk, N. A.: Antroponimija i novoe zakonodatel'stvo o brake i sem'e, in: Onomastika Povolž'ja, 2, Gor'kij 1971, S. 5-13
Benson, M.: Dictionary of Russian Personal Names, Cambridge 1992
Bogdanov, K. A.: O krokodilach v Rossii. Očerki iz istorii zaimstvovanij i ėkzotizmov, Moskau 2006
Bondaletov, V. D.: Onomastika i sociolingvistika, in: Antroponimika, Moskau 1970, S. 17-23
Bondaletov, V. D.: Russkie imena v XX veke, in: Russkaja reč' 6, 1970, S. 51-55
Bondaletov, V. D.: Dinamika ličnych imën v XX v., in: Ličnye imena v prošlom, nastojaščem, buduščem. Problemy antroponimiki, Moskau 1970, S. 91-105
Bondaletov, V. D.: Russkij imennik, ego sostav, statističeskaja struktura i osobennosti izmenenija, in: Onomastika i norma, Moskau 1976, S. 12-46
Bondaletov, V. D.: Sovremennyj russkij imennik i ego otličie ot imennika prošlogo, in: Nomina appellativa et nomina propria (Summaries of the papers of the XIIIth International Congress of Onomastic Sciences), Krakau 1978, S. 31
Bondaletov, V. D.: Russkaja onomastika, Moskau 1983
Bor, A.: Perelistyvaja slovari, in: Naša strana (Nuestro pais) (Buenos Aires) 29.10.1983
Brajnin, I.: Otec i syn (dokumenty iz žizni sem'i Makovskich), in: Novyj mir 4, 1965, S. 200-221
Bukker, I.: Dazdraperma, mesjačnye imena i Van'ka Mėrin, in: Pravda 28.4.2008
Chigir, B. Ju.: Imja, talant, vlast', Sankt-Peterburg 1999
Čičagov, V. K.: Iz istorii russkich imën, otčestv i familij, Moskau 1959
Comrie, B., Stone, G.: The Russian Language since the Revolution, Oxford 1978
Čuprijanov, V.: Imena, in: Duėl' 5.10.2004
Čuvašova, N. A., Archipov, G. A.: Nekotorye zamečanija o motivach vybora imën, in: Onomastika Povolž'ja, 4, Saransk 1976, S. 33-36
Danilina, E. F.: "Formy sub-ektivnoj ocenki" ot ličnych imën, vozniksich v sovetskuju ėpochu, in: Onomastika Povolž'ja (Materialy I Povolžskoj konferencii po onomastike), Ul'janovsk 1969, S. 75-82
Danilina, E. F.: Imena-neologizmy (slovoobrazovanie), in: Leksika i slovoobrazovanie russkogo jazyka, Penza 1972, S. 16-24
Danilina, E. F.: Slovoobrazovatel'nye tipy i modeli russkich ličnych imën, in: Onomastika Povolž'ja, 3, Ufa 1973, S. 133-138
Danilina, E. F.: Otdel'nost' i toždestvo slova v antroponimii, in: Nomina appellativa et nomina propria (Summaries of the papers of the XIIIth International Congress of Onomastic Sciences), Krakau 1978, S. 54

Danilova, Z. A.: K voprosu o motivach vybora ličnych imën, in: Onomastika Povolž'ja, 2, Gorkij 1971, S. 18-22
Dekret o svobode sovesti, cerkovnych i religioznych obščestvach (Dekret über die Trennung von Kirche und Staat vom 20.1./2.2.1918), in: Dekrety Sovetskoj vlasti, Band 1, Moskau 1957, S. 373-374
Delert, D.: Novye imena, Rostov-na-Donu 1924
Dobyčin, L.: Polnoe sobranie sočinenij i pisem, Sankt-Peterburg 1999
Dolinskij, M.: abbreviatury, in: Sem'ja i škola 8, 2004, S. 30-32
Dorner, J. P.: Sprache wird zum Politikum. Während Kreml in der EU um Russisch kämpft, bekommen Kinder bizarre Namen, in: Weser-Kurier (Bremen) 12.11.2007, S. 3
Dubičeva, K.: Zovite nas prosto: Kompart i Čeka, in: Trud7, Nr. 127 vom 14.7.2005
Dušečkina, E. V.: Imja dočeri "voždja vsech narodov", in: Voprosy onomastiki 1, 2004, S. 100-107
Dušenko, K. V.: Russkie političeskie citaty ot Lenina do El'cina: Čto, kem i kogda bylo skazano, Moskau 1996
Egorov, B. F.: Vospominanija, Sankt-Peterburg 2004
Eichler, E., Fleischer, W., Superanskaja, A. V. (Hrsg.): Sowjetische Namenforschung, Berlin 1975
Galiullina, G. R.: Ličnye imena tatar v XX veke, Kazan' 2000
Gerhart, G.: The Russian's World: Life and Language, New York 1974
Golovenko, A.: Byt' li synu Zabeldosom, in: Pravda 24.10.1992, S. 1
Gorbanevskij, M. V.: V mire imën in nazvanij, Moskau 1987, 2. Auflage
Gorbanevskij, M. V.: Ivan da Mar'ja (rasskazy o russkich imenach, otčestvach, familijach, prozviščach, psevdonimach, Moskau, Düsseldorf 1988
Gric, T.: Imja, otčestvo, familija, in: Tridcat' dnej 12, 1934, S. 67-73
Gruško, E. A., Medvedev, Ju. M.: Ènciklopedija russkich imën, Moskau 2000
Gusejnov, G.: D. S. P. Sovetskie ideologemy v russkom diskurse 1990-ch, Moskau 2004
Gusev, V.: Iščem voina, in: Krasnaja zvezda 28.5.1993, S. 4
Heiber, B. und H. (Hrsg.): Die Rückseite des Hakenkreuzes, München 2001, 4. Auflage
Imja s "podtekstom", in: Trud 25.11.1984, S. 2
Irošnikov, M. P., Šelaev, Ju. B.: Bez retuši: Stranicy sovetskoj istorii v fotografijach, dokumentach, vospominanijach, Band 1, Leningrad 1991
Irošnikov, M. P., Šelaev, Ju. B.: Oktjabrenie, in: Rodina 9-10, 1991, S. 34-38
Ischakova, Ch. F.: Sopostavitel'naja grammatika tatarskich i russkich sobstvennych imën, Moskau 2000
Ivaško, V. A.: Kak vybirajut imena, Minsk 1988, 2. Auflage
Kaiser, D. H.: Naming Cultures in Early Modern Russia, in: Harvard Ukrainian Studies, Vol. 19, 1995, S. 271-291
Kak vy nazovëte svoego rebënka? in: Ogonëk 6, 1960, S. 32
Karpilov, G.: Čto takoe dazdraperma?, in: Večernij Minsk 4.1.2000
Kas'janova, V. M.: Novoe vremja - novye imena, in: Russkij jazyk v škole 5, 1987, S. 61-66
Kazakov, V. S. : Imenoslov. Slovar' slavjanskich imën i prozvišč, Moskau - Kaluga 2003, 4. Auflage
Kil'dibekova, T. A., Nizamutdinova, Z. G.: Dinamika ličnych imën v Ufe, in: Onomastika Povolž'ja, 4, Saransk 1976, S. 77-80
Kim, M. P. (Hrsg.): Velikaja Oktjabr'skaja Socialističeskaja Revoljucija i stanovlenie sovetskoj kul'tury 1917-1927, Moskau 1985
Klimov, G.: Protokoly sovetskich mudrecov, Rostov-na-Donu 1994

Köhler, W.: Die Welt der Vornamen: Ägypten, in: Frankfurter Allgemeine Zeitung 30.1.1998, S. 12
Kolonickij, B. I.: Simvoly vlasti i bor'ba za vlast': K izučeniju političeskoj kul'tury rossijskoj revoljucii 1917 goda, Sankt-Peterburg 2001
Kolonitskii, B. I.: „Revolutionary Names": Russian Personal Names and Political Consciousness in the 1920s and 1930s, in: Revolutionary Russia Vol. 6, No. 2, 1993, pp. 210–228
Körner, S. : V. I. Lenins Pseudonyme und seine Namen in der sowjetischen Namengebung, in: Der Name in Sprache und Gesellschaft. Beiträge zur Theorie der Onomastik, Berlin 1973, S. 135–140
Korotkova, T. A.: Ličnye imena sverdlovčan, rodivšichsja v 1966 godu, in: Onomastika, Moskau 1969, S. 100–101
Korotkova, T. A.: Peremeny ličnych imën, in: Onomastika Povolž'ja, 2, Gor'kij 1971, S. 43–47
Koršunkov, V.: Rezension zur 1. Auflage des Buches von Mokienko und Nikitina, in: Volga 4, 1999, S. 156–158
Koržanov, I. I.: Dviženie imën v 1960–1967 gg. po gorodam Melekess, Baryš, Inza Ul'janovskoj oblasti, in: Ličnye imena v prošlom, nastojaščem, buduščem. Problemy antroponimiki, Moskau 1970, S. 123–127
Ktorova, A.: Melkij žemčug, Rockville 1987
Ktorova, A.: Čto v imeni tebe moëm..., in: Znanie – sila 7, 2000, S. 125–127
Ktorova, A.: Minuvšee... Jazyk, slovo, imja, Moskau 2007
Lancov, S. A.: Terror i terroristy. Slovar', Sankt-Peterburg 2004
Larin, S. : Jazyk totalitarizma, in: Novyj mir 4, 1999, S. 200–205
Larionova, N.: Istoki uvlečënnosti, in: Pravda 22.3.1986, S. 6
Larskij, L.: Memuary rotnogo pridurka, kniga pervaja, Tel-Aviv 1979
Levčenko, S. P. (Hrsg.): Slovnyk vlasnych imen ljudej (Slovar' sobstvennych imën ljudej) (ukrainisch und russisch), Kiev 1961, 2. Auflage
Litvinova, L.: Doč' Al'biona, in: Pravda 14.11.1967, S. 6
Machmadnazarov, R. Ch.: O russkich imenach sobstvennych, in: Russkij jazyk v nacional'noj škole 1, 1990, S. 10–15
Maksimova, T.: Roždënnye revoljuciej, in: Rodina 5,1992, S. 24
Maksimova, T.: Dorogoj moj Pridespar, in: Rodina 11–12, 1992, S. 114–115
Medvedev, Ž. und R.: Rasskaz o roditeljach, in: Sem'ja i škola 10, 1988, S. 20–24
Mezencev, R.: Ideologičeskie imena, in: Rodina 11–12,1992, S. 116–117
Mikojan, A. I.: Tak bylo. Razmyšlenija o minuvšem, Moskau 1999
Mikojan, A. I.: V pervyj raz bez Lenina, in: Ogonëk 50, 1987, S. 5
Mironenko, A.: Pogovorim ob imenach, in: Literatura i žizn' 8.6.1958
Mironov, V. A.: Imeni tajnaja vlast', Moskau 2005
Mogilevskij, R. I.: K voprosu o vosprijatii imën-abbreviatur, in: Voprosy onomastiki, Samarkand, 1971, S. 52–59
Mokienko, V. M., Nikitina, T. G.: Tolkovyj slovar' jazyka Sovdepii, Moskau 2005, 2. Auflage
Monraev, M. U.: Kalmyckie ličnye imena, Ėlista 1984
Naming the Baby in Russia, in: The Literary Digest, Vol. 116, October 28, 1933, S. 31
Narin'jani, S. : Iz bloknota fel'etonista, in: Ogonëk 16, 1958, S. 25
Nazarova, G.: Granata (istorija imeni), in: Neva 12, 2003, S. 260–261
Nepokupnyj, A. P. (Hrsg.): Teorija i metodika onomastičeskich issledovanij, Moskau 1986
Nikonov, V. A.: Ličnoe imja – social'nyj znak, in: Sovetskaja ėtnografija 5, 1967, S. 154–168
Nikonov, V. A.: Ličnye imena v sovremennoj Rossii, in: Voprosy jazykoznanija 6, 1967, S. 102–111
Nikonov, V. A.: Ivan i Vinegret, in: Russkaja reč' 1, 1969, S. 80–84

Nikonov, V. A.: Zadači i metody antroponimiki, in: Ličnye imena v prošlom, nastojaščem, buduščem. Problemy antroponimiki , Moskau 1970, S. 33–56
Nikonov, V. A.: Aktual'nye processy v antroponimii tatar i baškir, in: Onomastika Povolž'ja, 3, Ufa 1973, S. 29–40
Nikonov, V. A.: Imja i obščestvo, Moskau 1974
Nikonov, V. A.: Die russischen Personennamen der Gegenwart, in: Sowjetische Namenforschung, Hrsg. E. Eichler u.a., Berlin 1975, S. 117–133
Nikonov, V. A.: Ličnoe imja – social'nyj znak, in: Glazami ètnografov, Moskau 1982, S. 27–50
Nikonov, V. A.: Russkie, in: Sistemy ličnych imën u narodov mira, Moskau 1986, S. 262–269
Nikonov, V. A.: Iščem imja, Moskau 1988
Nikonov, V. A.: Russkie imena, in: Russkaja reč' 4, 1988, S. 145–149
I nomi di persona in Italia. Dizionario storico et etimologico, Band 2, Turin 2005
Obermann, M.: Beiträge zur Entwicklung der russischen Sprache seit 1917, Meisenheim am Glan 1969
Odnokolenko, O.: Tak čto že v imeni tvoëm?, in: Krasnaja zvezda 22.4.1994, S. 1
Okorokova, T. I.: Dinamika ličnych imën v Avtozavodskom rajone g. Gor'kogo (1932–67 gg.), in: Ličnye imena v prošlom, nastojaščem, buduščem. Problemy antroponimiki, Moskau 1970, S. 106–110
Ospovat, L. S. : Kak vspomnilos', Moskau 2007, S. 272
Ostapenko, A.: Abbreviacija obrazovanija, ili Kak by segodnja nazyvalsja Carskosel'skij licej?, in: Narodnoe obrazovanie 5, 2009, S. 198–202
Lidija Ostrovskaja, Tel'-Aviv 2006
Otin, E.: Čto v imeni tvoëm?, in: Narodnoe obrazovanie 7, 1990, S. 166–171
Ožegov, S. I.: K voprosu ob izmenenijach slovarnogo sostava russkogo jazyka v sovetskuju èpochu, in: Voprosy jazykoznanija 2, 1953, S. 71–81
Papernyj, V. Z.: Kul'tura "Dva", Ann Arbor 1985
Pavlova, N.: Kak vybirajut imena, in: Komsomol'skaja pravda 31.12.1967, S. 2
Pen'kovskij, A. B.: Russkie ličnye imenovanija, postroennye po dvuchkomponentnoj modeli "imja + otčestvo, in: Onomastika i norma, Moskau 1976, S. 79–107
Petrovskij, N. A.: O slovare russkich ličnych imën, in: Russkij jazyk v škole 3,1955, S. 85
Petrovskij, N. A.: Eščë raz o slovare russkich imën ličnych, in: Russkij jazyk v škole 5, 1956, S. 115–117
Petrovskij, N. A.: Slovar' russkich ličnych imën, Moskau 1966 (mehrere weitere Auflagen)
Petrovskij, N. A.: Otraženie imeni V. I. Lenina v novych russkich imenach, in: Onomastica 14, 1969, S. 175–182
Pisarenko, L.: Kak vy nazovëte svoego rebënka?, in: Ogonëk 33, 1959, S. 32
Podol'skaja, N. V.: Slovar' russkoj onomastičeskoj terminologii, Moskau 1988, 2. Auflage
Podol'skaja, N. V., Superanskaja, A. V.: Terminologija onomastiki, in: Voprosy jazykoznanija 4, 1969, S. 140–146
Poljakova, E. N.: Iz istorii russkich imën i familij, Moskau 1975
Poticha, Z. A., Rozental', D. Ė.: Lingvističeskie slovari i rabota s nimi v škole, Moskau 1987
Privalova, M. I.: Sobstvennye imena i problema omonimii, in: Voprosy jazykoznanija 5, 1979, S. 56–67
Prochorov, V.: Ne lez' v Butyrku!, in : Pravda 16.7.1993, S. 4
Prochorov, V.: Zdravstvuj, milyj Lagšmivar!, in : Pravda 22.2.1995, S. 8
Razzakov, F.: Aktëry vsech pokolenij, Moskau 2001

Reformatskij, A. : O sobstvennych imenach. 1.imena ljudej, in : Sem'ja i škola 10, 1962, S. 45-46

Reformatskij, A. : Zur Stellung der Onomastik innerhalb der Linguistik, in: Sowjetische Namenforschung, Hrsg. E. Eichler u.a., Berlin 1975, S. 11-32

Riefler, F.: Verschleppt – verbannt – unvergessen, Wien-Frankfurt (1957)

Rodkevič, A. L.: Čto značit tvoë imja i familija?, in: Russkij jazyk v škole 2, 1962, S. 91-95

Rojzenzon, L. I., Magazanik, Ė. B.: O motivach vybora imeni, in: Trudy Samarkandskogo gosudarstvennogo universiteta, novaja serija, vypusk 214, S. 28-31

Rozanov, A.: Slovar' russkich imën, in: Literaturnaja gazeta 16, 7. 2. 1956, S. 3

Russischer "Volkskapitalismus" als Etikettenschwindel, in: Stuttgarter Zeitung 31.8.1992, S. 10

Rut, M. Ė.: Obraznaja nominacija v russkoj onomastike, Moskau 2008

Rylov, Ju. A.: Imena sobstvennye v evropejskich jazykach, Moskau 2006

Safonov, A.: Robinzon Kruzo v Moskve, in: Pravda 4. 6. 1993, S. 3

Samsonov, N. G.: Naši imena, Jakutsk 1989

Sarnov, B.: Naš sovetskij novojaz. Malen'kaja ėnciklopedija real'nogo socializma, Moskau 2002

Šatinova, N. I.: Ličnoe imja u altajcev, in: Voprosy altajskogo jazykoznanija, Gorno-Altajsk 1976, S. 138-155

Sattar-Mulille, G.: Tatar isemnäre ni söjli?, Kazan 1998 (vollständiges erklärendes Wörterbuch der tatarischen Vornamen)

Savel'eva, L. V.: Russkoe slovo: konec XX veka, Sankt-Peterburg 2000

Ščetinin, L. M.: Slova, imena, vešči. Očerki ob imenach, Rostov-na-Donu 1966

Ščetinin, L. M.: Imena i nazvanija, Rostov-na-Donu 1968

Ščetinin, L. M.: Istoričeskaja dinamika upotreblenija russkich ličnych imën na territorii byvšej Oblasti vojska Donskogo i Rostovskoj oblasti za 1612-1965 gody, in: Antroponimika, Moskau 1970, S. 248-252

Ščetinin, L. M.: Russkie imena (Očerki po donskoj antroponimike), Rostov-na-Donu 1972

Šejko, N. I.: Russkie imena i familii, Moskau 2005

Seliščev, A. M.: Jazyk revoljucionnoj ėpochi, Moskau 1928, 2. Auflage

Seliščev, A. M.: Namenänderungen in SSSR, in: Slavische Rundschau 1, 1934, S. 38-42

Seliščev, A. M.: Smena familij i ličnych imën, in: Učënye zapiski Tartuskogo gosudarstvennogo universiteta, 284, 1971, S. 493-500

Sergeev, A., Glušik, E.: Besedy o Staline, Moskau 2006

Skrypnyk, L. H., Dzjatkivs'ka, N. P.: Vlasni imena ljudej. Slovnyk-dovidnyk, Kiev 2005, 3. Auflage

Smoljak, A. V.: Ličnye imena nanajcev, in: Ličnye imena v prošlom, nastojaščem, buduščem. Problemy antroponimiki, Moskau 1970, S. 166-172

Solouchin, V.: Čto v imeni tvoëm..., in: Sovetskaja Rossija 17.4.1985, S. 3

Špil'rejn, I. N.: O peremene imën i familij (social'no-psichologičeskij ėtjud), in: Psichotechnika i psichofiziologija truda 4, 1929, S. 281-286

Steier, B.: Russische Modenamen, in: Osteuropa 9, 1992, S. A 494 – A 496

Subaeva, P. Ch.: Motivy vybora internacional'nych imën u tatar, in: Onomastika Povolž'ja, 2, Gor'kij 1971, S. 22-25

Superanskaja, A.V.: Russkaja forma inojazyčnych ličnych ženskich imën, in: Voprosy kul'tury reči 3, 1961, S. 150-153

Superanskaja, A.V.: Kak Vas zovut? Gde Vy živëte?, Moskau 1964

Superanskaja, A.V.: Kak vas zovut?, in: Nauka i žizn' 8, 1964, S. 84-90 und 9, 1964, S. 102-110

Superanskaja, A.V.: Imena sobstvennye, in: Naša reč'. Kak my govorim i pišem, Moskau 1965, S. 86-92

Superanskaja, A.V.: Sklonenie sobstvennych imën v sovremennom russkom jazyke, in: Orfografija sobstvennych imën, Moskau 1965, S. 117-146
Superanskaja, A.V.: Udarenie v sobstvennych imenach v sovremennom russkom jazyke, Moskau 1966
Superanskaja, A.V.: Struktura imeni sobstvennogo (fonologija i morfologija), Moskau 1969
Superanskaja, A.V.: Sobstvennye imena v jazyke i v reči, in: Abhandlungen der Sächsischen Akademie der Wissenschaften zu Leipzig, Philologisch-historische Klasse, Band 62, Heft 2, 1970, S. 123-129
Superanskaja, A.V.: Terminologija i onomastika, in: Voprosy razrabotki naučno-techničeskoj terminologii, Riga 1973, S. 92-102
Superanskaja, A.V.: Obščaja teorija imeni sobstvennogo, Moskau 1973
Superanskaja, A.V.: Personennamen in amtlicher und nichtamtlicher Verwendung, in: Sowjetische Namenforschung, Hrsg. E. Eichler u.a., Berlin 1975, S. 135-141
Superanskaja, A.V.: Svjaz' sobstvennogo imeni s žizn'ju obščestva, in: Linguistische Studien 30 (Reihe A), 1976, S. 60-71
Superanskaja, A.V.: Imja i épocha (k postanovke problemy), in: Istoričeskaja onomastika, Moskau 1977, S. 7-26
Superanskaja, A.V.: Novye russkie imena, in: Onoma (Leuven), Vol. 22, 1978, 1-2, S. 414-430
Superanskaja, A.V.: K voprosu o kodifikacii ličnych imën, in: Onomastika i grammatika, Moskau 1981, S. 74-98
Superanskaja, A.V.: Imja - čerez veka i strany, Moskau 1990
Superanskaja, A.V.: Kak Vas zovut?, in: Russkaja reč' 1, 1991, S. 123-128
Superanskaja, A.V.: Imeslavie (Dvuosnovnye imena), in: Nauka i žizn' 6, 1991, S. 96-102
Superanskaja, A.V.: Ženskie imena, in: Nauka i žizn' 7, 1991, S. 77-84
Superanskaja, A.V.: Novye imena, in: Nauka i žizn' 8, 1991, S. 72-73
Superanskaja, A.V.: Imja i kul'tura, in: Nauka i žizn' 11, 1991, S. 79-85
Superanskaja, A.V.: Omonimija v onomastike, in: Folia onomastica croatica 1, 1992, S. 29-42
Superanskaja, A.V.: Slovar' russkich ličnych imën, Moskau 1998
Superanskaja, A.V.: Antroponimija I - Imena ličnye, in: Słowiańska onomastyka. Encyklopedia, Band 1, Warszawa - Kraków 2002, S. 324-335
Superanskaja, A.V.: Sovremennyj slovar' ličnych imën, Moskau 2005
Superanskaja, A.V.: Slovar' russkich imën, Moskau 2005
Superanskaja, A.V., Gusev, Ju.M. (Hrsg.): Spravočnik ličnych imën narodov RSFSR, Moskau 1979, 2. Auflage
Superanskaja, A.V., Hengst, K., Vasil'eva, N. V.: Namenforschung in Rußland nach 1990, in: Namenkundliche Informationen 75/76, 1999, S. 115-134
Superanskaja, A.V., Suslova, A.: Dolgoždannaja Goluba, in: Sovetskaja Rossija 27.10.1985, S. 4
Superanskaja, A.V., Suslova, A. V.: O russkich imenach, Sankt-Peterburg 2008, 5. Auflage
Suslova, A. V.: Iz istorii antroponimii sovetskogo perioda (20-e gody), in: Vostočnoslavjanskaja onomastika, Moskau 1979, S. 302-316
Suslova, A. V., Superanskaja, A. V.: O russkich imenach, Leningrad 1978
Švarckopf, B. S. : O social'nych i éstetičeskich ocenkach ličnych imën, in: Onomastika i norma, Moskau 1976, S. 47-59
Tagunova, V. I.: Iz žizni ličnych sobstvennych imën, in: Onomastika, Kiev 1966, S. 146-152
Tichonov, A. N., Bojarinova, L. Z., Ryžkova, A. G.: Slovar' russkich ličnych imën, Moskau 1995
Timofeev, B.: Kak Vaše imja?, in: Literatura i žizn' 24.4.1960, S. 2
Torop, F.: Populjarnaja énciklopedija pravoslavnych imën, Moskau 1999

Trockij, L.: Voprosy byta. Ėpocha "kul'turničestva" i eë zadači, Moskau 1925, 3. Auflage (1. Auflage 1923)
Tropin, G. V.: Russkie imena, otčestva i familii, Irkutsk 1961
Turšatov, V.: Kak Vas teper' nazyvat'?, in: Izvestija 11.2.1985, S. 6
Über das Recht der Bürger, ihre Familiennamen (Geschlechtsnamen) und Rufnamen zu ändern (bestätigt am 14.7.1924), in: Zeitschrift für Osteuropäisches Recht 1, 1925, S. 27-29
Ugrjumov, A. A.: Russkie imena, Vologda 1970, 2. Auflage
Ul'janova, M. I.: (Lenins Schwester): Autorin einer Rezension zu dem Buch Delert, D.: Novye imena, Rostov-na-Donu 1924, in der Pravda vom 12.6.1924, S. 6 unter dem Kürzel M. Ul-va
Uspenskij, B. A.: Iz istorii russkich kanoničeskich imën, Moskau 1969
Uspenskij, L. V.: Ty i tvoë imja, in: Moskva 3, 1957, S. 208-223
Uspenskij, L. V.: Zovut Zovutkoj...(Zametki o jazyke), in: Literaturnaja gazeta 14.11.1959, S. 3
Uspenskij, L. V.: Ty i tvoë imja, Leningrad 1960
Vasčenco, V.: Efemeride antroponimice în limba rusă actuală, in: Analele universităţii Bucureşti, seria ştiinţe sociale, filologie 17, 1968, S. 477-484
Vascenko, V.: Bibliografija po russkoj antroponimike, in: Vostočnoslavjanskaja onomastika, Moskau 1972, S. 357-363
Vedina, T. F.: Slovar' ličnych imën, Moskau 1999
Vedina, T. F.: Samye populjarnye imena v Rossii, Moskau 2007
Vereščagin, E. M., Kostomarov, V. G.: Jazyk i kul'tura, Moskau 2005
Vernochet, J.-M.: L'islam révolutionnaire. Ilich Ramírez Sánchez dit Carlos, Monaco 2003
Volkogonov, D.: Triumf i tragedija. Političeskij portret I.V.Stalina, in : Oktjabr' 12, 1988, S. 46-166
Vseobščij nastol'nyj kalendar' na 1924 god, Moskau - Petrograd 1923
Vseobščij nastol'nyj kalendar' na 1928 god, Moskau 1927
Vvedenskaja, L. A., Kolesnikov, N. P.: Ot nazvanij k imenam, Rostov-na-Donu 1995
Zajceva, U.: Nazovu ja synočka BATĖ..., in: Komsomol'skaja pravda 28.9.2010
Zakir'janov, K. Z.: Ličnye imena u baškir, vozniкšie v sovetskoe vremja, in: Ličnye imena v prošlom, nastojaščem, buduščem. Problemy antroponimiki, Moskau 1970, S. 154-157
Zaljaleeva, M. A.: Tatarskie ličnye imena russkogo i zapadnoevropejskogo proischoždenija, in: Onomastika Tatarii, Kazan' 1989, S. 48-58
Zapis' aktov graždanskogo sostojanija (Sbornik oficial'nych materialov), Moskau 1961
O porjadke peremeny graždanami SSSR familij, imën i otčestv (Ukas vom 26.3.1971), in: Vedomosti Verchovnogo Soveta SSSR 13, 1971, S. 205-206
Zavorotčeva, L.: Pevun'ja (Sud'by ljudskie), in: Pravda 22.10.1987, S. 3
Zen'kovič, N. A.: Samye sekretnye rodstvenniki. Ėnciklopedija biografij, Moskau 2005
Zen'kovič, N. A.: Putinskaja ėnciklopedija, Moskau 2008, 2.Auflage
Zinin, S. I.: Antroponimika (Bibliografičeskij ukazatel' literatury na russkom jazyke), Taškent 1968
Zinin, S. I.: Vvedenie v russkuju antroponimiju (posobie dlja studentov-zaočnikov), Taskent 1972
Žovtis, A. L.: Nepridumannye anekdoty (Iz sovetskogo prošlogo), Moskau 1995

Wichtige und häufig zitierte Internetquellen (Kurztitel und vollständige Quelle)

diary.ru – www.diary.ru/ Sovetskie imena. Dža na našej storone!
Dušečkina – Dušečkina, E.: Messianskie tendencii v sovetskoj antroponimičeskoj praktike 1930ch godov, Toronto Slavic Quarterly, 2009
d-v-sokolov.com – d-v-sokolov.livejournal.com/260083.html Sovetskie imena, 26.1.2011
FantLab.ru – Forumy FantLab.ru Tema "Kak vy otnosites' k mode davat' detjam starinnye ili neobyčnye imena"?
kommari.livejournal.com – kommari.livejournal.com Ojušminal'da, Oktober 2007
mage_victor.livejournal.ru – mage_victor.livejournal.ru Kommunističeskie imena…, 2009
narod.od.ua – www.narod.od.ua/forum.html Ukrainskie famil'nye šedevry, 30.5.2006
revim.narod.ru – www.revim.narod.ru Imena, navejannye oktjabrëm, 25.4.2006
ru.wikipedia.org – ru.wikipedia.org Imena sovetskogo proischoždenija Spisok novoobrazovannych imën
savok.name – www.savok.name Imena sovetskogo proischoždenija
smi.marketgid.com – smi.marketgid.com Imena, kotorye ne sleduet davat' detjam

Anhang:
Original und Übersetzung eines Briefes von Rada Nikitična Adžubej (Chruščëva)

НАУКА И ЖИЗНЬ

• ЕЖЕМЕСЯЧНЫЙ НАУЧНО-ПОПУЛЯРНЫЙ ЖУРНАЛ

АНО «РЕДАКЦИЯ ЖУРНАЛА «НАУКА И ЖИЗНЬ»
• 101990, Москва-Центр, ул. Мясницкая, 24
Телефон 623-21-22, факс 625-05-90

"27" 01 2011 г.
№_____

Уважаемый господин Краус!

С удовольствием отвечу Вам, хотя и с большим запозданием. Надеюсь, мой ответ Вам пригодится в Вашей работе.

Мой год рождения — 1929, время активного словотворчества. Но мое имя — самое простое, хотя и редкое у нас.

Моя мама, Нина Петровна Хрущева (Кухарчук), на мой вопрос ответила так: «Я была очень *рада* твоему рождению, и так назвала тебя».

На Украине (а моя мама была украинкой) слово «рада» означает «совет»: дать совет, Верховная рада — Верховный совет (высший орган власти на Украине). Но к моему имени это отношения не имеет.

Иногда мое имя пытаются писать через два «д» — Радда. По аналогии с героиней рассказа М.Горького о красавице — цыганке Радде. Но это также неправильно.

За свою жизнь я знала только трех тёзок. На Украине в 1970-х годах была высокопоставленная дама, которую звали Рада. Затем, когда я в 1940-х гг. училась в московском университете, мне рассказывали, что на другом факультете есть девушка по имени Рада. И сегодня у меня есть знакомая — Рада Драгановна. Неловко спрашивать о ее национальности, но думаю, она сербка (судя по отчеству). Знаю, что в Сербии такое имя не редкость, часто — мужское: Радко. Есть и в Индии: Радха (женское).

Надеюсь, мое письмо даст Вам ниточку для исследований и разматывания загадочного клубка индоевропейских языков.

Желаю удачи   Р.Аджубей (Р.Хрущева)
17.01.2011 г.
Москва

Nauka i žizn' (Wissenschaft und Leben)
Populärwissenschaftliche Monatszeitschrift
Autonome nichtkommerzielle Organisation „Redaktion der Zeitschrift ‚Nauka i žizn'"
101990 Moskau-Zentrum, ul. Mjasnickaja, 24
Telefon 623-21-22, Fax 625-05-90
27.1.2011

                    Sehr geehrter Herr Kraus!

    Sehr gern antworte ich Ihnen, wenn auch mit großer Verspätung. Ich hoffe, daß meine Antwort für Ihre Arbeit von Nutzen ist.
    Mein Geburtsjahr ist 1929, eine Zeit der aktiven Wortschöpfung. Mein Vorname ist sehr einfach, wenn auch selten.
    Meine Mutter Nina Petrovna Chruščëva (Kucharčuk), antwortete auf meine Frage folgendes: „Ich war über Deine Geburt sehr froh (rada) und so habe ich Dich genannt."
    In der Ukraine (meine Mutter war Ukrainerin) bedeutet das Wort „rada" „Rat", z. B. Ratschläge geben oder die Oberste Rada – der Oberste Sowjet (das höchte Organ der Staatsgewalt in der Ukraine). Das hat aber keinen Bezug zu meinem Vornamen.
    Manchmal wird mein Vorname mit zwei „d" als Radda geschrieben. Das ist eine Analogie zur Heldin einer Erzählung von M. Gor'kij, der schönen Zigeunerin Radda. Auch das trifft nicht zu.
    In meinem ganzen Leben kannte ich nur drei Namensschwestern. In der Ukraine gab es in den 1970er Jahren eine hochgestellte Dame, die Rada hieß. Als ich in den 1940er Jahren an der Moskauer Universität studierte, erzählte man mir, daß es in einer anderen Fakultät eine junge Studentin mit dem Vornamen Rada gibt. Und jetzt habe ich eine Bekannte, Rada Draganovna. Es wäre ungeschickt, sie nach ihrer Nationalität zu fragen, ich glaube aber, daß sie, nach ihrem Vatersnamen zu schließen, Serbin ist. In Serbien ist ein solcher Vorname nicht selten, oft in der männlichen Form Radko. In Indien gibt es den weiblichen Vornamen Radcha.
    Ich hoffe, daß mein Brief Ihnen hilft, das rätselhafte Knäuel der indogermanischen Sprachen auseinanderzuwickeln.
    Viel Erfolg.

17.1.2011, Moskau   R.Adžubej (R. Chruščëva)